트라우마 치료의 원칙

증상 · 평가 · 치료를 위한 길잡이

For information:

 SAGE Publications, Inc.
2455 Teller Road
Thousand Oaks, California 91320
E-mail: order@sagepub.com

SAGE Publications Ltd.
1 Oliver's Yard
55 City Road
London EC1Y 1SP
United Kingdom

SAGE Publications India Pvt. Ltd.
B 1/1-1 Mohan Cooperative Industrial Area
Mathura Road
New Delhi 110 044 India

PRINCIPLES OF TRAUMA THERAPY

트라우마
치료의 원칙

증상 · 평가 · 치료를 위한 길잡이

John Briere, Catherine Scott 지음 | 김종희 옮김

Σ 시그마프레스

트라우마 치료의 원칙

증상 · 평가 · 치료를 위한 길잡이

발행일 | 2014년 6월 30일 1쇄 발행

저자 | John Briere, Catherine Scott
역자 | 김종희
발행인 | 강학경
발행처 | (주)시그마프레스
편집 | 이미수
교정 · 교열 | 김은실

등록번호 | 제10-2642호
주소 | 서울특별시 영등포구 양평로 22길 21 선유도코오롱디지털타워 A401~403호
전자우편 | sigma@spress.co.kr
홈페이지 | http://www.sigmapress.co.kr
전화 | (02)323-4845, (02)2062-5184~8
팩스 | (02)323-4197

ISBN | 978-89-6866-196-9

Principles of TRAUMA THERAPY
A Guide to Symptoms, Evaluation, and Treatment

＊ 책값은 뒤표지에 있습니다.

이 도서의 국립중앙도서관 출판시도서목록(CIP)은 서지정보유통지원시스템 홈페이지 (http://seoji.nl.go.kr)와 국가자료공동목록시스템(http://www.nl.go.kr/kolisnet)에서 이용하실 수 있습니다.(CIP제어번호: CIP2014018366)

역자 서문

일반적으로 '트라우마'라는 말은 충격적이고 심각한 느낌을 들게 하며, 전문가들에게는 치료되기 쉽지 않은 영역일 수도 있을 것이다. 역자가 트라우마 치료에 관심을 갖게 된 것은 심리치료를 하는 동안 만난 내담자들의 대부분이 최근의 사건이든 어린 시절의 경험이든 트라우마 문제를 가지고 치료를 찾아오거나 치료 중에 트라우마 문제를 발견하게 되었기 때문이다. 또한 집단 임상수퍼비전이나 사례 연구 문헌에서도 트라우마 사례들을 자주 접할 수 있었다. 이러한 경험들은 트라우마라는 충격적인 말이 우리의 인생과 실생활에 매우 가까이 있다고 생각하게 되었다. 우리는 평생 동안 징도의 차이가 있지만 적어도 한 가지 트라우마를 경험할 것이며, 그것은 일시적인 불안에서부터 심리적인 기능을 방해하고 지속적인 심리적 고통으로 괴로움을 주는 지독한 트라우마가 될 수도 있을 것이다.

무엇을 트라우마라고 진단해야 하는지와 무엇을 트라우마라고 정의할 수 있는지에 대해서 계속 논쟁의 여지가 있어 왔다. 분명히 트라우마적인 사건들이 있으며, 같은 사건이라도 어떤 이에게는 트라우마적인 사건이 되고, 다른 이에게는 그렇지 않은, 같은 사건이 개인에 따라 미치는 영향이 다른 것도 사실이다. 그럼에도 불구하고 무엇을 '트라우마적'이라고 정의할 것인가를 생각해 보면, 어떤 사건이나 경험으로 인하여 심리적 기능이 압도당하고(위협을 느끼는 경우가 많음) 심리적 통합에 방해를 받아 전문가의 치료적 개입이 필요한 것을 트라우마라고 볼 수 있을 것이다. 트라우마는 크게 심리적 트라우마와 신체적 부상이나 생명의 위협으로 인한 트라우마로 나뉘지만 이 둘 모두 트라우마 치료가 필요하며, 트라우마 치료에 반응하는 것은 같으므로 이 두 가지 모두를 트라우마라고 부른다.

이 책은 트라우마에 대한 이해를 넓히고 트라우마 치료에 실질적으로 필요한 내용을 싣고 있다. 임상연구에 기초한 여러 가지 트라우마 치료 개입들은 실제 치료 적용에 활용할 수 있다. 트라우마 치료는 치료자와 내담자 모두 인내가 필요한 작업이고 모든 이가 증상으로부터 완전히 자유롭게 되는 것은 힘들지만 트라우마 치료를 통하여 많은 증상의 경감이 보고되고 있는 것을 보면 트라우마 치료는 긍정적이다.

트라우마를 더 잘 이해하고 도움이 되는 실질적 치료 방편과 치료 개입은 내담자를 트라우마로부터 더 자유롭게 하고, 치료자에게는 트라우마 치료에 대한 부담을 줄여 줄 것이다.

이 책이 트라우마 치료를 위하여 애쓰는 모든 이에게 실질적 도움이 되기를 바란다.

뉴욕에서 김종희

도입

트라우마는 인간 요건의 피할 수 없는 부분처럼 보인다. 인류의 역사는 예술과 문화의 역사일 뿐 아니라 또한 전쟁, 다른 사람에 의한 집단 지배, 가정 폭력, 그리고 자연 재해의 역사이기도 하다. 그 결과 서구 사회의 대다수 사람들은 평생 동안 미래에 발전 가능한 적어도 한 가지 트라우마 사건을 경험할 것이다. 이들 중 상당수의 사람들이 심각하지 않은 오래 지속되는 불안에서부터 모든 측면의 기능을 방해하는 증상까지, 지속적인 심리적 고통으로 괴로워하게 된다.

트라우마에 대한 인간 반응의 체계적인 연구는 비교적 새로운 것이다. 트라우마적인 스트레스에 대한 현대적 영역은 1980년대 중반에 정신 건강 어휘 사전에만 소개된 '트라우마적인 스트레스 이후의 장애(외상후 스트레스 장애(PTSD))' 라는 용어와 함께, 베트남 전쟁의 여파로 탄생되었다. 그 이후로 우리는 트라우마가 만연될 수 있는 것이며, 트라우마에 대한 인간의 반응이 극도로 복합적일 수 있다는 것을 배웠다. 우리의 지식이 커가면서, 연구자와 임상가는 트라우마 이후의 스트레스와 트라우마와 관련된 다른 만성적인 문제들의 치료에 있어서 많은 접근법들을 발전시켜 왔다. 이러한 정보는 학술 논문, 책, 그리고 소수의 설명서들에서 발견될 수 있다. 불행히도 이러한 자원들은 넓게 흩어져 있고 임상가에게 있어 이러한 자원의 활용이 항상 쉬운 것은 아니다. 아울러, 이들은 한가지 이론적 성향에 대해서 언급하려는 경향이 있으며, 대개 트라우마화된 한 집단에 초점을 두며(예를 들면 성 학대 생존자들 또는 교통 사고 피해자들), 주어진 치료 접근법을 어떻게 실제로 활용하는지에 대해 종종 충분한 정보를 제공하지 않는다.

이 책은 이러한 점에 부응하여, 성인과 후기 청소년기 트라우마 생존자들과 일하는 임상가들을 위한 실천적이며 실질적인 안내서가 될 것이다. 이 책은 대인적 폭력, 재해, 심각한 사고, 기타 압도적인 사건들로 트라우마화된 사람들을 위한 치료에 필수적인 것들에 대하여 대략 설명하고 있다. 이 책은 로스앤젤레스 카운티와 남가주대학 의료 센터(University of Suthern California Medical Center)의 심리적 트라우마 프로그램을 감독한 우리 경험에 부분적으로 기초를 두고 있으며, 제일선의 정신 건강 임상가뿐 아니라 효율적인 트라우마 집중 치료의 실제 실습에 관한 정보를 필요로 하는 심리학, 정신 의학, 그리고 사회 복지 분야 훈련생들을 위한 자료로 의도되었다. 이 책은 한 번의 성인 트라우마로 인한 간단한 증상들로 고생하는 내담자와 일하는 임상가들, 그리고 아동기의 광범위한 잔인한 학대를 경험한 내담자를 포함한 더 복합적인 표상을 가진 환자들을 치료하는 임상가들 모두에게 유용하도록 설계되있다.

이 책에서 서술된 접근은 트라우마와 관련 인지 행동 치료의 측면과 관계적 심리치료 영역의 현재의 생각을 결합하였다. 또한 내담자들의 약리학적 치료가 종종 대단히 중요한 의료 종사자, 정신과 실습생, 그리고 비의료 임상가들을 위하여 트라우마 정신약리학에 관한 정보를 포함하였다.

이 책에서 제시된 대부분의 기법들은 임상 연구에 기초하고 있으며, 트라우마화된 개인들과의 일에 대한 현재의 학문을 반영하고 있다. 그러나 공공 정신 건강 센터와 일반 임상 업무에서 보이는 내담자들은 무작위 임상 시험(Randomized Clinical Trials, RCTs)에 참여하기 위하여 가려내지고 선택된 사람들보다 더 복합적이고 잠재적으로 더 어려울 수 있으며(Spinazzola, Blaustein, & van der Kolk, 2005; Western, Novotny, & Thompson-Brenner, 2004), RCT의 발달된 치료 방법들에 덜 반응적일 수 있다(Zayfert, et al., 2005). 실제로 최근의 메타분석은 단순한 표본 가려내기, 낙오된 참가자, 그리고 다른 문제들 때문에 임상가들에게 무작위 임상 실험 결과들이 기대될 수 있는 것보다 '실제의 세계'에서는 미약한 지침을 제공한다는 결론을 갖고 있다(Bradley, Greene, Russ, Dutra, & Westen, 2005). 이러한 이유로 우리는 발표된 치료 결과에 대한 연구들의 완전히 입증된 치료 개입들로 제한을 두지 않았다. 예를 들면 우리는 현대의 정신역동 또는 관계적 치료들이 복합적이고 또 이러한 접근들의 종종 오랜 기간이 통제된 과학적 연구에 도움이 되지 않더라도, 이러한 접근들에서 나온 몇 가지 아이디어를 포함하였다. 이러한 경우들에서 우리는 중요한 모델을 위한 연구 중심의 지지를 제공하려고 하였다. 그러나 이 책에서 관심을 받지 못한 새롭고, 비교적 실험적인 트라우마 치료 접근법들은 아마도 의미적으로(즉 실험적으로 지지할 수 있는) 이론적 토대가 부족해 보이기 때문이다.

효율적인 치료는 트라우마와 트라우마의 영향에 관한 정확한 이해와 평가가 일반적으로 그리고 현재의 내담자의 개인적인 정황을 모두를 고려하여 이해하고 평가되어야 한다. 이러한 이유로 우리는 트라우마 사건들에 잇따를 수 있는 심리적 트라우마, 증상과 장애의 성질과 이 분야에서 사용되는 우선의 트라우마 중심 평가 전략과 토구에 대한 개요에 관한 장으로 이 책을 시작한다. 우리는 트라우마화된 개인들의 치료에 관련하여 가능한 한 이 정보를 만들려고 하였다.

치료 지침에서 어느 정도 고려할 수 있는 그밖의 자료에 접근할 수 있도록 각 장이 마지막에 추친 문헌을 실었다. 우리는 또한 비록 가장 대표적이거나 통합적인 논문과 책들만을 인용하였지만, 책 전체에서 트라우마 문헌에 대한 참고 문헌들을 포함하였다.

트라우마 생존자들과 일하는 것은 스트레스를 받는 일이며, 때때로 심지어 대리적인 트라우마를 경험하게 된다. 이 일은 우리로 하여금 인간이 서로에게 할 수 있는, 가장 나쁜 것을 알게 되는 고통과 괴로움에 자주 노출되게 한다. 그러나 이 일은 또한 깊이 충족하고 보상받는 일일 수 있다. 트라우마 생존자들은 인간이 치유하고, 엄청난 어려움을 극복하고, 또 성장할 수 있는 능력을 갖고 있음을 보여준다. 우리는 이 책이 트라우마화된 내담자와 일하는 사람들을 위한 도구 이외에도, 이러한 노력 안에 내재된 가치와 엄청난 낙관주의를 확인하는 방식이 되기를 바란다.

차례

제12장 결론 _ 307

제1부

트라우마, 영향, 그리고 평가

01 책의 첫 부분은 트라우마 사건들의 주요 유형, 이들의 잠재적인 영향, 그리고 트라우마와 트라우마 결과들이 평가될 수 있는 방법에 대하여 개괄적으로 서술하고 있다. 각각의 이들 영역은 효과적인 트라우마 치료에서 중요하다. 트라우마 사건들에 대한 주요 유형과 이들의 심리적 영향에 대한 인식은 내담자가 어떤 고통을 겪어 왔고 이들의 현재 증상이 어떠한지를 이해하도록 임상가를 도울수 있다. 이밖에 관련된 진단 인터뷰와 심리적 검사들에 대한 지식은 임상가가 치료 개입을 위한 구체적 목표들을 객관적 방식으로 정확히 찾도록 해 준다.

| 제1장 |

트라우마란

심리적 트라우마라는 용어가 원래의 의미를 잃은 채 너무 많은 사람들에 의해 너무 많은 상황에서 사용되고 있다. 트라우마는 괴로움을 낳는 부정적인 사건들과 또 괴로움 그 자체를 언급하기 위하여 종종 사용된다. 엄밀히 따지면, '트라우마'는 오직 사건만을 언급하는 것이지, 반응을 언급하는 것이 아니며, 개인을 심리적으로 압도하는 주요 사건들로 제한되어서는 안 된다. 정신 장애 진단 및 통계편람(The Diagnostic and Statistical Manual of Mental Disorders, 4th edition, Text Revision, *DSM-IV-TR*; American Psychiatric Association [APA], 2000)은 트라우마를 다음과 같이 정의하고 있다.

> 실제적 또는 위협된 죽음이나 심한 신체적 상해, 또는 신체의 안녕에 대한 다른 위협을 포함한 사건에 대한 직접적인 개인의 경험, 또는 죽음, 상해를 포함한 사건, 또는 다른 사람들의 신체적 안녕에 대한 위협을 포함한 사건들의 목

격, 또는 기대하지 않았거나 폭력적인 죽음, 심각한 신체적 부상 또는 죽음의
위협 또는 가족 구성원이나 기타 가까운 사람들이 경험한 신체적 상해를 알게
되는 것(기준 A1). 해당 사건에 대한 개인의 반응은 강도 높은 두려움, 무력감,
또는 공포(아이인 경우 반응은 반드시 해체적이거나 불안으로 동요된 행동)를
포함해야 한다(기준 A2).(p. 463)

*DSM-IV-TR*은 전투, 성 폭행과 신체적 폭행, 강도, 유괴, 인질, 테러 공격, 고
문, 재해, 심각한 교통 사고, 그리고 생명을 위협하는 질병, 그밖에도 무자비한
폭행, 사고, 전쟁, 또는 재해로 인한 죽음이나 심각한 부상의 목격을 포함한, 잠
재적인 트라우마 사건들의 목록을 제공하고 있다. 아동기 성적 학대는 위협또
는 실제적 폭력이나 상해를 포함하지 않지만 트라우마에 포함된다.

비록 *DSM-IV-TR*의 정의가 유용하지만, 어떤 사람들은 많은 사건들이 생명
의 위협이나 신체적 부상이 사안이 아니어도 트라우마적이기 때문에, 트라우마
를 '죽음이나 심한 신체적 부상, 또는 개인의 신체의 안녕에 대한 다른 위협'으
로 제한하는 요건을 비판해 왔다(Briere, 2004). 일찍이 *DSM-III-R*(APA, 1987)
정의 또한 심리적 통합의 위협을 트라우마의 타당한 유형으로 포함시켰다.
*DSM-IV-TR*은 단지 상당히 기분이 상하지만 생명을 위협하지 않는 사건들, 예
를 들면 극도의 정서적 학대, 중대한 사망이나 분리, 수모나 수치심, 강제된(신
체적으로 위협되거나 강제되지 않은) 성적 경험들을 트라우마적인 사건들로 고
려하지 않는다 — 이것은 의심할 여지없이 일반인들의 실제 트라우마 사건의
범위를 축소하여 생각한 것이다. 이것은 또한 기준 A가 외상후 스트레스장애
(PTSD)나 급성 스트레스장애(ASD)의 선수요건이기 때문에 트라우마 사건 이
후 심각한 고통을 경험하는 개인에 대한 스트레스 장애 진단 가능성을 감소시
킨다.

사건이 '트라우마적인 것'이기 위하여 트라우마에 대한 현재의 진단 정의를
충족해야 하는지에 대한 문제는 이 분야의 계속되는 논쟁거리이다. 우리의 결
론은 만일 어떤 사건이 극도로 기분을 상하게 하였으며, 개인의 심리적 방편들

을 적어도 임시적으로 압도하게 하였다면 그 사건을 트라우마적이라고 본다. 이러한 광범위한 정의는 심리적 통합에 중대한 위협을 경험한 사람들이 신체적 부상이나 생명의 위협으로 트라우마화된 사람들만큼 고통을 당하기 때문에, 트라우마 집중 치료에 동등하게 반응할 수 있기 때문에, 우리는 이 책 전반에서 광범위한 정의를 사용하였다. 그러나 이것은 단지 치료 사인이며, 공식석인 스트레스 장애 진단을 내릴 때 트라우마에 대한 *DSM-IV-TR*의 기준은 엄격히 지켜져야 한다.

••주요 트라우마 유형

일반적인 대중 관련 조사는 미국의 모든 성인들 중 적어도 반이 넘는 수가 적어도 한 가지 중대한 트라우마적인 스트레스를 경험한다고 제시한다(Elliott, 1997; Kessler, Sonnega, Bromet, Hughes, & Nelson, 1995). 이러한 스트레스 요인들은 흔한 것이지만, 심각한 심리적 장애를 가져오게 되는 것은 2장에서 논의된 것처럼, 광범위한 다양한 다른 변수들의 기능에 따라 다양하다. 이후의 페이지들에서 정신 건강 서비스를 찾는 사람들이 잠재적으로 경험할 수 있는 가장 주된 트라우마 사건 유형들을 상세히 다루었다. 개인이 트라우마화되는 데는 수많은 방식이 있으며, 이러한 방식들이 처음의 임상 인터뷰에서 쉽게 모두 표현될 수 있는 것은 아니다. 내담자를 판단하지 않는 지지적인 환경(3장 참조) 안에서 트라우마 사건에 대하여 분명하게 질문을 하지 않으면, 내담자는 그 사건에 대해 말하지 않는다는 것을 자주 명심하는 것은 중요하다. 각각의 트라우마 유형을 간단하게 설명하였으며, 독자들은 더 상세한 정보를 위하여 각 장의 끝에 있는 참고 문헌을 참조하기 바란다.

자연 재해

자연 재해는 사람에 의해서 직접적으로 야기된 것이 아닌, 상당수의 사람들에게 부정적인 영향을 미치는 상해, 또는 죽음을 가져오는 환경 사건들로 폭넓게 정의될 수 있다. 자연 재해는 미국에서 비교적 흔하며, 조사에 의하면 13%와 30% 사이의 사람들이 그들의 생애 동안 하나나 그 이상의 자연 재해에 노출된다고 한다(Briere & Elliott, 2000; Green & Solomon, 1995). 대개의 재해들은 지진, 대규모의 화재, 홍수, 눈사태, 허리케인, 토네이도, 그리고 화산 폭발을 포함한다. 재해 기간 동안 심각한 신체적 부상, 죽음에 대한 두려움, 그리고 재산 손실이 이러한 재해 사건들의 가장 트라우마적인 측면들로 나타난다(Briere & Elliott, 2000; Maida, Gordon, Steinberg, & Gordon, 1989; Ursano, Fullerton, & McCaughey, 1994). 정신 건강 종사자들이 재해의 희생자들을 평가하는 일을 할 때, 대개 사건 직후 비교적 빠르게 동원된 정부나 유사 정부 기관들(예를 들면 적십자사)의 상황 안에서 이루어진다. 10장에서 설명한 것처럼, 이러한 시기의 임상가의 조기 작업은 트라우마 치료 그 자체와 반대로, 대개 부상자를 분류하고 지지, 위로, 그리고 심리적 '응급 처치'를 제공하는 것이다.

대규모의 대인 폭력

상당한 수의 부상이나 사상자를 수반하는 의도적인 폭력(전쟁 상황에서 일어나는 것이 아닌)은 트라우마 분야의 새로운 범주이다. 1995년 4월 19일에 있었던 미국 오클라호마 시 폭탄 폭발(North et al., 1999), 2001년 9월 11일에 있었던 세계 무역기구와 펜타곤에 대한 테러 공격(Galea et al., 2002), 그리고 2005년 7월 7일에 있었던 런던 대중 교통 체계에 대한 공격들은 분명한 대규모 트라우마 사례들이다. 불행히도 전 세계에 테러리스트들의 공격과 전체주의 체제에 의한 대규모의 인권 학대를 포함한, 많은 다른 예들이 있다(Alexander & Brenner, 2001; Pfefferbaum et al., 2001). 10장에서 설명하였듯이, 미국의

9·11 테러는 대규모 트라우마에 대한 북미 연구의 효율적인 단기 치료에 관한 갑작스런 증가를 불러일으켰다. 나중에 언급하겠지만, 이 연구는 대규모의 트라우마 피해자들과 민감하게 일할 때 하지 말아야할 것을 아는 것이 해야 할 것을 아는 것만큼 중요하다고 제안하고 있다. 가까운 장래에 테러리스트의 공격이나 다른 대규모의 트라우마가 감소할 것이라고 믿기 힘들기 때문에, 이러한 정보를 전 세계에 전파하는 것이 트라우마 스트레스 연구 국제 협회(International Society for Traumatic Stress Studies, ISTSS; http://www.istss.org)와 같은 국제 그룹들의 목표이다.

대규모의 수송 사고

수송 사고는 비행기 사고, 기차 탈선, 그리고 배와 같은 해양 사고와 같은 사건들을 포함한다. 이러한 사건들은 종종 많은 피해자와 높은 사망률을 수반한다. 비록 이러한 사건들의 발생 정도는 쉽게 밝혀지지 않지만, 대규모의 수송 사고는 피해자들이 비교적 지속적인 테러와 죽음의 공포에 노출되는 기간 동안 이러한 사건들이 자주 일어나기 때문에, 대규모의 수송 사고들은 생존자들에게 특별히 트라우마적이다. 미국의 여객기 사고들에 대한 즉각적인 반응은 우선적으로 연방 항공 행정부(Federal Aviation Administration, FAA)와 전국 수송 안전 위원회(National Transportation Safety Board, NTSB)가 통제하며, 이 기관들은 지역 응급 서비스, 관련 여객기 회사, 그리고 트라우마 생존자들과 그들의 가족을 돕는 다른 기관들과 협력하여 일한다.

가옥 또는 기타 가정 내 화재

트라우마 문헌에 화재가 재해로서 자주 실려 있지만, 트라우마 치료자들이 보는 피해자의 상당 수는 소규모의 화재를 경험한 사람들이다. 이것은 종종 침대에서의 흡연이나 전기 합선에 의한 화재와, 프로판 탱크나 스토브 또는 히터의 누출로 인한 가스 폭발로 인한 집안 화재를 포함한다. 화재로 인한 신체 부상은 특별히 트라우마적이다. 심각한 화상의 지속되는 영향들 — 장기간의 회복기, 복원 수술, 명백한/또는 고통스런 흉터의 발전과 감소된 기동성 — 은 어떤점에서는 트라우마적이며 시간을 두고 지속되며 반복된다(Gilboa, Friedman, Tsur, & Fauerbach, 1994). 이러한 장기화된 트라우마화는 차례로 트라우마 이후의 회복을 방해할 수 있다.

교통 사고

미국에서 거의 20%의 사람들이 심각한 교통 사고(Motor Vehicle Accidents, MVA)를 경험하였다(Blanchard & Hickling, 1997). 이들 중 상당 수가 심각한 심리적 장애로 발전되며, 특별히 사고가 중대한 부상이나 다른 사람들의 죽음을 수반할 때 그러하다. 후자의 사례에서, 슬픔과 자기 비난은 상당한 심리적 변화를 증가시킨다. 이 밖에도 교통 사고 생존자들은 트라우마적인 두뇌 손상을 가져올 수 있으며, 이에 따른 더 복잡한 치료를 가져오게 할 수 있다(Harvey & Bryant, 2002; Hickling, Gillen, Blanchard, Buckley, & Taylor, 1998). 심각한 교통 사고들이 기타 다른 많은 대인적이지 않은 트라우마보다 PTSD나 다른 형태의 기능 장애를 더 발생하게 하는데도 불구하고, 임상가들은 종종 부정적인 인생의 사건들에 대한 인터뷰를 할 때보다 심각한 교통 사고 트라우마를 종종 부적절하게 간과한다.

강간과 성 폭행

강간은 위협 또는 신체적인 강제로, 또는 피해자가 동의를 할 수 없을 때(예를 들면 약물이나 술, 또는 의식의 손상이 있을 때) 청소년이나 성인의 동의되지 않은 구강, 항문, 또는 질의 삽입으로 정의될 수 있다(만일 피해자가 아동이면, '아동 학대'를 보라). 성 폭행에 대하여 어떤 권위자들은 성 폭행을 강간을 포함한 어떤 강제된 성적 접촉과 연루된 것으로 생각하지만, **성 폭행**이라는 용어는 강간에 미치지 못한 강제적인 성적 접촉을 의미한다. 이러한 것과 비슷한 정의를 사용하면 미국에서 여성에 대한 강간 발생률이 14~20%로 보고되어 있다 (Kilpatrick & Resnick, 1993; Koss, 1993; Tjaden & Thoennes, 2000). 남성들의 강간과 성 폭행 비율은 부분적으로 남자들이 성적으로 피해자가 될 수 있다는 인식은 덜 분명한데, 이것은 단지 최근의 사회적 인식이기 때문이지만, 2~4% 사이의 범위로 추정된다(Elliott, Mok, & Bricrc, 2004; Tjaden & Thoennes, 2000). 안타깝게도 청소년 여자아이들에 대한 또래 성 폭행은 너무 흔하며, Singer, Anglin, Song, 그리고 Lunghofer(1995)는 여섯 개의 지역적으로 그리고 경제적으로 다양한 고등학교 학생들 중에서 12~17%의 청소년 여학생들이 자신의 원의와 다르게 적어도 한 번 이상의 성적 행동에 관여했다고 보고하였다. 많은 문화에서, 강간이나 성 폭행의 피해자로 연상되는 수치심과 비밀 때문에, 조사 연구들에서 어떤 피해자들은 자신을 피해자로 동일시하지 않는다. 이러한 결과로, 드러난 성폭행률은 아마도 과소 측정된다. 성 폭행이나 강간은 특별히 매우 파괴적이며 트라우마적인 사건들이며, 일반 여성들 중 PTSD의 상당한 위험 요소들이 있다(Kessler et al., 1995).

낯선 사람에 의한 신체 폭행

낯선 사람에 의한 폭행은 강도, 때리기, 찌르기, 총격, 목을 조르는 시도, 그리고 모르는 사람에 대한 폭행범의 기타 폭력적 행동에 관한 것이다. 이러한 공격의 동기는 비록 폭력배와 '주행 중의 총격' 상황에서 자기 지역을 보호하거나 정하기 위한 의도나 우월함을 주장하기 위한 것이라 하더라도, 종종 강도나 (무작위의) 분노의 표현이다. 비록 관계들에서 폭력의 많은 행동들이 남자보다 여자들을 향하지만, 낯선 사람에 의한 신체적 폭행은 이와 반대로 나타난다. 예를 들면 도심지역 정신과 응급실 환자들에 관한 한 연구는 여자들이 14%가 신체적 폭행을 경험한 것과 다르게, 남자들의 64%가 적어도 한 번 신체적 폭행을 경험하였다고 보고하였다(currier & Briere, 2000). 이와 비슷하게 Singer와 동료들 (1995)은 리서치 사이트를 인용하며, 남자 청소년들의 3~33%가 총격을 가했거나 충격을 받았으며, 6~16%가 칼로 찔리거나 폭행을 당했었다고 보고하고 있다.

파트너 구타

파트너 구타(또한 아내 구타, 배우자 학대, 또는 가정 폭력으로 알려진)는 친밀하고 성적이며, 또 대개 동거 관계(필연적인 것은 아님)의 상대방에 대한 한 성인의 신체적 또는 성적 공격 행동으로 대개 정의된다. 대부분의 사례에서 감정의 학대가 포함되어 있다(Straus & Gelles, 1990). 또한 아동, 애완동물, 또는 재산에 대한 폭력이나 위협이 있을 수 있다. 미국에서 결혼을 했거나 파트너와 사는 개인들에 대한 대규모 표본 조사에서 11.6%가 주먹으로 치거나, 발로 차기, 또는 목 조르기 같은 심각한 신체적 폭력 사건들을 보고한 반면에, 25%가 가정에서 적어도 한 번의 신체적 공격 사건을 보고하였다(Straus & Gelles, 1990). 파트너나 배우자에 의한 여성 성 폭행률(신체 구타 내력과 상관없이) 은 9~15%의 범위에 있다(Elliott & Briere, 2003; Finkelhor & Yllo, 1985). 파트너에 의해 신체적 폭행을 당한 여성들 가운데 성 폭행이 수반된 비율은 45%로 보고되고 있다(Campbell & Soeken, 1999).

고문

UN에 의하면, 고문은 "당사자가 행했던 행동이나 행하였다고 의심하는 것에 대하여 벌을 주거나 당사자나 제삼자를 위협하면서…, 당사자나 제삼자로부터 정보나 고백을 얻기 위한 목적으로 신체적이든 정신적이든, 당사자에게 의도적으로 괴로움을 가하는 극심한 고통이나 육체적·정신적 고통으로 인한 행동"이라고 정의되어 있다(Vesti & Kastrup, 1995, p. 214). 고문하는 방법은 기능이나 상황과 상관없이 구타, 거의 목졸라 죽는 상태까지 가는 것, 전기 충격, 다양한 형태의 성적 학대와 폭행, 뼈나 관절을 부러뜨림, 감각 박탈, 죽음이나 신체 절단 위협, 조롱, 다른 사람의 죽음이나 부상에 대하여 책임을 느끼도록 하는 것, 수면 박탈, 불쾌하거나 수치스러운 일에 종사하도록 강요하는 것을 포함하는, 신체적 그리고 심리적 기법과 연관되어 있다. 국제 사면위원회(Amnesty International, 2002)는 현재 111개 이상의 국가들이 고문 사용을 허용하거나 적어도 무언의 허락을 하고 있다고 예측을 하고 있지만, 고문 발생률은 알려져 있지 않다. 비록 고문 피해자들은 북미의 정신 건강 체계들과 접촉할 때 잠재적 고문 내력에 대한 질문을 받는 일이 드물지만, 망명자들 중 고문 피해자들은 인상적으로 진술한다(Baker, 1992).

전쟁

전쟁은 지속되는 심리적 장애의 흔한 그리고 비교적 강력한 원천이다. 외상후(트라우마 이후의) 스트레스의 어려움들은 미국 남북 전쟁과 세계 1, 2차 전쟁들의 참전 군인들, 그리고 아프카니스탄, 한국, 베트남, 페르시아 걸프(이라크를 포함), 이스라엘, 아르메니아, 포클랜드, 소말리아, 그리고 보스니아에서 싸운 사람들에서 잘 설명되어 왔다. 전쟁은 죽음이나 흉터에 대한 급박한 위협, 신체의 부상, 다른 사람들의 부상이나 죽음의 목격, 그리고 다른 사람들(전투 군인들과 시민들 모두)을 부상당하게 하거나 죽이는 것을 포함하는, 광범위하게 폭력적이며 트라우마적인 경험들과 연관된다(Kulka et al., 1990; Weathers, Litz, & Keane, 1995). 어떤 사람들에게 전쟁은 잔혹 행위를 목격하거나 참여하는 것 이외에도, 강간, 포로, 감금, 고문, 그리고 급성 신체 사망과 같은 전쟁 포로 경험을 포함한다. 이러한 트라우마들은 차례로 다양한 증상과 장애들을 낳는다. 오늘날 심리 서비스를 찾는 미국의 참전 군인 대부분은 이라크, 베트남, 또는 한국에서 전투 군인들이었거나 예비 대원들이었다. 미국에서 비록 재향군인 관리국이 많은 재향군인들에게 부상이나 신체 장애와 관련된 서비스를 제공하지만, 재향군인들이 재향군인 정신 건강 센터와 치료자에게 오는 일은 흔하다.

아동 학대

아동기의 성적 그리고 신체적 학대는 성추행에서부터 강간까지 그리고 심한 볼기짝 때리기에서부터 생명을 위협하는 구타까지 다양하며, 아동기 학대는 북미 사회에서는 상당히 흔하다. 미국의 회고적인 아동 학대 보고서에 관한 연구들은 여성의 대략 25~35%와 남성의 10~20%가 아동이었을 때 성적으로 학대되었음을 서술하고 있으며, 남성과 여성의 거의 10~20%가 신체적 학대의 정의와 동일한 경험을 보고하고 있다(Briere & Elliott, 2003; Finkelhor, Hotaling, Lewis, & Smith, 1990). 몇몇 연구들은 35~70%의 여성 정신 건강 질환자들이 아동기의 성적 학대를 보고하고 있다고 제안한다(Briere, 1992). 비록 심리적 학대나 방임 형대의 학대에 대한 발생 정도나 유병률을 수량화하는 것은 더욱 어렵지만, 많은 아동들이 심리적으로 학대되거나 방임된다(Erickson & Eg. Eland, 2002; Hart, Brassard, Binggeli, & Davidson, 2002). 이후의 장들에서 언급되겠지만, 아동 학대와 방임은 종종 심각하며 오래 지속되는 심리적 기능 장애를 낳을 뿐 아니라 앞으로의 삶에서 성적으로 또는 신체적으로 폭행을 당하는 가능성과 연관되어 있다(Classen, Palesh, & Aggarwal, 2005).

트라우마에 노출되어 있는 응급처치 종사자

응급처치 종사자들은 치명적인 부상, 트라우마적인 절단, 할복, 심각한 화상, 피해자의 극도의 괴로움을 포함한, 잠재적 트라우마 현상들을 자주 만나기 때문에, 트라우마화된 사람들을 돕는 사람들 스스로가 트라우마되는 것은 놀라운 일이 아니다. 이러한 스트레스와 관련된 위험에 있는 사람들은 소방관들, 인명 구조자들, 긴급 의료원들, 그리고 다른 응급 의료 종사자들, 사망한 트라우마 희생자들의 신원을 확인하고 다루는 데 종사하는 사람들, 응급 정신 건강과 위기 개입 종사자들, 그리고 법률 집행인들이다(Berah, J, ones, & Valent, 1984; Fullerton, Ursano, & Wang. 2004; Rivard, Dietz, Martell, & Widawski, 2002). 또한 트라우마 생존자를 치료하는 심리 치료자들은 대리 트라우마 형태를 발전시킬 수도 있다(Dalenberg, 2000; Goin, 2002; Pearlman & Saakvitne, 1995).

●● 결합되고 누적되는 트라우마 문제들

나누어 설명된 트라우마 목록은 이러한 트라우마들이 서로 독립적이라는 잘못된 인상을 주게 된다. 즉 어떤 트라우마를 겪는 것이 다른 트라우마를 경험할 가능성을 높이는 데 필요하지 않다는 것이다. 이것은 자연 재해나 집의 화재와 같은 대인적이지 않은 트라우마에서 대개 사실이다. 그러나 많은 연구들은 대인 관계 트라우마 피해자들이 추가의 대인 관계 트라우마를 경험할 위험이 통계적으로 높다고 제시하고 있다. 이것은 특별히 **재피해자되기**(아동기에 학대를 경험한 사람들이 성인이 되어서 다시 피해자가 될 가능성이 상당한 것)로 알려져 있는 사실이다(Classen et al., 2002; Tjaden & Thoennes, 2000). 그밖에도 많은 임상가들이 어떤 내담자들은 성인 트라우마의 보통의 몫보다 더 많은 트라우마들을 가지는 것에 주목하였다. 생활방식, 환경적, 행동적, 성격, 그리고/또는 사회적 문제들이 개인이 반복적으로 피해자가 될 가능성을 높이는 것으로 나타나는 것 같다.

다른 트라우마들 간의 관계, 주어진 개인의 생애에서 그들이 일으키는 증상과 어려움은 복합적일 수 있다. 예를 들면 아동기의 학대는 청소년과 성인기에 다양한 증상들과 잔혹한 학대 행동들(예를 들면 약물 남용, 무분별한 성적 행동, 그리고 해리나 부인을 통한 감소된 위험 인식)을 가져올 수 있으며, 차례로 이후에 대인 관계적 피해자가 될 가능성을 높인다. 이러한 이후의 트라우마들은 더 심각한 트라우마, 연속의, 잠재적으로 더 복합적인 정신 건강 결과의 추가 위험요소들인 더 심각한 행동과 반응을 이끌 수 있다(Briere & Jordan, 2004). 아동기와 성인 트라우마들 모두가 심리적 어려움을 가져올 수 있기 때문에 성인 생존자들이 당면하는 징후는 다음과 같이 진술될 수 있다. (1) 성인기까지 지속되는 아동기 트라우마의 영향, (2) 더 최근의 성적 또는 신체적 폭행의 영향들, (3) 아동기 트라우마와 성인의 폭행들(예를 들면 아동기와 성인기 피해자 경험들에 대한 플래시백), 그리고/또는 (4) 특별히 성인 트라우마에 대한 심각한, 퇴행적, 해리적, 또는 자기 파괴적인 반응과 같은 아동기 트라우마와 성인기 폭행의 문제를 악화시키는 상호작용이다.

수많은 트라우마와 수많은 증상 반응들의 복잡한 혼합은 트라우마를 중점적으로 다루는 임상가들에게 잘 알려져 있으며, 트라우마 임상가들은 가끔 특정 증상을 특정한 트라우마와 연결하고, 다른 증상들을 다른 트라우마와 연결하는 데 어려움을 갖거나, 사실 트라우마 관련 증상들을 트라우마 증상들이 덜한 것으로부터 구별하는 데 어려움이 있다. 비록 이러한 과제는 종종 겁을 먹게 하는 일이지만, 이 책의 나머지 장들은 다양한 트라우마 증상 연결을 분명하게 하는 평가와 치료적 접근법들을 설명하고, 몇몇 사례들은 다면의 트라우마-다면의 증상 제시들에 접근하는 대안 방법들을 제시하고 있나.

 추천 문헌

Breslau, N., Davis, G. C., Andreski, P., & Peterson, E. L. (1991). Traumatic events and post-traumatic stress disorder in an urban population of young adults. *Archives of General Psychiatry, 48,* 216–222.

Koss, M. P. (1993). Detecting the scope of rape: A review of prevalence research methods. *Journal of Interpersonal Violence, 8,* 198–222.

March, J. S. (1993). What constitutes a stressor? The "criterion A" issue. In J. R. T. Davidson & E. B. Foa (eds.), *Posttraumatic stress disorder: DSM-IV and beyond.* Washington, DC: American Psychiatric Association Press.

Norris, F. (1992). Epidemiology of trauma: Frequency and impact of different potentially traumatic events on different demographic groups. *Journal of Consulting and Clinical Psychology, 60,* 409–418.

Read, J., & Fraser, A. (1998). Abuse histories of psychiatric inpatients: To ask or not to ask? *Psychiatric Services, 49,* 355–359.

제2장

트라우마의 영향

이 장은 두 부분으로 나뉘어 있다. 첫 번째 부분은 후기 청소년기 아이들과 성인들의 외상후(트라우마 이후의) 스트레스 증상의 발전과 가장 연관이 있는 개인적, 사회적, 그리고 특정 트라우마 변수들을 논의하고 있다. 트라우마 이후의 결과들에 대한 다양한 요인들에 대하여 비슷한 트라우마에 노출된 두 사람이 매우 다른 방식으로 반응할 수 있기 때문에 임상 실무와 연관이 있다. 즉 한 사람은 단지 경미하고 일시적인 증상을 보일 수 있지만, 다른 사람은 수개월 또는 수년 동안 지속하는 완전히 진행된 스트레스 장애를 발전시킬 수 있다. 정신장애 진단 및 통계 편람(The Diagnostic and Statistical Manual of Mental Disorders, 4th edition, Text Revision, *DSM-IV-TR;* American Psychiatric Association [APA], 2000)에서 밝히고 있듯이 현재의 연구 조사는 트라우마 A 부류에 노출된 사람들 중 소수만이 외상후 장애로 발전함을 보여주고 있으며(Breslau, Davis, Andreski, & Peterson, 1991), 나머지는 영향을 덜 받거나 우울증이나 일반화된 불안과 같은 다른 증상들로 반응된다. 증상 표현의 구체적 정도와 종류는 많은 변수들과 연관되며, 트라우마 스트레스의 위험 요소로 종종 언급된다. 어떤 사례에서는 이러한 위험 요소들이 트라우마 이후의 반응을 줄이도록 이끌고 미래에 있을 장애의 위험을 줄이는 데 치료 목표를 두고 있다.

이 장의 두 번째 부분은 트라우마 이후의 증상들이 가질 수 있는 주요 유형을 설명하고 있다. 임상 결과들은 세 가지 주요 특정 트라우마 장애인 극성 스트레스 장애(Acute Stress disorder, ASD), 외상후 스트레스 장애(Posttraumatic Stress Disorder, PTSD), 뚜렷한 스트레스 유발인자를 가진 단기 정신증 장애 (Brief Psychotic Dkisorder with Marked Stressor, BPDMS) 이외에, 트라우마의 노출로부터 일어날 수 있는 기타 많은 포괄적 반응과 장애를 포함한다.

•• 무엇이 트라우마 반응을 더 가능성 있게, 강도 있게, 또 더 복합적이게 하는가

개인이 경험하는 트라우마 이후 증상의 양과 종류는 적어도 세 가지 영역의 기능이다. (1) 피해자의 특정 변수, (2) 스트레스 유발인자의 성질, (3) 피해자 주변 사람들이 어떻게 피해자에게 반응하는가이다.

피해자 변수

피해자 변수는 트라우마 이전에 준비되어 있었지만 지속된 트라우마 이후의 스트레스 가능성과 연결될 수 있는 피해자의 특징에 관한 것이다.

피해자가 될 수 있는 주요 특정 위험 요소는 다음과 같다.

● 성 — 여성(Breslau, chilcoat, Kessler, & Davis, 1999; Leskin &

Sheikh, 2002)

- 나이 — 중년의 성인기보다 젊거나 더 많은 나이 든 개인들의 나이(Arkeson, Calhoun, Resick, & Ellis, 1982; Koenen et al., 2002)

- 인종 — 백인의 미국인과 비교하면 아프리카계 미국인과 히스패닉이 높은 위험에 있다(Kulka et al., 1990; Ruch & Chandler, 1983)

- 낮은 사회 경제적 지위(Kulka et al., 1990; Rosenman, 2002)

- 이전의 심리적 폐해나 장애(Brady, Killeen, Brewerton, & Lucerini, 2000; Kulka et al., 1990)

- 덜 기능적인 대처 방식(Fauerbach, Richter, & Lawrence, 2002; Silver, Holman, McIntosh, Poulin, & Gil-Rivas, 2002)

- 가족 기능장애 그리고/또는 정신병의 내력(Bassuk, Dawson, Perloff, & Weinreb, 2001; Breslau et al., 1991)

- 트라우마에 노출된 이전의 내력(Breslau et al., 1999; Ozer, Best, Lipsey, & Weiss, 2003)

- 과잉반응적이거나 기능장애적인 신경 체계(Southwick, Morgan, Vythilingam, & Charney, 2003; Yehuda, Halligan, Golier, Grossman, & Bierer, 2004)

- 유전적인 성향(Segman 이외; 2002; stein, Jang, Taylor, Vernon, & Livesley, 2002)

- 트라우마 당시나 직후의 큰 재해(Brewin, Andrews, & Rose, 2000; Roemer, Orsillo, Borkovec, & Litz, 1998)

마지막 특징인 트라우마 동안이나 직후의 재해(종종 가까운 트라우마 고통으로 언급)는 PTSD의 주요한 위험 예측 변수이다. 사실 *DSM-IV-TR*의 기준 A2에서 설명하듯이 스트레스성 사건은 만일 트라우마 당시나 직후의 개인 보고서에서 공포, 두려움, 또는 무기력이 없다면 트라우마로 간주되지 않는다. 분노,

수치, 그리고 죄책감과 같은 기타 가까운 트라우마 반응 또한 트라우마 직후의 반응을 증가시키기 쉽다(예를 들면 Andrews, Brewin, Rose, & Kirk, 2000; Leskela, Dieperink, & Thuras, 2002). 비록 (*DSM-IV-TR*에서 나타내고 있듯이) 트라우마 특성이 가끔씩 고려되더라도, 가까운 트라우마 고통은 트라우마 고통의 지표만큼 피해자 변수일 것이다. 트라우마 당시에 특히 높은 수준의 고통을 경험한 사람들은 스트레스 감내와 정동 조절에서 이미 존재하는(즉 사전 트라우마) 문제들, 이전에 트라우마에의 노출, 그리고 인생의 사건들을 그들의 관리 능력 밖이나 잠재적 위협으로 보는 인지적 성향과 같은 많은 이유들로 트라우마 이후의 어려움들에 더 많은 위험이 있어 보인다.

성과 인종의 역할

열거된 많은 수의 피해자 특성이 트라우마 이후의 보다 큰 어려움들과 연관이 있는 것은 납득할 만하다. 예를 들면 낮은 사회 경제적 지위, 덜 기능적인 대처 방식들, 정신장애의 가족력, 트라우마에 노출된 이전의 내력, PTSD의 유전적인 성향, 그리고 감소된 스트레스 감내 능력을 가진 개인들과 특별히 어리거나 나이 든 사람들은 트라우마 사건에 더 많은 취약성을 가질 수 있다. 다른 한편으로 성과 인종에 관한 인구 통계적 변수들은 직관에 덜 의지하는 분명한 위험 요소들이다. 여성이나 유색 인종이 선천적으로 덜 힘들다거나, 어떤 면에서 특별히 트라우마에 영향을 받기 쉽다고 기대하는 이유는 없다. 그럼에도 불구하고 임상 표본이나 비임상 표본들에서 보면, 이 집단들이 다른 집단들보다 PTSD 진단 기준을 더 충족시키는 것처럼 보인다.

미국 사회에서 여성과 인종적/민족적 소수 집단들이 외상후 스트레스 장애를 낳는 사건들에 더 자주 노출되기 때문에 미국 사회에서 여성이거나 백인이 아닌 것은 트라우마 스트레스 위험 요소로 많이 드러난다(Briere, 2004). 다시 말해서 이들 인구 통계 집단들에서 PTSD의 높은 비율은 스트레스를 다루는 능력이 줄었기 때문이 아니라, 인종적 그리고 성적 불평등과 같은 넓은 사회적 요소의 결과로서, 이러한 개인들이 다른 집단들보다 트라우마를 경험할 가능성이 더 많다는 것이다. 예를 들면 전국 베트남 재향군인 재적응 연구에서(Kulka et al., 1988), 재향군인들의 PTSD의 비율은 백인들(14%)이 히스패닉(28%)이나 아프리카계 미국인들(19%)보다 상당히 낮았다. 그러나 히스패닉과 아프리카계 미국인들이 백인들보다 상당한 전투 스트레스에 더 노출되기 쉬운 것으로 보였다(비록 이 연구에서 강조되지 않았지만, 아마도 군대에 오기 전에 피해자가 되기 쉽다). 전투에의 노출 정도에 대해 인종 차이가 통계적으로 통제될 때, 백인과 아프리카계 미국인들 간의 PTSD의 차이가 드러나지 않았고, 백인과 히스패닉의 차이가 상당히 줄었다. 이와 비슷하게 Kessler, Sonnega, Bromet, Hughes, 그리고 Nelson(1995)이 PTSD의 평생 발병률을 여성은 10.4%, 남성은 5.0%로 예측하였으며, 여성들이 남성들보다 특히 성적 학대와 강간에서, PTSD를 가져오는 트라우마에 노출될 가능성이 상당히 높기 때문에, 성 차이들이 크다고 제안하였다. 트라우마에의 노출 가능성이 두 성에 동등하다면(예를 들면 자연 재해), PTSD 비율은 남성과 여성 간에 거의 동등할 것이다(Yehuda, 2004).

스트레스 유발인자의 특성

피해자 변수 이외에도 수많은 트라우마 특성이 트라우마 이후의 결과들에 영향을 주는 것으로 나타난다. 이는 다음과 같다.

- 의도적인 폭력 행동들(비의도적인 사건들과 반대로서의)(Briere & Elliott, 2000; Green, Grace, Lindy, & Gleser, 1990)
- 생명 위협의 존재(Holbrook, Hoyt, Stein, & Sieber, 2001; Ullman & Filipas, 2001)
- 신체의 부상(Briere & Elliott, 2000; Foy, Resnick, Sipprelle, & Caroll, 1987)

- 전쟁 동안 전투에 노출된 정도(Goldberg, True, Eisen, & Henderson, 1990; Kulka et al., 1990)
- 죽음의 목격(Selley et al., 1997), 특히 죽음 장면이 끔찍한 경우(Epstein, Fullerton, & Ursano, 1998)
- 트라우마로 사랑하는 사람이나 친구의 사망(Green et al., 1990)
- 예상할 수 없음과 통제할 수 없음(Carlson & Dalenberg, 2000; Foa, Zinbard, & Rothbaum, 1992)
- 성적(비성적인 것과 반대로서) 피해자화(Breslau et al., 1991)

트라우마 이후의 스트레스의 발전에 관한 이러한 트라우마 특성들의 영향은 상당하다. 피해자 변수들을 막론하고, 어떤 트라우마 사건들(예를 들면 강간)은 다른 사건들(예를 들면 자연 재해)보다 훨씬 더 PTSD를 가져오는 것으로 알려져 있다. 따라서 개인의 트라우마 이후의 스트레스를 예상하려고 할 때 트라우마 변수들만을 고려하는 것은 잘못된 것이며, 또한 트라우마 이후의 반응들이 단지 개인적 또는 인구 통계적 변수들 때문이라고 추정하는 것도 잘못된 것이다.

사회적 반응, 지지, 그리고 능력

가족 구성원, 친구, 그리고 다른 사람들에 의한 심리적 지지는 트라우마 이후의 스트레스 강도를 줄이는 것으로 알려져 있다. 이러한 지지는 트라우마 노출 상황 이후의 받아주는 반응(즉 비난하지 않기, 낙인 찍지 않기), 사랑받는 사람들로부터의 돌보기와 양육, 그리고 트라우마 사건 이후 도와주는 사람들이나 도와주는 기관들의 유용성을 포함한다(예를 들면 Berthold, 2000; Coker et al., 2002; Lee, Isaac, & Janca, 2002). 그러나 피해자에 대한 사회적 반응은 트라우마 특성이나 피해자 변수들로부터 독립되어 있지 않다. 어떤 트라우마 사건들은 다른 사건들보다 사회적으로 더 받아들여지며(예를 들면 허리케인이나 지진의 피해자는 어떤 사람들에게는 강간 피해자들보다 더 순수하고 가치 있는 연민으로 보일 수 있으며), 어떤 트라우마 생존자들(예를 들면 소수의 인종 집단들, 동성애자들, 불법 이민자들, 창녀들, 노숙자들)은 다른 사람들보다도 더 편견이 있는 대우를 받기 쉽다. 그러나 이러한 복잡함을 떠나서, 대부분의 연구들은 사회적 지지가 트라우마 영향들의 가장 강력한 견정 요인 중 하나라고 제안한다. 이 사실은 우리가 살펴볼, 트라우마 치료의 치유적 관계의 중요성을 포함한, 트라우마 회복의 사회적/관계적 측면을 강조한다.

●● 트라우마 이후의 반응 유형

앞에서 언급하였듯이 잠재적 트라우마 사건들은 유형과 빈도에서 다양하며, 심리적 영향들은 피해자의 구체적 그리고 사회적/문화적 변수들의 주최자에 의해서 조정된다. 그러므로 많은 다른 증상들과 장애들이 트라우마 사건들에의 노출과 연관지어지는 것은 놀랄 만한 일이 아니다. 이들 중 가장 중요한 것들이 다음에서 설명될 것이다. 그러나 모든 심리적 상처가 증상이나 장애 목록으로 포함될 수는 없다. 트라우마는 우리가 부여하는 삶의 의미를 변화시킬 수 있고, 진단 설명서로 쉽게 분류되지 않는 느낌과 경험을 낳을 수 있다. 더 실존적인 영향들은 심각한 공허함, 자신의 정신과의 언결의 상실, 또는 희망, 신뢰, 또는 자신이나 다른 사람을 돌보는 능력의 붕괴를 포함한다(Herman, 1992a). 이러한 이유로 진단이나 심리적 테스트 결과들은 트라우마 영향에 대한 모든 범위를 포함하는 것이 드물다. 반면에 진단과 증상 설명은 임상가들이 공통의 언어와 지식 기반을 언급하도록 허락하며 유용한 치료 계획 발전에 도움을 줄 수 있다.

우울증

트라우마 이후의 스트레스를 가져오기에 충분한 압도적인 사건들은 치료가 필요한 수준의 우울증(depression)을 가져올 수 있다(Kessler et al., 1995). 외상 후 스트레스와 우울 증상들이 같은 트라우마 사건에서 일어날 때 피해자들은 비탄과 사망, 버려짐과 고립의 테마를 종종 보고한다. 외상후(트라우마 이후의) 스트레스, 비탄, 그리고 우울증들의 상당한 중복뿐만 아니라 트라우마 이후의 우울증과 고조된 자살 가능성과의 연결은 우울증이 트라우마화된 사람들과 일 하는 데 있어서 항상 고려되어야 함을 의미한다.

복합적 또는 트라우마적 비탄

비탄은 상실에 대한 정상 반응이며 시간이 지나면서 종종 자연스럽게 해결된 다. 그러나 상실이 갑작스러운, 트라우마적인(아마도 폭력적이거나 끔직한) 죽 음이나 개인 생활의 붕괴를 포함할 때, 상실 반응은 더 복합적이게 되며, 지속 적인 정신 건강 문제와 연관될 수도 있다(Prigerson et al., 1999). 예를 들면 트라우마적인 상실은 치료가 필요한 우울증, PTSD, 약물 남용, 또는 어떤 경우 에는 심각한 신체적 질병(예를 들면 Shear & Smith-Caroff, 2002; Zisook, Chentsova-Dutton, & Shuchter, 1998)을 동반일 것이다. 이러한 점에서, 트 라우마적인 상실에 잇따른 '복합적인' 또는 '트라우마적인' 비탄 장애가 제안 되어 왔으며(Horowitz et al., 1997; Prigerson et al., 1999), 외상후 증상들 에는 다음과 같은 증상들이 포함되어 제안되어 왔다. '강도 높은 침투적 생각, 괴로운 갈망, 지나치게 외롭고 공허한 느낌, 사망한 사람을 연상케 하는 일을 지나치게 회피하기, 비정상적인 수면 곤란, 그리고 개인의 활동에서 부적응 수 준의 관심 상실' 들이다(Horowitz et al., 1997, p. 904). 비록 DSM-IV에 코드 화되어있지 않지만, 이러한 증상들은 자연 재해, 테러리스트의 공격, 그리고 죽 음이나 기타 중대한 상실을 낳은 다른 사건들에 노출된 사람들에서 흔히 발견 된다.

주요 우울증

앞서 언급하였듯이 많은 연구들이 주요 트라우마에 노출된 사람들이 주요 우울 장애를 발전시킬 위험이 있음을 지적하며, 우울증은 PTSD에서 함께 공존하는 가장 흔한 장애들 중 하나이다(Breslau et al., 1991; Kessler et al., 1995). 주요 우울증의 어떤 증상들(특별히 불면증, 심리활동의 안절부절, 그리고 감소된 집중력 부족)은 PTSD 증상들과 중복되며, 이는 평가를 복잡하게 한다. 추가로 많은 트라우마 생존자들은 우울한 기분을 주로 호소하며, 치료 초기에 트라우마 노출 상황 내력을 보고하지 않는다. 그 결과 트라우마 피해자들을 평가하는 임상가들은 다음과 같은 **우울 증상**에 주의해야 한다.

- 바꿀 수 없는 사망과 관련된 극도의 슬픔 또는 불쾌감
- 미래의 트라우마 사건의 가능성에 대한 절망감
- 무가치함, 과도한 죄책감, 또는 트라우마 사건을 가질 만하다는 생각
- 자살 충동성
- 이전의 즐기던 활동에의 관심 상실
- 감소된 집중력 능력
- 심리활동의 안절부절 또는 지연
- 신경성 식욕부진 그리고/또는 체중 감소
- 피로와 에너지 사망
- 수면 곤란, 불면증 또는 과다수면

우울증이 개인의 외상후의 묘사에 대한 중요 요소일 때, 심리치료 이외에 약물 요법이 권고될 수 있다(11장 참조).

정신병적 우울증

트라우마는 정신병 이외에 우울증과도 관련이 있는 것으로 알려져 있다(Davidson, 1994). 그러므로 정신병적 특징을 가진 주요 우울증이 외상후 스트

레스와 연결되는 것은 당연하다. 더욱 놀랄 만한 것은 이러한 PTSD가 정신병이 없는 우울한 개인들보다 정신병 증상을 가진 우울한 개인들에서 네 배나 흔하다는 것이다(예를 들면 Zimmerman & Mattia, 1999).

정신병적 우울증을 가진 사람들에서 이러한 PTSD의 높은 위험률은 여러 가지로 설명될 수 있다. 첫째, 극도의 트라우마는 정신병과 우울증을 가져올 수 있으며, 어떤 사람들은 동시에 두 가지 조합 증상을 보이기도 한다. 둘째, 정신병적 우울증 성향을 가진 사람들은 감소된 정동 조절 능력 때문에 또는 스트레스를 받으면 인지적으로 혼동스러워지는 경향 때문에 PTSD의 위험을 가질 수도 있다. 셋째, 우울증을 동반한 PTSD로 괴로워하는 사람들의 어떤 '정신병적' 증상들은 실제로 외상후 스트레스와 연관된 심각한 침투적 증상을 나타낸다. 예를 들면 강간과 가정 폭력 피해자들은 가해자들이 자신을 모욕하거나 경멸하는 말을 자주 듣는다고 보고하며, 총기 폭력의 피해자들은 총 발포 소리를 자주 듣는다고 보고한다. 트라우마 이후의 스트레스, 우울증, 정신병의 연관성 이유와 상관없이, 평가를 하는 임상가는 정신병적 증상과 우울증 증상을 호소하는 환자들 모두에게 심각한 트라우마에의 노출 가능성이 있는지를 유념해야 한다.

불안

트라우마는 위험과 취약함의 경험을 포함하기 때문에, 트라우마 이후의 결과들은 종종 불안(anxiety) 증상을 포함한다. 이러한 반응들은 세 집단으로 나뉜다 — 범불안장애, 공황발작, 트라우마 이후의 공포증이다.

범불안장애

범불안장애(generalized anxiety)는 트라우마에 대한 반응으로 트라우마 이후의 스트레스(예를 들면 Koenen et al., 2002)와 트라우마 노출 상황에 잇따른 증상(예를 들면 Freedman et al., 2002) 모두를 발전시키는 위험 요소로 알려져 있다. 이외에도 많은 개인들은 트라우마적인 사건 이후 구체적이지 않은 불안 증상의 증가를 보고한다(예를 들면 Mayou, Brayant, & Ehlers, 2001). 불안은 다양한 병인 요소들의 결정적인 공통 경로이기 때문에 어떤 것은 트라우마와 관련되어 있지 않으며, 개인의 일반적 불안의 존재가 그 개인이 트라우마 내력을 가지고 있다는 의미가 아니다. 그러나 트라우마화된 개인들에서, 구체적이지 않은 불안은 위협적인 사건의 영향을 종종 반영하며 포괄적 트라우마 치료에서 고려되어야 한다.

공황

역사적으로 공황(panic)발작과(대개 10분에서 한 시간 정도 지속되며 심장의 두근거림, 발한, 그리고 임박한 죽음을 느끼는 것과 같은 증상이 특징이다) 공황장애는 트라우마 관련 현상으로 고려되어 오지 않았다. 그러나 *DSM-IV-TR*은 공황발작이 특별히 스트레스적인 사건과 중요한 사람의 사망에서 일어날 수 있으며, 많은 트라우마 생존자들이 대인적 피해 이후에 공황 에피소드를 보고한다(예를 들면 Falsetti & Resnick, 1997). *DSM-IV-TR*에 따르면, 이러한 에피소드는 공황 장애의 증거로 고려되지 않는데, 진단 기준이 공황발작이 특정 사건과 연결되지 않음을 필요로 하기 때문이다. 공황장애의 진단 기준과 상관없이, 공황발작은 뒤의 장들에서 설명하였듯이, 가능한 약물치료를 포함하는 임상가들로 부터의 개입을 요구하는 압도적이며 위협적인 경험이 될 수 있다.

 *DSM-IV*에서 공식적인 공황 장애와 트라우마 이후의 공황을 분리시켰음에도 불구하고, 최근 연구는 일반인들에서 공황장애와 트라우마 이후의 스트레스 사이에 두 병이 동시에 발발할 가능성이 상당하다고 제안한다(예를 들면 Leskin & Sheikh, 2002). 다시 말해서 PTSD는 공황발작과 자주 연관되며, 심지어 이러한 발작들이 트라우마 관련 촉발인자 탓이라고 보지 않는다. 그 결과 임상가는 트라우마 노출로 괴로워하는 사람들을 평가할 때, 공황 에피소드에 대한 것을 물어야 하며, 트라우마 생존자의 공황발작이 트라우마 이후의 스트레스의

형태를 표현한 것일 수 있다는 것을 고려해야 한다.

공포불안

어떤 사람들은 공포증 발달의 유전적 측면을 더 강조하지만, '불합리한' 공포 (즉 공포증)의 병인론에 대한 대부분의 모델들은, 이전의 기분을 상하게 했던 사건을 연상시키는 자극에 대한 **조건화된 공포 반응**을 강조하는 경향이 있다 (Kendler, Myers, & Prescott, 2002). 조건화 이론(conditioning theory)과 연관지어, PTSD와 ASD의 많은 회피 증상들은 내재적으로 공포적이다. 여기 에는 그 트라우마를 연상시키는 사람, 장소, 상황을 회피하려는 노력이 포함되 며, 이것은 주로 이러한 자극들로 연상될 수 있는 공포 때문이다. 이밖에도 사 회 공포증과 특정 공포증은 외상후 스트레스와 공존하여 발병되어 왔으며 (Kessler et al., 1995; zayfert, Becker, Unger, & Shearer, 2002), 트라우마 에 노출된 사람들 가운데 더 흔하다(Mayou et al., 2001).

스트레스 장애

급성 트라우마의 특징은 PTSD나 ASD로 종종 여겨지며, 각각은 *DSM-IV-TR*의 불안장애로 분류된다. 비록 이러한 반응들이 트라우마로부터 일어날 수 있는 증상의 부분만을 나타내지만, 트라우마에 노출된 사람들 중에 꽤 흔하다. 이 와 관련된 장애인, 단기 **정신증 장애**(brief psychotic disorder with marked stressors)는 가끔 스트레스 장애(stress disorders)에 포함되지만, 이 장의 뒤 에서 나누어서 다루었다.

외상후 스트레스 장애(PTSD)

외상후 스트레스 장애(Posttraumatic stress disorder, PTSD)는 *DSM-IV-TR* 에서 트라우마 특정 장애로 가장 잘 알려져 있다. 표 2.1에서 보여주듯이, PTSD 증상들은 세 군(群)으로 나누어진다. 즉 트라우마 사건의 재경험, 트라우마와 관련 자극들 회피와 일반 반응의 무감각, 그리고 지속되는 과도 각성이다. 대개 재경험은 플래시백과 침투적인 생각들 또는 트라우마에 대한 기억들 이외에도, 그 사건을 연상시키는 자극들에의 노출에 관한 고통과 생리적 반응으로 나타난다. 회피 증상들은 인지적(예를 들면 기분을 상하게 하는 생각, 느낌, 또는 기억들을 회피하거나 억압하기), 행동적(예를 들면 스트레스 요인의 기억들을 유발시킬 수 있는 활동, 사람, 장소, 또는 대화를 회피하기), 해리적(예를 들면 스트레스 요인의 전부 또는 부분들에 대한 건망증), 그리고 적어도 부분적으로 생리적(예를 들면 감정의 무감가)이 될 수 있다. 세 번째 PTSD 증상군인 과도각성은 '도약'(낮은 정도의 갑자기 놀람 시작), 짜증내기, 수면 불편, 또는 주의/집중의 어려움들이다. PTSD 증상의 재경험하기는 종종 시간이 지나면서 처음보다 약해지는 반면, 회피와 과도각성 증상들은 대개 더 지속적이다(예를 들면 McFarlane, 1988).

급성 스트레스 장애와 반대로 PTSD는 스트레스 요인이 있은 지 한 달이 지나야만 진단될 수 있다. 이 증상들은 트라우마 사건이 있고 난 이후의 특정 시간대에 나타날 필요가 없는데, 예를 들면 "몇 달이나 심지어 몇 년 지연되어 증상이 나타날 수 있다"(APA, 2000, p. 466). 그러나 이렇게 지연된 PTSD의 등장은 비교적으로 드물다(예들 들면 Bryant & Harvey, 2002).

이 장에서 '복합성 PTSD' 제목으로 더욱 광범위하게 언급한 대로, 정신장애 진단 및 통계 편람 4판은 대인 관계 피해 후에 특별히 만연하는 PTSD의 몇 가지 특징을 인정하고 있다. 이러한 특징에는 해리, 인지적 왜곡, 그리고 정체성과 정동조절 어려움과 같은 성격장애의 어려움들이다. 그밖에 PTSD 환자들의 80%까지 적어도 하나의 다른 심리적 장애를 가지고 있다(Kessler et al., 1995; Spinazzola, Blaustein, & van der Kolk, 2005). 동반하는 장애들은 대개 주요우울장애, 물질장애, 그리고 다양한 불안장애들이 포함된다(Breslau et al., 1991; Kessler et al., 1995). 이러한 이유 때문에 PTSD에 대한 상세한 평가에 이러한 후유증도 또한 고려해야 한다.

■ **표 2.1** 정신장애 진단 및 통계 편람 4판의 외상후 스트레스 장애

A. 다음 두 가지 항목 모두에 부합되는 트라우마적인 사건에 노출된 적이 있다.

   (1) 자신이나 타인의 실제적이거나 위협적인 죽음이나 심각한 상해, 또는 신체적 안녕에 위협이 되는 사건(들)을 경험, 목격 또는 직면

   (2) 극심한 두려움, 무력감 또는 공포를 포함한 개인의 반응

     주의 : 아동들은 와해되거나 초조한 행동으로 표현될 수 있다.

B. 트라우마 사건이 다음 중 한 가지(또는 그 이상) 방식으로 지속적으로 재경험된다.

   (1) 사건에 대해 반복적이고 집요하게 떠오르는 고통스러운 기억(심상, 생각 또는 지각 포함)

     주의 : 어린 아동들에게는 외상의 주제나 양상이 반복적 놀이로 표출될 수 있다.

   (2) 사건에 대한 반복적이고 고통스러운 꿈

     주의 : 아동은 내용을 인지할 수 없는 무서운 꿈을 꾸게 될 수 있다.

   (3) 마치 트라우마 사건이 재발하고 있는 것 같은 행동이나 느낌(경험을 재현하는 듯한 느낌, 착각, 환각, 그리고 해리성 플리시백 에피소드, 이런 경험은 잠에서 깨어날 때 또는 중독 상태에서의 경험을 포함한다.)

     주의 : 아동에게는 트라우마 특유의 재현이 일어날 수 있다.

   (4) 트라우마 사건과 유사하거나 상징적인 내적 또는 외적 단서에 노출되었을 때 급성 심리적 고통

   (5) 트라우마 사건과 유사하거나 상징적인 내적 또는 외적 단서에 노출되었을 때 생리적 반응

C. 트라우마와 연관되는 자극의 지속적 회피와 일반적 반응의 마비(numbing, 외상 전에는 없었던)가 다음 중 세 가지(또는 그 이상)로 나타남

   (1) 트라우마와 관련되는 생각, 느낌 또는 대화의 회피

   (2) 트라우마 기억을 되살리는 활동, 장소 또는 사람들의 회피

   (3) 트라우마의 중요한 측면의 회상 불능

   (4) 중요한 활동에 대한 현저하게 저하된 관심 또는 참여

   (5) 타인들로부터의 이탈 또는 소외감

   (6) 제한된 정동 범위(예, 사랑의 감정을 느낄 수 없음)

   (7) 미래에 대한 위축된 감각(예, 직업, 결혼, 자녀, 또는 정상적인 생애를 기대하지 않음)

(계속)

D. 증가된 각성의 지속적 증상(외상 전에는 존재하지 않았던)이 두 가지(또는 그 이상) 발생

　(1) 수면 시작 또는 수면 상태 지속 곤란

　(2) 과민한 피곤함 또는 분노 폭발

　(3) 집중 곤란

　(4) 과잉 경계

　(5) 과대 놀람 반응

E. 장해(기준 B, C, D의 증상)의 기간이 1개월 이상이다.

F. 장해가 사회, 직업 또는 다른 중요한 기능 영역에서 임상적으로 심각한 고통이나 손상을
　초래한다.

세분할 것

급성(Acute) : 증상 기간이 3개월 미만인 경우

만성(Chronic) : 증상 기간이 3개월 이상인 경우

세분할 것

지연성(With Delayed Onset) : 스트레스 발생 후 적어도 6개월 이후 증상이 발생하는 경우

출처 : APA(2000), p. 467. *DSM-IV-TR* 승인으로 재인쇄됨, American Psychiatric Association.

급성 스트레스 장애(ASD)

급성 스트레스 장애 진단은 *DSM-IV*에 새로운 것이다. 이 범주의 주된 기능은
트라우마 사건이 일어난 후 비교적 즉시 일어나는 극성 스트레스 요인에 대한
침투적, 회피적(특히 해리적인), 그리고 과도각성 관련 심리적 반응을 인식하고
체계화하는 것이며, 이것은 나중에 PTSD로 진행될 수 있는 사람들을 확인하는
데 도움을 줄 수 있다. 관련 증상들은 적어도 이틀 동안 지속하지만 4주가 넘어
서는 안 된다. 급성 스트레스 장애의 특정 증상들은 표 2.2에 제시되어 있다.

　급성 스트레스 장애는 더 급히 진단되고, 회피 횟수와 과도각성 요건들이 보
다 적은 것을 제외하면, PTSD와의 유사성이 주목할 만하며, 더 심한 해리 증
상들을 포함한다. 특별히 *DSM-IV*에 실려 있는 분명한 해리적 특징들은 정신병
적 둔감화와 무심함, 그리고 비개인화 (그리고/또는) 비현실감이다. 이러한 차
이점들이 보여, 급성 스트레스 장애와 외상후 스트레스 장애 사이에 일대일 관

■■ **표 2.2** 급성 스트레스 장애

A. 다음 두 가지 기준에 부합되는 트라우마 사건에 노출된 적이 있다.

   (1) 자신이나 타인의 실제적이거나 위협적인 죽음이나 심각한 상해, 또는 신체적 안녕에 위협이 되는 사건(들)을 경험, 목격 또는 직면

   (2) 극심한 두려움, 무력감 또는 공포를 포함한 반응

B. 고통스러운 사건을 경험하는 도중이나 이후, 다음 중 세 가지(또는 그 이상) 해리 증상이 나타난다.

   (1) 감정반응의 무감각, 이탈 또는 결여에 대한 주관적 감각

   (2) 주변에 대한 자각 감소(예, '멍한 상태')

   (3) 현실감 부재

   (4) 비개인화

   (5) 해리성 기억상실증(예, 외상의 중요한 측면을 회상하지 못함)

C. 트라우마 사건은 다음 중 적어도 한 가지 방식으로 지속적으로 재경험된다. 즉 반복되는 영상, 사고, 꿈, 착각, 플래시백 에피소드, 또는 과거 경험을 다시 경험하는 느낌, 또는 트라우마 사건을 떠올리게 하는 것들에 노출되는 고통

D. 트라우마를 떠올리는 자극(예, 사고, 느낌, 대화, 활동, 장소, 인물)에 대한 뚜렷한 회피

E. 불안이나 증가된 각성 반응의 현저한 증상(예, 수면 곤란, 화를 자주 냄, 집중 곤란, 과잉 경계, 과장된 놀람반응, 안절부절 못함)

F. 장애가 사회, 직업 또는 다른 중요한 기능 영역에서 임상적으로 심각한 고통이나 손상을 초래하거나, 가족 구성원들에게 외상적 경험에 대해 이야기함으로써 필요한 도움 요청이나 인적 자원의 동원과 같은 필요한 과업을 추구하는 개인의 능력을 손상시킨다.

G. 장애는 최소 2일에서 최대 4주간 지속되며 외상 사건 발생 후 4주 이내 증상이 나타난다.

H. 장애는 물질(예, 남용약물, 투약약물)이나 일반적인 의학적 상태의 직접적인 생리적 효과로 인한 것이 아니고, 단기 정신증 장애로 더 잘 설명되지 않으며, 단순히 기존의 축 1이나 축 2의 장애가 악화된 상태가 아니다.

출처 : APA(2000), p. 467. *DSM-IV-TR* 승인으로 재인쇄됨, American Psychiatric Association.

계는 없다. 심각한 급성 반응을 가진 몇몇 개인들은, 특히 두드러진 해리를 가진 개인들은 초기에 급성 스트레스 장애 범주를 충족하지만, 30일이 지나면 외상후 스트레스 장애 기준이 맞지 않을 것이다. 반대로 초기에 해리 증상들이

없어서 급성 스트레스 장애에 적합하지 않은 개인들이 트라우마 사건 1개월 후에 외상후 스트레스 장애 기준에 적합할 수 있을 것이다(Harvey & Bryant, 2002).

급성 스트레스 반응을 가진 개인들은 때때로 불안정한 정동과 심리적 움직임의 동요나 지체를 보이며, 이러한 증상들은 *DSM-IV* 기준에 포함되어 있지 않다. 정신병적이거나 정신병에 가까운 증상들 또한 보일 수 있으며, 특히 스트레스 요인이 심각하거나 특별히 피해자가 심리적으로 취약할 때 그럴 수 있다. 이러한 것들에는 일시적인 인지적 산만함, 박해나 외부의 통제와 관련된 단순히 과대평가된 아이디어나 망상, 그리고 트라우마 관련 내용의 환청이 포함될 수 있다. 그러나 정신병적 특징이 현저할 때, 이 장의 후반에 언급한 대로 적절한 진단은 대개 단기정신병 장애와 정신병적 특징의 주요 우울장애이다.

어떤 사람들은 기존의 급성 스트레스 장애를 초기 외상후 스트레스 장애와 분리된 장애로 정하기에는 증거가 충분하지 않으며(예를 들면 Marshall, Spitzer, & Liebowitz, 1999), 급성 스트레스 장애 진단 기준에 의해 강조된 해리 증상들은 초기 외상후 스트레스 장애 시작의 일반 부분이 필요하지 않다고 주장한다(harvey & Bryant, 2002). 증상 발발의 시작 이외의 다른 국면들에 관하여 급성 스트레스 장애를 외상후 스트레스 장애로부터 구별 가능한 것과는 별개로, 급성 스트레스 장애는 사고, 대규모의 재해, 대형 트라우마, 또는 대인적 피해 직후의 심각한 증상들로부터 고통스러워하는 사람늘에 대한 유용한 진단이다.

스트레스 장애의 다른 진단에 관한 노트

임상가들은 종종 심각한 외상후 스트레스 장애로 고통스러워하는 사람들을 명백히 기술하지 못한다. 예를 들면 (1) 환자가 공식적 진단 기준인 A 사건을 경험하지 않았거나, (2) 이러한 사건을 경험은 하였지만 그 사람의 증상이 외상후 스트레스 장애 발단에는 상당히 미치지 못하는 경우이다. 일반적으로 어떤 개인이 기준 A에 맞지 않지만 축 1의 다른 불안이나 우울장애 기준에 맞는 불안이나 우울 증상을 기술한다면, 그 장애가 이 사람의 임상 상태를 가장 잘 묘사할 것이다. 만일 증상들이 불안이나 우울장애 기준에 맞지 않는다면, **적응장애** 진단(스트레스적인 일상 사건들에 대한 반응으로 불안, 우울, 그리고 행동 장애를 파악하는 다소 허술하게 정의된 진단)이 적절할 수 있다. 만일 이 개인이 기준 A의 스트레스 요인을 경험하였지만, 외상후 스트레스 장애의 모든 기준에 맞지 않거나(만일 세 가지 대신 두 가지 회피 증상들을 보고하거나, 현저한 회피와 과도각성을 보이지만 재경험이 없는 경우) ─ 코드화할 수 있는 다른 축 1의 진단의 부재 ─ **기타 불특정 불안장애** 진단이 적용될 수 있다.

해리

정신장애 진단 및 통계 편람 4판은 해리(dissociation)를 '의식, 기억, 정체성 또는 환경에 대한 인식의 통합 기능의 분열"로 설명하고 있다(p. 519). 대부분의 정의 중심이 되는 것은 근본적 의학적 장애에 원인이 있지 않은, 그 사람의 사고나 생각, 느낌, 인식, 그리고/또는 기억들, 대개 트라우마 사건에 대한 반응에 대해 감소되거나 변경된 접근으로부터 생기는 정상적 의식의 변화에 대한 개념이다(Briere & Armstrong, 출판 중).

정신장애 진단 및 통계 편람 4판은 다섯 가지 해리 장애를 목록화하고 있다.

1. **비개인화 장애**, 인식의 착란과 자신의 몸으로부터의 분리
2. **해리성 건망증**, 기억에 접근하는 데 심인적·임상적으로 심각한 무능으로 구성됨
3. **해리성 둔주**, 연상된 정체성 혼란으로 인한 연장된 여행으로 특징됨
4. **해리성 정체성장애**(공식적으로 다중인격 장애), 한 사람 안에 두 가지 이상의 인격의 경험을 포함
5. **그밖의 해리 장애**(DDNOS), 두드러진 해리성 장애들이 분명하지만 현재의

진단 기준 중 하나로 분류될 수 없을 때 사용됨

다양한 해리성 장애들에도 불구하고 해리 현상들은 '해리' 또는 '해리적임'
과 같은 하나의 근본적인 상태나 특성의 표현으로 고려되어 왔다. 어떤 임상가
들은 해리성 증상을 연속체로 보며, 해리성 정체성 장애나 둔주 상태와 같은 현
상들이 비개인화보다 더 많은 심각한 해리를 대변한다고 본다(예를 들면
Bernstein, Ellason, Ross, & Vanderlinden, 2001). 그러나 다른 연구자들은
해리 증상들이 오직 적당하게 상호연관된 많은 무리를 형성하려는 경향이 있다
고 언급한다(예를 들면 Briere, Weathers, & Runtz, 2005; Ross, Joshie, &
Currie, 1991). 후자의 분석은 '해리'가 어느정도 잘못된 명칭이라고 제안
한다 — 구성 개념이 다양하고 형식에서는 다르지만 결국은 비슷한 결과를
낳는, 현상적으로 뚜렷한 경험들을 말하는, 즉 감정적 괴로움의 정신적 회피
이다.

비록 해리 반응들에 대한 현상이 해결되어야 하는 것이지만, 해리가 종종
트라우마와 관련되어 있다는 것은 분명하다. 각각의 해리 장애들이(기타 불특
정 해리 장애를 제외하고) 항상 배타적이지 않더라도 정신장애 진단 및 통계
편람 4판의 트라우마 사건들과 연결되어 있다. 트라우마 문헌의 해리 증상들
과 관련된 스트레스 요인들에는 아동 학대(예를 들면 Chu, Frey, Ganzel, &
Matthews, 1999), 전투(예를 들면 Bremner et al., 1992), 성적 그리고 신체
적 폭행(예를 들면 Cooper, Kennedy, & Yuille, 2001), 그리고 자연 재해들
(예를 들면 Koopman, Classen, & Speigel, 1996)이 있다. 이러한 트라우마-
해리 관계는 아마도 급성 스트레스 장애 진단 기준의 해리 증상의 두드러짐과
지속적인 해리 그리고 외상후 스트레스 장애들의 눈에 띄는 공존 장애를 설명
해 준다(Biere, Scott, & Weathers, 2005). 그러나 한 연구는 비록 대부분의
해리 반응들이 트라우마 내력를 가진 사람들에서 나타나지만, 트라우마에 노출
된 사람의 대다수는 — 다른 위험 요소들이 부재한 경우 — 주된 해리 증상을 보

이지 않을 것이라고 제안한다(briere, 출판 중). 이외에도 어떤 해리 반응들은 아동기의 방임 경험들과 연결되거나 초기의 불안전 부모-아동 애착과 연결된 다(main & Morgan, 1996; Ogawa, Sroufe, Weinfield, Carlson, & Egeland, 1997) — 정신장애 진단 및 통계 편람에 정의되어 있지는 않지만, 트라우마의 한 형식으로 보일 수 있는 현상들이다.

신체형 반응

신체형 반응(somatoform responses)은 심리적 요소들에 의해 상당한 영향을 받은 신체적 또는 몸의 증상들이다. 특히 신체형 장애와 전환 반동이 트라우마 생존자들과 관련되어있다.

신체화 장애

신체화 장애(somatization disorder)를 가진 개인들의 증상의 공통점은 광범 위한 증상들(통증의, 위상의, 성적인, 신경학적)이며 증상들의 유일한 공통점 은 신체적 집중과 의학적 현상만으로 설명될 수 없는 사실이다. 관련 장애인 **비특정 신체화 장애**(undifferentiated somatoform disorder)는 의학적 설명을 발견할 수 없거나 증상(들)이 예측 수준을 초과하는 단지 한 가지 신체적 호소가 요구된다. 신체화는 아동기의 학대 내력, 특히 성적 학대(예를 들면 Waalker et al., 1993) 이외에 기타 트라우마 사건들(Beckham et al., 1998; Ursano, Fullerton, Kao, & Bhartiya, 1995)과 반복적으로 연결되어 왔다. 트라우마와 신체형 장애의 관련 이유는 분명하지 않다. 교감 활동에 특히 반응하는 신체 기 관 체계들의 연장된 자율신경계 각성의 영향과 성적 학대 생존자들의 만성적인 골반 통증과 같은 트라우마가 생존자의 몸과 관련될 때의 신체적 취약함의 압 도 가능성을 생각해 볼 수 있다(Briere, 1992b). 그밖에 신체화는 심리적 증상 의 타당성을 받아들이지 않는 몇몇 문화나 하위 문화의 괴로움에 관한 특성으 로 기능할 수 있다(Kirmayer, 1996).

비록 신체화가 자주 트라우마와 관련되어지지만, 많은 트라우마 생존자들은 훨씬 분명한 '실제의' 의료적 문제들을 가지고 있다(Schnurr & Green, 2004). 이러한 경우에 신체화 호소들은 확인할 수 있는 근원적인 질병이 반영될 수 있을 뿐 아니라 어떤 경우에는 신체의 괴로움에 대한 감각 — 아마도 위장과 골반의 호소들을 가진 성적 학대 생존자들 — 을 반영할 것이다.

전환

정신장애 진단 및 통계 편람 4판에 따르면, **전환**(conversion)은 '증상이나 손상의 시작과 악화가 갈등이나 스트레스 요인에 의해 선행되기 때문에 심리적 요소들이 증상이나 손상과 연관될 때' 신경학적 또는 기타 일반 의료 조건을 암시하는 자발적 동작이나 감각기관에 영향을 주는 증상이나 손상이라고 언급하고 있다(APA, 2000, p. 498). 일반적인 전환 증상들에는 마비, 말하기 능력의 손상, 비정상적인 동작, 청력 손상, 실명, 그리고 간질이 포함된다.

전환장애는 극도의 심리적 갈등(대개 죄의식과 연관된)과 부차적 이익(secondary gain)으로 생길 수 있지만, 극도로 심한 스트레스 요인(예를 들면 전투나 최근의 중요한 존재의 죽음) 후에 생길 수 있다. 트라우마가 결부될 때, 임상 문헌에서 가장 빈번하게 연결되는 스트레스 요인들은 아동 학대(예를 들면 Roelofs, Keijsers, Hoogduin, Naring, & Moene, 2002; Sar, Akyüz, Kundakci, Kiziltan, & Dogan, 2004), 전투(예를 들면 neill, 1993), 그리고 고문(예를 들면 Van Ommeren et al., 2002)들이다.

신체화와 전환은 모두 문화에 따라 다양하게 나타나며 가끔 심리적 고민에 관한 민족적 모델이나 설명을 반영한다(Kirmayer, 1996). 전환 반응들은 이들의 문화적 기능들이 무엇이든 간에 북미보다는 다른 사회 집단들에서 상당히 훨씬 더 빈번하다(Leff, 1988).

뚜렷한 스트레스 요인이 있는 단기 정신증 장애

뚜렷한 스트레스 요인이 있는 단기 정신증 장애(Brief Psychotic Disorder With Marked Stressor; BPDMS)는 '단기 반응성 정신병(Brief Reactive Psychosis)'으로 정신장애 진단 및 통계 편람 3판(APA, 1987)에 등장하였다. BPDMS는 자주 그리고 상당히 갑자기 시작되며 이 장애는 저절로 상당히 전 개된다는 사실이 주목할 만하다. 진단은 네 가지 정신병적 증상인 망상(delusions), 환각(hallucinations), 와해된 언어(disorganized speech), 또는 심하게 와해된 행동이나 긴장증적 행동(grossly disorganized or catatonic behavior) 중 적어도 한 가지를 필요로 한다. 다른 급성 정신증 요건처럼 뚜렷한 스트레스 요인이 있는 단기 정신증 장애는 가끔 극도의 초조, 정서적 괴로움, 그리고 혼돈을 동반한다. 정신장애 진단 및 통계 편람 4판은 자살 시도를 관련 특징으로 기록하였으며, 이 장애를 가진 사람들은 밀접한 보호감독이 필요하다고 언급하고있다. 뚜렷한 스트레스 요인이 있는 단기 정신병적 장애의 발병 기간은 비록 이러한 시간 틀에 의문의 소지가 다소 있지만, 하루에서 한 달 미만 사이이다. 표 2.3의 정신장애 진단 및 통계 편람 4판의 이 장애의 신단 기준을 보라.

트라우마적인 스트레스 요인에 잇따르는 정신병 에피소드가 뚜렷한 스트레스 요인이 단기 정신증 장애인지가 사실 항상 분명한 것은 아니다. 예를 들면 어떤 사례들에서 정신병은 트라우마와 관련될 수 있지만 수개월이나 그 이상 지속될 수 있다(APA, 2000, p. 331). 이러한 증상들이 한 달의 제한을 초과하기 때문에(다소 임의적), 증상이 트라우마와 얼마나 관련되어 나타났는지 여부와 상관없이 뚜렷한 스트레스 요인이 있는 단기 정신증 장애로 진단될 수 없다. 다른 경우들에는 뚜렷한 스트레스 요인에 대한 분명한 정신병 반응들이 정신병으로 향하는 잠재 성향의 트라우마와 관련된 활성을 나타내거나, 이미 존재하는 — 그러나 이전에 발견되지 않은 — 정신병 질병을 나타낼 수 있다. 또한 이 장의 앞에서 언급하였듯이 심각한 트라우마가 정신병적 특징을 가진 우울증을

■ **표 2.3** 정신장애 진단 및 통계편람 4판의 단기 정신병적 장애 진단 기준

A. 다음 증상 중 한 가지(또는 그 이상)가 나타난다.

　(1) 망상

　(2) 환각

　(3) 와해된 언어(예, 빈번한 탈선 또는 지리멸렬)

　(4) 전반적으로 와해되거나 긴장증적 행동

　　주의 : 만일 문화적으로 허용된 패턴이면 증상에 포함시키지 않는다.

B. 장해의 애피소드 기간이 적어도 1일 이상 1개월 미만이며, 장해 이전의 기능수준으로 완전히 회복된다.

C. 정신증 양상이 있는 기분장애, 분열정동장애 또는 정신분열증으로 더 잘 설명되지 않으며, 물질(예, 남용약물, 투약약물)이나 일반적인 의학적 상태의 직접적인 생리적 효과로 인한 것이 아니다.

세부사항

뚜렷한 스트레스 요인(들) 있음(단기 반응성 정신증) : 증상들이 동일한 문화권 내에서 유사한 상황에 처한 거의 누구에게라도 각각 또는 동시에 심각한 스트레스를 야기할 수 있는 사건 직후에 명백하게 그 사건에 대한 반응으로 나타나는 경우

뚜렷한 스트레스 요인(들) 없음 : 정신병 증상들이 동일한 문화권 내에서 유사한 상황에 처한 거의 누구에게라도 각각 또는 동시에 심각한 스트레스를 야기할 수 있는 사건 직후에 발생하지 않고, 그 사건에 대한 반응으로 인해 나타난다는 것이 명백하지 않은 경우

산후 발병 : 출산 후 4주 이내에 증상이 시작된 경우

출처 : APA(2000), p. 332. *DSM-IV-TR* 승인으로 재인쇄됨, American Psychiatric Association.

낳거나 시작하게 하는 일은 흔하다. 이 진단은 뚜렷한 스트레스 요인이 있는 단기 정신증 장애 우위에 있다(APA, 2000, p. 332). 이밖에도 어떤 만성 정신병적 상태들은 적어도 부분으로 아동기의 트라우마 사건들과 연관되어 있으며(Read, 1997), 이는 모든 트라우마 관련 정신병이 '단기'일 필요가 없음을 시사한다. 심각한 외상후 스트레스 장애의 어떤 사례들은 더 현저한 급성 스트레스 장애나 외상후 스트레스 장애 안에서 정신병적 증상들[예를 들면 편집증적 사고, 사고의 허술(looseness of thought), 또는 환각]을 포함할 수 있다(Davidson, 1994; Pinto & Gregory, 1995). 예를 들면 치료를 구하는 외상후

스트레스 장애를 가진 베트남 전투 재향군인들의 30~40%가 적어도 몇몇 환청 그리고/또는 망상을 경험한다(David, Kutcher, Jackson, & Mellman, 1999). 후자의 모든 사례들의 경우, 뚜렷한 스트레스 요인이 있는 단기 정신증 장애는 분명히 한 달의 기간이 넘기 때문에 물론 진단이 선택되지 않는다.

마약과 알코올 중독

약물 남용과 약물 의존(약물 의존은 내성, 금단 증상, 그리고 약물 자제의 불가능할 때 일어난다)은 비교적 트라우마 사건에 노출된 사람들에게 흔하며, 아마도 특히 대인적 폭력을 경험했던 사람들에게 흔하다(Ouimette & Brown, 2003). 더욱이 우리가 예상하듯, 약물 남용을 하는 사람들은 보통 다른 집단들보다 트라우마 노출 상황 내력을 보고하는 것 같으며, 외상후 스트레스 장애를 보인다(Najavits, 2002; Ouimette, Moos, & Brown, 2003). 트라우마, 외상후 스트레스 장애, 그리고 약물 남용의 공존 장애는 약물 남용과 트라우마 분야 모두에서 폭넓게 논의되는데, 주로 이러한 공존 장애가 평가를 복잡하게 하고 치료를 방해할 수 있기 때문이다(Brown, Read, & Kahler, 2003; Najavits, 2002).

트라우마, 외상후 스트레스 장애, 그리고 약물 남용이 왜 중복되는지에 대하여 적어도 세 가지 주된 이유가 있다(Brown & Wolfe, 1994). (1) 트라우마 생존자들이 정신에 작용하는 약물을 외상후 스트레스의 '자가 치료'로서 구하기 때문에, (2) 약물을 남용하는 사람들이 더욱 쉽게 피해자가 되거나 그렇지 않으면 트라우마에 노출되는 경향이 있기 때문이며, 그리고/ 또는 (3) 트라우마에 노출된 사람들에서 약물 남용이 더욱 그 증상으로(예를 들면 외상후 스트레스 장애) 이끌기 때문이다. 일반적으로 이들 세 가지 가능성 중에서 가장 흔한 설명은 자가 치료이다. 예를 들면 Chilcoat과 Breslau(1998)는 외상후 스트레스 장애를 가진 개인들이 이 장애를 갖지 않은 사람들(트라우마 내력에 개의치 않고)보다 약물이나 마약을 남용하는 경향이 네 배나 되는 반면, 약물 남용은 지속적인 트라우마 노출 상황이나 외상후 스트레스 장애의 예측 변수가 아님을 알게 되었다. 그럼에도 불구하고 어떤 연구들은 약물 남용이 피해자가 될 가능성과(예를 들면 Cottler, Compton, Mager, Spitznagel, & Janca, 1992; Resnick, Yehuda, & Acierno, 1997) 교통 사고(Ursano et al., 1999)와 같은 다른 트라우마 노출 상황을 증가시킨다고 제안한다. 사실 약물 남용 생존자와의 임상 경험은 '악순환'을 시사한다.

- 초기의 트라우마 노출 상황(예를 들면 아동기 성학대)는 이후의 인생에서 추가의 트라우마 가능성을 높인다(1장 참조).
- 이러한 트라우마들의 축적은 중요한 외상후 스트레스와 불쾌감으로 이끈다.
- 증가된 괴로움은 '자가 치료'로서 마약과 알코올 사용을 동기화한다.
- 마약과 알코올 남용은 감소된 주변 인식과 '위험' 행동에 연루되도록 이끈다.
- 이러한 영향들은 추가의 트라우마와 외상후의 고통 가능성을 증가시킨다.
- 증가된 괴로움은 잠재적으로 더 심한 약물 남용으로 이끈다(Allen, 2001; Becker, Rankin, & Rickel, 1998; Briere, 2004; McFarlane, 1998).

•• 복합성 외상후 스트레스 제시 방식

'복합성 외상후 스트레스 장애'

비록 '복합성 외상후 스트레스 장애'(Complex PTSD, Herman, 1992b)가 정신장애 진단 및 통계 편람 4판에 실려 있지 않지만 '기타 불특정 극도의 스트레스 장애'(disorder of extreme stress, not otherwise specified, DESNOS; Pelcovitz et al., 1997) 또는 '자기-트라우마' 장애로 알려져 있으며, 임상 문헌에서 자주 언급되고 있다(Briere, 2002a). 이러한 복합성 외상후 스트레스 결과들은 거의 항상 대인 관계적 특징의 심각하고 오래가는, 그리고 반복된 트라우마로부터 생긴다(Van der Kolk et al., 1996). 이러한 스트레스 요인들에는 아동 학대, 고문, 전쟁 죄수로서의 체포나 강제수용소 피억류자, 그리고 만성적인 배우자 학대가 있다.

이것의 만성적인 그리고 종종 발달적 병인론을 반영한, 이러한 더 복합적인 제안은 앞에서 설명한 신체적인 문제들과 해리적인 문제들 이외에도 정체성, 경계 인식, 대인 관계, 그리고 정동 조절의 만성적 어려움을 포함하고 있다(Van der Kolk, Roth, Pelcovitz, Sunday, & Spinazzola, 2005; Herman, 1992a, b). 충분한 정동 조절 기술의 부재에서, 예를 들면 트라우마화된 개인들은 종종 긴장 감소 행동으로서 언급되는 활성화된 학대−관련 고통을 줄이는 외부 방법에 의존해야 할지도 모른다(Briere, 1996, 2002a). 이러한 행동들은 강박적이거나 난잡한 성적 행동(Brennan & Shaver, 1995), 폭식과 하제(Kendler et al., 2000), 자해(Briere & Gil, 1988), 자살(Zlotnick, Donaldson, Spirito, & Pearlstein, 1997), 그리고 기타 '충동 조절' 문제들(Herpertz 이외)을 포함한다. 부적절한 정동 조절은 앞에서 언급한 대로 마약과 알코올 남용으로 이어질 수 있으며(Grilo et al., 1997), 더 심한 트라우마와 추가의 부정적 결과들을 가져올 가능성을 증가시킬 수 있다(Acierno, Resnick, Kilpatrick, Saunders, & Best, 1999).

복합성 외상후 스트레스 장애 또는 그밖의 해리 장애에 포함된 관계의 혼란과 정체성 혼란은 무질서한 그리고 자주 비순응적 관계와 연루되는 경향이 있으며, 대인적 경계를 다루는 데 어려움을 가지며, 다른 사람들을 강제하는 필요와 자신의 권리 부여에 대한 감소된 인식들이 포함된다(Allen, 2001; Briere & Spinazzola, 2005). 이러한 문제의 원인은 부적합한 부모−아동 애착(Brennan & Shaver, 1998; Sroufe, Carlson, Levy, & Egeland, 1999)에, 주로 아동기 학대나 방임(Cole & Putnam, 1992; Elliott, 1994)에 있다고 생각된다.

흥미롭게도 '복합성 외상후 스트레스 장애'의 '외상후 스트레스 장애' 포함에도 불구하고 — 이러한 사례들에 동반된 외상후 스트레스 장애의 빈번한 출현에도 불구하고 — 외상후 스트레스 장애의 재경험, 회피, 그리고 과도 각성 증상들은 이 증상군에 포함되지 않는다(Herman, 1992a; Pelcovitz et al., 1997). 사실 복합성 외상후 스트레스 장애가 (1) 별개의 증후군인지, (2) 외상후 스트레스 장애와 관련된 특징들인지, 또는 (3) 우리가 일반적으로 믿듯이, 이 장의 시작에서 언급한 변수의 기능으로서 사람마다 다른 광범위한 아직 결과인지를 결정하지 않았다(Briere & Spinazzola, 2005).

경계선 성격 장애

정신장애 진단 및 통계 편람 4판은 **경계선 성격 장애**를 '대인 관계, 자기-이미지, 그리고 정동에 만연된 불안정한 패턴이 있으며, 성인기 초기에 뚜렷한 충동성이 시작되며 다양한 상황에 존재하는' 만성적 장애로 설명하고 있다(APA, 2000, p. 706). 이 장애에 대한 정신장애 진단 및 통계 편람 4판의 진단 기준을 표 2.4에 제시하였다.

경계선 성격 발달에 대한 대부분의 전통 이론들은(예를 들면 Kernberg, 1976) 이 장애의 발생이 아동의 첫 몇 년간의 생활에서 역기능적인 부모(주로 엄마)의 행동에 있다고 추적하고 있다. 이들은 곧 경계선 아동이 될 아동은 의존에 빠지게 되며 독립성에 벌을(종종 방임을 통하여) 받는다고 주장한다. 그러나 제한된 실험만이 이러한 구체적 모델을 지지하고 있다. 많은 연구들이 경계선 성격 장애가 일반적으로 심각하고 길어진 아동기 트라우마, 방임, 그리고 상실과 연관되어 있음을 언급하고 있다(Herman, Perry, & Van der Kolk, 1989; Ogata et al., 1990). 경계선 성격 장애의 증상들은 비교적 복합성 외상후 스트레스 장애와 비슷하며, 정체성, 정동 조절, 그리고 대인 관계 문제들과 관련되어있다. 불행히도 **경계선 성격**이라는 용어는 많은 정신 건강 전문가들에게 부정적인 인생 사건들에 대한 적응 결과로서 깊게 고통스러워하는 사람이기보다는, 함께 일하기 어렵거나, 감정적으로 과민반응하고, 자주 조작하는 사람을 칭하

■ **표 2.4** 정신장애 진단 및 통계 편람 4판 경계선 성격 장애 진단 기준

대인 관계, 자기상(self-image), 그리고 정동에서의 불안정성과 심한 충동성이 광범위한 양상으로, 초기 성인기에 시작되어 다양한 상황에서 다음 중 다섯 가지(또는 그 이상) 항목으로 나타난다.

(1) 실제적 또는 가상적 유기(imagined abandonment)를 피하기 위한 필사적인 노력
   주의 : 기준 5의 자살이나 자해 행위는 포함되지 않음

(2) 극단적 이상화(idealization)와 평가절하 사이를 오가는 특징으로 드러나는 불안정하고 강한 대인 관계 패턴

(3) 정체감 장애 : 현저하게 지속적으로 드러나는 불안정한 자기상 또는 자기감(sense of self)

(4) 잠재적인 자해 충동성이 적어도 두 가지 영역에서 나타남(예, 소비, 성, 물질 남용, 무모한 운전, 폭식).
   주의 : 기준 5의 자살이나 자해 행위는 포함되지 않음

(5) 반복적 자살 행동, 자살 시늉, 자살 위협, 또는 자해 행위

(6) 기분의 현저한 반응성에 의한 정동의 불안정성(예, 강한 일화성 불쾌감, 자극과민성, 또는 불안이 보통 몇 시간 정도 지속되고 며칠 이상 지속되는 경우가 매우 드물게 나타남)

(7) 만성적 공허감

(8) 부적절하고 심한 분노 또는 분노 조절 곤란(예, 잦은 분노 표출, 지속적 분노, 반복되는 몸싸움)

(9) 일시적이며, 스트레스 관련 편집증적 사고 또는 심한 해리 증상

출처 : APA(2000), p. 710. *DSM-IV-TR* 승인으로 재인쇄됨. American Psychiatric Association.

는 것으로 여겨진다. 이러한 이유로 우리는 이 책에서 경계선 성격 장애를, 즉 이러한 증상들을 역행적인 발달 사건들 또는 과정으로부터 생긴 만성적 관계 장애 유형으로 간주하고자 한다.

••트라우마의 의료적 후유증

심리적 장애를 가진 개인들, 특히 외상후 스트레스 장애의 경우, 신체적 건강

합병증에 높은 위험을 보여 왔다(Schnurr & Green, 2004; Zayfert, Daums, Ferguson, & Hegel, 2003). 비록 트라우마와 신체적 질병과 관련된 성질이 잘 설명되어 있지 않았지만, 외상후 스트레스 장애를 겪는 개인들은 등의 통증, 과도한 긴장, 관절염, 폐 질병, 신경 체계 질병, 순환 질병, 암, 뇌졸중, 소화 장애, 내분비선 장애, 기타 장애들에서 증가된 비율을 보여 왔다(Dobie et al., 2004; Frayne et al., 2004). 또한 외상후 스트레스 장애는 전반적으로 낮은 신체적 건강 상태, 높은 의료 서비스 이용, 그리고 높은 건강 돌보기 비용과 연관되어 왔다(Frayne et al., 2004; Walker et al., 2003). 이러한 연관은 특히 만성적인 대인 폭력에서 높이 나타난다. 의료적 돌봄을 찾는 여성들에 대한 설문 조사는 친밀한 파트너 폭력, 성적 학대, 그리고 성 폭력들이 근육과 골격의 질병들, 만성적인 골반 통증, 성적 기능 장애, 그리고 위장 병과 같은 신체적 건강과 상관되어 있다(Briere, jarhk 1992b; Campbell, 2002). 이러한 이유로 3장에서 설명하였듯이, 트라우마화된 개인에 대한 평가는 신체적인 것뿐 아니라 정신적 건강 상태에 대한 평가가 포함되어야 한다.

••비서구권 문화의 트라우마 신드롬

이 장의 시작에서 제시하였듯이, 외상후 스트레스에 대한 제시 방식은 다양한 개인적 변수와 환경적 변수의 영향을 받는다. 다른 문화나 하위문화에서 온 사람들은 자주 트라우마를 경험하고 주류 북미 사회와 다른 방식으로 외상후 스트레스 증상을 표현한다(Friedman & Jaranson, 1994). 예를 들면 비앵글로 색슨 문화에서 온 사람들은 "재경험과 각성된 증상들이 있음에도 불구하고 증상의 둔감이나 회피가 부족하기 때문에 자주 외상후 스트레스 장애 진단 기준에 맞지 않다"(Marsella, Friedman, Gerrity, & Scurfield, 1996, p. 533). 더 나아가 어떤 문화권에서는 북미 집단들에서 보다 더 신체적이며 해리적인 증상들이 전형적인 외상후 스트레스 증상들에 자주 동반된다(Marsella et al., 1996).

모든 트라우마 스트레스 반응들이 외상후 스트레스장애 진단으로 포착되지 않으며, 특히 비앵글로 아메리칸 문화에서 그러하다는 임상적 인식의 증가는 문화 결속 스트레스 반응 개념으로 이끌었다. 그러나 부분적인 문화 결속으로 외상후 스트레스 장애 자체가 고려되어야 하는데, 이것은 앵글로와 유럽 국가들에서 태어나거나 자란 사람들의 외상후 스트레스 증상론을 가장 잘 설명하고 있기 때문이다. 정신장애 진단 및 통계 편람 4판 축 1은 아래의 어떤 증상도 증상적으로 필연적인 것이 없지만, 외상후 해리, 신체화, 그리고 불안-관련 스트레스 반응(예를 들면 *attaques de nervios, dhat, latah, pibloktoq, shinbyung,* 그리고 *susto*)과 연관되어 보이는 몇 가지 문화-결속 신드롬을 싣고 있다.

 추천 문헌

Brewin, C. R., Andrews, B., & Valentine, J. D. (2000). Meta-analysis of risk factors for posttraumatic stress disorder in trauma-exposed adults. *Journal of Consulting and Clinical Psychology, 68,* 748–766.

Briere, J., & Jordan, C. E. (2004). Violence against women: Outcome complexity and implications for treatment. *Journal of Interpersonal Violence, 19,* 1252–1276.

Davidson, J. R. T., & Foa, E. B. (Eds.). (1993). *Posttraumatic stress disorder: DSM-IV and beyond.* Washington, DC: American Psychiatric Press.

Harvey, A. G., & Bryant, R. A. (2002). Acute stress disorder: a synthesis and critique. *Psychological Bulletin, 128,* 886–902.

Herman, J. L. (1992). *Trauma and recovery: The aftermath of violence—from domestic abuse to political terror.* New York: Basic Books.

Marsella, A. J., Friedman, M. J., Gerrity, E. T., & Scurfield, R. M. (Eds.). (1996). *Ethnocultural aspects of posttraumatic stress disorder: Issues, research, and clinical applications.* Washington, DC: American Psychological Association.

van der Kolk, B. A., McFarlane, A. C., & Weisaeth, L. (1996). *Traumatic stress: The effects of overwhelming experience on mind, body, and society.* New York: Guilford.

제3장

트라우마와 트라우마 이후의 결과 평가하기

2장은 트라우마에 노출됨으로써 생길 수 있는 다양한 증상들과 심리적 장애 들을 개괄하였다. 3장은 이러한 트라우마 이후의 결과들 ─ 그리고 이러한 결과들을 초래하는 사건들 ─ 이 평가될 수 있는 다양한 방법들에 대하여 설명 한다. 비록 우리는 실험적으로 근거 있는 평가 도구들과 구조적 진단 인터뷰를 강력하게 지시하지만, 대부분의 '실제 상황'의 임상 평가들은 내담자를 접수하 는 초기 면접 치료 시간 동안 내담자와 환자 간의 덜 공식적이고 비교적 비구조 화된 공유에서 일어난다. 비록 더 주관적일수록 해석의 오류가 있을 가능성이 크지만 내담자 반응에 대한 관찰은 이후의 치료를 위한 직접적 암시를 주는 중 요한 정보를 줄 수 있다. 이러한 이유로 우리는 임상 인터뷰로 시작하며, 그런 다음 더 표준화된 방법을 응용할 것이다.

••임상 인터뷰 평가

당면한 고려사항

이 장의 대부분은 임상가가 특정 트라우마 관련 증상이나 장애를 평가하는 평가 접근법들을 다룬다. 이러한 평가는 어떤 치료적 개입들이 내담자의 구체적인 필요에 가장 적합한지를 확신하기 위하여 필요하다. 그러나 내담자의 즉각적인 수준의 안전, 심리적 안정, 그리고 더 심도 깊은 평가와 치료를 위한 준비에 대한 평가는 더욱 중요하다.

생명에 대한 위협

가장 분명한 것은 트라우마 관련 상황에 대한 평가에서 맨 처음 중점을 두는 것은 내담자의 생명 손상이나 신체적 보전, 또는 다른 사람들을 다치게 할 즉각적 위험이 있는지를 평가한다. 이것은(당면한 사고, 재해, 또는 신체적 폭행의 사례에서) 내담자가 의학적으로 안정적인지에 대한 평가를 포함한다. 지속적인 대인 관계 폭력 사례에서는, 가까운 미래에 다른 사람들로부터 피해를 입을 위험이 있는지를 알아내는 것은 매우 중요하다. 가장 일반적인 평가의 위계체계는 다음과 같다.

1. 즉각적 죽음(예를 들면 출혈, 내장 손상, 독성이나 감염 약품들)의 위협, 또는 팔 다리나 다른 중요한 신체적 기능 사망의 즉각적 위협이 있는지
2. 내담자가(예를 들면 중독으로 인한 두뇌 손상이나 일시적인 섬망(delirium), 심각한 정신병으로) 무능력하여, 예를 들면 길거리에서 돌아다니기, 또는 음식이나 쉼터에 이용할 수 없는 정도로 자신의 안전에 주의를 기울일 수 없는지?
3. 내담자가 갑자기 자살을 하려 하는지?
4. 내담자가 다른 사람들에게 위험한지(예를 들면 살인을 하려고 하는지, 누

군가를 해칠 상당한 위협을 하고 있는지), 특히 방법들이(예를 들면 총) 가능한지?

[주 : 3번과 4번은 중요한 정도가 같다.]

5. 내담자의 즉각적인 심리사회적 환경이 안전하지 않은지?(예를 들면 내담자가 다른 사람들의 잔혹행위나 착취에 직접적으로 취약한지?)

이러한 문제들이 있을 때 트라우마 치료 개입의 첫 목표는 내담자나 다른 사람들의 신체적 안전을 확인하는 것이며, 종종 다른 곳으로의 의뢰 또는 응급 의료 서비스나 정신과 서비스로 분류하거나 법 집행 또는 사회복지 서비스를 통하여 안전 확인이 이루어진다. 또한 이러한 과정에서 내담자를 보조해 줄 수 있는 지지적이며 영향을 덜 받은 가족 구성원, 친구, 기타 다른 사람들이 가능할 때마다 관여하는 것도 중요하다.

심리적 안정과 스트레스 감내

심리적 안정 또한 매우 중요하다. 흔히 있는 임상 실수 중 한 가지는 트라우마 내담자의 전반적인 심리적 항상성에 대한 맨 처음의 결정이 없는 상태로 트라우마 생존자의 심리적 증상이나 장애들에 대하여 즉각적 평가를 하는 것이다. 최근에 강간이나 대재난과 같은 트라우마 사건을 경험한 개인은 평가 시간 동안 위기 상태에 있을 수 있다 — 몇몇 사례들은 이들이 현재 평가 상황을 완전히 이해할 수 없음은 물론, 임상가의 질문이나 치료적 개입에 심리적으로 혼동스러워함을 보여준다. 이러한 경우 장기적 트라우마 영향을 약화시키는 사례들처럼 심리 평가는 생존자의 망가지기 쉬운 균형에 도전하는 것 이외에도 절충된 평가 결과들로 이끌 수 있다. 이러한 이유 때문에 트라우마 피해자의 정신건강 평가의 첫 단계는 그 개인의 상대적 수준의 심리적 안정을 결정하기 위한 것이어야 한다. 내담자가 압도되었거나 의식적으로 혼동이 있을 때, 안정을 돕는 개입들(예를 들면 안심시키기, 심리적 지지, 또는 환경 자극의 감소)이 더 자세한 평가를 실행하기 전에 주어져야 한다.

그러나 어떤 사례들에서, 트라우마 사건 이후 트라우마 생존자가 표면상으로 안정된 것처럼 보이더라도 갑자기 극도의 괴로움, 상당한 불안, 트라우마 이후의 침투적 증상을 보이거나, 그 사건에 대한 피상적 질문에 갑작스런 분노를 분출할 수 있다. 이 장의 뒷부분에서 설명하였듯이 이러한 반작용은 반응 활성 ─ 강도 높은, 종종 침투적이며, 트라우마 사건을 생각나게 하는 것들로 유발된 트라우마 ─ 특정 심리적 상태들 ─ 로 설명된다. 비록 어떤 수준의 활성은 치료 기간동안 정상적이지만 ─ 심지어 바람직하며, 조사 연구들의 대부분의 생존자들은 트라우마 평가의 부정적인 영향들을 보고하지 않더라도(Carlson, Newman, Daniels, Armstrong, Roth, & Lowenstein, 2003; Walker et al., 1997), 평가-관련 활성은 만일 내담자가 자신의 괴로움을 내적으로 조절할 수 있는 충분한 능력을 갖고 있지 못하다면, 심리적으로 불안정하게 될 수 있다. 따라서 그 생존자를 지나치게 '재트라우마' 시키지 않고 그 생존자와 의논할 수 있는 정도의 트라우마 문제들을 정하는 것이 중요하다. 과도한 활성이 있어 보일 때, 보통은 트라우마 내용에 대한 심도 있는 질문이나 의논을 적어도 임시적으로 연기하는 것이 선호된다(Najavits, 2002). 트라우마 생존자와 함께 트라우마에 관한 중요한 대화를 회피하는 것에 대한 결정은 조심스럽게 이루어져야 하지만, 종종 트라우마 기억에 대해 이야기하는 것이 도움이 되며(4장 참조) 때때로 즉각적인 평가가 필요하다.

반복에 대한 위험으로, 대개의 평가 요소들은 트라우마된 사람의 즉각적 안전, 심리적 안정, 그리고 트라우마 내용을 의논할 능력이 확인된 이후에만 착수되어야 한다. 이러한 사전요건들을 적절히 평가하지 못하는 실패는 내담자의 불필요한 고통으로부터 극한 경우에는 감정의 훼손까지, 원하지 않는 결과들을 가져올 수 있다.

트라우마 노출 상황 평가하기

내담자가 안전하며 꽤 안정적이라고 임상가가 결정을 하면, 트라우마 노출 상황에 대한 자세한 말하기와 반응을 조사할 수 있다. 많은 경우 임상가는 트라우마의 성질이나 특성을 포함한(예를 들면 심각성, 기간, 빈도, 생명 위협의 정도) 트라우마 사건에 대한 물어보기를 시작할 것이다. 사건을 가지고 질문을 시작하고 그런 다음 결과로 옮기는 것이 논리적이므로 트라우마 영향에 대한 평가 전에 트라우마 노출 상황에 대한 평가를 여기에 제시하였다. 그러나 어떤 사례들의 경우, 내담자의 긴급한 심리적 상태가 내담자가 왜 이렇게 되었는지를 아는 것보다 더 중요한 초기에 고려되어야 할 사항이다. 예를 들면 몇몇 법정 상황을 제외하고, 극도의 강간 피해자에 대한 평가는 강간 그 자체의 상세한 진술보다는 그 사람의 정서적 기능과 심리적 증상에 더 즉각적으로 중점을 둘 것이다. 그러나 다른 사례들의 경우, 특히 트라우마가 오래된 과거에 있었고 내담자가 현재 심각한 고통이 없다면 트라우마 내력으로 평가를 시작하는 것이 적절하다.

비록 어떤 사람은 트라우마화된 개인들이 치료를 찾게 한 사건을 쉽게 말할 수 있다고 추정하지만 항상 그렇지는 않다. 사실 몇 가지 연구들은 많은 트라우마 생존자들이 당황하거나 트라우마 기억의 재활성화 회피, 또는 이러한 정보에 대한 내담자 자신의 회피 때문에 직접 물어보지 않으면 그 트라우마에 대한 상세한 정보에 대헤 자발적으로 말하는 것을 꺼려 한다고 지적하고 있다(Read & Fraser, 1998). 예를 들면 Briere와 Zaidi(1989)는 정신과 응급실의 임의적으로 선택된 여성 집단의 입원 차트를 조사하였는데, 오직 6%만이 아동기에 성 학대가 있다고 기록되었다. 이 연구의 두 번째 단계에서, 정신과 응급실 임상가들이 여성 환자들에게 아동기 성 피해에 대한 내력에 대하여 통상적으로 질문하도록 요청되었다. 이 단계의 차트들을 조사하였을 때, 성 학대 내력 기록이 10배나 증가하였다. 더 나아가 두 번째 단계에서 평가된 성 학대 내력은 자살 충동, 약물 남용, 다수의 축 1의 진단들, 그리고 증가된 경계선 성격 장애를 포함한 광범위한 현재의 문제들과 연관되어 있었다.

우리는 현재의 주호소가 무엇이든 각각의 내담자가 완전한 정신 건강 평가의 부분으로서 트라우마에 대하여 평가되기를 권장한다. 언제 이것을 하느냐는 치료 상황에 따라 다를 것이다. 앞서 자주 언급하였듯이 트라우마화된 개인들은 우울증, 자살 충동, 일반적 불안, 또는 설명할 수 없는 공황발작과 같은 주호소를 보이며, 경험했던 트라우마를 분명하게 포함시키지 않는다. 이러한 경우에 트라우마 노출 상황 가능성을 깊게 조사하기 전에 내담자가 치료를 찾게하는 증상들을 탐색하는 것이 바람직하다. 이 일은 무엇이 트라우마 경험에 대한 침투적인(만일 관련이 없다면) 질문들로 인식될 수 있는 것인지를 답변하기 전에, 내담자로 하여금 평가자와 초기의 신뢰감과 라포를 발전시키게 한다.

많은 개인들, 특히 정신 건강 전문가들에게 평가를 받은 적이 없는 개인들은 트라우마 내력, 특히 아동 학대와 기타 대인 관계 피해 유형에 관한 질문들에 대하여 당황하거나 또는 신중하게 반응한다. 내담자들이 그들의 트라우마 내력에 대하여 상세히 말할 것을 요정했을 때 내담자가 "왜 당신이 그것을 알아야 하죠?"라고 묻는 것은 흔한 일이다. 반복적으로 상처를 받고 다른 사람들에게 배신당한 대인적 폭력의 피해자들은 특히 방금 만난 사람인 평가자와 자세한 이야기를 나누는 것을 꺼려 할 것이다.

주호소들이 특별히 심각하거나 과거의 트라우마 사건과 관련된 내담자들인 경우, 그들의 과거에 대한 질문들에 쩔쩔맬 수 있다. 예를 들면 급성불안을 호소하는 지진 피해자는 아동 학대에 대한 질문들에 대하여 이러한 상세한 질문들이 자신의 현재 상황과 관련되어 있지 않다고 느끼며 대답을 하지 않을 수 있다. 비슷하게 최근의 강간 피해자는 다른 성 폭행들과 아동기 성 학대에 대한 질문들을 평가자로부터의 암시된 비판, 또는 어떤 방식으로든 피해자가 되기를 '요청' 한, 미묘한 메시지로 해석할 것이다.

이러한 염려들에 비추어보면 트라우마 노출 상황 평가에 대한 일반적 지침들은 다음과 같다.

- 트라우마를 평가하기에 앞서 초기 수준의 신뢰와 라포를 형성한다.
- 평가 인터뷰의 시작에서 내담자의 치료 서비스에 대한 분명한 이유가 어떤 것이든 치료 서비스를 찾은 이유를 탐색하는 데 어느정도의 시간을 사용한다.
- 공감적이며 판단하지 않는 태도로 질문을 한다.
- 성 학대와 폭력 경험들에 대한 상세한 진술에 대하여 내담자와 편안한 대화가 되도록 하라. 대인 관계적 트라우마의 피해자들은 임상가의 목소리나 몸짓 언어의 미묘한 차이에 특별히 민감할 것이다. 예를 들면 어떤 내담자들은 내담자가 말한 내용으로 임상가가 기분이 너무 나빠지거나 부정적인 판단을 할 것이라고 생각한다면, 자신의 피해 경험에 대해 말하는 것을 회피할 것이다.
- 행동적 정의들을 사용하라. 예를 들면 성적으로 폭행당하고 남자에게 구강 성교를 하도록 강요당했지만 질 삽입이 없던 여성은 자신이 사실은 강간되지 않았다고 믿을 수 있다. "당신은 강간되었습니까?"라고 묻는 것은 적절하지 않으며, 그 대신 "누군가가 당신이 원하지 않는 성적인 무엇을 하였거나, 또는 당신이 그들에게 어떤 성적인 무엇을 하도록 하였습니까?"라는 것이 더 나은 질문이다.
- 트라우마는 깊이 개인적인 것이며 내담자는 망신스러워지는 것에 두려움을 가질 수 있음을 기억하라. 트라우마 중심의 인터뷰 과정 중에, 내담자들은 이전에 아무에게도 이야기하지 않은 정보를 꺼낼 수 있다. 임상가는 이러한 가능성을 명심하고, 말한 내용에 대하여 분명한 지지로 반응해야 한다.
- 트라우마 내력에 대하여 말을 꺼내는 것이 수치심, 당황함, 그리고 분노를 포함한 강도 높은 느낌을 가져올 수 있음을 알아야 한다. 내담자들은 다양한 방식으로 반응할 수 있다 — 어떤 내담자들은 울 수도 있고, 다른 내담자들은 초조해지고 불안해지며, 또 어떤 사람들은 위축될 수 있다. 그러나

어떤 사람들은 짜증이 나고 심지어 인터뷰하는 사람을 향해 적대적이 될 수 있다. 이러한 상황에서 내담자의 느낌과 반응에 대한 온화한 지지와 인정은 특별히 중요할 것이다.

- 필요한 만큼 평가를 반복한다 — 어떤 내담자들은 초기 평가에서 특정 트라우마 관련 정보를 꺼내지 않지만, 이들이 치료 과정에서 임상가와 더 편안하게 느낄 때 나중에 이에 대한 정보에 대해 말을 할 것이다.

어떤 평가자들은 지지적이며 판단적이지 않은 맥락으로 또한 트라우마 노출 상황에 대한 질문들로 시작하는 것이 도움이 된다는 것을 안다. 이러한 시작하기 말들의 예는 다음과 같다.

- "만일 당신이 괜찮다면 당신의 과거에 대하여 몇 가지 질문들을 하고 싶습니다. 이 질문들은 내가 보는 모든 내담자들에게 하는 질문들이며, 이렇게 함으로써 내담자가 겪고 있는 것에 대하여 좀 더 나은 인식을 가질 수 있습니다."
- "나는 당신이 과거에 있었을 수 있던 경험들에 대하여 몇 가지 질문들을 하고 싶습니다. 만일 아무 때라도 불편하게 느낀다면 저에게 알려주세요. 동의하시나요?"
- "가끔 사람들은 지금 그들이 느끼는 것에 영향을 주는 그들 과거의 어떤 것들을 경험했습니다. 괜찮다면 당신에게 있었을 수 있는 것들에 대한 몇 가지 질문들을 하고 싶습니다."

다른 임상가들은 트라우마 내력에 대한 평가를 초기 인터뷰에 통합하는 것을 선호한다. 다른 내담자들에게 실행할 수 있는지 두 가지 예들이 있다. 이 예들은 잠재적인 트라우마 노출 상황들에 대한 완전한 목록을 제공하려는 목적보다는 정신 건강 평가 상황에서 비위협적이고 유기적인 방식으로 트라우마 내용에 접근하는 방식들을 설명하고 있다.

● 대인 관계 정보를 의논하는 것을 꺼려 하는 내담자들에게, 의료 내력이 평가되는 같은 시간에 트라우마 내력에 대한 정보를 얻을 수 있다. 이것은 질문하기를 형식화하며, 다른 문맥 안에 더 통상적인 것으로 두며, 질문들은 필요한 것이며 위협적이지 않은 것으로 경험된다. 이러한 시나리오에서 질문들의 흐름은 다음과 같은 패턴을 따를 수 있다.

  – "당신은 의료적인 어떤 문제들을 가지고 있습니까?"
  – "지금 어떤 신체적인 불편이 있습니까?"
  – "치료 약에 어떤 알레르기를 갖고 있습니까?"
  – "어떤 수술을 받은 적이 있습니까?"
  – "교통 사고를 당한 적이 있습니까? 부상을 당했었습니까? 의료적 조치를 받았었습니까?"
  – "화재, 지진, 또는 홍수와 같은 재난을 경험하였습니까? 부상을 당했었습니까? 의료적 조치를 받았었습니까?"
  – "뇌를 다친 적이 있습니까? 의식을 잃었었습니까? 의료적 조치를 받았었습니까?"
  – "총 발사와 같은 폭력적 사건을 목격한 적이 있습니까?"
  – "누군가에 의해 폭행당한 적이 있습니까? 그때 몇 살이었습니까? 부상을 당했었습니까? 사건 이후에 어떤 의료적 조치를 받았었습니까?"
  – "당신의 의지와 반대로 누군가가 성적인 어떤 것을 강요한 적이 있습니까? 불편한 방식으로 누군가가 당신을 성적으로 접촉한 적이 있습니까? 이것에 대하여 의료적 조치를 받았었습니까?"

[이어서 아동기 트라우마 노출 상황에 대한 질문들을 한다.]

● 자신의 가족과 관계들에 대하여 의논하려는 환자들에게는 대안적인 질문하기 시나리오가 이어질 수 있다.

- "어디에서 자랐습니까?"
- "아동기는 어떠했습니까?"
- "누구와 자랐습니까?"
- "어렸을 때 가정은 어떠했습니까? "
- "가정에 부모님 두 분 모두 계셨습니까?"
- "어렸을 때 집에서 어떤 폭력이라도 목격한 적이 있습니까?
- "어렸을 때 벌을 어떻게 받았습니까?"
- "어렸을 때 누군가 당신을 어떤 식으로든 학대한 적이 있습니까?"(어떤 경우에는 이 질문이 그 자체로 내담자가 자신의 모든 아동기 학대 경험을 보고하도록 고무할 것이다.)
- "어렸을 때 누군가 당신에게 성적인 어떤 것을 한 적이 있거나 그들에게 성적인 어떤 것을 하도록 한 적이 있습니까?"

[이어서 더 자세한 아동기 트라우마 경험들을 질문한다.]

- "교통 사고를 당한 적이 있습니까? 부상을 당했었습니까? 사건 이후에 어떤 의료적 조치를 받았었습니까?"
- 성인이었을 때 누군가에 의해 폭행을 당한 적이 있습니까? 그때 당신은 몇 살이었습니까? 부상을 입었습니까? 그 사건 이후 어떤 의료적 조치를 받았었습니까?"

[이어서 기타 성인기 트라우마 질문들을 한다.]

주어진 잠재적 내담자가 이런 질문을 꺼려 하며, 비형식적 평가 인터뷰에서 어떤 트라우마들이 간과될 것 같을 때 **평가 인터뷰**를 하는 동안 임상가가 잠재적 트라우마들의 미리 규정된 목록을 언급할 때 아마도 트라우마 평가가 최적으로 완성된다. 이 **구조화된 접근**은 트라우마 노출 상황이 정식으로 평가되며, 트라우마의 모든 관련 유형들이 탐색될 것을 확실히 한다. 이 책의 부록 1, 초기 트라우마 검토-3(Initial Trauma Review, ITR-3)은 트라우마 사건들에 대한 내담자의 인생 내력을 평가하기 위하여 사용될 수 있다. 이것은 행동적으로 기초되어 있으며, 임상가가 트라우마 노출 상황의 가장 주요한 형태들을 평가하도록 허락한 반구조화된 인터뷰이다. 이것은 또한 정신장애 진단 및 통계 편람 4판 A 2의 외상후 스트레스 장애와 급성 스트레스 장애의 진단 기준에서 요구하듯이, 이들 트라우마들의 반응에서 주관적 고통에 대하여 묻고 있다. 임상가는 과정이 지지적이며 망신을 느끼지 못하는 방식으로 초기 트라우마 검토-3의 항목들을 알아듣기 쉽게 설명하며, 내담자의 상황과 관련된 추가 트라우마들을 첨가하는 것에 대하여 자유로워야 한다. 또한 임상가가 내담자의 트라우마 내력을 검토할 수 있는 가능한 도구들이 심리학 문헌으로 많다[예를 들면 굿맨, 콜코란, 터너, 얀, 그리고 그린이 개발한 스트레스적인 인생 사건들 분류 질문들(Stressful Life Events Screening Questionnaire, Goodman, Corcoran, Turner, Yuan, and Green, 1998)과 엘리엇이 개발한 트라우마 사건 점수 척도표(Traumatic Events Scale, Elliott, 1992)가 있다]. 덧붙여서 이 장의 뒤에서 설명하였듯이 트라우마 스트레스에 대한 어떤 심리 테스트들은 트라우마 사건 검토를 포함하고 있다.

로스앤젤리스 카운티 사우스캘리포니아 의과대학의 심리학적 트라우마 프로그램에서 훈련생들은 내담자의 현재의 주호소들과 인터뷰의 역동성 안에서 적절하게 질문함으로써 비교적 비구조화된 방식으로 트라우마 내력을 초기에 평가한다. 두 번째 치료 시간에, 이들은 초기 트라우마 검토-3을 사용하여 트라우마 노출 상황에 관하여 더 형식적인 평가를 한다. 두 가지 경우 모두 트라우마에 대한 질문하기는 처음부터 끝까지 철저하고 완성된 트라우마 내력을 종종 가져다준다.

트라우마 영향 평가하기

이 책의 의도를 위하여 트라우마의 영향들은 두 가지 범주로 분류될 수 있는데,

하나는 인터뷰 동안 쉽게 정해지는 트라우마의 영향들이 포함된 과정 반응과 그리고 더욱 고전적인 도구들이나 심리적 장애 유형들이 포함된 증상 반응으로 나뉜다.

과정 반응

임상 인터뷰나 치료 시간 동안 트라우마화된 내담자의 행동을 관찰함으로써 중요한 정보를 얻을 수 있다. 이러한 방식의 평가는 임상가의 인식에 기초하기 때문에 임상 경험과 개인적 주관성에 의해 영향을 받으며, 이러한 방식으로 얻어진 자료들은 표준화된 검사 결과만큼 항상 타당하지는 않다. 다른 한편으로 주의력이 있고 예민한 평가자는 정신능력 검사들로 발견하기 어려운 것들을 종종 알아낼 수 있다. 이러한 정보는 네 가지 영역으로 나누어질 수 있다. 활성 반응, 회피 반응, 정동조절부전(affect dysregulation), 그리고 관계의 어려움이 그것이다.

활성 반응   8장에서 매우 상세히 설명하였듯이, 활성 반응은 어떤 유발 자극에 반응하는 트라우마 이후의 감정, 기억(그리고/또는) 인식의 갑작스런 출현이다. 이러한 반응 중 어떤 것들은 트라우마 사건에 대한 감각의 재경험이 되며, 다른 경우의 반응은 덜 극단적이며, 갑작스런 감정의 고통이나 불안을 포함한다. 대개 극도의 활성은 회피되지만, 대부분의 사례들에서 낮은 정도의 이러한 반응은 외상후 내담자가 갖는 현재의 스트레스의 심각성과 트라우마 기억들이 외부 환경에 의해 활성화될 수 있는 정도에 대한 정보를 제공한다.

주로 임상가는 활성을 유발하지 않으려 하며, 오히려 인터뷰나 치료 시간 동안 활성의 출현을 경계한다. 예를 들면 임상가는 화재가 난 일주일 후 병원에서 화상환자를 인터뷰하면서, 환자가 자신의 트라우마 경험에 대하여 자연스럽게 질문받았을 때 얼굴의 표현, 목소리 톤, 말의 내용, 또는 심지어 호흡의 변화를 조심스럽게 관찰할 것이다. 또는 아동 성 학대 생존자는 아동기 성추행 경험을 말하는 동안 감정, 자세, 눈동자의 움직임, 또는 말하기의 논리적 사용의 변화들이 관찰될 수 있다.

트라우마가 비교적 최근의 것이면, 중간 정도의 활성은 종종 좋은 신호이며, 이러한 활성은 내담자가 심하게 회피를 하거나 둔감 상태에 있지 않고 내담자의 트라우마 내용의 내면 처리 과정이 가능함을 암시한다. 그러나 특히 쉽게 유발되며 강도 높게 경험되는 활성은 더 심각한 트라우마 이후 스트레스를 암시하며, 원하지 않는 침투적 증상들이 광범위한 환경 자극들로 유발될 수 있음을 암시할 것이다. 비슷한 맥락에서, 만성 트라우마 상태에서 쉽게 유발된 활성은 (예를 들면 인터뷰에서 30년 전에 생겼던 전쟁 경험들에 대한 말하기에서 참전 재향군인의 눈물 흘림과 괴로움) 부적합한 처리과정을 보여주는데, 왜냐하면 완성되지 않은 사례에서 외상후 스트레스는 그 시간이 지나면 자연스럽게 해결되거나 또는 적어도 스트레스의 감소를 기대하기 때문이다.

환자에게 적절히 대응하는 검사자나 임상가는 트라우마 신호들에 대한 개인의 감정적, 구두적, 그리고 동작 반응에 대한 일관적인 주의가 다음과 같은 지속적 정보를 제공한다는 것을 발견할 것이다. (1) 그 개인이 경험하고 있는 트라우마 이후의 스트레스 정도, (2) 해리나 다른 회피 반응들을 통하여 트라우마 재경험이 차단되어 있는 규모에 대한 지속적인 정보. 내담자의 트라우마 이후의 활성화에 대한 정보는 진단과 평가를 도울 뿐 아니라 트라우마 치료의 노출 구성요소에 대한 반응 수준과 유형을 암시할 수 있다(8장 참조).

회피 반응   트라우마 생존자들의 회피에 대한 관찰적 평가는 대개 암시된 낮은 활성(예상된 활성의 비교적 부재)과 목격할 수 있는 회피 활동들에 대한 주의를 포함한다. 이전의 사례에서 활성이(예를 들면 최근의 성 폭행 피해자) 예상되었을 때 회피가 가정될 수 있지만, 심각한 감정적 재반응이 없거나 적은 것이(예를 들면 그 사건이 특히 분리되거나 과도한 사실적 방식으로 사건을 묘사할 때) 관찰된다. 나중에 임상가는 해리나 약물 사용에 대한 직접적인 증거를 탐색할 수 있거나, 내담자는 회피에 대한 노력(예를 들면 교통 사고 이후 더 이상 차를 운전하지 않는 것)을 임상가에게 알려준다.

낮은 활성은 방어기제 그 자체로는 이들의 영향들이 추측되더라도 분명하지 않은 많은 다른 방어기제들의 결과로서 생길 수 있다. 낮은 활성에는 다음의 것들이 포함된다.

- 감정의 둔감화(emotional numbing). 심각한 트라우마 이후 스트레스의 결과로 트라우마 유발요소들에 대하여 감소된 감정적 반응을 보인다(2장 참조).
- 해리적 이탈(dissociative disengagement). 내담자는 잠재적으로 마음을 심란하게 하는 자극들로부터 예리한 인지-감정적 분리나 이탈에 관여하지만 분명한 해리 신호들을 보이지 않는다.
- 사고 억제(thought suppression). 내담자는 감정적으로 기분을 상하게 하는 사고나 기억들을 의식적으로 차단하거나 억제한다.
- 부인(denial). 내담자는 트라우마 사건을 인정하지만, 그 트라우마를 연상시키는 인식된 위협이나 심각성을 줄이는 생각이나 견해를 발전시킨다.
- 두드러진 신체적 도취가 없는 불안 완화제(anxiolysis without obvious intoxication). 내담자는 치료나 평가 기간 동안 분명하지 않지만 트라우마 유발요소들에 대한 불안한 반응을 차단하는, 정신에 영향을 주는 약물(예를 들면 술이나 벤조디아제핀)을 치료 시간 전에 사용한다.

낮은 활성은 종종 관련된 특정 기제의 견지에서 정의하기가 어려우며 또 정확히 밝히기도 힘들다. 예를 들면 트라우마 생존자가 정황상 정당화될 수 있는 심란함보다 적게 심란함을 보일 때(예를 들면 많은 사망자를 낸 대형 교통 사고 하루 후의 차분하고 트라우마되지 않은 태도) 잠재적 기제들은 위의 목록들을 포함하며, 내담자가 회피와 전혀 연관되지 않았으며 그 대신 스트레스에 특별히 저항적일 수 있다는 것을 포함한다. 이러한 불확실성에도 불구하고 숙련된 트라우마 임상가는 미묘한 회피 기제들에 대한 증가된 감각을 통하여 또는 언제 트라우마 이후의 반응이 기대한 대로 발생하는지에 대한 향상된 감각을 통하여, 정신 건강으로부터 다양한 방어 회피 전략들을 구별하는 것을 안다.

한편 회피에 대한 명확한 신호들은, 대개 임상가에게 명백하거나 직접적으로 표현되는 기제들의 사용과 연관된다. 가장 일반적으로 다음과 같은 것들이 포함된다.

- 알아볼 수 있는 해리 증상들. 내담자가 '멍해 있기', 분명한 응시의 고정(예를 들면 '멍하니 쳐다보기'), 연결되지 않은 태도로 움직이기, 또는 다른 정체성 상태로 들어간 듯한 것이다.
- 자기-보고 해리. 내담자는 비개인화(예를 들면 몸에서 빠져나온 경험들) 또는 비현실감(예를 들면 꿈속에 있는 것 같은 느낌).
- 도취. 내담자가 약물이나 알콜이 눈에 띌 정도의 도취 상태로 치료 시간에 온다.
- 회피 노력. 내담자는 트라우마 이후의 침투들이나 괴로움을 유발할 수 있는 사람, 장소, 또는 상황을 회피하는 것과 같은 외상후 스트레스 증상들의 회피 노력 군과 일치하는 행동들을 말한다. 또한 치료 시간에 트라우마적인 소재들을 의논하는 것을 회피하려는 분명한 시도들이 회피 노력의 증거이다. 치료 시간을 놓치는 것도 회피 노력의 반영일 수 있다.

평가나 치료 시간 동안의 극도의 감정의 회피는 상당한 외상후 스트레스의 가능성(Plumb, Orsillo, Luterek, 2004), 증가된 만성 가능성(Lawrence, Fauerbach, & Munster, 1996), 그리고 치료의 노출 구성 요소(Jaycox, Foa, & Morral, 1998)를 다루는 것이 잠재적으로 상당한 어려움이 있음을 시사한다. 추가로 내담자의 회피 노력의 보고들은 내담자가 특별히 침투적 경험(예를 들면 강간에 대한 플래시백을 유발하기 때문에 성적 활동의 회피)을 가지는 특정 영역을 암시할 것이다. 이러한 정보는 임상가로 하여금 확인하거나 밝힐 수 없는 외상후 스트레스 장애의 B군(재체험하기) 증상들을 탐색하도록 할 것이다. 그러나 주로 회피는 생존자가 잠정적으로 동요하는 트라우마 기억들의 대면에 대해 심리적 안정을 유지하기 위하여 사용하는 대처 반응이라는 점을 주목하는 것은 중요하다. 그 결과 이러한 반응들이 대개 트라우마 스트레스를 암시하더라도 트라우마 스트레스들이 일어나는 순간에, 특히 회복 과정 초기에 반드시 부적응적이지는 않다.

정동 부조절　몇몇 트라우마 생존자들은 정동 조절에 눈에 띄는 어려움을 가진다. 정동 조절은 해리나 다른 회피 기술들(정동 바꾸기)에 의지하지 않고 괴로움을 내부적으로 줄이거나 고통스런 내면 상태(정동 감내)를 감내하는 개인의 상대적 능력에 관한 것이다. 정동 조절 문제는 기타 보여지는 것들, 극도의(그리고/또는) 초기의 트라우마 노출(Pynoos, Steinberg, & Piacentini, 1999; Schore, 2003)에서 일어나며, 앞서 언급하였듯이, 약물 남용, 충동, 자해 행동, 그리고 기타 비슷해 보이는 '성격 장애' 수준의 반응들(Van der Kolk, Roth, Pelcovitz, Sunday, & Spinazzola, 2005)과 같은 이어지는 고통 회피 증상들과 관련되어 있다. 치료 중에 감소된 정동 조절 능력을 가진 개인들은, 관련된 고통스런 감정들로 압도되지 않고 트라우마 기억을 처리하는 능력이 모자랄 수 있다. 트라우마 생존자들이 너무 많은 치료적 노출로 압도되는 위험에 대하여, 몇몇 임상가들(예를 들면 Briere, 2002a; Cloitre, Koenen, Cohen, & Han, 2002; Linehan, 1993a)은 정동 조절이 더 복합적인 트라우마를 가진 사람들에게 주요한 문제라고 생각하며, 이것은 충분히 중요한 사안이다. 다른 사례에서 대개 트라우마가 덜 심각하고 인생의 후반기에 일어났을 때, 정동 조절 어려움들이 덜 관련될 수 있다. 그러나 어떤 사례라도 트라우마 피해자에 대한 평가 완성은 이러한 문제들을 포함시켜 치료를 담당하는 임상가가 치료에서 이 문제들을 다루거나(6장 참조) 기타 효율적 치료로 내담자를 재트라우마화되지 않도록 해야 할 것이다.

정동 조절 문제는 다음 신호들중 무엇이든지 치료 시간이나 평가에서 확인될 수 있다.

- 조울증이나 순환성 장애로 볼 수 없는 기분 변화
- 매우 짧은(예를 들면 한 시간마다 측정되는), 그러나 저절로 해결될 것 같아 보이는 증상적으로 강도 높은 우울 에피소드
- 치료 시간 동안 마음을 차분하게 가라앉히거나 이로 인하여 더욱 긍정적인 감정 상태로 이동하는 것이 확실히 어려운, 갑작스럽고 극심한 감정적 고통
- 무의식적 행동, 자가 절단, 공격적으로 되기, 자살 시도나 제스처, 또는 기분이 상하거나 괴로울 때 갑작스런 긴장 감소 행동들에 관여하기
- 강도 높은 감정 안에서 갑작스런 해리적 반응

이러한 신호들이 정동 조절의 어려움을 암시할 때 임상가는 (1) 내담자가 심각하거나 초기 아동 학대나 방임의 내력이 있는지, (그리고/또는) (2) 내담자가 정동 불안정으로 특징되는 성격 장애를 가지고 있는지의 가능성을 평가해야 한다(비록 경계선 성격 장애 진단으로부터 과잉 일반화 경고에 대한 2장을 참조하더라도). 이러한 사례들에서 8장에서 언급하였듯이 치료적 개입(특히 노출 활동)은 고통스런 느낌을 조절하는 내담자의 현재 갖고 있는 능력에 조심스럽세 적정(適定)되어야 한다.

관계 장애　관계에 대한 정보는 임상가와 치료 환경에 대한 내담자의 반응을 관찰함으로서 인터뷰 중에 얻어진다. 이러한 정보는 내담자가 밝힌 자신의 인생의 중요한 사람들에 대한 내용으로부터도 추출될 수 있다. 일반적으로 이러한 반응들은 그 개인이 중요한 대인 관계 인물들과 관계들에 관하여 기억하고있는 중요한 인지 도식, 추정, 신념(또한 이들과 관련된 정동)에 신호를 보낸다.

매우 중요한 관계적 사안(그리고 이들의 연관된 내부–인터뷰 신호들)이 아래에서 논의될 것이다.

대인 관계 위험에 대한 경계 많은 트라우마 생존자들이 상처를 받거나 배신당하거나 또는 대인 관계에서 잘못 대우받아 왔기 때문에 평가나 치료에 신체적 위험이나 감정적 위험에 대하여 과도한 경계로 반응할 수 있다(Courtois, 1988; Herman, 1992a). 극한 사례에서 이러한 반응은 거의 편집증적인 부분을 드러낼 수 있다. 최근의 고문이나 강간 피해자는 치료실에 무기나 들여다볼 수 있는 숨겨진 구멍이나 다른 사람들을 위한 은폐장소가 있는지를 은밀하게 점검하거나, 전체주의 국가의 난민은 치료 과정이 통치 체제의 공모인지를 면밀히 살피거나, 스토킹이나 구타의 피해자는 치료 시간 이후 누군가 자신을 따라오는지에 대한 두려움이나 임상가가 자신을 학대한 사람과 연락하는 것에 대한 두려움을 말하거나, 베트남 참전 용사는 나가려는 자세로 출입문 가까이에 다가가 있을 수 있다.

비록 이러한 반응들은 항상 트라우마 생존자들의 임상적 표현 부분이 아니지만, 영향을 덜 받은 생존자라도 잠재적 공격, 경계선 폭력, 부당한 비판, 또는 기타의 잠재적 위험에 대하여 과도경계 신호를 나타낼 수 있다. 내담자는 평가자나 임상가에게 다양한 평가 질문들에 대한 의도나 적합성이나 관련성, 그리고 평가 시간에 얻은 정보의 사용 의도에 관하여 질문할 것이다. 성적인 트라우마의 피해자들은 남자 인터뷰 진행자에 대하여 특별한 불신을 드러내고, 상당한 처벌를 하는 부모를 가진 내담자들은 임상가에 의한 부정적인 평가 가능성에 대하여 과도하게 민감할 수 있다.

이러한 사로잡힘이 있다는 것은 권위 있는 사람과의 평가와 상호작용에 대한 특별한 민감성을 암시할 것이다. 그러나 대개 생존자 안에서 쉽게 유발된 위험 연상들이 대인적 상황의 잠재적 상처에 대한 일반화된 기대를 신호한다는 사실이다. 즉 가장 기본적인 것이 외상후 스트레스 반사이다.

버려짐의 문제   아동기에 방임이나 거절의 내력이 있는 개인들은 평가와 치료 기간 동안 임상가에 대한 반응과 내담자 인생의 중요한 사람들에 대한 묘사로 버려짐에 대한 걱정을 신호할 것이다. 사람들이나 관계의 필요(가끔 이러한 연결의 유의성(valence)이나 건강 상태와 상관없이), 버려짐에 대한 두려움이나 기대 또는 관계의 상실, 또는 남겨지게 되거나 거부됨으로 특징되는 역사적 송환 테마들에 사로잡힐 수 있다. 치료 안에서 버려짐의 두려움을 가진 내담자는 임상가에게 특별히 애착될 수 있으며, 심지어 짧은 기간에도 그럴 수 있고, 내담자들은 인터뷰 종료를 거부할지도 모르며, 특별히 '들러붙거나' 의존하는 것처럼 보일 수 있다. 가끔 이들은 검사자의 불충분한 돌봄이나 지지 그리고 평가나 치료 시간의 간결성에 대하여 분노나 절망감, 또는 임상가가 그들의 감정적 경험에 충분하게 조율하지 않는다는 염려를 표현할 것이다. 또한 임상가를 접할 수 없는 상황(예를 들면 휴가나 개인적인 응급 상황 동안)이 버려짐 도식을 유발하고 분노나 낙담을 낳게 되는 경향은 흔하다.

예상했듯이 평가 인터뷰나 첫 번째 치료 시간에 버려짐 공포를 탐지하는 것이 항상 쉬운 것이 아니다. 관계와 버려짐에 대한 회피를 가진 내담자의 근원적 집착이 분명해지는 심리치료 후기에만 이러한 탐지가 가능할 수 있다. 그러나 9장에서 언급하였듯이, 이러한 문제들은 인생 초기에서 방임되거나 심하게 학대받은 사람들과 일할 때 상당히 관련된다. 이들은 내담자가 치료 과정의 제약을 만날 때 갈등이나 괴로움의 잠재적 원인을 대변할 뿐 아니라 이들이 반영하는 근원적인 역기능적 도식 모두가 심리적 치료 개입에 관한 중요한 목표들이다.

대인 관계 통제를 통한 자기 보호의 필요   대인 관계 피해에서 생긴 무기력한 경험은 이후에 다른 사람들과의 관계에서 그 개인의 통제의 필요로 이끌 수도 있다. 이것은 종종 자율성 주장으로 드러나며, 다른 사람들과의 상호작용에서 사소한 것들까지 통제하여 자신의 안전과 자기 결정이 손상되지 않게 하며, 다른 사람들에 의한 영향이나 인식된 속임수, 통제에 대한 부정적인 반응이 손상되지 않게 한다. 이러한 대인 관계 스타일은 또한 트라우마 생존자를 완전한 통제를 하는 권위 있는 사람들과의 어려움으로 드러날 수 있다.

이러한 높은 통제가 필요한 개인들은 대인 관계 상호작용 동안 — 평가나 치료 시간에 일어나는 것들을 포함하여, 그들 자신의 자율성의 극대화를 추구하는 행동을 할 수 있다. 어떤 경우에는 임상가의 개입이 무시되거나 즉각적인 짜증이나 화를 낼 수도 있다. 비슷하게 이러한 내담자는 임상가의 심리적이거나 내력에 대한 정보를 얻으려는 바람을 내담자의 안건이나 자율성을 능가하려는 시도로 보면서, 말하는 주제가 무엇이든 인터뷰 질문들에 저항하여 이 주제에서 벗어나려 한다. 이러한 행동들은 다른 사람들에 의해 재희생화되는 공포에서 나오며, 종종 중요한 대인 관계 불안-대인 관계 경직성으로 그리고 가끔 거의 강박적인 자기 보호로 이끄는 외상후 상태를 반영한다.

대인 관계 통제의 필요 신호는 다음과 같은 내력들의 잠재적 사실로 고려되어야 한다. (1) 생애 초기에 상당히 통제적이거나 침투적인 또는 학대적인 양육자들에 대한 내력, (2) 혼란스런 아동기 환경과 연관된 초기의 정서적 방임, 그리고 또는 (3) 고문이나 무력화된 감금과 같은 늘어난 무기력에 의해 특징지어지는 후기 트라우마 경험들이다.

이러한 대인 관계 스타일이 당면하는 결과는 평가 과정 그자체에 관한 것이다. 통제 중심의 생존자를 임상가(내담자가 아닌)가 현재 증상을 포함한, 이전의 내력과 대인 관계 기능 수준이 포함된 평가를 하고, 치료를 위해 중요하다고 느끼는 영역으로 통제 중심 생존자를 안내하는 것이 상당히 어려울 수 있다. 임상 경험은 임상가가 과도하게 내담자의 대인 관계 통제의 필요를 토론하기보다는 언어나 비언어적으로 치료 과정의 친근한 의도를 재확인하는 작업을 제시한다. 어떤 사례들에서 이 작업은 임상가의 상당한 인내를 필요로 할 것이다.

치료 관계에 들어가고 지속하는 능력 심리 평가와 치료는 전형적으로 내담자가 임상가와 함께 일하는 관계를 필요로 한다. 불행히도 아동 학대나 강간, 고문, 또는 파트너 폭력과 같은 대인 관계 트라우마들은 권위적인 인물과의 어떠한 친밀한 관계라도 ─ 그 인물이 다른 사람들에 의해 아무리 '안전'하다고 할지라고 이것을 잠재적으로 위험한 것으로 경험할 수 있다(Mccann & Pearlman, 1990). 예를 들면 정상적인 치료 과정에서 임상가는 바람직한 협력 관계를 훼방하는, 피해자의 피해 관련 플래시백이나 위협과 관련된 인식, 또는 조건화된 공포를 불가피하게 활성화시킬 수 있다. 이러한 이유로 평가 목적의 하나는 내담자의 가장 분명한 대인 관계 문제를 야기하는 요인과 임상가와 지속적인 관계를 형성하는 전반적인 능력을 결정해야 한다. 내담자의 대인 관계 능력이 손상되어 있는 경우에 임상가는 신뢰, 경계, 그리고 안전의 잠재적 어려움 ─ 상당히 분명한 트라우마 관련 내용이 진행될 수 있기 전에 고려될 필요가 있는 현상을 특별히 주의해야 한다.

다양한 정도에 따라 트라우마 생존자들(특히 아동기에 반복적으로 피해를 입은 사람들)은 여기에서 설명하는 관계 문제들에 대하여 모든 또는 어떤 증거를 보여줄 수 있다. 현실적 수준에서 이러한 장애들은 흔히 '어려운', '조작적인', '의존적인', 또는 '부조화'로 흔히 이름 붙여지는 반응과 활동을 초래한다. 이러한 반응을 중요한 인격 부조화의 필요 증거로서보다는 있을 수 있는 트라우마의 영향으로 재구성하는 것은 임상가가 내담자에게 더 수용적이고 비판단적이며, 치료직으로 유용한 방식으로 내담자에게 접근하도록 허용할 것이다.

목록화된 관계 역동은 그 자체로 평가 과정을 침투할 것이다. 효과적인 치료 관계를 훼방하는 트라우마 관련 활성화는 내담자가 광범위한 회피, 공포, 화, 또는 재자극화된 트라우마 기억들에 의해 타협된 검사나 인터뷰 반응을 낳게 될 것이다. 비록 피해 관련 과도 경각, 불신, 그리고 트라우마 재경험하기가 심리 평가의 직접적인 상황 안에서 쉽게 설명되지 않을지라도 임상가는 판단으로부터 존중, 안전, 그리고 자유를 촉진하고 의사소통을 할 수 있는 것이라면 무엇이든지 해야 한다. 대개 이것은 다음을 포함한다.

- 긍정적이고 비침투적인 태도
- 내담자의 괴로움과 직접적인 상황에 대한 인정
- 평가 과정에 대한 분명한 설명(평가의 목적과 평가가 의도하는 사용을 포함)
- 평가 질문의 제한과 비밀 유지에 대한 분명한 경계

덧붙여서 품위를 손상시키거나 캐묻는 느낌이 드는 과도하게 직접적이거나 침투적인 질문들을 회피하고 대신에 내담자가 자신의 속도와 구체성의 수준에서 자기를 드러내도록 돕는 것이 도움이 될 것이다. 평가가 피해자의 상황에 대한 인정과 존중을 의사소통할 수 있을 때 내담자는 트라우마와 증상을 낮은 잠재적인 기분 나쁨, 수치심 또는 불안에 대하여 더 준비하기가 쉽다.

증상 반응

이제까지 보인 트라우마 반응의 과정 신호들 이외에도 트라우마 평가의 분명한 목표는 피해자의 현재의 정신 상태와 심리 기능 수준을 결정하고, 트라우마 노출 상황과 연관된 알고 있는 주요 증상들에 대하여 묻는 것이다. 트라우마 집중이든 그렇지 않든, 이상적으로는 내담자가 모든 과정에서 다음의 정신적 장애 상태가 평가되어야 한다.

- 변화된 의식 또는 정신기능(예를 들면 치매, 혼돈, 망상, 의식 손상, 또는 다른 기질적 장애)
- 정신병적 증상(예를 들면 환각, 망상, 사고장애, 와해된 행동(disorganized behavior, '음성적' 신호들)
- 자해 또는 자살 충동과 행동
- 다른 사람들에게 잠재적 위험
- 기분의 동요(예를 들면 우울증, 불안, 분노)
- 물질 남용 또는 중독

- 성격 장애
- 자기 돌보기 능력의 저하

다른 정보들(예를 들면 내담자, 중요한 사람들, 그리고 외부기관이나 양육자로부터)을 통한 인터뷰 자료들은 대부분의 임상환경에서 진단과 치료개입 계획을 위한 기초를 제공한다. 그러나 현재 갖고 있는 문제가 외상후 장애를 잠재적으로 포함하고 있을 때 전형적인 정신 상태와 증상 검토는 중요한 정보를 놓치기 쉽다. 중대한 트라우마 노출 상황을 경험한 개인들 ― 아마도 특히 폭력의 피해자들은 직접적으로 질문하지 않는다면 그들의 트라우마 내력이나 외상후 증상에 대하여 항상 충분할 정도로 알려주지 않으며, 따라서 이 영역에 대한 세밀하고 구체적인 조사가 요구된다.

트라우마 관련 장애의 가능성이 있을 때 평가 인터뷰는 가능한 한 다음의 추가 요소 중(전부가 안 된다면) 할 수 있는 것들을 고려해야 하며, 많은 요소들이 앞 장에 요약되어 있다.

- 외상후 스트레스 증상
  - 플래시백, 악몽, 침투적인 생각과 기억들과 같은 침투적인/재체험하는 경험
  - 트라우마를 생각나게 하는 자극을 회피하려는 행동이나 인지적 시도들과 같은 회피 증상과 감정의 둔감
  - 줄어든 수면시간 또는 잠 못 이루는 수면, 근육 긴장, 안절부절, 불안하고 변덕스럽거나, 주의/집중의 어려움들과 같은 과도 경각 증상
- 해리 반응
  - 비개인화 또는 비자각 경험
  - 둔주 상태
  - '멍한 상태(spacing out)' 또는 인지–감정적 이탈
  - 기억 상실 또는 시간 감각 상실

- 정체성 교체나 혼돈
- 약물 남용
- 신체적 장애
  - 전환 반동(예를 들면 마비, 무감각증, 눈이 보이지 않음, 귀 먹음)
  - 신체증상화(신체 기능장애로 과도하게 생각에 사로잡힘)
  - 심인성 통증(예를 들면 골반통증 또는 의학적으로 설명되지 않는 만성
    통증)
- 성적 장애(특히 성적 학대나 성 폭행의 생존자들의 경우)
  - 성적 괴로움(성적 기능장애나 고통)
  - 성적 두려움 그리고 갈등

- 트라우마 관련 인지 장애
  - 낮은 자존감
  - 무력감
  - 절망감
  - 과도하거나 부적절한 죄의식
  - 수치심
  - 환경의 위험 수준에 대한 과대평가된 생각
  - 가해자에 대한 이상화 또는 가해자의 행동에 대한 부정확한 합리화나
    정당화
- 긴장 감소 활동
  - 자가 절단(self-mutilation)
  - 폭식/하제(bingeing/purging)
  - 과도하거나 부적절한 성적 행동
  - 강박적인 몰래 훔치는 행동
  - 충동적 반항

- 일시적인 외상후 정신병적 반동
    - 트라우마로 인한 인지적인 기억 못함 또는 허술한 연상
    - 트라우마로 인한 환각(종종 트라우마와 일치하는)
    - 트라우마로 인한 망상(종종 트라우마와 일치하는, 특히 편집증의 경우)
- 문화 특정 트라우마 반응(예를 들면 불안 신경질 발작[1]), 당면한 문제와 관련되는 경우, 다른 나라나 문화에서 온 사람을 평가할 때

이 목록은 비록 대부분의 요소들이 만성 트라우마(예를 들면 길어진 아동학대나 정치적 고문)에 적절할지라도 특정의 외상후의 제시들(예를 들면 교통사고 생존자)과 관련된 것보다 더 포괄적이다. 이들 증상에 대한 어떤 검토는 대개 포괄적 평가를 암시하며, 심지어 더 구조화된 진단 인터뷰가 이어진다.

외상후 스트레스와 연관되는 해리 증상들과 재경험에 대한 평가는 특히 내담자가 이전에 누군가에게 자신의 증상을 설명한 적이 없다면 문제 제기가 될 수 있으며, 증상을 기괴하거나 심지어 정신병적이라고도 본다. 재경험과 해리는 의식 수준과 자신의 주변에 대한 인식 수준의 변화를 포함하며, 언어적으로 설명하기가 어렵다. 이 영역의 제안되는 인터뷰 접근법들과 질문들을 다음에 제시하였다.

- **외상후 악몽.** 어떤 내담자들은 묻고 있는 드라우마와 직접적이지 않게 연관되는 악몽을 보고하지 않을 수 있는데, 그래서 간단하게 이들이 그 사건에 대한 악몽을 꾸는지를 묻는 것은 충분하지 않다. 예를 들면 강간 피해자는 강간에 대한 악몽을 꾸지 않고, 어두운 골목길에서 쫓기거나 동물이나 악

1) 프에로토리칸 증상(Puerto Rican Syndrome)으로 알려져 있으며, 미국 내 캐리비안에서 온 스페인 언어 사용자들에게서 보이는 불안 증상으로, 통제할 수 없는 소리 지르거나 외침, 울음, 몸 떨림, 가슴과 머리의 열감 상등, 해리, 언어나 신체적 공격성을 보이는 증상으로 증상이 일어나는 사건이 구체적으로 정해져 있지 않으나 대개 가족과 관련된 스트레스 사건과 연관되어 반응된다.(wikipedia.org)(역주)

령에 의해 공격을 당하는 꿈을 꿀 수도 있다. 분명하게 하는 질문들에는 다음과 같은 것들 포함될 수 있다.

   - "당신은 나쁘거나 놀라는 꿈을 꿉니까?"

   - "당신의 꿈은 어떤 것에 대한 것입니까?"

   - "당신에게 일어난 나쁜 것에 대하여 어떤 것이라도 꿈을 꿉니까?"

● 플래시백. 많은 내담자들이 플래시백의 의미를 알지 못할 것이며, 이에 대한 더 자세한 설명이 필요일 것이다. 더 자세한 질문들에는 다음의 것들이 포함된다.

   - "당신의 마음에 갑자기 들어온 그 트라우마에 대한 영상을 가진 적이 있습니까?"

   - "당신은 그 트라우마가 아직도 당신에게 일어나고 있다고 느낀 적이 있습니까?"

   - "당신은 그 트라우마를 재체험하는 것처럼 느낀 적이 있습니까?"

   - "당신은 당신을 해친 사람의 목소리를 들은 적이 있습니까?"

   - "당신은 총소리/하고/기타 트라우마 관련 음성을 들은 적이 있습니까?"

● 침투적 사고. 어떤 내담자들은 지속적으로 생각에 사로잡히게 하는 주된 원인인 '어디선지 모르게 난데없이' 침투하는 자아이질적이거나 침투적인 사고들을 보고한다. 이러한 인지 증상을 탐색하는 것을 돕는 데는 다음의 질문이 포함된다.

   - "당신은 그 트라우마가 크다고 생각합니까? 항상 그렇습니까?"

   - "당신은 당신의 생각에서 트라우마를 떨쳐낼 수 없다고 생각합니까?"

   - "그 트라우마에 대한 생각이 당신으로 하여금 다른 것에 집중하는 것을 어렵게 합니까?"

   - [불면증에 연관하여] "밤에 잠을 잘 수 없을 때, 당신을 깨어 있게 하는 생각들이 있습니까?

● 해리. 해리는 내담자가 다른 사람들에게 표현하기 어려울 수 있는 내부 과
정이기 때문에, 임상가는 종종 해리 경험에 대하여 구체적으로 질문을 함
으로써 내담자를 도울 수 있다. 증상 유형에 따라 분류된 질문들에는 다음
과 같은 것들이 포함된다.

비개인화

  - "낭신은 자신의 신체 밖에 존재하는 것처럼 느낀 적이 있습니까?
  - "당신은 당신 신체의 부분들을 인식할 수 없거나, 크기나 모양이 바뀌
     었다고 느낀 적이 있습니까?
  - "당신 몸 밖에서 당신에게 일어난 것을 보고 있는 것처럼 느낀 적이 있
     습니까?"

비자각

  - "당신은 마치 꿈속에 살고 있는 것처럼 느낀 적이 있습니까?"
  - "당신 주변의 사람들이나 물건들이 진짜가 아닌 것처럼 느낀 적이
     있습니까?"

둔주 상태

  - "당신은 자신이 멀리 떨어진 곳에 있음을 발견하고 어떻게 그곳에 왔
     는지가 당황스러운 적이 있습니까?
  - "당신은 자각하지 못한 채 집에서 상당히 멀리 떨어진 곳을 여행한 적
     이 있습니까?"

인지-감정의 유리

  - "당신은 직장이나 집에서 '멍한 상태'에 있고 무엇을 하고 있는지를
     모른 적이 있습니까?
  - "다른 사람들이 당신이 가끔 '멀리 떨어져 있거나' '벗어나' 있는 것
     같다고 말합니까?

기억 상실 또는 시간 감각 상실

- "당신이 거의 기억할 수 없거나 전혀 기억할 수 없는 당신 인생의 중요한 것들이 있습니까?"
- "당신은 짧은 몇 분 동안 '마음이 딴 곳에 가 있는' 경험을 가졌었고 상당한 시간이 지난 것을 발견한 적이 있습니까?"

신원 교체

- "당신의 이름을 잊거나 다른 이름을 가진 적이 있습니까?"
- "당신의 내부에 다른 사람들이 있는 것 같은 느낌을 가진 적이 있습니까?"

외상후 스트레스 반응 상황의 정신병

해리와 외상후 스트레스는 외부환경에 대한 변화된 인식과 외부환경과의 축소된 접촉을 포함하기 때문에 이러한 반응을 정신병 증상으로부터 구별하는 것은 항상 쉬운 일이 아니다. 가끔 외상후의 재경험과 환각 사이의 경계, 정당한 외상후의 두려움, 과대평가된 사고들과 편집증적 망상, 그리고 불안 관련 인지 해체와 마음을 연 사고 와해를 구별하기가 애매할 것이다. 덧붙여서, 심각한 트라우마 관련 해리는 위축되어 있는, 내부적으로 생각에 사로잡혀 있는 정신병적 상태로부터의 구별되지 않는 것으로 나타난다. 앞서 언급하였듯이 트라우마와 정신병 사이의 관계가 있다. 정신병적 우울과 외상후 스트레스 장애는 흔히 함께 발병하는 병이며, 심각한 트라우마는 단순한 정신병적 반동으로 이끌어질 수 있다. 뿐만 아니라 중대한 정신병적인 과정을 가진 반응들은 낮은 수준의 경계나 자기 보호 때문에 피해에 대하여 높은 위험이 있다. 그러나 트라우마 생존자가 정신병적이라는(정신병 장애의 치료가 외상후 스트레스에 대개 효율적이지 않다는 것 때문이 아니라) 결론으로 뛰어넘기 전에 조심하는 것은 중요하다. 어떤 경우에는 임상에서 보여준 행동이 너무 애매하여 분명한 결정이 불가능할 수 있으며, 이러한 경우에 내담자들은 더 자주 있는 재평가를 가지며 주의 깊은 치료를 받아야 한다.

외상후 스트레스로부터 정신병을 구별하는 데 있어서, 만일 다음의 것들이 보인다면 정신병적인 과정이기보다는 외상후 스트레스로 제안해야 할 것이다.

- 환각과 대조되는 재경험
  - 인식의 내용이 트라우마 관련(예를 들면 가해자의 목소리나 트라우마와 연관된 다른 음성을 듣는 것). 그러나 이전의 트라우마 내력이 정신병적인 환각과 망상의 내용에도 또한 영향을 미칠 수 있음에 주의 (Ross, Anderson, & Clark, 1994).
  - 인식이 반응을 유발하는 경험이나 트라우마 관련 불안 상황에서 일어난다.
  - 인식이 상호적이지 않다. 예를들면 트라우마화된 사람들의 마음속에 있는 사람들은 '말대꾸'를 하지 않는다.
  - 인식이 괴이하지 않다.
- 망상과 대조되는 외상후의 예상
  - 아이디어나 두려움에 대한 내용이 트라우마 사건과 관련이 있다.
  - 내담자는 자신의 아이디어나 두려움이 합리적이 않다는 것을 이해하고 있음을 표현할 수 있다(예를 들면 강간을 당한 여성은 비록 그녀가 이식적으로는 보는 남자가 강간범이 아니라고 표현할 수 있지만, 모든 남자들에게 두려움을 가질 수 있으며 앞으로의 피해에 대한 두려움 때문에 남자와 단 둘이 있는 것을 원하지 않을 수 있다).
- 와해된 연상들과 대조되는 트라우마로 유도된 해체
  - 해체나 와해는 내담자 대화의 전체에서가 아니라 내담자가 기분이 상하게 되거나 트라우마 관련 주제에 대하여 이야기할 때만 발생한다.
  - 내담자가 덜 불안하게 됨에 따라 와해의 수준이 줄어든다.

반대로 다음의 사항들이 보이면 외상후의 스트레스 과정이기보다는 정신병
적임을 제안할 수 있다.

- 재경험과 대조되는 환각
  - 적어도 인식 내용의 어떤 것은 트라우마와 관련되어 있지 않다(예를 들
    면 트라우마와 연관되지 않은 다른 사람들의 목소리를 듣는 것).
  - 인식이 상호적이며, 또는 내담자가 자신에게 말을 하거나 혼자 웃는 것
    이 다른 사람들에게 목격된다.
- 외상후의 예상들과 대조되는 망상
  - 아이디어나 두려움의 내용이 단순히 트라우마 사건과 연관되지 않고,
    다른 영역으로 확대된다(예를 들면 강간을 당한 여성이 모든 남자가 그
    녀를 잠재적으로 해칠 수 있을 뿐 아니라 미국 정보국이 그녀의 집을
    도청하고 있다고 믿는다).
- 트라우마로 인한 해체와 대조되는 와해된 연상
  - 인지적인 기억 못함이 내담자가 불안하든 그렇지 않든 내담자의 대화
    전체를 통해서 일어나며, 대화와 상관없는 주제가 나온다.

••구조적 인터뷰

비록 비형식적인 정신 상태 검사와 증상 검토가 많은 형식의 외상후 장애를 드
러낼 수 있지만, 이러한 비구조적 성질의 접근들은 종종 특정 증상이나 증후들
이 간과되거나 부적절하게 평가될 수 있음을 의미한다. 사실 외상후 스트레스
장애의 실제 사례 절반까지가 비구조적 임상 인터뷰 동안 없어지는 것으로 추
정된다(Zimmerman & Mattia, 1999). 이러한 이유로 몇몇 임상가들과 대부
분의 연구자들은 외상후의 트라우마 스트레스, 특히 외상후 스트레스 장애를

평가할 때 구조적인 임상 측정 방법을 사용한다. 가장 흔하게 사용하는 구조적 인터뷰를 다음에서 논의한다.

임상가 실시 외상후 스트레스 장애 점수 척도(CAPS)

CAPS(Clinician-Administered PTSD Scale, Blake et al., 1995)는 외상후 스트레스 장애의 구조적 인터뷰에 관한 '최고의 기준'으로 여겨진다. CAPS는 표준의 신속한 질문들, 그리고 명확하며 행동 방식에 입각한 점수 척도와 증상의 빈번도와 강도 모두를 측정하는 것 등의 여러 도움이 되는 특징을 갖고 있다. 이것은 현재(1개월)와 평생('최악의')의 외상후 장애에 대한 양분 점수와 지속 점수 모두를 제공한다. 표준의 17가지 외상후 스트레스 항목 이외에도 CAPS는 또한 사회적 기능과 직업적 기능에 대한 외상후 영향을 이해하는 항목들, 이전의 CAPS 평가 이래의 외상후 스트레스 증상의 향상, 전반적인 반응 타당성, 그리고 전반적인 외상후 스트레스 증후군의 심각성, 또 죄의식과 해리를 고려한 항목을 포함하고 있다. 불행히도 CAPS는 검사를 완성하기까지 한 시간이나 그 이상이 필요할 수 있으며, 어떤 때는 임상적으로 필요한 것보다 더 많은 정보를 제공할 수 있으며, 오직 외상후 스트레스 장애 검사에만 중점을 둔다.

급성 스트레스 장애 인터뷰(ASDI)

진단 문제가 급성 스트레스 장애라면 외상후 스트레스와 반대로, 임상가는 급성스트레스 인터뷰(Acute Stress Disorder Interview, ASDI)가 유용하다는 것을 발견할 것이다. 이 인터뷰는 해리, 재경험, 애를 쓰는 회피, 그리고 각성 증상들을 평가하는 19개의 항목으로 구성되어 있다. 비록 ASDI가 상대적으로 새로운 것이지만, 이 평가는 믿을 만한 신뢰성을 가지고 있으며 비교적 짧은 시간안에 실시될 수 있다(Bryant et al., 1998).

극단적 스트레스장애에 관한 구조적 인터뷰(SIDES)

SIDES(Structured Interview for Disorders of Extreme Stress, Pelcovitz et al., 1997)는 PTSD 점수 척도에 기초한 기존 인터뷰의 동반자로서 발전되었다. SIDES의 45개 항목은 현재와 일생의 불특정 극도의 스트레스 장애(DESNOS)와 6개의 증상군(정동부조절, 신체화 장애, 주의 집중이나 의식의 변화, 자기인식, 다른 사람들과의 관계, 의미체계) 각각을 측정한다. 항목들은 임상가의 점수 매기기를 수월하게 하기 위하여 구체적인 행동 고정장치를 포함한다. SIDES 인터뷰는 적절한 상관 신뢰도와 내부일관성을 가진다(Pelcovitz et al., 1997).

개정된 DSM-IV의 해리장애를 위한 구조적 임상 인터뷰(SCID-D)

SCID-D(Structured Clinical Interview for *DSM-IV* Dissociative Disorders-Revised, Steinberg, 1994)는 다섯 가지 해리 증상인 기억상실, 비개인화, 비자각, 정체성 혼란, 그리고 정체성 변화)의 유무와 심각성을 평가한다. 이 인터뷰는 급성 스트레스 장애와 함께(비록 우리는 급성 스트레스 장애에 관하여 급성 스트레스 장애 인터뷰를 추천하지만) 다섯 가지 주요 *DSM-IV* 해리 장애(2장에 제시된)를 위한 진단을 제공한다. 또한 태도의 변화, 자연스러운 연령 퇴행, 비몽사몽한 듯한 모습과 같은, 사후 인터뷰 영역에서 코드화되는 '내부인터뷰 해리 단서들'이 SCID-D에 의해서 평가된다.

외상후 스트레스 장애를 위한 단순 인터뷰(BIPD)

비록 앞의(그리고 다른) 진단 인터뷰들이 분명히 도움이 되는 도구들이지만, 우리는 더 폭넓은 구별을 원하는 사람들을 위하여 부록 2에 BIPD를 실었다. 이 측정은 복사될 수 있으며 일반적인 치료적 목적으로 복사될 수 있으며, 비교적 쉽게 그리고 빨리 실시될 수 있다. 이 측정은 PTSD, 급성 스트레스장애, 그리고 단기 정신증 장애와 연관된 모든 증상들을 검토한다. 반면에 외상후 스트레스 장애를 위한 단순 인터뷰(Brief Interview for Posttraumatic Disorders, BIPD)의 반구조화된 형태는 CAPS나 ASDI보다 다소 덜 객관적이며, 구체적인 증상군에 관한 많은 자세한 정의들을 제공하지 않는다.

•• 심리 검사

임상 인터뷰와 반대로 구조적인 또는 그밖의 대부분의 심리 검사들은 내담자가 연필이나 펜을 사용하는 시험지를 완성하는 자가 실시 테스트들이다. 표준화된 심리 검사들은 일반 개체군의 인구통계학적 대표 표본의 기준이 되어 왔으며, 이러한 측정 표준에 관한 구체적인 점수는 무엇이 이 점수나 테스트의 '정상적 인' 가치가 될 수 있는지와 비교될 수 있다. 우리는 이러한 검사들이(트라우마 구체화 검사와 일반 검사 모두) 트라우마 생존자들의 심리적 기능에 관한 객관적 이고 비교할만한 자료를 제공하기 때문에 이러한 검사들의 사용을 강력하게 추천한다. 많은 검사 도구들이 아래에서 간단하게 설명될 것이다. 비록 **로르샤흐 잉크반점 검사**(the Rorschach Ink Blot Test, 로르샤흐, 1981/1921)가 외상후 스트레스 상태를 평가하는 데 도움이 될 수 있지만(Luxenberg & Levin, 2004; Armstrong & Kaser-Boyd, 2003), 투사검사들을 설명하지 않았다. 관심이 있는 독자들은 트라우마화된 개이의 더 자세한 심리측정 평가를 고려한 책과 논문에 관하여 실은 이 장 끝의 추천 문헌을 찾아보길 바란다.

일반 검사들

다양한 심리적 측정들은 청소년과 성인 트라우마 생존자의 일반적인(즉 구체적 인 트라우마가 아닌) 심리증상의 평가에 사용될 수 있다. *DSM-IV*의 축 1과 관련된 불안, 우울, 신체화, 정신병과 기타 증상들을 평가한다. 외상후 스트레스 의 괴로움은 종종 이러한 증상을 포함하기 때문에 적합한 심리 검사 시리즈는 여러 구체적인 트라우마 검사들 이외에 적어도 한 가지 일반적 측정을 포함하고 있다.

일반 검사들의 예에는 다음의 것들이 포함된다.

- 미네소타 다면인성검사(Minnesota Multiphasic Personality Inventory, 2nd edition, MMPI-2; Butcher, Dahlstrom, Graham, Tellegen, & Kaemmer, 1989)
- 청소년을 위한 미네소타 다면인성검사(Minnesota Multiphasic Personality Inventoryfor Adolescents(MMPI-A; Butcher, Williams, Graham, Archer, Tellegen, Ben-Porath, & Kaemmer, 1992)
- 심리평가검사(Psychological Assessment Inventory, PAI; Morey, 1991)
- 밀론임상다축검사(Millon Clinical Multiaxial Inventory, 3rd edition, MCMIO-III; Millon, Davis, & Millon, 1997)
- 개정된 증상 점검목록 90(Symptom Checklist-90-Revised, SCL-90-R; Derogatis, 1983)

각각의 이 검사들(특히 PAI와 MCMI-III)은 또한 2장에서 설명한 복합성 외상후 스트레스 결과와 연관된 인격 수준의 어려움에 관한 정보를 제공한다. 덧붙여서 세 가지(MMPI-2, PAI, MCMI-III)는 비록 이들 점수 척도들이 대개 외상후 스트레스 장애의 실제 사례들을 확인하는 데만 적당히 효과적인 것들이지만 PTSD 점수 척도를 포함한다(briere, 2004; Carlson, 1997). 가장 주된 일반 검사들은 또한 타당성 점수 척도를 포함하며, 증상들에 대한 내담자의 과소 또는 과대 보고를 알아내는 데 사용된다. 이러한 점수 척도들은 부인, 과장, 그리고 꾀병 사례들을 확인하는 데 도움이 될 수 있다. 몇 가지 외상후 스트레스 증상들의 평범하지 않은 특징 덕분에 트라우마 개인들은 부정적인 인상(과도 보고) 점수 척도들에 관하여 다른 사람들보다 높게 점수화하는 경향이 있으며,

심지어 꾀병을 시도하지 않을 때나 그들의 반응을 변형시킬 때도 높게 점수화하는 경향이 있다(예를 들면 Jordan, Nunley, & Cook, 1992).

트라우마 구체화 검사들

비록 일반 검사들이 트라우마와 연관된 구체적이지 않은 증상뿐 아니라 제시할 수 있는 다른 동반하는 장애를 알아낼 수 있지만, 심리학자들은 외상후 스트레스를 평가할 때 더 구체적인 검사들을 자주 사용한다(Carlson, 1997). 이러한 검사들의 가장 흔한 것들을 아래에서 제시하였다.

외상후 스트레스 관련 증상들에 관하여

- 외상후 스트레스 진단 척도(Poststraumatic Stress Diagnostic Scale, PDS). PDS(Foa, 1995)는 잠재적인 트라우마 사건들에의 노출과 가장 트라우마적인 사건의 특성, *DSM-IV*의 PTSD 범주와 부합하는 17가지 증상, 그리고 개인의 일상 생활에서의 증상 개입의 정도를 평가한다. PDS는 높은 내적 일관성(17가지 증상 항목들에 관하여 $\propto = .92$), 그리고 PTSD 장애에 관한 적합한 감수성과 구체성(각각 .82 그리고 .77)을 가진다. 이 측정은 일반 집단을 기준으로 하지 않았고 따라서 표준 T 점수를 산출하지 않는다. 그 대신 PTSD 증상 강도 추정은 트라우마 내력을 가진 248명의 여성 표본으로부터의 외삽법에 기초히었다.

- 데이비슨 트라우마 척도(Davidson Trauma Scale, DTS). DTS(Davidson 이외, 1997)는 빈번함과 강도 5점 척도들에 대하여 PTSD의 각 *DSM-IV* 증상을 측정하는 17개 항목 척도 측정이다. 이 측정은 비록 이들 척도에 관한 증상 강도를 설명할 수 있는 기준이 없지만, 기준 전체 점수뿐 아니라 침투, 회피/둔감 그리고 과도각성 척도 점수를 산출한다. DTS는 믿을 만한 검사-재검사 신뢰도와 내부 항상성, 그리고 일치타당도를 가진다. 기준 타당도는 SCID에 대한 평가를 해 온 반면, DTS는 PTSD 탐색에서

.69의 민감도와 .95의 특수함이 발견되었다.

● **외상후 스트레스에 대한 상세 평가**(Detailed Assessment of Posttraumatic Stress, DAPS). DAPS(Briere, 2001)는 외상후 스트레스 장애와 급성 스트레스 장애를 위한 *DSM-IV* 진단을 산출할 뿐 아니라 외상후 스트레스에 관한 많은 관련 특징들을 측정한다. 트라우마에 노출된 내력이 있는 일반 집단의 개인들을 기준으로, DAPS는 타당성 척도(긍정적 편견과 부정적 편견)를 가지며 인생 전반에서 트라우마 사건(트라우마 구체화와 고려되는 트라우마 노출 상황)에 대한 노출, 특정 트라우마(주변 트라우마적인 괴로움과 주변 트라우마적 해리)에 대한 즉각적 반응, 외상후 스트레스 장애 증상군(재경험 회피, 그리고 과도각성), 그리고 외상후 스트레스와 관련된 세 가지 특징인 트라우마-구체화 해리, 자살경향성 그리고 약물 남용을 평가하는 임상 척도를 가지고 있다. 이 측정은 외상후 스트레스 장애에 대한 CAPS 진단과 관련하여 적당한 민감도(.88)와 구체성(.86)을 가지고 있다.

● **트라우마 증상 검사**(Trauma Symptom Inventory, TSI). TSI(Briere 1995)는 개인이 경험한 전반적 수준의 외상후 스트레스 증상을 6개월에 걸쳐 평가하는 100개 항목의 측정도구이다. 이 검사는 일반 집단을 기준으로 하였고 적절한 신뢰도와 타당도를 보여주고 있다. 트라우마 증상 검사는 세 가지 신뢰도 척도(반응 수준, 비정형적인 반응 그리고 모순되는 반응)와 열 가지 임상 척도(불안 각성 우울 화/안절부절 침투적 경험들, 방어적 회피, 해리, 성적 근심, 역기능적인 성적 행동, 손상된 자기에 대한 언급, 그리고 긴장 감소 행동)를 가진다. 이것은 더 복합적이거나 광범위한 외상후 스트레스 결과들을 기록하기 위하여 종종 사용된다.

● **아동을 위한 트라우마 증상 점검**(Trauma Symptom Checklist for Children, TSCC). 비록 TSCC가 아동의 트라우마 관련 증상을 평가하기 위하여 자주 사용되지만, TSCC(Briere 1996)는 또한 17세까지의 청소년을 평가하

기 위하여 사용된다. 이 측정은 18세 미만의 3,000명 이상의 개인으로 표준화되었으며, 두 개의 타당성 척도(미만 반응과 과도반응)와 여섯 개의 임상 척도(불안, 우울, 분노, 외상후 스트레스, 해리, 그리고 성적 근심)으로 구성되어 있다.

정동 조절, 대인적 관계, 그리고 정체성 문제

● 트라우마와 애착 신뢰 척도(Trauma and Attachment Belief Scale, TABS). 트라우마와 애착 신뢰 척도[Pearlman, 2003; 이전에는 트라우마 스트레스 기관 신뢰 척도(Traumatic Stress Stress Institute Belief Scale)]는 장애가 된 인지 도식과 복합적인 트라우마 노출 상황과 연관된 어려운 상태를 측정하는 표준화된 측정도구이다. 이것은 다섯 개 영역의 장애를 측정한다 ― 안전, 신뢰, 존경, 친밀, 통제이다. 각각의 이들 영역에 대한 믿을 만한 하부척도들이 있으며, '자기' 와 '타인' 을 위하여 평가된다. 많은 증상 기초 검사들과 반대로 트라우마와 애착 신뢰 척도는 다른사람들과의 관계에서 자기를 묘사하는 방식으로 트라우마 생존자들의 자기보고화된 필요와 기대를 평가한다. 이러한 이유로 트라우마와 애착신뢰 척도는 내담자가 임상가를 포함한 다른 사람들과의 관계에 대하여 마음에 담고 있는 중요한 추정들을 이해하는 데 도움이 된다.

● 변경된 자기 능력 검사(Inventory of altered Self Capacities, IASC). 변경된 자기 능력 검사(Briere, 2000)는 관계성 정체성, 그리고 정동 조절 영역의 어려움에 대한 표준화된 검사이다. 이 변경된 자기 능력 척도는 다음의 영역을 평가한다. 대인 관계 갈등, 이상화-환멸, 버려짐 걱정, 정체성 손상, 영향에 대한 민감성, 정동 부조절, 그리고 긴장 감소 활동들이다. 변경된 자기 능력 척도는 아동기의 트라우마 내력, 성인 애착 유형, 대인 관계 문제, 자살 경향성 그리고 다양한 표본들에서 약물 남용에 대한 예측을 보여주고 있다. 이상화-환멸, 영향에 대한 민감성, 그리고 버려짐

걱정에 대한 점수 척도들은 더 복합적이며 심각한 트라우마 생존자와의
치료에서 나오는 역동이나 잠재적인 치료-장애 문제들을 조심하는 데 유
용하다.

해리에 대하여

● 해리 경험 척도(Dissociative Experiences Scale, DES). 해리 경험 척도
(Bernstein & Putnam, 1986)는 일반 집단을 기준으로 한 것은 아니지만
해리 측정에서 가장 흔히 사용된다. 해리 경험 척도는 '정체성, 기억, 인식
의 어려움, 그리고 비자각이나 비개인화, 또는 기시감(deja vu)과 의식의
변경(absorption)과 같은 관련 현상에 대한 인지와 느낌을"(Bernstein &
Putnam, 1986, p. 729) 이해하려고 한다. 해리 경험 척도에서 30 이상의
점수는 정체성 장애를 가진 사람들의 74%와 대규모 표본의 정신과 외래
환자들의 정체성 장애가 없는 사람들의 80%를 확인하였다(Carlson et
al., 1993).

● 다중해리 검사(Multiscale Dissociation Inventory, MDI). 다중해리 검사
(Briere, 2002b)는 해리가 다차원적 현상이라는 자료에 기초하였고, 여섯
개의 척도(이탈 상태, 비개인화, 비자각, 기억 장애, 감정의 제한, 정체성
해리)로 구성되어 있는 표준화된 임상검사이다. 이 점수들은 함께 전체의
해리 개요를 형성한다. 다중해리 검사는 믿을 만하며 예상되었듯이 아동
학대 내력, 성인의 트라우마 노출 상황, 외상후 스트레스장애, 그리고 극
도의 스트레스 장애를 포함한 해리에 대한 다른 측정과 상관되어 있다. 정
체성 장애 척도는 해리성 정체성 장애에 대하여 관하여 .92의 특수성과
.93의 민감성을 가지고 있다(Briere, 2001b).

●● 신체 건강에 대한 평가

트라우마 평가는 내담자의 자기보고의 신체건강 상태에 관한 평가 없이는 완성되지 않는다. 인터뷰 중에 임상가는 (의료 종사자든 비의료 종사자든) 내담자에게 활성된 의료 요건을 가지고 있는지, 어떤 현재의 신체적 고통이 있는지, (의사의 처방전 없이 구할 수 없는 약, 비타민, 허브 보조제를 포함한) 어떤 약을 복용하고 있는지를 물어보아야 한다. 인터뷰의 이 부분은 트라우마화된 개인과 특히 관련되어 있으며, 2장에서 설명하였듯이 외상후 스트레스 장애를 가진 사람들은 신체 건강 문제의 위험이 증가하기 때문이다. 추가로 어떤 의료적 요건들(예를 들면 내분비의 문제, 신경적 장애, 그리고 트라우마적인 뇌 손상과 같은)은 외상후 스트레스 장애의 증상처럼 보일 수 있다(Kudler & Davidson, 1995).

트라우마화된 개인들에게 이러한 복합성과 신체화 장애가 더 흔하기 때문에 어떤 증상들이 실제의 의료적 질병 때문인지(그리고 의료적인 개입이 필요한지)를 결정하는 것은 종종 상당한 도전이 된다. 매우 가난하거나 보험이 없거나 서류 미비의 내담자들에게 서비스를 제공하는 건강보호 시설들과 또는 다양한 다른 이유로 내담자가 의료적 보호를 얻기 어려운 곳에서는 의료적인 귀찮은 문제들이 특히 관련되어 있을 수 있다. 이러한 경우에 정신 건강 임상가는 내담자의 건강 관리 체계의 우선직 접촉이 될 수 있다. 따라서 우리는 임상가가 트라우마 내담자에게 종합의료 검사와 정기적인 의료 검사를 하도록 권유한다.

 추천 문헌

Briere, J. (2004). *Psychological assessment of adult posttraumatic states: Phenomenology, diagnosis, and measurement* (2nd ed.). Washington, DC: American Psychological Association.

Carlson, E. B. (1997). *Trauma assessments: A clinician's guide.* New York: Guilford.

Pelcovitz, D., van der Kolk, B. A., Roth, S., Mandel, F., Kaplan, S., & Resick, P. (1997). Development of a criteria set and a structured interview for disorders of extreme stress (SIDES). *Journal of Traumatic Stress, 10,* 3–16.

Schnurr, P. P., & Green, B. L. (2004). *Trauma and health: physical health consequences of exposure to extreme stress.* Washington, DC: American Psychological Association.

Simon, R. I. (Ed.). (1995). *Posttraumatic stress disorder in litigation: Guidelines for forensic assessment.* Washington, DC: American Psychiatric Press.

Stamm, B. H. (Ed.). (1996). *Measurement of stress, trauma and adaptation.* Lutherville, MD: Sidran.

Wilson, J., & Keane, T. (Eds.). (2004). *Assessing psychological trauma and PTSD: A practitioner's handbook* (2nd ed.). New York: Guilford.

제 2 부
치료 개입

일단 내담자의 트라우마 내력과 트라우마 사건 이후의 증상들이 파악되면, 트라우마 치료를 시작할 수 있다. 우리는 이 책의 치료 부분을 트라우마 치료와 관련된 제반 사안들의 대략 설명하는 것으로 시작을 하고, 이어서, 치료에 대한 더 기술적인 측면을 다루었다.

우리는 2부 전체에서 트라우마 영향의 치료에서 인지-행동적, 심리역동적, 그리고 종합적 접근들을 통합하려고 했다. 이러한 방법들이 다양한 요소들이 하나의 (각 내담자의 잠재적인 광범위한 증상과 필요에 적용될 수 있는) 폭넓은 치료적 접근과 결합될 것이다. 치료 방법은 각 내담자의 필요와 잠재적으로 광범위한 증상에 조정될 수 있다. 그럼에도 불구하고 이러한 모델들은 서로 매우 다르며, 몇몇 모델 개발자들은 자신의 기술들이 다른 임상가의 기술들과 결합하는 생각에 동의하지 않을 수 있다. 그러나 우리의 경험으로 볼 때 효과적인 치료는 임상가가 인정을 하든 그렇지 않든 간에 거의 항상 다양한 개입과 이론 모델들로 구성되어 있다. 예를 들면 많은 수의 믿을 만한 인지-행동 임상가들은 내담자의 치료에서 심리역동 기술들을 사용하며, 많은 심리역동 개입은 기본적으로 인지-행동적 원리로 변형될 수 있다.

임상 경험과 관련하여 볼 때, 외상후 스트레스 상태의 치료에 관한 현존 문헌의 검토는 효과적인 치료(근본이 되는 이론과 상관없이)는 대개 수많은 광범위한 요소들로 분류될 수 있고, 이들 요소들의 정확한 결합은 내담자의 구체적인 임상적 필요에 따라 다양하다. 이들 트라우마 치료의 요소들에는 최소한 다음의 것들이 포함된다.

- 전체적으로 존중하고 긍정적인 접근, 그리고 치료 관계 상황에서 지지와 인정하는 접근
- 트라우마와 트라우마 증상에 관한 심리교육
- 몇 가지 스트레스 감소 형태나 정동 조절 훈련
- 해롭거나 심하게 약화시키는 트라우마 관련 신념, 가정, 그리고 인식을 다루는 인지적 개입
- 트라우마 사건에 대한 결속된 진술을 발전시킬 수 있는 기회
- 대개 트라우마 기억들로의 유도된 자기 노출을 포함하는, 기억 처리하기
- 긍정적인 치료 관계의 상황에서 관계적 문제 처리하기
- 자기-인식과 자기-수용을 증가시키는 탐색 활동

이러한 치료 개입들의 많은 것들이 같은 치료 시간 안에서 일어날 수 있으며, 치료 과정 동안 개입들을 다른 개입과 구별하는 것이 어려울 수 있다. 그럼에도 불구하고 이 개입들은 과정과 목적을 구별한다. 이러한 이유로 각각의 치료 개입은 다음의 장들에서 자세하게 다루었다. 우리는 또한 2부에서 급성 트라우마(즉 매우 최근에 발생한)의 치료와 트라우마 사건 이후의 상태에 관한 심리약학 치료에 관한 장을 마련하였다.

제4장

트라우마 치료의
가장 중요한 사안

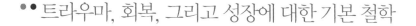

●●트라우마, 회복, 그리고 성장에 대한 기본 철학

비록 이 책의 많은 부분이 트라우마 치료의 기술적 측면에 기여하고 있지만, 우리는 이 장을 트라우마 치료와 연관된 철학적 문제로 시작하려고 한다. 이것은 임상가가 트라우마와 트라우마 관련 결과들을 보는 방식과, 무엇이 치료의 목적과 치료 기능의 가교가 되는 것인지를 믿는 것이며, 치료 과정과 결과에 상당한 영향을 가지기 때문이다.

　트라우마와 트라우마 치료에 대한 관점은 임상가마다 다르며, 다양한 치료 모델들이 효과적인 심리치료에 영향을 미칠 수 있다. 이 책에서 우리가 지지하는 접근법은 사람들이 트라우마 관련 기억들을 처리하고 더 적응적인 심리적 기능으로 향하는 내재된 경향성을 강조한다. 이 책의 8장에서 더 자세하게 논의되었듯이, 외상후 스트레스 장애의 많은 '재체험' 증상들은 인간이 트라우마

노출 상황에 대한 반응에서 시간을 두고 진보하는 회복 연산처리로 개념화될
수 있다(Briere, 1996, 2002a; Horowitz, 1978). 이러한 재체험의 본질적 기
능은 속상한 내용을 처리하고 통합하기 위하여 나타난다. 이것은 트라우마 관
련 증상들을 보여주는 개인들이 어떤 의미에서는 '대사작용을 하거나' 또는 괴
로운 생각, 느낌, 그리고 기억들을 내부적으로 해결하기 위한 시도를 암시한다.
이러한 관점은 많은 외상후 증상들을 본질적으로 병리적이기보다는 적응적이
며 회복이 중심이 된 것으로 재구성한다. 이것은 또한 치료적 노출(8장 참조)과
트라우마 기억들의 처리에 대한 다른 접근들이 완전히 새롭고 생경한 기술들을
도입하는 것과 반대로, 내담자가 이미 관여된 이러한 활동들을 최적화하는 것
으로 효과가 날 수 있음을 제시한다. 이렇게 생각해 보면 트라우마화된 개인들
은 증상의 수집이 아니라 항상 성공하지는 않더라도 어떤 수준에서 회복을 시
도하는 사람들이다.

　　이 책에서 제시한 두 번째 철학적 관점은 트라우마가 성장을 가져올 수 있다
는 것이다. 이 분야에서 일하는 다른 많은 임상가들처럼, 우리는 역경과 종종
지장과 손상을 넘어 사람들을 긍정적인 방식으로 발전하도록 추진한다는 것
을 발견한다. 다양한 연구들의 기록처럼 이것은 새로운 수준의 심리적 회복력,
부가적인 생존 기술, 더 나은 자기 이해와 자기에 대한 평가, 확장된 공감, 그
리고 일반적으로 더 폭넓고 복합적인 인생에 대한 견해를 포함한다(예를 들면
O'Leary, 1998; Siegel & Schrimshaw, 2000; Updegraff & Taylor, 2000).
최근에 미망인이 된 사람은 새로운 독립심을 배우고, 심장 발작의 생존자는 생
명의 중요함에 대한 더 건강한 시각을 발전시키고, 재앙적 사건에 노출된 사람
은 비극에 대면하여 자신의 회복력에 대한 중요한 것을 배울 수도 있다. 이 뜻
은 어떤 나쁜 일이 일어났을 때 누군가는 '운이 좋다' 라는 의미라기보다는 역
경과 관련 있는 모든 결과가 불가피하게 부정적이지 않다는 것이다. '밝은 쪽
을 보아야 하고,' 그것이 쉽게 무시하고 비공감적인 것처럼 보일 수 있어야 한
다는 것이 아니다. 대신 우리는 비록 생존자의 인생이 아마도 회복하기 힘들게

변화되었을지라도 그것은 끝난 것이 아니며 미래에 좋은 일들이 가능하다는 것을 제시한다.

물론 어떤 트라우마 사건들은 너무 압도적이어서 성장에 심각한 어려움을 주고, 너무 큰 상실에 관련되어 있어 내담자에게 궁긍적으로 긍정적인 결과를 제안하는 것이 불가능해 보인다. 심각한 아동기 학대나 고문과 같은 만성 트라우마의 생존자들은 영구적으로 손상을 입고 있다고 느낄지도 모른다. 다른 경우에는 고통 회피의 즉각적인 목적과 심리적 생존을 뛰어넘어 손쉽게 볼 수 없는 회피와 방어로 내담자를 밀어낼 수도 있다. 그러나 이러한 경우에 치료는 증상 감소로 제한되어서는 안 되며, 새로운 통찰과 기술에 대한 가능성을 포함할 것이다. 트라우마가 덜한 경우에 역경이 생존자를 약하게 하는 게 아니라 더 강하게 할 수 있다고 제안하는 것이 가능할 것이다.

이러한 철학은 트라우마 치료의 기술적인 일에 산만해 보일 수 있다. 분명히 손상을 입은 사람은 우선 즉각적인 안전과 생활 보조가 필요하고, 고통스런 증상에 대한 도움이 필요하며, 회복과 성장에 관한 더 복합적이며 미묘한 측면들이 나중에서야 현저해지는 일이 자주 있다. 그러나 궁극적으로 트라우마 사건 이후의 심리적 손상을 위한 가장 좋은 개입의 몇 가지는 잠재적으로 실존적이고 희망적이다. 이러한 관점은 또한 임상가에게 유익할 수 있는데, 내담자가 회복을 할 수 있을 뿐 아니라 트라우마 경험으로부터 어떤 면에서 마음을 다친 사람들을 돕는 일에 대한 엄청난 풍부함과 낙관주의를 가져올 수 있다.

존중과 긍정적인 관심

이 철학이 함축하고 있는 한 가지는 트라우마 내담자가 잠재적으로 압도하는 정신적 고통과 불능에 맞서, 자신의 역사와 관계를 맺으려 분투하며, 아마도 이것을 넘어 성장하려고 하는 사람으로 보여야 한다는 것이다. 이 점은 종종 치료에서 어려운데, 생각하고 싶지 않은 것을 생각해야 하고 느끼고 싶어하지 않은 것을 느껴야 하는 치료에서 특히 어렵다(다음 장에 개괄되어 있다). 많은 사례들의 쉬운 선택이 고통 인식을 차단하고 생각을 "공연히 건드려 문제를 일으키지 말라"로 회피하는 것이다. 선택이 가능하다면 인생의 구조에 통합시키기 위하여 내담자의 기억과 수반된 심리적 괴로움에 직면하는 것이 더 용기 있는 선택이다. 내담자는 고통으로부터 생존하기 위하여 치료 동안에 재체험된 전적인 트라우마 경험에 노출되는 것을 회피하기 위하여 어떤 수준의 저항에 머문다. 이러한 반응은 당연하며 임상가 같은 사람으로부터 이해되어야 한다. 내담자가 부인과 회피의 분명한(비록 대개 거짓이지만) 유익과 회피를 넘어 고통스런 사건을 재방문하고 인식을 선택하는 것에 대하여 내담자가 상당한 존경을 받을 만하다.

내담자의 용기에 대한 지속적인 인정이 트라우마 전문 임상가에게는 중요한 임무이다 ─ 치료 동안 내담자의 물리적 현존과 연관된 용기의 인정, 그리고 회피가 너무 분명하고 도전적 선택이 적을 때 고통스런 기억들에 직면하기 위하여 강점을 주목하는 것이 필요하다. 임상가가 존경스럽고 긍정적인 태도를 수행할 수 있을 때 치료 과정은 거의 항상 유익하다. 비록 내담자가 자신에 대한 임상가의 긍정적인 칭찬을 완전히 믿지 않을 수 있지만, 볼수 있는 임상가의 존중은 내담자를 치료 과정에 심리적으로 가능하게 만드는 가능성을 증가시키면서, 치료적인 라포 형성에 큰 도움이 된다.

희망

희망 또한 효과적인 트라우마 치료에 본질적이다. (고통스런 증상을 포함하여) 반복되는 고통스런 경험은 내담자로 하여금 계속되는 절망을 미래의 불가피한 부분으로 예상하게 한다. 이러한 점에서 치료 과업의 일부분은 트라우마를 도전으로, 고통을(적어도 부분적으로) 인식과 성장으로, 그리고 미래를 기회로 재구성하는 것이다. 이것은 임상가가 내담자의 경험과 현재의 괴로움에 대하여 지나치게 낙관주의자가 되어야 한다는 의미가 아니다. 내담자의 견해가 인정되고 이해되어야 하는 것은 매우 중요하다. 임상가가 내담자가 인생 경험에서 나올 수 있는 혼란, 무기력과 절망감을 받아들이고, 그리하여 경솔하게 이를 강화하는 것은 좋은 생각이 아니다. 내담자의 손상을 나누기 위하여 어느 정도 이렇게 할 수는 있지만, 대신에 내담자가 경험한 믿기 힘든 아픔을 인정하는 것이 도전이며, 동시에 치료 시간의 내담자의 출석은 내재적 강점, 적응적 능력, 그리고 미래에 대한 희망을 신호 보내는 것이라고 지그시 제안한다.

희망을 서서히 주입하는 것은 임상가가 어떤 것을 약속한다는 의미가 아니다. 많은 이유(예를 들면 유전적이거나 생물학적 영향, 아마도 미성숙한 종결, 약물 남용을 통한 치료 지장, 특히 복합적이고 심각한 증상, 새로운 트라우마, 기타)로 모든 내담자가 전적인 증상 소강을 경험하는 것은 아니다. 우리는 미래를 예측할 수 없기 때문에 주어진 사람에게 앞으로 나아질 것이라는 보장을 할 수 없다. 그러나 내담자와 그의 미래에 대한 전체적인 긍정적 견해는 자주 옳다고 뒷받침되며, 또 도움이 된다. 심지어 치료를 받지 않더라도 심각한 트라우마에 노출된 많은 사람들이 시간이 지나 상당한 증상 경감을 경험하는데(Freedman & Shalev, 2000), 아마도 3장에서 설명한 내재된 자가 치유 과정의 기능으로서 가능할 것이다. 더욱 중요한 것은 완성된 트라우마 집중 치료가 그렇게 하지 않은 치료보다 훨씬 더 많은 증상 경감과 연관되어 있다는 것이다(Foa, Keane, & Friedman, 2000). 이러한 이유로 내담자의 미래의 치료 과정에 대한 보호된 낙관론을 전달하고 향상이 있을 때마다 향상 신호들에 주목을 하는 것은 대개 저절하다.

궁극적으로 희망은 심각한 트라우마와 상실과 연관된 무기력과 절망에 대한 강력한 해독제이다. 비록 치료 목적으로서 대표적으로 설명되지 않았지만, 희망의 주입은 강력한 치료 활동이다(Meichenbaum, 1994; Najavits, 2002). 임상가가 어떤 신뢰성을 가지고 대화를 위하여 힘과 지식을 의사소통으로 돌리는 것은 이롭다. 많은 트라우마 생존자들을 위한 이러한 메시지의 영향이 과소평가되어서는 안 된다.

•• 중요한 치료 원칙

트라우마와 회복에 대한 일반적인 생각을 넘어서, 효과적인 트라우마 집중 치료에 관한 많은 기본 원칙들이 있다. 비록 이러한 원칙들은 대개 심리치료에 직접적으로 적용되지만, 또한 이 원칙들은 심리약학을 포함한 다른 치료 방법과 관련되어 있다.

안전의 제공과 확인

트라우마는 위험에 취약하다는 것이기 때문에, 안전은 트라우마 생존자들에게 중요하다(Herman, 1992a; Najavits, 2002; Cook 이외, 2005). 위험에 노출되어 온 사람들은 안전한 환경이라고 인식된 곳에서만 긴장을 늦추고 비교적 만족할 만한 자기 성찰과 자기와의 연결을 경험하는 일이 자주 있다. 치료에서 안전은 최소한의 신체적 위험, 심리적인 학대, 착취, 또는 거절이 없는 것을 포함한다. 신체적 안전은 생존자가 임상가나 다른 사람들에 의해 신체적 폭행이나 성 폭행, 또 치료 시간 동안 건물이 무너지거나 화재가 날 가능성이 없다고 인식하고 기대하는 것을 의미한다. 때때로 심리적인 안전 제공이 더 어려운데, 내담자가 치료 과정 동안 자신이 비판되어지거나, 수치심을 갖게되거나, 거절, 과장되게 잘못 이해되거나, 불필요하게 방해되거나 조롱되지 않으며, 심리적 경계와 임상가-내담자 간의 비밀 준수가 무너지지 않을 것임을 인식한다는 의미이다. 이러한 요건들을 믿을 때만 내담자는 방어를 줄이고, 트라우마 관련 생각, 느낌, 기억들을 마음 열고 처리하기 시작할 수 있다. 사실 8장에서 설명하였듯이 내담자가 위험했던 것을 기억하는 동안 안전을 경험하는 것은 중요하며, 오직 이러한 상황에서만 과거의 트라우마로 연상된 현재의 상기된 공포와 고통스런 트라우마 반응이 없어지게 될 것이다.

불행히도 안전을 느끼기 위하여는 안전할 뿐 아니라 반드시 내담자가 안전을 인식할 수 있어야 한다. 이것은 자주 문제가 되는데, 앞서 주목하였듯이 트라우마 노출 상황은 과도경계를 가져올 수 있으며, 트라우마화된 사람들의 많은 수가 위험을 예상하고 곧 닥칠 손해에 상당한 능력을 쏟아붓고, 심지어 안전한 환경과 상호작용을 잠재적으로 위험한 것으로 잘못 인식하는 경향을 가지고 있다 (Janoff-Bulman, 1992; Pearlman & Courtois, 2005). 심지어 안전한 치료 환경도 어떤 트라우마 내담자에게는 안전하지 않은 것으로 보일 수 있다. 그 결과 치료에 상당히 오랜 시간이 들며, 단기의 임상가보다는 임상가의 인내와 돌보는 능력의 지속이 필요할 것이다. 몇몇 다면적으로 트라우마화된 개인들 ― 예를 들면 이전의 아동 학대 피해자, 고문 생존자, 정치적 압력의 피해자, 청소년 갱 소속원, 거리의 부랑아 또는 매 맞는 여성 ― 은 치료 도중 취약하게 될 때 자신들이 다치지 않을 것이라는 사실을 완전히 인식하고 받아들일 수 있기까지 비교적 오랜 시간 치료에 참여해야 할 것이다. 이러한 사람들에게 치료적 노출이나 심리역동적 해석과 같은 치료 개입은 충분한 시간 동안 안전을 예상하는 것이 준비되기까지는 적절하지 않을 것이다. 이러한 우려때문에, 임상가가 내담자의 치료 안전의 '경험'을 결정할 수 있는 것은 분명히 중요한데, 많은 치료 개입이 고통스러운 기억 내용의 활성과 처리에 관여되기 때문이다. 어느 정도 이러한 기억들이 공포와 고통을 유발시키며, 안전하다는 것을 인식하지 못하는 내담자는 이러한 활성화로 더욱 괴로워질 수 있다.

이 장의 앞에서 주목하였듯이, 안전의 확인은 또한 내담자가 치료실 밖에서 비교적 위험으로부디 자유로울 것임을 확인하는 일을 의미한다. 상당한 공포와 위험을 느끼는 생존자들은 감정적으로 압도되고/또는 회피 없이 심리치료에 참여하기 위한 충분한 심리적 능력이 없어 보인다. 매 맞는 여성은 더 심한 구타로부터 가능하면 안전해야 하며, 성적 학대의 피해자는 가해자로 부터의 위험에서 벗어나야 하며, 증상들에 대한 심리 처리가 시도되기 전에 이루어져야 한다. 그렇지 않다면 내담자의 생활과 신체적 통합은 증상 경감을 위해 위험에 놓일 수 있다. 비록 이것이 분명한 사실인 것 같지만, 많은 임상가들이 분명 위험한 상황에서 계속 살고 있는 급성 트라우마 개인들의 트라우마 기억 처리를 시도하는 함정에 빠진다.

　이것은 모든 심리적 개입이 아직 위험한 일에서 배제되어야 한다는 의미는 아니다 — 트라우마 기억과 느낌의 직접적인 처리를 주요한 초점으로 갖는 사람들, 또는 안전을 넘어 통찰을 소중하게 여기는 사람들의 경우이다. 예를 들면 심하게 매를 맞은 여성은 심리교육 활동이나 인지적 개입으로부터 개인의 안전을 증가시키는 정보를 제공하거나 학대적인 파트너를 떠나는 것에 대하여 쉽게 부담을 가질 것이다(Jordan, Nietzel, Walker, & Logan, 2004). 반면에 치료의 즉각적인 초점이 그녀의 마지막 매 맞은 경험을 감정적으로 처리하는 것이거나 아동기의 어떤 문제가 권위 있는 사람들에 대한 매력과 연관되는지를 분석하는 것이라면 지속적인 위험에 놓일 수 있다. 물론 안전하지 않은 성적인 관행이나 정맥주사의 약물 남용과 같은 만성적인 인생을 위험하게 하는 현상은 쉽게 종료될 수 있는 위험이 아니다 — 이러한 개인은 이런 행동들이 경감되거나 치료를 마치기 전에 어떤 수준의 증상 경감, 대처하기, 향상 또는 심리교육이 필요할 것이다. 그럼에도 불구하고 위험이 극심하며 이를 피할 가능성이 있을 때 임상가의 첫 초점은 즉각적인 안전을 확인하는 것에 관한 것이어야한다.

안정의 제공과 확인

안정은 방해하는 내부의 또는 외부의 자극에 압도되지 않는 지속적인 심리적 그리고 신체적인 상태와 관련되어 있다. 안정은 또한 가까운 시일 내에 이러한 자극의 영향에 저항하는 어느 정도의 능력을 의미한다. 안정성에 대한 염려는 트라우마 생존자들의 치료 작업과 상당히 관련되어 있는데, 기분 나쁜 사건들은 종종 불안정하며 스트레스에 대한 민감성을 더 증가시키는 요건들(예를 들면 혼동스런 대인 관계적 또는 물리적 환경, 트라우마 이후의 스트레스, 우울증)을 낳을 수 있기 때문이다. 덧붙여 어떤 트라우마 관련 반응들[예를 들면 약물 남용, 문제 있는 성격 특성, 또는 반응성 정신병(reactive psychosis)]은 노숙자, 혼란스럽고 강도 높은 관계의 되풀이되는 연관, 또는 만성적 자기파괴와 같은 불안정한 생활방식에 기여할 것이다.

생활 안정

생활 안정은 일반적으로 안정된 생활 요건들과 관련 있다. 예를 들면 극도의 가난, 혼돈스런 환경, 또는 만성적으로 위험한 직업(예를 들면 매춘)으로 생활하고 있는 사람들은 가끔 트라우마 치료로 활성화된 추가된 괴로움을 견디는 것이 어려울 수 있다. 이러한 요건들은 배고픔, 공포, 인종적 또는 성적 억압, 그리고 부적당하거나 무주택과 연관된 불안정과 연관될 수 있다 — 이들 중 어떤 것도 활성화된 괴로움과 대면하여 정서적 회복력을 돕지 않는다. 사실 충분한 안정, 음식, 그리고 피신처 없이 트라우마 내용의 회피(예를 들면 둔감이나 물질 남용을 통하여)는 직관에 반대되어 보이는 고통스런 기억을 재체험하는 것보다 트라우마 피해자에게 더 유용해 보일 수 있다. 트라우마 치료는 안전을 경험하고 신뢰를 선택할 수 있는 경험에 필요한 사회적 그리고 신체 능력을 가진 사람들에게 가장 도움이 된다. 그 결과 능력이 적은 트라우마화된 사람들과의 처음 개입은 종종 적절하고 믿을 만한 음식, 피신처, 그리고 신체적 안전을 마련해 주는 것과 같은 사회 사업이다.

감정 안정

트라우마 생존자는 정식으로 트라우마 치료를 시작하기 전에 신체적 안정 이외에 어느 정도의 심리적 항상성을 가지고 있어야 한다(Ford, Courtois, Steele, Van der Hart, & Nijenhuis, 2005; Herman, 1992a). 일반적으로 급성의 정신병적 증상, 높은 자살 경향성, 매우 높은 수준의 외상후 스트레스, 또는 심신을 약화시키는 불안이나 우울증을 가진 사람들은 트라우마 치료를 시작하기전에 다른 개입이 필요할 것이다. 여기에는 적절한 약물(11장 참조)의 사용, 위기 개입, 그리고 어떤 사례에서는 지지적 심리치료가 포함된다. 이러한 사전 치료

없이 트라우마 관련 내용의 활성은 현존하는 증상(예를 들면 재개된 정신병 또는 트라우마 이후의 스트레스)의 악화뿐 아니라 새로운 고통과 역기능을 만들면서, 자신의 감정 상태를 조절하는 생존자의 현재의 능력을 압도할 것이다. 악화되거나 재개된 증상은 차례로 약물 남용이나 자살 충동과 같은 증가된 회피 행동을 가져올 수 있을 뿐 아니라 내담자가 치료를 그만둘 가망성이 높아진다.

치료를 받을 가치가 있는 대상과 반대로 증상이 너무 강력해서 트라우마 중점 치료 개입을 확신할 수 없을 때 치료를 결정하는 것은 항상 쉬운 일이 아니다. 예를 들면 외상후 스트레스나 불안이 너무 심각해서 인지행동 치료를 지탱할 수 없을 때, 또 언제 이러한 증상들이 언제 치료에 적절한지를 결정하는 것은 쉽지 않다. 이러한 문제들에 해답을 줄 수 있는 구체적인 평가 접근법들이 3장에 제시되어 있다. 가장 일반적으로 고려할 사안은 질문의 증상이 해결되지 않은 트라우마 기억들에 대한 치료적 노출에 따른 불가피한 감정의 고조를 '다루거나' 조절하는 내담자의 능력을 상당히 감소시키는지가 문제이다. 만일 증가된 활동이 압도적이시 않다면, 대개 고전적인 트라우마 치료가 제시될 수 있다. 치료에 대한 반응이 부정적인 영향들로 쇄도된다면, 더 낮은 심리적 안정이 보일 때까지 사전 치료(또는 단독의 지지적인 심리치료)가 요구된다.

흥미롭게도 전통적으로 심리적 불안정성과 동의어로 가정된 장애가 트라우마 치료 사용에 항상 금지되는 것은 아니다. 예를 들면 경계선 성격 장애를 가진 사람들이나 낮은 수준의 만성 정신병을 가진 사람들은 고전적인 트라우마 치료를 인내하는 데 충분히 안정적인 반면에, 심각하지 않은 진단을 가진 사람들에게 트라우마 치료가 금지될 수 있다. 임상가들은 정신병을 가진 사람들 또는 축 2의 진단을 가진 사람들과 일할 때 이러한 장애들이 자주 정동 조절 문제와 급성 불쾌감과 더욱 연관되기 때문에 자주 우려를 한다. 그러나 중대한 사안은 가벼운 진단 유형보다는, 즉 내담자의 트라우마 기억에의 노출과 연관된 감정을 인내하는 내담자의 상대적인 능력이다.

긍정적이고 한결같은 치료 관계의 유지

성공적인 트라우마 치료의 가장 중요한 요소 중 하나는 내담자와 임상가 사이의 좋은 치료 작업 관계이다(Pearlman & Courtois, 2005). 사실 많은 연구들은 치료 결과가 사용된 특정 기술과 반대로, 치료 관계의 질에 의해서 가장 잘 예상됨을 보여주고 있다(Lambert & Bergin, 1994; Orlinski, Grawe, & Parks, 1994). 비록 몇몇 치료 접근법들은 다른 접근법들보다 관계 역동을 강조하지만 내담자가 수용되고, 임상가가 자기를 좋아하고, 진지하게 받아들여지고 있다고 느낀다면 모든 형태의 트라우마 치료작업이 나아진다는 것은 믿을 만하다. 심지어 단기의, 상당한 구조적 치료 접근법들(예를 들면 몇가지 유형의 인지-행동 또는 약물치료들)에서도 도움을 주는 이들과 좋은 작업 관계를 가진 내담자들은 치료를 인내하고, 어떤 식이 요법이라도 지키며, 그 결과 더 긍정적인 치료 결과를 경험할 가능성이 높다(Rau & Goldfried, 1994). 더 장기적이며 더 상호관계적인 치료 접근법들에서 관계적 사안들은 더욱 중요하며, 강력한 치료적 관계를 갖는 것이 더 유익할 것이다.

트라우마 치료는 거의 항상 고통스런 기억을 재방문하고 처리하고, 그밖에도 위험하고 상처받기 쉬운 감정들을 잠재적으로 재활성화하는 것과 연관되기 때문에 성공적인 치료는 특히 치료적 지지와 연결에 달려 있다. 거리를 둔, 무관심한, 또는 정서적으로 연결되지 않은 내담자와 임상가와의 관계들은 우리들의 경험으로 볼 때 꽤 자주 덜 긍정적인 치료 결과를 낳는다(경험에 기초한 이 문제의 토론에 관하여는 Dalenberg 2000을 보라). 최소한 긍정적인 치료 관계들은 다양한 유익을 제공하며, 이러한 것들에는 잠재적으로 다음의 것들이 포함된다.

- 치료 탈락의 감소와 더 믿을 만한 치료 시간에의 출석(Rau & Coldfried, 1994)
- 개인적 내용에 대한 더 적은 회피와 더 많은 노출(Farber & Hall, 2002)

- 보다 높은 비율의 치료 준수와 약물 준수(Frank & Gunderson, 1990)
- 임상가의 해석, 제안 그리고 지지에 대한 높은 개방성과 수용(Horvath & Luborsky, 1993)
- 트라우마 기억들에 대한 치료적 노출을 하는 동안 고통스런 생각과 느낌을 감내할 수 있는 더 많은 능력(American Psychiatric Association, 2001)

치료적 관계는 효과적인 치료를 지지하는 것 이외에, (1) 이전의 관계적 트라우마로 연상된 기억들과 도식들을 부드럽게 상기시키고, (2) 치료적 보살핌, 안전, 그리고 지지적 상황 안에서 이러한 활성들을 처리할 기회를 주는 데 도움이 된다(Briere, 2002a). 9장에서 더 자세하게 설명하였듯이, 가장 온화한 내담자-임상가 관계더라도 확장되었거나 심각한 트라우마의 생존자들은 적어도 몇 번의 거부나 버려짐에 대한 공포, 위험에 대한 오해, 또는 권위 문제들이 일어날 수 있다. 이러한 침투들이 내담자가 임상가로부터 존중되고, 보호받는 느낌, 그리고 공감을 느끼는 것이 동시에 일어날 때 이들은 점차로 현재의 관계들에 대한 자신들의 일반화 가능성이 점차 줄어들고, 현재의 긍정적인 관계 느낌들로 반대 조건화될 수 있다. 이러한 점에서 좋은 치료적 관계는 효과적인 치료적 지지뿐 아니라 궁극적으로 주요한 관계적 트라우마들의 해결에 필수적이다.

내담자에게 치료 맞추기

비록 현재의 몇 가지 가능한 치료 매뉴얼에 대한 검토는 치료적 개입들이 다소 동등하게 그리고 비슷한 방식으로 모든 건강한 내담자들에게 적용될 수 있다고 제안하지만, 이것은 실제의 임상 실행에서 거의 가능하지 않다. 사실 상당히 구조화된, 때때로 경험적으로 입증된 치료들의 매뉴얼화는 모든 표출된 내담자들에게 동등한 개입을 제공하기 위하여 임상적으로 기초한 의도보다도 치료 결과 연구의 요구들(즉 주어진 연구에서 각 내담자에게 상당히 유사하게 그리고 공평하게 적용되는 치료의 필요)을 더 직접적으로 반영한다(Westen, Novotny, & Thompson-Brenner, 2004). 임상 실행의 실상에서 내담자들은 그들의 표출 문제, 다른 이름의 같은 증상, 그리고 심리적 개입을 인내하고 활용할 수 있는 정도가 상당히 다르다. 이러한 이유로 치료는 개인의 특정 성질과 우려들에 맞추어졌을 때 가장 효과적이다(Cloitre, Koenen, Cohen, & Han, 2002). 우리는 다음에서 트라우마 치료를 포함한 정신 건강 개입을 제공할 때 고려해야 하는 더욱 중요한 몇 가지 개인적 변수들을 설명할 것이다.

정동 조절과 기억의 강도 사안

앞서 언급하였듯이 정동 조절은 고통스런 감정 상태를 인내하고 내적으로 감내하는 개인의 능력에 관한 것이다. 한정된 정동 조절 능력을 갖고있는 사람들은 부정적인 감정적 경험들 — 현재의 부정적인 사건들과 고통스런 기억으로 상기된 경험으로 쉽게 당황하게 되고 불안정하게 된다. 트라우마 치료는 종종 트라우마 기억들을 활성화하고 처리하는 것과 연관되기 때문에, 고통스런 상태들을 내부적으로 조절하는 능력이 적은 개인들은 치료 과정 동안 감정적으로 당황되지 않는다면 상당히 괴로워지기가 매우 쉽다(Cloitre et al., 2002).

그러나 '정동 조절'이라는 아이디어는 너무 단순해질 수 있다. 예를 들면 주어진 사람이 감정을 조절하는 일반적인 능력을 갖고 있다는 암시에도 불구하고, 어떤 사람들은 한 종류의 느낌(에를 들면 불안)을 다른 느낌(예를 들면 분노)보다 더 잘 인내하거나 조절하는 것을 잘할 것이다. 뿐만 아니라 어떤 사람들의 경우 더 고통스런 경험에 노출되어 온 기능으로서의 감정적 반응은 다른 사람들의 감정적 반응보다 강도가 큰 것이다. 이러한 점에서 덜 강도 높은 기억(예를 들면 교통 사고에 대한 기억)과 연관된 사람들보다 매우 고통스런 기억들(예를 들면 지속된 고문)과 연관된 감정을 경감시키는 데 더 많은 정동 조절 능력이 필요할 수 있다. 조절에 필요한 정동의 무게를 정하지 않은 채 어떤 이가 '정동 조절의 어려움'을 가지고 있다고 결정하는 것은 충분하지 않다.

정동 조절 능력의 변수와 조절 ― 그리고 기억으로 상기된 감정(조절되어야 할)의 심각성은 상당한 치료적 영향을 가진다. 가장 흔하게 정동 조절이 손상된 개인들 ― 특히 쉽게 상기되는 상황에서, 상당히 고통스런 기억들은 치료 기간 동안 기분을 상하게 하는 기억들에 노출되었을 때 압도되기가 더 쉬우며, '저항' 과(또는) 해리를 포함한 증가된 회피로 반응하기 쉽다. 차례로 이러한 반응들은 내담자의 트라우마 내용의 노출과 치료 관계의 치유적인 면을 낮춘다. 7장에서 설명하였듯이 정동 조절 능력이 손상된 사람들과(또는) 심한 트라우마 부담을 가진 사람들의 치료는 조심스럽게 진행되어야 하며, 이러한 트라우마 기억들은 필요하다고 보는 것보다 더 적은 증가로 활성화되고 진행된다. '적정(適定) 노출' 또는 '치료 창 안에서 일하기'(Briere, 1996, 2002a)로 자주 설명되었듯이, 이것은 주어진 치료 시간 안에서 발생하는 트라우마 처리가 생존자가 고통의 수준을 감내하는 능력을 초과하지 않도록 치료를 조정하는 것이다. 동시에 발생한 것을 가능한 많이 합리적으로 처리하는 것을 포함한다(8장 참조). 상당히 감소된 정동 조절 능력(그리고/또는 특히 괴로운 기억들)을 가진 개인들에서, 이러한 수준의 노출과 처리는 어느 때라도 상당히 제약이 될 수 있다. 그럼에도 불구하고 시간이 지나면서 적은 양의 트라우마 처리도 축적되는 것 같으며, 결국 압도되는 감정의 부정적 역효과 없이 상당한 증상 경감과 더 많은 정서 능력으로 이끈다.

우세 도식

2장에서 언급하였듯이 트라우마에 노출되는 것은 인식에 종종 영향을 끼친다. 트라우마 종류에 따라서 그리고 어느 발달 시기에 발생한지에 따라서, 자신에 대하여 무능하거나, 나쁘거나, 또는 무기력하다는 생각을 쉽게 상기하거나, 다른 사람들에 대한 기대를 위험한 것이거나, 거부하는, 또는 애정이 없는 것, 또는 미래를 절망적으로 보는 견해를 쉽게 떠올리는 것이 포함될 수 있다. 이러한 왜곡은 임상가와 치료에 대한 내담자의 인식에 불가피한 영향을 준다. 예를 들면 생존자는 임상가가 비판적이며, 애정이 없거나, 심지어 적대적이거나 학대적이라고 예상할 것이다.

아동기 초기의 학대와 방임은 언어 이전의 부정적 인식의 잠복 형태를 가져오며(Baldwin, Fehr, Keedian, Seidel, & Thompson, 1993) 당면한 대인 관계 환경의 연상 자극들로 쉽게 상기되는 느낌을 가져올 수 있다. 이러한 관계 도식들은 상기되었을 때, 아동기의 잔혹한 학대 동안 처음에 부호화되었던 갑작스럽고 강도 높은 생각과 느낌을 불러올 수 있다. 그 결과 학대의 생존자인 성인은 심리치료 기간 동안 버려짐, 거부, 배신의 갑작스런 느낌을 경험할 것이다.

트라우마의 인지적 영향들은 개인의 구체적인 내력의 기능처럼 내담자마다 다양하기 때문에 치료는 각 내담자의 자신과 다른 사람들에 대한 우세 도식이 고려되도록 조절되어야 한다(Pearlman & Courtois, 2005). 일반적으로 이것은 임상가가 가능한 한 (1) 내담자의 부정적인 경험들을 강화하지 않는 방식으로 특별히 반응해야 하며, (2) 어느 정도 대인과 관련된 위험이나 거부와 같은 더 폭넓은 주제와 관련된 중요한 인지-감정적 형태들의 상기를(가능한 정도로) 회피해야 한다. 예를 들면 중요한 대인 관계적 인물들을 불신으로 보는 경향이 있는 개인은 특별히 지지적이고 인정을 해 주며, 학대에 대한 너무 많은 관계에 대한 기억들이 상기되지 않도록 조심하는 임상가가 필요할지도 모른다. 이것은 단순하게 내담자의 안전하다거나 긍정직 가치가 있다는 진술을 포함하기보다는, 더 중요한 것은 임상가가 안전과 보살핌이 보여지고 짐작될 수 있는 태도로 반응하고 행동해야 한다는 것이다. 의심의 많은 내담자는 이러한 신호들을 놓치게 될 것이며, 심지어 신호들을 잘못 해석하기 때문에 치료 개입은 이러한 인지적 조합이 없거나 덜한 사람들 보다도 더 명백하고 분명해야 한다.

여기서 주목할 점은 치료 접근을 내담자의 주요 인지 사안에 맞추는 것은 이러한 왜곡이나 지장을 주는 도식들이 치료에서 일어난다는 의미가 아니라는 점이다. 임상가가 얼마나 열심히 하는지와 상관없이, 과거에 심각하게 학대되어

온 생존자는 임상가의 어떤 행동들을 처벌적이거나, 비판적이거나, 학대적인 것으로 보며, 따라서 이러한 영역의 문제들은 치료 시간 동안 회피할 수 없는 주제가 된다. 그러나 임상가가 이러한 실수들과 상기된 도식들을 최소화하려고 열심히 노력하기 때문에, 치료 시간에 나온 것이어떤 것이든지 덜 강렬하고 상황적으로 정확하지 않은 것임을 입증하기가 더 쉽다. 예들 들면 임상가가 차갑고 거부적이라는 반복되는 두려운 경험을 가지지만 시간이 지나면서 이러한 인식들이 명백히 사실이 아니라는 인식은 종종 치료에 매우 도움이 된다.

의미 있는 것은 임상가가 비판이나 거부 없이 열심히 대화를 하더라도 이것이 내담자가 미묘한 내담자-임상가 간의 역동이나 내담자 환경의 다른 사람들과 관계되듯이, 내담자의 인식과 느낌 처리와 토론을 지지하지 않는다는 것이다. 궁극적으로 치료 목표는 정상적인 치료 작동 조건의 부분인 연결, 친밀성, 상처받기 쉬움을 의심하고 특별히 민감한 사람들에게 치료가 가능하게 하는 것이다. 내담자 X는 '버려짐의 문제'를, 내담자 Y는 보살핌을 침투적이거나 성적인것으로 인식하고, 내담사 Z는 권위 있는 사람을 적대감이나 지배에 대한 예상을 가지고 대한다는 것을 알고 있는 것은 임상가가 자신의 접근법을 조절하여 이러한 문제들이 불필요하게 생기지 않도록, 그래서 치료 과정을 방해하지 않도록 할 수 있을 것이다.

성별 문제 고려하기

남자들과 여자들이 수많은 같은 트라우마 사건을 경험하며, 많은 사람들이 같은 방식으로 고통을 겪는다는 점에 의심의 여지가 거의 없지만, 다음과 같은 것들 또한 사실이다. (1) 어떤 트라우마는 한 성별이 다른 성별보다 더 흔하며,(2) 성 역할 사회화는 이러한 손상이 어떻게 경험되고 표현되는지에 영향을 끼친다. 결국 이러한 차이는 트라우마 집중 치료의 내용과 처리 과정에 상당한 영향을 미친다.

1장에서 언급하였듯이 여자들은 남자들보다 피해자가 될 위험이 더 많으며,

특히 성적으로 피해자가 되기 쉽다. 반대로 아동기의 신체적 학대에 관해서는 소년들이 소녀들보다 훨씬 더 큰 위험성이 있으며, 남자들은 여자들보다 개인적인 관계와 연관되지 않는 신체적 공격을 경험하기 쉽다. 트라우마에 노출되는 차이 이외에도 트라우마 사건과 관련된 고통을 다른 방식으로 경험하고, 말하고, 처리하는 경향이 있다. 비록 각 성별에서 사람들마다 주된 변화가 있지만, 여성들은 일반적으로 두려움이나 슬픔 같은 특정 느낌을 더 직접적으로 표현하도록 사회화되어 있지만 분노와 같은 느낌은 회피하거나 약화시키도록 배운다(Renzetti & Curran, 2002). 반면에 남자늘은 분노를 표현하는 것이 더 자주 허용되지만, 슬픔이나 두려움 같은 '연민의' 느낌을 말하는 것은 사회적으로 단념될 수 있다(Cochrane, 2005). 남자들과 여자들은 또한 느낌과 필요에 따라 행동을 취하는 것이 다를 수 있다. 남자들은 불쾌한 느낌을 어느 정도 인지적으로 억누르거나 표면화하도록 배우며, 고통이나 괴로움을 줄이기 위하여 환경에 대하여 행동을 취하는 반면, 여자들은 일반적으로 믿을 만한 사람들에게 괴로움을 표현하도록 사회화되어 있으며, 전체적으로 환경에 행동을 취하는 것으로 그들의 고통을 표면화하지 않는 경향이 있다(Bem, 1976; Briere, 1996; Renzetti & Curran, 2002). 증상 표현과 행동 반응의 성 역할 관련 차이점들은 트라우마 집중 심리치료에서 자주 분명히 드러난다. 모든것이 동등한데, 예를 들면 치료에서 남성 트라우마 생존자들은 분노를 표현하거나 트라우마 이후의 스트레스를 전적으로 부인한 가능성이 디 많을 수 있는 반면, 트라우마화된 여성들은 감정 표현, 특별히 슬픔, 공포, 또는 절망감의 표현에 더 개방적일 수 있다.

　이러한 사회문화적 영향을 고려해 볼 때 임상가는 트라우마 생존자들이 성역할 기반에 기초한 감정 반응을 표현하거나 금지하는 방식에 주의해야 한다. 이것은 사회적으로 적합한 성별만을 고려하는 것과 반대로, 내담자가 트라우마 사건으로 연상된 모든 느낌과 생각을 표현하도록 지지하는 것을 포함할 것이다. 사실 치료 시간 동안 완전히 표현이 되었을 때 느낌과 생각들의 처리가 더 쉬우며, 말하지 않은 성 역할 제약들은 완전한 심리치료를 가로막기 쉽다.

또한 임상가는 트라우마의 인지적 처리에서의 성역할을 알고 있어야 한다. 종종 소년들과 남자들은 자신이 강하며 자신을 방어할 수 있음을 보여주도록 사회화되어 있기 때문에, 이들에게 피해자가 된다는 것은 소녀들과 여자들에서 보다 성역할의 위배가 더 될 수 있다(Mendelsohn & Sewell, 2004). 이러한 사회적 기대들은 트라우마에 대하여 다른 반응들을 가져올 수 있다. 예를 들면 피해 남성들은 학대에 대항하지 못한 무능이 남성성이나 자신감이 적은 것이라는 사회적 암시로 인한 낮은 자존감, 미흡함, 수치심으로 괴로워할 수 있다(Mendel, 1995). 덧붙여서 성 폭행을 당했거나 학대를 당한 많은 남자들은 그들의 트라우마 관련 성적 지향에 대하여 걱정한다. 예를 들면 아동기의 성적 학대의 경우 이성애자 소년과 남자들은 다른 남자에 의한 성 추행이 잠재적 동성애자로 될 수 있다는 두려움을 가질 수 있으며, 이에 대한 반응으로 동성애에 대한 두려움이 있는 문화에서 이성애적 성활동에 과도하게 몰두하거나 보상적인 과도 남성성을 가져올 수 있다(Briere, 1996). 정반대로 아동이었을 때 남성에 의해 성적으로 학대된 동성애 남자들은 그들의 성적 지향이 어떤 식으로든지 남자들에게 학대당하도록 하였거나, 학대가 그들이 동성애자가 되게 하였다고 믿을 수 있으며, 죄의식, 수치심, 자기 학대로 이어진다(Briere, 1996).

또한 성 역할에 대한 기대도 트라우마화된 여성들이 자신의 희생을 어떻게 보는가에 어느 정도 영향을 끼친다. 성 폭행을 당한 여성들은 자신이 어떤 방식으로든 자신의 가해자가 자신을 강간하도록 유인했다고 믿는데, 이것은 의도적인 유혹을 하는 성적 대상물로서의 여성에 대한 전통적인 고정관념을 반영한 것이다(Burt, 1980). 비슷하게 파트너에게 매를 맞거나 학대된 여성들은 적합한 배우자로서 복종이 부족하거나 잘못한 일이 그들이 학대받기에 마땅하다는 의미로 믿을 수 있다(Walker, 1984).

트라우마 관련 인식들에 관한 이러한 구체적인 성 영향을 고려해 볼 때 내담자가 트라우마에 대한 자신의 인지적 반응을 표현할 때 치료자가 자기 비하, 낮

은 자존감, 수치심, 그리고 성적 지향에 대하여 밀접하게 접근한다면 더욱 도움
이 될 것이다. 트라우마화된 남성들은 희생되었다는 이유로(성적 지향성과 상
관없이) 남성성이 부족하지 않다는 점을 추가로 확인해 주는 것이 필요하며, 오
명에 대한 두려움이 없는, 전적으로 정서적이고 인지적인 표현을 지지하는 치
료적 개입이 유익할 수 있다. 특별히 이점에서 많은 피해 남성들은 자신이 사회
적으로 받아들여지지 않고 이탈되어 있다고 보는 시각과 관련된 수치심을 해결
하는 것이 필요하다. 반대로 여성 생존자들은 특별히 자기 결정을 지지하는 치
료 개입이 도움이 될 수 있으며, 이들이 어떻게든 학대를 갈구했거나 학대를 받
을 만하다는 부적절한 생각을 포함한, 학대에 대한 책임을 거부하도록 도와줄
수 있다.

사회문화적 문제들에 대한 자각과 이들 문제들에 민감하기

사회적 학대

트라우마 생존자 치료에서 흔히 간과하기 쉬운 한 가지가 사회적 지위가 적은
사람들이 그렇지 않은 사람들보다 더 희생되기 쉽다는 것이다(Bassuk,
Dawson, Perloff, & Weinreb, 2001; Breslau, Wilcox, Storr, Lucia, &
Anthony, 2004). 사회적, 성적, 그리고 인종적 차별은 어느 의미에서는 트라
우마 이후의 스트레스이며(Leo et al., 2001; Root, 1996), 대개 더 심각한 트
라우마가 흔한 환경 조건과 연관되어있다(Breslau et al., 1998; north,
Smith, & Spitznager, 1994; Sells, Rowe, Fisk, & Davidson, 2003). 북미
의 몇몇 집단들은 다세대 트라우마로 고통을 받으며(Mattis, Bell, Jagers, &
Jenkins, 1999), 여기에는 조상이 노예였던 흑인 미국인들이 포함되며, 아메리
칸 인디언들은 집단으로, 연장된 학대와 거의 전면에 가까운 문화를 경험했다
(Duran & Duran, 1995; Manson et al., 1996). 북미에서는 코커시언이 아닌
인종/민족 집단들이 자주 경험하게 되는 차별과 사회적 소외, 그리고 주거하도
록 강요된 상대적으로 위험한 주거환경과 사회적 불평등이 북미에 방대한 트라

우마와 트라우마 영향을 주고 있다.

북미 이외에도 세계의 어떤 지역에서 온 개인들은 학대받기 쉬운 것으로 보인다. 이러한 사람들이 북미로 이민(또는 도피)을 올 때 이들은 자국에서 경험했던 트라우마를 가지고 온다. 망명 또는 이민 문제를 전문적으로 하는 정신 건강 기관들은 유대인 학살이나 대량 학살(예를 들면 '인종 청소')의 영향, 정치적 감금, 전쟁, 길어진 고문, '명예' 살인 1, 성 폭력, 급성 인종 또는 성 차별을 자주 다루게 된다(Basoglu, 1992; Marsella, Bornemann, Ekblad, & Orley, 1994; Miller & Rasco, 2004). 사회적 역경과 민족적 변화의 이러한 연속은 종종 문화적 그리고 역사적 문제들이 트라우마 집중 심리치료 과정과 내용에 상당한 연관이 있음을 의미한다.

문화적 차이

부분적으로 소수 민족과 인종들이 더 쉽게 트라우마되기 때문에, 그리고 부분적으로 북미와 유럽 사회에 다문화 혼합이 존재하기 때문에, 트라우마 서비스에 출석하고 있는 사람들은 광범위한 문화적 그리고 인종 집단을 반영하기 쉽다. 이러한 문화적 차이들은 단지 인종적 요인이 아니다. 낮은 사회경제적 지위를 가진 사람들은 더 나은 경제적·사회적 지위가 있는 같은 인종이나 민족과 다른 세계관과 경험을 가진다. 예를 들면 누군가가 단지 '아프리카계 미국인', '히스패닉', '아시안' 또는 '아메리칸 인디언' 임을 안다고 말하는것은 그 사람의 문화적 내용에 대하여 거의 아는 것이 없다는 말이다. 예를 들면 베트남에서 온 사람은 일본에서 온 사람과 인식, 언어, 정서적 스타일이 꽤 다를 수 있다. 정신 건강 서비스의 문화적 측면에 관한 1999년도의 의사 보고서는 다음과 같이 언급하고 있다.

아시아계 아메리칸과 환태평양 섬 사람들은 100개가 넘는 언어와 사투리를 사용하는 43개의 인종 집단을 포함한다. 아메리칸 인디언과 알래스카 원주민들에 관하여, 인디언 사건 부서는 현재 561개의 부족을 인식하고 있다. 아프리 카계 아메리칸들 또한 더 다양해지고 있으며, 특히 아프리카와 캐리비안의 많은 나라로 부터의 망명과 이민의 유입으로 특히 그러하다(U.S. Surgeon General, 1999).

이러한 광범위한 문화적 차이는 2장에서 설명하였듯이 다른 트라우마 표현 과 고통에 대한 관용구로 종종 번역된다. 덧붙여서 북미 사람들의 사회적 지위 외에 세계의 다양한 문화와 하위문화에서 온 사람들은 어떻게 치료적 개입이 있어야 하는지 그리고 내담자와 임상가의 상호작용 방식에 대하여 광범위한 다 른 기대를 가진다(Marsella et al., 1996). 예를 들면 어떤 문화에서는 임상가 와 내담자 사이의 눈 맞춤은 존경의 신호이지만, 다른 문화에서는 완전히 반대 가 될 수 있다. 이와 비슷하게 어떤 문화에서는 특정 주제들(예를 들면 성적인 이슈, 뚜렷한 존엄성의 사망)이 다른 문화에서보다 더 당혹스럽거나 수치스러 운 것으로 간주되며, 따라서 치료와 관련이 있을 때만, 상당히 세심하게 떠올려 져야 한다.

비록 이 책의 초점은 이러한 사안의 상세한 토론을 배제하고 있지만, 중심점 이 만들어져야 한다. 문화에 대한 자각과 민감함은 트라우마 치료를 포함한 다 른 심리치료 과정에서도 중요하다. 예를 들면 흔히 캄보디아 난민, 몽족, 또는 멕시칸 이민자들과 일하는 임상가들은 이러한 나라에서 온 사람들과의 치료 약 속에 대한 중요한 '규칙들' 뿐 아니라 가능하면 이들의 문화, 역사, 그리고 언어 를 배울 의무가 있다.

역전이에 대한 모니터와 통제

이 장의 마지막 주제는 무엇이 흔히 **역전이**(또한 자기-트라우마 이론에서는 역 **활성화**[Briere, 2005]; 8장 참조)로 언급되는가이다. 비록 이 현상은 다른 많은 뜻을 가지고 있지만, 우리는 여기서 임상가가 이전의 개인적인 경험에 의해 강 하게 영향을 받았던 인지-감정적 처리(예를 들면 기대, 신념 또는 감정) 과정을 가지고 내담자에게 반응하는 때에 관한 것으로 여긴다. 이러한 사례들 중 많은 경우가 아동기 학대, 성인 트라우마, 또는 다른 속상했던 사건들을 포함한다. 물론 모든 행동은 과거의 경험으로 영향을 받으며, 모든 역전이 반응들은 부정적이다(Dalenberg, 2000; Pearlman & Saakvitne, 1995). 긍정적인 역전이라고 하더라도 임상가는 모니터를 해야 하는데, 이것은 내담자에 대한 이상화, 실제로 문제가 있는 내담자의 행동이나 증상을 정상적으로 보기위한 욕구, 또는 심지어 성적이거나 로맨틱한 느낌들과 같은 바람직하지 못한 반응들을 낳을 수 있기 때문이다. 결국은 역전이가 (1) 내담자에게 해로운 치료경험이나 또는 (2) 치료 과정을 방해하는 처리 과정으로 이끌면서 치료를 방해할 수 있다는 것이다.

예들에는 다음과 같은 것들이 있다.

- 임상가 A는 비판적이고, 심리적 처벌을 하는 부모에게서 양육되었다. 그녀는 지금 그녀의 내담자가 치료의 어떤 면에 대하여 불평을 할 때, 임상가 자신이 분노 또는 죄의식의 느낌을 경험하는 경향이 있음을 발견한다.
- 임상가 B는 약 1년 전쯤에 경미한 성 폭행을 당했다. 지금 내담자의 성적 학대에 대하여 들을 때 임상가는 강한 두려움과 역겨움을 경험한다.
- 임상가 C는 최근에 사랑하는 사람의 끔찍한 죽음을 대하고 있는데, 이 임상가는 화재로 아들이 죽은 내담자를 치료하는 동안 극도의 슬픔과 공허함을 느끼는 경향이 있음을 발견한다.
- 임상가 D는 안전하지 않고 예측할 수 없는 폭력적이고 혼란스런 가정 환경에서 자랐으며, 그녀의 임상 감독자는 이 임상가가 치료 과정을 통제하려는 강한 욕구를 가지고 있으며, 몇몇 내담자들에 대해 이들이 속임수를 쓰며, 부적절하게 도전적이거나, 치료적 '저항'에 관여한다는 점에 주목한다.
- 임상가 E는 어렸을 때, 엄마가 화가 나거나 학대적인 말을 하려 할 때마다

옹호적인 숙모에 의해 자주 보호되었었다. 지금 이 임상가는 나이 많은 친절한 여성을 치료하고 있으며, 이 환자의 분명한 증상에도 불구하고 심리적으로 장애가 있다고 보는 것을 어려워한다.

역전이의 다른 양식은 임상가가 치료 과정 동안 특정 주제나 테마를 인지적으로 회피하거나 부인하는 것이다. 자신의 인생에서 해결하지 못한 트라우마에 관한 생각을 회피하려는 임상가는 내담자가 트라우마 관련 기억과 느낌을 탐색하는 것을 무의식적으로 방지하려 할 것이다. 이러한 경우 임상가는 내담자가 회피된 기억이나 느낌을 재자극하는 것에 대해 내담자에게 분개하거나, 내담자가 자신의 과거에 직면하려는 적절한 시도를 히스테리, 자기 방종, 또는 관심 구하기로 재해석할 것이다.

내담자의 괴로움으로부터 거리를 두려는 무의식적 갈망의 예들에는 (1) 내담자의 트라우마 내력에 대한 대화를 회피하려는 시도와 (2) 내담자에 대한 감소된 정서적 조율이다. 이 둘의 경우 모두 근본 전략은 같다. 즉 상기된 감정적 고통의 가능성을 줄이는 방법으로서 치료적 연결의 감소이다. 이러한 반응이 특별히 강력할 때 임상가는 어떤 면에서 치료가 진행되지 않도록 내담자가 트라우마 내용에 노출되는것을 줄임으로써 치료를 천천히하거나 중립적으로 임할 것이다. 동시에 임상가의 거리두기나 치료적 조율 부족은 내담자의 버려짐의 사안을 활성화시키고, 더 나아가 치료를 지연시킬 수 있다.

분명히 안전, 안정성, 경계, 긍정적 배려, 그리고 연결에 대한 내담자의 욕구로 임상가의 역전이는 문제가 될 수 있다. 트라우마 생존자는 객관적인 자료와 비교적 오염되지 않은 반응을 임상가에게 선천적으로 의존하기 때문에 임상가의 트라우마 내력의 침투에 의해 상기되거나 잘못된 방향으로 안내될 것이다.

임상가 역전이의 부정적 영향 줄이기

앞서 언급하였듯이 모든 역전이가 문제가 있는 것은 아니며, 사실 모든 임상가가 그들의 업무에서 어느 정도의 역전이를 경험한다. 역전이가 치료에 지장을 줄 때 이 영향을 줄이는 조치가 취해져야 한다.

보통 역전이 문제에 맞서 가장 좋은 예방책은 트라우마 이슈들에 익숙한, 경험이 많은 임상가와 정기적으로 상의하는 것이다(Pearlman & Courtois, 2005). 또 다른 선택은 동료들과 상의할 수 있는 그룹을 형성하는 것이다. 하지만 그룹은 구조화되어야 하며, 이러한 모임은 임상가가 다른 사람의 고통에 노출된 자신의 일상의 힘듦 이외에 자신의 이슈들이 치료 결과에 부정적 영향을 주는 방식들에 대한 탐색도 해야 한다. 많은 경우 부적절한 동일시나 잘못된 귀속, 특별히 임상가의 상처받기 쉬움은 역전이 이슈들에 대해 주의를 하는, 객관적 상의자의 일관적 유용성에 의해 예방되거나 개선될 수 있다.

임상가가 자신의 삶에서의 트라우마 영향을 인식하고 있는 경우, 추가의 치료 개입은 심리치료적이다. 임상가가 어떤 환경에서 다른 사람을 위한 심리 치료의 힘을 지지하지만, 스스로는 어떤 식으로든 수치스러워하거나 도움받기를 피하는 것은 모순적이다. 대개의 심리치료 경험이 임상가에게 좋은 것이기 때문에 이러한 이중 기준은 유감스럽다. 치료를 받는것은 임상가 자신의 트라우마 관련 어려움을 줄이기 쉬울 뿐 아니라 또한 인간의 복합성에 대한 이해를 풍부히 할 수 있으며, 치료 과정에 자신의 문제를 침투시키는 것을 극적으로 줄일 수 있다.

 추천 문헌

Bassuk, E. L., Melnick, S., & Browne, A. (1998). Responding to the needs of low-income and homeless women who are survivors of family violence. *Journal of the American Medical Women's Association, 53,* 57–64.

Courtois, C. A. (1988). *Healing the incest wound: Adult survivors in therapy.* New York: Norton.

Dalenberg, C. J. (2000). *Countertransference and the treatment of trauma.* Washington, DC: American Psychological Association.

Pearlman, L. A., & Saakvitne, K. W. (1995). *Trauma and the therapist: Counter-transference and vicarious traumatization in psychotherapy with incest survivors.* New York: Norton.

Marsella, A. J., Friedman, M. J., Gerrity, E. T., & Scurfield, R. M. (Eds.). (1996). *Ethnocultural aspects of posttraumatic stress disorder: Issues, research, and clinical applications.* Washington, DC: American Psychological Association.

West, C. M. (2002). Battered, black, and blue: An overview of violence in the lives of black women. *Women and Therapy, 25,* 5–27.

제5장

심리교육

비록 트라우마 기억의 인지적 그리고 감정의 처리 과정에 대한 치료 문헌에 많은 관심이 있지만, 심리교육 또한 트라우마 치료의 중요한 측면이다 (Allern, 1991; Flack, Litz, & Keane, 1998; Friedman, 2000a; Najavits, 2002). 대인 관계 폭력의 많은 생존자들이 압도된 감정, 협소하거나 해리된 주의 집중 상항에서 피해자가 되고, 어떤 사례의 경우 인지 발달의 비교적 초기단계에서 피해자가 되며, 이 모든 경우들에서 생존자는 이러한 트라우마 사건들에 대해 정확성과 일치감을 덜 가질 수 있다. 덧붙여서 대인 관계 폭력은 객관적 현실, 예를 들면 희생됨을 비난함으로써 자신의 공격성을 정당화하는 강력한 인물과 자주 연루되어 있다. 트라우마 사건에 대한 파편적이고 미완성이거나 부정확한 설명은 예측할 수 있는 부정적 결과와 함께 생존자의 성인기로 자주 이어진다.

임상가는 이러한 문제가 나타났을 때 트라우마의 성격과 이의 영향에 대한 정확한 정보를 제공하고, 내담자가 이 새로운 정보와 암시를 자신의 전반적인 견해에 통합하도록 내담자와 함께 노력함으로써 도와줄 수 있다. 심리교육 활동은 비교적 치료 초기에 자주 제시되지만(예를 들면 Talbot et al., 1998), 심리교육 활동은 치료 과정 전반에서 도움이 된다. 예를 들면 내담자가 트라우마 내용을 치료 기간 중 나중에 말하는 경우, 이 내담자는 트라우마 기억에 관한 새로운 견해를 제공하거나 정상화하는 추가 정보를 얻을 수 있다.

비록 심리교육이 대개 지속적인 개별 치료 기간 동안 사용되지만, 심리교육은 또한 다른 임상가가 이끄는, 비슷한 트라우마 내력을 가진 적은 수의 사람들이 내용을 비교하고, 서로 조언을 주고, 대인 관계 폭력과 이것의 영향을 의논하는 지지 집단에서 이루어질 수 있다. 집단적 치료 개입의 이점은 생존자가 다른 사람의 비슷한 경험으로부터 배울 수 있으며, 그 과정이 임상가에 의해 단독으로 전달된 비슷한 내용이었을 때보다도 더 강력하고 견딜 수 있다는 점이다. 반면 지지 집단은 내담자 자신의 처리하기, 통합, 그리고 내담자가 정보로부터 배운 것을 개인적으로 적용하는 데 있어서 심리치료보다 덜 효과적일 수 있다.

●● 유인물

개인 치료에서든 또는 인도된 지지 집단에서든 심리교육은 가끔 유인물의 사용을 포함한다. 대개 이러한 내용물들은 대인 관계 폭력의 빈도와 영향, 피해에 대한 흔히 있는 근거 없는 사회적 통념, 그리고 생존자에게 가능한 사회적인 방법들 같은 주제들을 쉽게 이해할 수 있는 정보를 보여준다.

임상가는 어떤 유인물이 유용하고 어떻게 사용되어야 하는지를 결정할 때 적어도 마음속으로 네 가지 이슈를 명심해야 한다.

1. 내용의 질. 어떤 유인물은 잘못된 정보를 싣고 있으며, 간접적으로 비난을 하거나 전도시키거나, 또는 배타적인 종교적 또는 사회적 견해를 지지하거나, 또는 생존자가 쉽게 이해할 수 없는 수준에서 쓰였을 수 있다.

2. 내용에서 사용된 언어. 예를 들면 스페인어를 주로 사용하는 사람은 영어로 쓰인 팜플렛에서 얻는 정보가 매우 적을 수 있다.

3. 정보나 서술의 문화적 적합성. 예를 들면 내용이 중상층의 우려를 반영하거나, 시각적 묘사가 코카시언 인물로 제한될 수 있다.

4. 불충분한 인지-감정적 통합의 위험. 단지 교육적 자료를 제공하는 것은 효과적인 심리교육을 제공하는 것이 아니며, 특히 충분한 논의나 내담자 자신의 내력이나 현재의 상황에 대한 적용 없이 내용이 전해졌다면 더욱 그러하다.

가장 중요한 것은 유인물이 독립된 정보의 자료가 아니라 심리교육 과정의 도구로서 고려되어야 한다는 것이다. 예를 들면 공공 건강 문헌은 교훈적인 내용만으로는 피해자가된 개인들의 행동이나 신념을 변화시키는 데 특별히 효과적이지 않다고 한다(Becker, Rankin, & Rickel, 1998; Briere, 2003). 대신 임상가는 정보가 가능한 한 개인적으로 관련이 있는지를 확신하여 유인물이나 미디어의 내용물이 내담자의 생활에 즉시 응용될 수 있는, 상당한 함축적 의미를 가지고 있는 것이어야 한다.

내담자 지향의 소책자와 정보지들은 많은 기관에서 얻을 수 있으며, 웹사이트를 통하거나 우편으로 내용물을 주문하는 것도 가능하다. 현재 특히 유용한 정보를 포함하고 있는 웹사이트는 다음과 같다.

트라우마 스트레스 연구 국제 협회(International Society for Traumatic Stress Studies)
http://www.istss.org/resources/index.htm
범죄의 희생자를 위한 사무국[Office for Victims of Crime(U.S. Depart-

ment of Justice]

http://www.ojp.usdoj.gov/ovc/help/welcome.html

데이빗 볼드윈의 트라우마 페이지(David Baldwin's Trauma Pages)

http://www.trauma-pates.com/pg4.htm

•• 책

임상가는 또한 내담자에게 Judith Herman의 트라우마와 회복(Trauma and Recovery(1992a), Judith Herman)과 같은 생존자에게 우호적인, 쉽게 읽을 수 있는 책들에 주목해 보게 할 수 있을 것이다. 적절한 독서 능력을 가진 개인으로 분명히 제한되지만, 이러한 책들은 내담자가 자신의 트라우마와 비슷한 트라우마에 관하여 많은 것을 공부할 수 있게 한다. 생존자나 관심 있는 비전문가를 위하여 특별히 쓰인 다른 책들(가장 좋은 것의 하나로는 Jon Allen의 트라우마 대처하기(Coping With Trauma)(2005)는 정보뿐 아니라 조언을 포함하고 있다. 어떤 것들은 미해결된 트라우마 이후의 어려움을 가진 생존자에게는 상당한 감정적 활성화가 될 수 있지만, 적어도 이러한 사람들은 회복이나 치료 과정의 초기에 있는 사람들이다. 다른 책들은 잘못된 정보를 담고 있거나 사실은 도움이 되지 않는, 자가 도움 전략을 담고 있을 것이다. 이러한 이유로 우리는 임상가가 개인적으로 내담자에게 책을 추천하기 전에 읽도록 권장하며, 이것은 내담자의 필요에 적합하고 사실적으로 정확한지를 확인하는 것뿐 아니라 감정 노출에 대하여 준비되지 않은 사람들의 심각한 트라우마 이후의 고통을 활성화할 수 있는 잠재성을 측정하기 위해서이기도 하다.

•• 치료 동안의 구두 정보

인쇄된 심리교육 내용물들이 도움이 될 수 있지만, 흔히 정보는 지속적인 심리 치료 과정 동안 임상가에 의해 구두로 제공된다. 교육 과정이 치료 과정에 직접 끼워져 있기 때문에 교육 과정은 자주 내담자의 경험과 직접적으로 연관되어있 으며, 따라서 내담자의 지속적 이해와 더 쉽게 통합된다(Briere, 2003). 덧붙여 서 이러한 방식으로 제공된 심리교육은 임상가가 내용물에 대한 내담자의 반응 을 더 쉽게 모니터하고 일어날 수 있는 오해를 해결하게 한다. 그러나 이 장의 마지막에서 언급하였듯이, 치료 기간 동안의 심리교육에 대한 잘못된 적용이나 과도한 적용은 치료 과정을 방해할 수 있으며, 좋은 치료의 다른 많은 측면과 함께, 중요한 것은 내용과 과정의 정확한 균형 그리고 내담자의 임상적 반응에 충분히 조율하는 것이다.

•• 일반적 초점

트라우마 분야의 임상가는 인쇄물이나 구두로 심리교육을 하는 동안 다음과 같 은 주제들에 중점을 둔다.

- 트라우마의 **출현율**. 대인 관계 폭력의 성행에 대한 자료는 내담자의 유약 함, 나쁨, 또는 가해자의 무의식적 도발로 선택되었다거나, 사실상 내담자 가 트라우마를 혼자서 경험한다는 일반적인 믿음과 모순되는 경향이 있 다. 예를 들면 거의 일반 여성 5명 중 1명이 그들 인생의 어느 시점에서 강 간을 당한다거나, 또는 남자들의 20%가 아동이었을 때 성적으로 학대된 다는 정보는 생존자가 혼자서만 이러한 사건을 경험하였으며, 자신의 특 정한 어떤 점이 그 사건을 발생하게 했다는 염려에 대하여 의미 있는 해독

제가 될 수 있다.

- **트라우마로 연상되는 흔한 사회통념.** 이 책의 여러 대목에서 언급하였듯이 대인 관계 폭력은 어느 정도 피해자의 행동을 비난하고/또는 가해자의 행동을 지지하는 폭넓은 사회적 상황에서 자주 발생한다. 예를 들면 강간 피해자는 유혹적이었다거나 아니면 자신들이 피해를 '자청' 했다고 종종 믿으며(Burt, 1980), 가정 폭력은 남편의 아내에 대한 적합하고 옳은 지배로 정당화될 수 있으며(Walker, 1984), 개인들은 일반적으로 학대되거나 폭행된 것에 대하여 속임수나 조작으로 자주 거짓말을 한다고 추정될 수 있다. 내담자가 이러한 통념에 동의할 때 실제로 피해에 대하여 자신을 더 비난하거나 트라우마가 치료되지 못할 것이라고 해명하기 쉽다(Resick & Schnicke, 1993). 이러한 이유로 '강간에 대한 사회적 통념' 이나 '아내 구타에 대한 사회적 통념' 에 대하여 이러한 신념들이 정확하지 않음을 분명한 방식으로 이야기하는 것은 도움이 될 수 있다.

- **가해자가 왜 대인 관계 폭력에 연루되는지에 대한 통상적 이유.** 이것은 가해자 행동의 흔히 강박적인, 많은 가해자 행동의 다면적인 피해 특성, 그리고 불안정과 부적당에 직면하여 가해자의 힘과 지배를 위한 폭행자의 욕구를 포함한, 가해자의 행동을 질주하게 하는 심리에 대한 설명과 연관되어 있다. 이러한 정보는 내담자 자신에 중점을 둔 폭행에 대한 설명을 줄이고 가해자의 역기능적이거나 악한 특성에 대한 자각을 높일 수 있다. 이러한 탓하기의 변화는 생존자에게 필연적인 자기 비난을 덜 하게 한다. 더불어 내담자가 가해자의 '많은 사람들 중 하나' 라는 정보는 피해자에게 행해진 것에 대하여 내담자 개인의 책임을 훨씬 더 줄이게 하는 경향이 있다.

- **트라우마에 대한 전형적인 즉각적 반응.** 유해한 사건들에 대한 피해자의 여러 반응들 중에서, 트라우마에 대한 전형적인 즉각적 반응은 트라우마 발생 시간 즈음에 발생하는 해리(예를 들면 '멍한 상태'), 몸의 이탈 경험, 또는 트라우마 발생 시간에 대한 왜곡, 성적 트라우마로 연상된 가끔씩의

성적인 반응(많은 경우가 긍정적인 심리적 느낌과 반대로), 다른 사람이 부상이나 죽임을 당했을 때 그렇게 되지 않은 것에 대한 안도감, 그리고 피해자가 가해자에게 애착을 느끼게 되고 어떤 점에서 가해자와 결합되는 '스톡홀롬 영향'을 포함한다.

● **피해에 대한 지속적인 트라우마 이후의 반응.** 2장에서 설명한 트라우마 이후의 스트레스 증상(예를 들면 플래시백, 둔감화, 또는 과도각성 반응들)과 트라우마 관련 다른 반응(예를 들면 약물 남용, 공황발작, 또는 친밀함에 대한 두려움)에 대한 공통성과 당연한 성질에 관한 정보는 적절한 트라우마 치료에서 대부분 중요한 부분이다. 내담자가 트라우마 이후의 증상들이 비정상적이거나 유해한 상황에 대한 정상적인(이러한 증상들이 당연하며 비교적 흔한) 반응임을 이해하면서, 내담자는 자신이 손상되었거나 정신적으로 병들었다고 경험하는 것이 적어지며 통제할 수 없는 느낌을 덜 가지게 된다. 비슷하게 기괴하고 관련되지 않은 증상의 변화로 둘러싸여 있는 자신을 보기보다는 트라우마 사건들에 대하여 잘 이해하고 있는 전형적인 반응들(예를 들면 외상후 스트레스 장애[PTSD])로 괴로워하는 자신을 보는 것을 거의 항상 선호할 것이다. 더불어 심리교육은 미래에 일어날 증상들에 대하여 내담자를 준비시킬 수 있다. 임상가는 증상이 발생하기 전에 증상에 대한 설명을 함으로써 내담자에게 예측을 제공할 수 있을 것이다. 이것은 그 자체로 트라우마 이후의 불안을 상당히 줄일 수 있다. 잠재적 증상을 성공적으로 예측하는 것은 내담자의 임상가에 대한 전체적인 신뢰를 강화한다. 특별히 증상이 의미하는 것과 의미하지 않는 것이 무엇인지에 대한 임상가의 병적이지 않은 분석은 임상가에 대한 신뢰를 강화한다.

● **트라우마 처리의 증상 재구성.** 심리교육은 트라우마 이후의 특정 증상을 더욱 긍정적으로, 심지어 회복이 생기는 증거로 재구성하는 것을 포함시킬 수 있다. 이것은 앞서 설명된 증상에 대한 정상화보다 다소 더 적극적인 과정이다. 물론 모든 증상들이 재구성될 수 없으며 또 그렇게 되어서도

안 된다. 예를 들면 우울, 공황발작, 자살 충동, 또는 정신병들은 일반적
으로 나타나는 것들이며, 어떤 형태로든지 심리적 장애의 증거이다. 반면
에 8장에서 설명하였듯이, 트라우마 이후의 재경험 증상들은(비록 성공적
이지 않을 때라도) 시도된 심리적 처리하기의 신호들이며, 트라우마 이후
의 회피는 흔히 재활성화된 고통의 압도적 측면을 줄이기 위한 적응적 시
도이다. 트라우마 이후의 증상들을 잠재적으로 적응적인 것으로 재구성함
으로써 임상가는 무기력, 인식된 통제불능, 그리고 종종 플래시백, 활성화
된 트라우마 기억들 또는 심리적 둔감을 동반하는 비난에 대응할 것이다.
사실 플래시백을 트라우마 처리 과정으로 받아들이는 내담자는 반응에 대
한 재경험을 회복으로 향하는 증거로 받아들일 것이다.

● 안전 계획. 계속되는 가정 폭력의 위험에 있는 여성들은 다른 여성들이 비
슷한 상황에서 성공적으로 사용한 '안전 계획'에 대하여 배울 필요가 있
을 것이다. 이것은 주로 집을 나오는 것에 대한 상세한 전략(예를 들면 미
리 마련해둔 여행가방, 탈출 방법)을 개발하고 친구의 집이든 지역의 여성
쉼터든 새롭고 안전한 환경을 찾는 것을 포함한다(Jordan, Nietzel,
Walker, & Logan, 2004). 다른 내담자들은 어떻게 의료와 사회적 서비
스, 아동 보호 종사자, 또는 경찰 지원을 받을 수 있는지에 대한 구체적인
정보가 유익할 수 있다(Briere & Jordan, 2004). 이러한 개입의 목적은
그들 자신의 안전을 확신하는 피해자의 힘을 증가시키는 것이며, 따라서
계속되는 피해 가능성을 줄일 뿐 아니라 종종 만성적인 대인 관계 폭력과
자주 연관되는 무기력을 줄인다.

●●압박

심리교육의 일반적인 좋은 효과에도 불구하고, 심리교육은 개별 내담자에게

조심스럽게 적용되지 않거나, 내담자가 정보로부터 얻은 결론이 모니터되지 않는다면 역효과가 될 수 있다. 예를 들면 대인 관계 폭력의 공통성에 관한 정보는 자신만이 유일하게 피해를 받았다는 내담자의 의식을 줄이는 반면에, 또한 다른 사람들에 대한 두려움과 회피의 증가로 이어지면서, 대인 관계 환경의 위험에 대한 내담자의 과대 측정을 강화할 것이다. 비슷하게 가해자 역동에 너무 많이 중점을 두는 것은 가해자를 변명하려는 내담자의 필요를 강화할 수 있으며, 표준의 트라우마 이후 반작용에 관한 정보는 내담자가 장애가 있거나 역기능적이라고 느끼도록 하거나 트라우마를 '환자 역할'로 떠맡도록 하게 할 것이다.

궁극적으로 심리교육은 진공상태에서 이루어져서는 안 된다. 흔히 정보는 도움이 되며 왜곡된 신념과 부적응적인 반응들에 해독제가 될 수 있지만, 심리교육은 지속적인 치료적 의논과 평가 상황에서 이루어져야 한다(Najzvits, 2002). 구체적으로 임상가는 내담자가 새로운 정보를 그들의 세계관에 어떻게 통합하는지 그리고 이들이 이러한 정보를 그들의 일상생활에 어떻게 적용하는지에 대하여 주의 깊게 주목해야 한다. 내담자에게 무엇을 하고 하지 말아야 하는지에 대한 간단한 가르침(강연), 또는 트라우마와 이것의 영향에 대하여 어떻게 생각해야 하는지를 제안하는것은 본질적으로 거의 도움이 되지 않는다(Neuner, Schauer, Klaschik, Karunakara, & Ebert, 2004). 대신 심리교육은 지속적인 치료 과정으로 통합될 때 가장 유익할 것이다.

 추천 문헌

Allen, J. G. (2005). *Coping with trauma: Hope through understanding*. Washington, DC: American Psychiatric Press.

Briere, J. (2003). Integrating HIV/AIDS prevention activities into psychotherapy for child sexual abuse survivors. In L. Koenig, A. O'Leary, L. Doll, & W. Pequenat (Eds), *From child sexual abuse to adult sexual risk: Trauma, revictimization, and intervention* (pp. 219–232). Washington, DC: American Psychological Association.

Herman, J. L. (1992). *Trauma and recovery: The aftermath of violence—from domestic abuse to political terror.* New York: Basic Books.

Najavits, L. M. (2002). *Seeking safety: A treatment manual for PTSD and substance abuse.* New York: Guilford.

Resick, P. A., & Schnicke, M. K. (1993). *Cognitive processing therapy for rape victims: A treatment manual.* Newbury Park: Sage.

제6장

고통 감소와
정동 조절 훈련

2장에서 설명하였듯이 치료를 구하는 트라우마 생존자들은 자주 만성 불안과 트라우마 이후의 각성을 경험한다. 또한 많은 사람들이 트라우마 관련 자극과 기억에 대한 극도의 부정적인 정서적 반응에 대해 쉽게 상기되며 내적으로 생각하기 어려운 느낌이라고 설명한다. 압도적인 각성, 불쾌감, 그리고/또는 감정적으로 가득한 기억들에 직면했을 때 생존자는 해리, 약물 남용, 또는 극도의 긴장 감소 활동과 같은 감정적 회피 전술에 의지하도록 자주 강요 당한다. 불행히도 8장에서 설명하였듯이 과도한 회피는 종종 트라우마 사건의 영향으로부터 심리적 회복을 방해한다. 최악의 경우 트라우마 이후의 추가의 괴로움을 회피하려는 욕구는 과도각성되거나 감정적으로 조절이 안 되는 내담자가 치료 동안 위협적이거나 불안정하게 하는 내용을 회피하게 하거나, 완전히 치료를 포기하게 할 것이다. 뿐만 아니라 가능한 정동 조절 자원들을 압도하기에 충분한 혐오적인 감정 상태는 치료 과정과 임상가에 대한 내담자의 인식에 부정적인 영향을 줄 것이다.

이 장은 두 가지 치료 개입 방식을 설명할 것이다. 하나는 치료 기간 동안 등장하는 극심하고 불안정한 감정과 증상을 줄이려고 의도된 개입이며, 다른 하나는 부정적인 감정 상태 조절을 위한 내담자의 더 일반적인 능력에 집중하는 개입이다. 이 내용은 이 책의 치료 부분 초기에 실었는데, 이것은 어떤 사례들의 경우 더 전통적인 트라우마 치료(예를 들면 감정 처리하기)가 완전히 수행되기 전에 높은 불안과/또는 낮은 정동 조절 능력이 다루어져야 하기 때문이다(Chu, 1998; Cloitre, Koenen, Cohen, & Han, 2002; Courtois, 1988; Ford, Courtois, Steele, Van der Hart, & Nijenhuis 2005). 하지만 여기에 소개된 개입은 치료의 어떤 시점에서도 사용될 수 있다. 예를 들면 이 장에서 설명된 이완 테크닉은 치료의 초기에 시작될 수 있으며, 정동 조절을 위한 이러한 그리고 다른 접근법들은 생존자가 갑작스럽게 증가하거나 침투적인 부정적인 내면 상태를 경험할 때마다 관련될 수 있다. 그밖에 이 책의 끝에 설명한 정동 조절 기술의 본질적 발전은 치료가 계속되면서 계속해서 펼쳐지는 현상인, 트라우마 관련 감정에 반복적으로 노출되고 이들 감정을 처리하는 상황에서 대개 발생한다.

여기에 제시된 테크닉들은 트라우마와 불안에 대한 문헌에서 '안정하기(grounding)', 이완 훈련, 인지 치료, 스트레스 접목, 그리고 불안 관리의 형태로 자세히 설명하였다. 어떻게 명명되었든 이러한 접근법들은 치료 기간 동안과 내담자의 계속되는 생활 모두에서, 고통스런 감정 상태를 낮게 조절하고 인내하는, 내담자의 증가된 능력에 중점을 두고 있다.

●● 급성 침투 다루기 : 안정하기

비록 이 장의 많은 부분이 트라우마 생존자의 정동 조절 기술 증가에 전념하였지만, 임상가가 내담자의 감정의 불안정에 더 직접적으로 개입해야 하는 경우들이 있다. 예를 들면 어떤 상기된 자극이나 기억에 대한 반응으로, 내담자는 치료하는 동안 갑작스런 고통, 플래시백, 침투적인 부정적 생각, 해리 상태, 또는 심지어 일시적인 정신병적 증상을 경험할 것이다. 이러한 내면 과정은 내담자를 놀라게 하는 것이 될 수 있으며, 내담자의 임상가와의 순간이 심리적 집촉을 줄이게 할 것이다. 이런 때에 생존자의 관심을 당면한 치료 환경(내포된 안전과 예측성을 가지고)과 임상가와 내담자의 연결로 초점을 두는 것이 필요할 것이다.

종종 '안정하기(grounding)'로 언급되는 이 개입은 급작스런 상황에서 상당히 도움이 될 수 있다. 이것은 또한 잠재적으로 지장을 줄 수 있다. 안정하기 테크닉은 심리치료의 당면한 서술적/관계적 지속을 변경하며, 갑작스런 응급 절차가 필요한 것과 같은 무언가 실패를 내포한 위험을 운영한다. 이러한 이유로 안정하기는 분명한 권고가 있을 때만 사용되어야 하며, 내담자의 내부의 악화를 줄이기 위한 최소한의 필요를 위하여 적용되어야 하며, 내담자에게 오명을 씌우거나 이 경험이 극적이지 않게 하는 방식으로 재구성되어야 한다. 어떤 경우에는 다른 치료적 개입들이 효율적일 수 있는데, 예를 들면 무엇을 이야기하고 있든 내담자의 서술을 더 인지적이거나 감정적으로 덜 강도 높은 방향으로 부드럽게 옮기거나(8장 참조), 또는 분명한 변화를 포함하지 않는 다른 개입에 참여하는 것이다.

이러한 염려에도 불구하고 안정을 하게 되면(즉 내담자가 침투적 증상이나 확대된 트라우마 기억들로 극심하게 압도되고 임상가와의 심리적 연결이 감소된다면), 우리는 다음과 같은 일반적 단계들을 제안한다.

1. 내담자의 주의를 임상가와 치료에 **집중하려는 시도**(내면 과정에서 어떤 것이 일어나고 있는지와 반대로). 여기에는 의자를 살짝 내담자에게 가깝도록 바꾸기, 내담자의 시야로 조심스럽게 옮기기, 또는 목소리를 약간 변화시

켜서 관심을 갖도록 하는 것이 포함된다. 물론 이것은 임상가가 내담자에게 고함을 지르거나 지나치게 침투적인 방식으로 행동한다는 의미가 아니다. 더불어서 신체적 접촉은 내담자의 공포나 침입되었다는 느낌을 강화할 수 있기 때문에 임상가가 내담자를 건드린다는 의미가 아니다. 그러나 다른 경우에 부드러운 신체적 접촉은 효과적인 주의-집중 수단이다. 접촉을 할지 안 할지는 특정 상황에 따라 다르며, 예를 들면 트라우마의 특성과 내담자가 임상가를 잘 알고 또 신뢰하고 있는지이다. 그러나 일반적으로 우리는 임상가의 개입에 대하여 신체적인 것과 반대로 구두로 할 것을 권장한다.

2. 내담자에게 자신의 내면 경험을 간단하게 묘사하라고 묻는다. 예를 들면 "수잔, 너를 기분 나쁘게 하는 무언가가 지금 일어나고 있니?"라고 묻는 것이다. 만일 내담자가 분명히 놀라거나 또는 고통스러운 내면 자극에 반응하지만, 이것을 잘 묘사할 수 없거나 묘사하지 않으려 한다면 세 번째 단계로 옮긴다. 그러나 만일 내담자가 내면 경험을 이야기할 수 있다면, 내담자가 이것에 이름을 붙이거나 대략적으로 묘사를 하게 하는 것이 종종 도움이 된다. 이것은 생존자가 매우 상세하게 들어갈 필요가 있다는 뜻이 아니다. 플래시백에 대한 자세한 설명이나 해리 상태는 강도를 증가시킬 수 있다. 따라서 해리 상태를 줄이기보다는 해리 반응을 강화시킬 것이다.

3. 내담자를 당면한 외부 환경으로 지향하게 하기. 이것은 종종 두 가지 관련된 메시지와 연관되어 있다. (1) 내담자가 안전하고, 위험에 처해 있지 않다는 것이 사실이며, (2) 내담자가 여기(즉 방 안에, 치료 시간에 임상가와 있다는 것) 그리고 지금(즉 과거에 있지 않으며, 트라우마를 재경험하고 있다는 것) 있다는 것이다. 어떤 사례들에서 내담자는 진술을 재확인함으로써 상황에 적응할 수 있는데, 대개 내담자의 이름을 첨가의 적응 수단으로 가질 수 있는데, 예를 들면 "수잔, 너는 괜찮을 거야. 너는 이 방에 나와 함께 있어. 너는 안전해"와 같은 것이다. 다른 경우에 안정하기는 내담자에게 자

기 방이나 당면하고 있는 환경에 대하여 묘사하라고 요청하는 것을 포함한다(예를 들면 "수잔, 너를 그 방으로 데려가는 것을 시도하자. 괜찮지? 우리가 어디에 있지?/시간이 어떻게 되지?/그 방에 대하여 묘사할 수 있니?"와 같은 것이다). 내담자는 자신이 앉아 있는 의자나 카우치의 느낌이나 바닥에 닿는 발의 느낌에 집중해 보라고 요청될 수 있다. 그러나 여기 그리고 지금으로 완성된 내담자의 재적응은 비교적 빠르게(예를 들면 몇 초) 또는 상당히 길게(예를 들면 몇 분) 일어날 수 있다.

4. 할 수 있다면, 숨쉬기와 기타 이완 방법에 집중하기. 이것은 숨쉬기나 이완 훈련(이 장의 아래에서 설명하듯이)이 특히 도움이 될 수 있을 때의 예이다. 내담자로 하여금 지금 여기에서 안전하며 존재하고 있음을 연상하도록 하면서, 가능하면 오랫동안(대개 몇 분이나 그 이상) 이완이나 숨 쉬기 운동을 하도록 한다.

5. 두 번째 단계를 반복하며, 치료 과정으로 되돌아가려는 내담자의 자발성과 능력을 평가한다. 필요하다면 세 번째와 네 번째 단계를 반복한다.

치료를 치료 초기에 중점을 두었던 것으로 되돌아가게 하는 것이 가능하다면, 트라우마적인 침투(예를 들면 트라우마 과정의 예상된 부분으로서)와 안정화하는 활동(예를 들면 침투적 사건들로부터 주의를 멀어지게 하기 위한 간단한 방법)을 정상화하고, 트라우마 치료를 계속한다. 내담자의 임시적인 재경험이나 증상 고조는 낙인이 찍힌 것도 적절한 것보다 더 많은 뜻이 아니라는 점은 중요하다. 트라우마 처리 과정이 때로는 잠재적으로 기분을 상하게 하는 기억, 생각 그리고/또는 느낌의(그리고 이들에 의한 방해) 침투를 포함시켜야 하지만, 이것들은 정신병리의 증거와 반대되는 치유 과정의 부분이다(4장 참조).

●●만성 정동 조절 장애 치료 개입

안정하기와 반대로, 이 단락에서는 비교적 급성의 감정적 침투나 활동에 초점을 맞추어, 심각한 만성 트라우마의 많은 생존자들이 경험하는 고통받고 있는 과도각성과 불안에 대한 심리적 개입를 설명한다.

약물에 관한 언급

불쾌감이나 트라우마 이후의 각성이 치료와 회복에 지장을 줄 정도로 강도가 높다면, 정신에 영향을 주는 약이 권장될 수 있다. 11장에서 설명하였듯이 불안 그리고/또는 과도각성에 대한 약을 대상으로한 취급하는 사람들이 트라우마 집중의 심리치료를 하는 동안 이러한 증상을 감소시키는 데 도움을 줄 수 있다. 그러나 이러한 약들은 모든 불안정한 감정 상태를 치유하지 않는다. 약의 효능은 사례마다 다르며 어떤 경우에는 심각한 부작용 때문에 권장되지 않는다. 각성과 불안을 위한 사전 치료의 가장 월등히 좋은 접근은 정신과 약을 사용하는 것이며, 또한 적합하다면 이 장에서 설명하였듯이 불안을 줄이고 정동 조절을 높이는 심리치료 개입을 적용하는 것이다.

이완과 호흡 조절

치료를 하는 동안 각성 감소의 가장 기본적인 형태 중 하나는 학습된 이완이다. 전략적으로 유도된 이완은 치료 시간 동안에 내담자의 전체적인 수준에서 불안을 줄임으로써 트라우마 내용의 처리를 수월하게 할 것이다. 트라우마 처리를 하는 동안 감소된 불안은 트라우마 관련 고통으로 압도되는 느낌을 갖게될 가능성을 줄이고, 8장에서 설명하였듯이 역요건의 트라우마 내용에 기여할 것이다. 그밖에 이완은 치료 밖의 상황에서 상기된 트라우마 기억의 영향을 줄이는 방법으로 사용될 수 있다. 특별히 쉽게 활성화된 불안이나 침투적 재경험을 가지고 있는 사람들에게 내부이완 방법을 요청하는 것은 두말할 필요도 없이 유익하다.

이완 훈련에는 호흡 훈련과 연속 이완의 두 가지 일반 접근법들이 있으며, 이두 가지 모두를 여기서 간단하게 설명할 것이다. 더 자세한 정보를 원하는 독자들은 이 장의 끝에 있는 추천 문헌을 참고하길 바란다.

연속 이완

이 테크닉은 근육을 꼭 움켜쥐는 것, 그리고 이어서 이완하는 것을 포함하며, 머리부터 발가락까지 연속적으로, 몸 전체가 이완된 상태로 될 때까지 하는 것이다(Jacobson, 1938; Rimm & Masters, 1979). 내담자는 규칙적으로 연속이완을 연습하면서, 대부분 비교적 빠르게 이완 상태에 들어갈 수 있다. 어떤임상가들은 매 치료 시간을 이완 연습으로 시작하며, 어떤 임상가들은 치료 초기에 이완 연습을 가르친 후, 특별히 필요하다고 생각될 때만 이완 연습을 활용하는데, 예를 들면 트라우마 내용에 대한 의논이 상당한 불안 상태를 가져오는경우 이 이완을 활용한다. 트라우마 이후의 스트레스를 치료하는 이완 훈련의사용에서 두가지를 고려해야 하는데, (1) 이 테크닉의 단독 사용(즉 병립하는 트라우마 처리 과정 없이)은 그 자체로는 트라우마 관련 증상을 두드러지게 줄이지 못하는 것 같으며, (2) 치료 경험에 의하면 소수의 트라우마화된 사람들은유도된 이완에 대해 뜻밖의 불안하거나 해리적인 반작용을 가지게 되거나(예를들면 Allen, 2001; Fitzgerald & Gonzalcz, 1994) 싱공석으로 자기유도의 이완 상태를 가질 수 없다고 제시한다. 플래시백과 다른 증상의 재경험으로 만성적으로 영향을 받고 있는 사람들은 이완 훈련으로부터 유익을 적게 받는 것 같다(Taylor, 2003). 우리의 경험으로 볼 때 연속 이완은 필요할 경우 매우 도움이 될 수 있으며, 내담자는 가능한한 모니터되어야 하며, 조금은 역설적이지만이 과정 동안 각성이 증가한다.

호흡 훈련

연속 훈련은 어떤 임상가들에 의해 성공적으로 사용되지만, 다른 모든 방법과 같이 우리는 호흡 테크닉을 가르치는 것을 선호한다. 스트레스 상태에 있을 때 많은 사람들은 더 낮게 숨을 쉬거나 과호흡을 하거나, 어떤 경우에는 일시적으로 숨 쉬기를 멈춘다. 스트레스 상태에 있는 동안 어떻게 호흡을 해야하는지를 내담자에게 가르치는 것은 더 정상적인 호흡으로 되돌아오는 것을 도우며, 따라서 두뇌에 적당한 산소를 가져오게 한다. 이와 똑같이 중요한 점은 내담자가 더 효율적이며 정상적이고, 스트레스가 없는, 들숨과 날숨으로 결합된 방식으로 호흡을 배울 때, 대개 몸과 자율신경체계를 차분하게 하는 효과가 있다는 것이다.

호흡 훈련은 대개 내담자가 자신의 숨쉬기를 더욱 자각하도록, 특히 트라우마에 대한 긴장과 적응으로 자신도 모르는 압박 속에서 숨 쉬기 방식을 자각하도록 가르치는 유도된 호흡 훈련을 포함한다. 그리고 자신의 근육, 자세, 그리고 생각을 적응시켜 더 효율적이고 차분한 호흡이 되도록 할 수 있다(Best & Ribbe, 1995). 트라우마를 치료하는 동안 숨쉬기 훈련에 관한 정보를 포함한 많은 매뉴얼들이 있다(예를 들면 Foa & rothbaum, 1998; Rimm & Masters, 1979). 부록 3에서 제시된 것은 로스앤젤레스 카운티 사우스캘리포니아 의과대학에서 사용되는 프로토콜이다.

학습된 이완은 스트레스가 일어날 때 스트레스 반응을 줄이기 위하여 내담자가 이용할 수 있다. 많은 사례들에서 이완은 이완 훈련 동안 진정시키는 단어들로 반복적으로 신호될 수 있으며, 그래서 나중에는 이 단어의 사용이 조건화된 이완 반응을 해제시켜 준다(Best & Ribbe, 1995). 예를 들면 감정적으로 활성화된 트라우마 생존자는 연속이완 활동을 하는 동안 자신에게 이완이라는 단어를 말할지 모른다. 비슷하게 부록 3에서 제시하였듯이 들숨과 날숨을 하는 동안 이것을 세는 것은 궁극적으로 이완 작용을 불러올 수 있는 신호(세기)를 만들고 자각에 집중하게 할 것이다.

일단 내담자가 이완을 유도할 수 있다면, 트라우마 기억을 처리하는 동안 임상가는 이 이완 기술을 요청할 것이다. 예를 들면 8장에서 설명하였듯이 임상가는 내담자에게 기억 노출 활동을 하기 전에 이완을 유도하도록 요청하거나 내담자가 이완이 필요해 보일 때, 예를 들면 치료 시간에 트라우마 관련 불안이나 고통이 나타났을 때 이완을 제안할 것이다. 많은 사례들에서 내담자는 이완이 더욱더 트라우마를 처리하도록 충분히 하기 전에, 내담자는 신호(또는 숨 쉬기를 세기)를 사용하면서, 오직 숨 쉬기에만 집중하거나 잠깐 동안(1분 미만으로) 근육을 이완할 것이다. 물론 어떤 사례들에서는 이 시간은 더 길어질 수 있다.

비록 이완 훈련이 트라우마 치료에 자주 도움이 되는 요소임이 반복되지만, 이완 훈련이 항상 필요하거나 권장되어서는 안 된다. 어떤 내담자들은 이 영역의 특별한 개입이 필요할 만큼 그렇게 과도각성되거나 그렇게 불안하지도 않다. 다른 내담자들(그리고 임상가들)은 이완 훈련이 너무 기계적이거나 심리치료의 관계적인 절차에 지장이 있음을 발견한다. 이 책에서 제시된 다른 테크닉처럼 이완 훈련은 트라우마 치료에서 선택이지 필수가 아니다.

일반적인 정동 조절 능력 증가시키기

안정하기와 이완과 같은 즉각적인 고통 감소 방법 이외에 트라우마 내담자의 일반적인 정동 조절 능력을 증가시키기 위한 많은 제안들이 문헌에 있다. 모든 것들이 부정적인 느낌 상태를 감소 조절하고 인내하도록, 따라서 활성화된 감정으로 압도될 가능성을 줄이고 내담자의 전체적인 능력을 증가시키는 데 중점을 두고 있다. 어떤 사례들에서 이러한 정동 조절 '훈련'은 심각한 기억 처리가 수행될 수 있기 전에 필요할 수 있다(Cloitre et al., 2002).

감정을 확인하고 구별하기

성공적인 정동 조절의 가장 중요한 요소 중 하나는 경험한 대로 감정을 바르게 인식하고 분류하는 능력이다(Linehan, 1993a). 생애 초기의 만성 트라우마의 많은 생존자들은 감정 상태로 활성화되었을 때 아마도 '나쁜 또는 기분이 상한 느낌' 이외에 이들이 느낀 것을 정확하게 아는 데 어려움을 가진다(Briere, 1996; Luterek, Orsillo, & Marx, 2005). 비슷한 방식으로 어떤 사람들은 분노의 느낌을 정확하게 차별할 수가 없는데, 예를 들면 불안과 슬픔으로부터 분노를 구별하지 못한다. 비록 이것은 감정으로부터의 해리적 단절을 때때로 반영하지만, 다른 사례들에서 이것은 그 사람의 감정에 '대하여 알지 못하는' 근본적인 무능력을 대변한다. 그 결과 생존자는 자신의 내면 상태에 대해 혼돈스럽고, 강렬하지만 합당하거나 예측할 수 없는, 구별이 안 되는 감정을 갖고 있다고 인식할 것이다. 예를 들면 구별이 안 된 부정적인 감정 상태로 상기된 생존자는 "나는 위협받고 있다고 느끼기 때문에 불안해"라고 암시하는 말을 하기는커녕, '나는 불안해'라고 말하는 능력이 없을 것이다. 이 경험은 '갑자기' 가져온 압도적이며 예측하지 못한 부정적인 감정일 것이다.

임상가는 규칙적으로 내담자기 자신의 감정 경험을 탐색하고 토론을 쉽게 함으로써 내담자를 도울 수 있다. 종종 내담자는 느낌들에 대하여 지속적으로 질문을 받음으로써 느낌을 확인하는 것이 더 가능하게 될 것이다. 다른 경우들에서 임상가는 내담자가 '감정을 탐정하는 일'을 하도록 격려하는데, 감정 주변의 사건에 기초하여 감정 상태에 대한 가설을 세우는 시도가 포함된다(예를 들면 내담자는 어떤 느낌이 놀라는 자극이 이어지기 때문에 불안이라고 추정하거나, 또는 분개하는 인지나 분노 행동을 연상하기 때문에 화라고 추정하는 것). 또한 정동 확인과 구별은 임상가의 직접적인 피드백, 예를 들면 "당신은 화가 난 것 같은데 그렇지 않나요" 또는 "당신은 두려워 보입니다"로도 길러질 수 있다. 그러나, 이 마지막 선택은 보살펴진다는 느낌과 함께 접근되어야 한다. 사실 내담자가 B 느낌을 경험하고 있을 때 내담자의 정동을 A 느낌이라고 이름표를 붙이는 위험이 있으며, 따라서 효율적인 감정 확인보다는 혼동을 조성할 것이다. 이러한 이유로 우리는 대부분의 분명한 사례에서, 임상가가 내담자가 느끼는 것이 무엇인지를 말하기보다는 내담자의 탐색을 가능하게 하고 자신의 느낌 상태에 대한 가설 테스트를 권장한다. 대부분의 사례에서 가장 중요한 것은 내담자(또는 임상가)가 특정 감정 상태를 정확하게 확인하는 것이 아니라, 내담자가 정규적으로 자신의 감정을 탐색하고 여기에 이름 붙이기를 하려고 시도를 하는 것이다. 우리의 경험으로 볼 때 감정 확인과 구별을 많이 할수록 생존자는 결국 정확한 느낌을 확인하고 구별 상태로 된다는 것이다.

침투적 경험에 선행하는 생각을 확인하고 고려하기

많은 사례들에서 느낌뿐 아니라 생각도 확인되어야 한다. 이것은 주어진 인식이 강한 감정적 반작용을 일으킬 때 가장 관련되어 있지만, 생존자에게는 다소 모르는 것이다. 몇몇 임상가들(예를 들면 Cloitre et al., 2002; linehan, 1993a)이 제안하듯이, 정동 조절 능력은 내담자가 트라우마 관련 감정을 불러 일으키거나 가속화시키는 인식을 확인하고 대항하도록 격려함으로써 향상될 수 있다. 7장에서 설명된 더 일반적인 인지적 개입 이외에도, 이것은 내담자가 상기된 트라우마 기억과 연속되는 부정적인 감정적 반응 사이에서 개입하는 어떤 생각을 모니터하는 것을 포함한다. 예를 들면 권위적 인물에 의해 상기된 아동 학대에 대한 기억으로, 생존자는 무의식적이거나 부분적으로 억압된 생각인 "그는 나를 해칠 것이다"라는 생각을 가지며, 그다음 극도로 불안해하거나 괴로운 반응을 할 것이다. 또는 성적 학대의 생존자는 나이 든 여자와의 상호 교류에서 '그녀는 나와 성행위하기를 원한다'라고 생각하며, 이어서 혐오감, 강간, 또는 테러를 경험할지도 모른다. 이러한 경우에 기억 그 자체는 부정적인 감정[조건화된 감정적 반응(Conditioned Emotional Responses; 8장 참조)]을 낳기 쉽더라도 연상된 인식은 종종 더 급성 감정 상태를 만드는 반응을 가속화한다. 다른 사례들의 경우 생각은 트라우마와 덜 직접적으로 관련될 수 있지만, 여전히 내담자의 감정적 반응의 강도를 증가시킨다. 예를 들면 스트레스 상황에서 내담자는 공황 상태나 압도되거나 쇄도되는 두려움을 가져오는, '나는 조정불능이다' 또는 '나는 놀림거리가 된다' 와 같은 생각을 가질 수 있다.

불행히도 상기된 생각은 실질적이지 않은 것이기 때문에, 이후의 감정에서 생각들은 생존자에 의해 관찰되지 않을 수 있다(Beck, 1995). 내담자가 압도하는 감정에 대한 인지적 선례들을 더 자각할수록 내담자는 이러한 생각의 영향을 줄이는 것을 배울 수 있다. 많은 경우에, 예를 들면 "아무도 나에게 보복하지 않을 거야" 또는 "나는 이것을 처리할 수 있어"처럼 인식에 분명한 동의를 하거나 이러한 인식을 정확한 인식이라기보다는 '낡은 테이프'라고 이름을 붙임으로써 해결된다(Briere, 1996). 이러한 점에서 심리역동 치료에서 통찰의 유익한 점 중 하나는 흔히 잘못된 '낡은' (예를 들면 트라우마 또는 학대와 연관된) 신념이나 인식에 의해서 특정한 방식으로 활동한다는 자기 스스로의 발전에 의한 자각이며, 이는 역기능적 행동에 동기를 부여시키거나 고통을 낳는 인식의 힘을 줄이는 것에 대한 이해이다(7장 참조).

• 극도로 강력하고 압도적인 감정 상태의 기저를 이루는 생각들이 트라우마 관련 기억에 의해 상기될 때, 임상가는 "당신이 두렵거나/무섭거나/기분이 상하기 바로전에 무슨 일이 일어났는지요? 또는 "어떤 생각이나 기억을 가졌었는지?"와 같은 질문을 함으로써 내담자의 이러한 개입 반응에 집중을 할 것이다. 만일 내담자가, 예를 들어서 트라우마 기억으로 어떤 강한 감정이 상기되었다고 보고한다면, 임상가는 그 기억을 설명하라고(이것을 견딜 만하면), 어떤 생각이 기억을 상기시켰는지를 의논하도록 요청한다. 불행히도 이것은 다음의 네 가지 개별적 현상에 대한 탐색과 의논을 포함할 것이다.

1. 그 기억을 불러낸 환경적 자극(예를 들면 사랑하는 사람이 화를 표현하는 것)

2. 그 기억 자체(예를 들면 화가 난 부모에 의한 학대)

3. 그 기억으로 연상된 현재의 생각(예를 들면 "그/그녀는 나을 혐오해" "나는 무언가 잘못된 것을 했음에 틀림없어" 또는 "그/그녀는 내가 하지 않은

어떤것에 대하여 나를 비난하고 있어")

4. 현재의 느낌(예를 들면 분노나 두려움)

이렇게 불러내진, 종종 '파국적'인 인식(즉 극도로 부정적인 결과에 대한 기대)은 현재 상황과의 관련성에 대하여 의논될 수 있다. 이러한 경우 내담자는 이러한 생각들의 정확성, 이것들의 가능한 원인론(종종 아동기 학대, 방임, 또는 다른 심한 학대를 포함하는), 그리고 이러한 생각에 맞서 무엇을 할 수 있는지를(예를 들면 그 생각이 정확하지 않다거나 그 생각은 '단지 나의 어린시절의 열렬한 지지 표현'이라고 자신을 일깨우게 하는) 탐색을 하도록 요청할 것이다. 내담자가 이러한 인식을 더 잘 확인하게 되면, 이러한 생각들을 현실 상황에 두고, 더 긍정적인 생각으로 이러한 생각들과 맞서게 한다. 내담자는 종종 극한 감정의 재활성을 방지하는 더 많은 능력을 개발시키며, 따라서 감정적 경험을 더 잘 조절하게 된다.

유발인자 자각과 개입

생존자가 매일의 일상생활에서 내부 균형을 유지하도록 돕는 또 다른 인지적 개입이 있다. 임상가는 생존자가 플래시백이나 침투적인 부정적 느낌 상태와 같은 원하지 않는 트라우마 이후의 재경험을 활성화하는 환경 유발인자들을 확인하고 다루는 것을 배우도록 도울 수 있다. 2장에서 언급하였듯이 트리우마에 대한 활성화된 기억들은 본질적으로 부정적인 현상이 아니며, 이 기억들이 경고 없이 침투하였을 때, 특히 주의나 적응적으로 기능하는 것이 필요한 상황에서, 방해가 되며 무기력한 느낌을 유도할 것이다. 성공적인 유발인자 확인은 내담자가 유발인자가 발생하는 상황을 변경하는 것을 허용함으로써 더 나은 통제감과 대인 관계 기능을 수월하게 할 것이다. 비록 상기되는 플래시 백을 줄이는 방법으로 자신의 생활의 모든 대인 관계 갈등을 회피하는 것이 부적절해 보이지만, 이것은 가까운 관계들이나 또는 재경험이 원하지 않는 행동을 이끌거나 지속적 기능을 방해하는 상황에서 작용하는 이러한 유발인자들의 확인은 종종 도움이 된다.

유발인자 자각은 다음의 과제 시리즈로 가르칠 수 있다.

1. 주어진 특정 생각, 느낌, 또는 침투적인 감각을 트라우마 이후의 외상으로 확인하기. 이것은 어떤 사례들에서는 비교적 쉽다. 예를 들면 총상에 대한 침투적인 감각 플래시백을 트라우마 이후의 외상으로 인식하는 것은 어렵지 않을 것이다. 그러나 다른 경우에, 분노나 두려움, 또는 관계적 상호 작용을 하는 동안 나타나는 침투적인 무기력한 느낌 같은 것을 재경험하는 것은 더 현명할 것이다. 내담자가 자신에게 질문하여 배울 수 있는 전형적인 질문들에는 다음과 같은 것이 포함된다.

   ● 이 생각/느낌/감각이 지금 여기 내 주변에서 일어나는 것이 타당한가?
   ● 이러한 생각과 느낌이 현재 상황에 근거를 두었을 때 강도가 너무 높은 것인가?
   ● 이러한 생각/느낌/감각이 생길 때 자각에서 예상 밖의 어떤 변경을 경험하는가(예를 들면 비개인화나 비자각)?
   ● 이것이 대개 내가 상기되는 상황인가?

2. 유발시키는 환경에 있는 자극들을 평가하고, 어떤 자극들이 트라우마를 연상시키게 하는지를 확인한다(즉 '유발인자 발견하기'). 내담자가 트라우마를 연상시킬 수 있는, 즉 잠재적인 유발인자를 알아내기 위하여 환경을 객관적으로 평가하는 것을 배우면서 이 작업은 일정 수준의 탐정 과제를 포함하게 된다. 내담자가 인식하는 것을 배울 수 있는 유발인자들의 예는 내담자의 트라우마 내력에 달려 있으며, 다음과 같은 것을 포함한다.

   ● 내적 갈등
   ● 성적 자극이나 자극
   ● 권위 있는 인물과의 상호작용

- 내담자의 과거 학대자(들)와 비슷한 방식으로 신체적 또는 심리적 특성
  을 가진 사람들
- 경계 침입
- 사이렌, 헬리콥터, 총소리
- 우는 소리

어떤 사례들에서 유발인자는 분명하고 쉽게 인식될 것이다. 다른 사례들에서
내담자는 자신을 유발시키는 것이 무엇인지를 확인하기 위하여 열심히 일해야
할 지도 모른다.

3. **적응적인 전략 구축하기.** 이것은 내담자가 극한 감정적 반응의 가능성을 줄
   이는 약간 다른 형태의 '순간 향상하기'이다(Linehan, 1993a, p. 148).
   다음과 같은 것들이 예들이다.

   - 특별히 스트레스가 있는 순간의 의도적인 회피 또는 '타임아웃'(예를
     들면 다른 사람들이 취하게 될 때, 파티를 떠나는 것, 권위 있는 사람
     과의 언쟁을 의도적으로 줄이는 것, 다른사람들로부터의 원치 않는 추
     파를 던지는 행동을 어떻게 막을 수 있는지를 배우는 것).
   - 더 많은 이해가 그 사람의 인식을 변화시켜서 유발인자를 끝낼 수 있
     을 때까지 유발하는 자극이나 환경을 분석하는 것(예를 들면 트라우
     마 이후의 두려움을 유발하는 사람의 행동을 조심스럽게 검토하고,
     결국은 그 사람이 위협적인 태도로 행동하는 것이 아니라는 사실을
     더욱 자각하게 되는 것, 또는 특정 개인의 무시하는 듯한 스타일이 대
     인적 어색함을 가질 정도로 거부나 무시를 암시하지 않는다는 이해를
     하는것)
   - 지지 체계를 늘리는 것(예를 들면 두려움을 느낄 수 있을 것 같은 파티
     에 친구를 데려오거나 기분을 상하게 한 상황에 대해 친구에게 보고하
     는 전화를 하는 것)

- 긍정적인 자기담화(예를 들면 유발되었을 때 자신에게 말할 것을 미리 고안하는 것으로 "나는 안전해" "나는 내가 원하지 않는 것을 할 필요가 없어" 또는 "이것은 단지 나의 과거 이야기일 뿐이며, 내가 정말로 생각하는 것은 아니야"와 같은 것들이 있다.)
- 이 장의 앞에서 설명한, 이완 유도나 호흡 조절
- 공황 상태나 플래시백, 또는 파국적인 인식과 같은 내부 반응을 증가시키는 것으로부터 주위를 돌리는 방법으로, 안전한 사람과 대화 시작하기, 책 읽기, 또는 산책하기

긴장 감소 행동에 대한 저항 상담하기

정동 조절 기술을 학습할 수 있는 또 다른 방법은 긴장 감소 행동(Tension reduction behaviors, TRBs)을 의도적으로 예상하는 것이다. 일반적으로 이것은 내담자가 가능한 한 괴로움을 하향 조절하기 위하여 대개 사용하는 행동들[예를 들면 자가 절단, 충동적인 성적 행동, 또는 폭음이니 히제(下劑)]을 '미루도록' 하고 격려하며, 만일 행동을 사용해야 한다면 가능한 최소한으로 하도록 하는 것을 포함한다. 비록 긴장감소 행동을 완전히 방지하는 것이 분명히 가장 좋은 과정이지만, 실제로 이러한 행동을 멈추는 내담자의 능력은 제한될 수 있으며, 내담자의 짧은 입원이 될 수도 있다. 긴장 감소와 다른 회피 행동들이 생존에 기초된 것이며 따라서 생존자에 의해 쉽게 포기되지 않는다는 것이 치료 생활에 대한 회피할 수 없는 사실이다.

일반적으로 우리는 임상가가 내담자의 특정 행동들의 유해함에 대한 분명한 기준을 가지며, 또한 내담자가 이러한 행동들을 끝내거나 적어도 이들의 빈도, 강도, 해로움을 줄여나가도록 일하는 것을 권장한다. 임상가가 TRB에 관하여 내담자를 판단하는 것을 드러내지 않는 것은 중요하다. 특정 행동(다른 사람들을 해하는 기타 활동들)의 잘못됨이나 부도덕에 대한 가치 판단들은 거의 도움이 되지 않는다. 이러한 비판적인 언급은 종종 죄의식과 수치감을 증가시킬 뿐

아니라 임상가로부터 내담자가 이것들을 지키도록(여기서는 지속되는 긴장 감소) 강요함으로써 치료를 지하 조직으로 몰고간다.

긴장감소 행동들은 고통 감소에 기여하기 때문에 내담자는 정동 감내를 발전시키는 행동을 지연하려 한다. 예를 들면 만일 생존자가 폭식이나 성적 충동대로 행동하지 않을 것을 약속하고, 단지 짧은 몇 분 동안만이라도 이러한 행동에서 벗어날 때 다음의 두 가지 일이 생길 수 있다.

1. 내담자는 짧은 기간 동안의 지속된 (그러나 임시로 관리할 수 있는) 고통에 노출될 수 있으며, 이 동안에 적은 분량의 고통 감내를 배울 수 있다.
2. 긴장 감소 행동에 이용된 충동은 시들 수 있는데, 긴장 감소 행동에 충동으로 연상된 감정은 즉시 행동되지 않는다면 줄어들기 때문이다.

계속된 연습으로 초기의 긴장 감소 행동에의 충동과 실제의 긴장 감소 행동의 기간은 늘어나며, 긴장 감소 행동은 중대성이 줄고, 정동 감내 능력은 증가할 것이다. 이 접근법의 그밖의 유익은 긴장 감소 행동을 줄이고(그러고 나서는 끝내는) 목표는 '나쁜' 행동을 멈추게 하는 것이 아니라, 내담자가 정동 조절을 배우고 상당한 통제 하에 자신의 행동을 하게 하는 방법이라는 점이다.

트라우마를 처리하는 동안 정동 조절 배우기

마침내 정동 조절과 감내가 노출에 기초된 장기의 드라우마 치료 기간 동안 함축적으로 배울 수 있어 보인다. 뒤의 장들에서 논의한 대로 트라우마 중심 개입은 반복적인 활성, 처리하기, 그리고 압도되지 않는 괴로움인 괴로움의 해결을 포함하기 때문에 이러한 치료는 생존자가 어느 정도의 고통스런 감정적 경험을 가지고 더욱 '편안하게 익숙해' 지며 중간 정도의 감정적 각성으로 하향시키는 데 필요한 기술을 발전시키도록 서서히 가르친다. 내담자가 트라우마 기억에 노출되는 동안 적정(滴定)된(즉 압도되거나 불안정하지 않는) 정도의 고통을 반복적으로 경험하면서, 이 내담자는 자기 달래기, 기분을 상하게 하는 생각을 재구성하기, 그리고 관계적 지지를 요청하는 능력을 천천히 발전시킬 수 있다. 더불어 활성화된 조건화된 감정적 반응과 연관된 고통을 하향시키도록 내담자와 협력함으로써 임상가는 종종 정동조절 전략, 특히 일반화, 달래기, 그리고 타당성과 연관된 정동 조절 전략의 본보기를 보인다. 그러나 강력한 정동 상태로 들어오고 나오는 발전되고 향상된 이러한 능력은 차례로 감정 조절의 증가와 부정적 정동에 대한 감소된 두려움을 조성한다.

 추천 문헌

Cloitre, M., Koenen, K. C., Cohen, L. R., & Han, H. (2002). Skills training in affective and interpersonal regulation followed by exposure: A phase-based treatment for PTSD related to childhood abuse. *Journal of Consulting and Clinical Psychology, 70,* 1067–1074.

Jacobson, E. (1938). *Progressive relaxation.* Chicago: University of Chicago Press.

Linehan, M. M. (1993). *Cognitive-behavioral treatment of borderline personality disorder.* New York: Guilford.

Schore, A. N. (2003). *Affect regulation and the repair of the self.* New York: Norton.

제7장

인지적 개입

2장에서 언급하였듯이 트라우마 생존자들―특히 대인 관계 폭력의 피해자들―은 자기 비난, 죄의식, 수치심, 낮은 자존감, 위험에 대한 과다 예측, 그리고 다른 부정적 신념과 인식을 가지기 쉽다. 강간 피해자는 자신이 어떤 식으로든지 강간을 '자초'했거나 자신이 폭행당하도록 원인을 제공했다고 믿으며, 매 맞는 여성은 자신이 매를 맞을 만하다고 추정할 것이다. 도망치기에는 무기력한 상황에 반복적으로 노출되거나 자신의 트라우마 노출 상황을 줄이는 사람들은 미래의 잠재적인 부정적 사건들에 영향을 주는 힘이 적다는 느낌을 종종 발전시킨다. 어떤 생존자들은 그들의 트라우마 이후의 증상을 결함이 있거나, '정상이 아닌' 증거로 본다. 성적 트라우마의 피해자들은 그들의 경험으로 수치스럽고 고립되어 있음을 자주 느낀다.

일반적으로 트라우마 이후의 폐해에 대한 인지 치료는 자신과 다른 사람들, 그리고 그 트라우마가 일어난 환경에 대한 부정적 인식과 믿음에 대한 유도된 재고를 포함한다. 이러한 부정적 가정들이 다시 평가됨에 따라 자신과 다른 사람들을 더욱 확인하고 권한을 주는 모델이 자리를 잡는다. 동시에 내담자는 트라우마 사건에 대하여 더 자세하며 일치되는 이해를 발전시킬 수 있으며, 이것은 치료 향상과 연관된 과정이다.

●● 인지적 처리하기

많은 경우에 트라우마 관련 인지적 폐해는 트라우마 사건과 그 주변 환경에 대한 자세한 구두 설명을 통하여 다루어진다. 내담자가 치료 상황에서 트라우마에 대하여 반복적으로 묘사함으로써 이 내담자는 현재의 관점으로부터 트라우마를 보는 동안 어떤 점에서든 과거를 재경험한다. 트라우마 사건을 구두로 이야기함으로써, 내담자는 (종종 임상가의 보조적 도움으로) 트라우마 당시에 암호화된 가정, 믿음, 인식을 '듣고', 트라우마들이 일어난 이유를 이해히며, 이것들을 내담자가 지금 알고 있는 것과 비교하는 기회를 가진다. 내담자와 임상가는 발생했던 사건에 대하여 더 정확한 인지적 모델을 함께 만들 수 있다.

이러한 상호적인 처리 과정은 내담자가 더 정확한 이해로 이전의 '나쁜' 행동들, 학대를 받을 만했다는 것, 그리고 추정된 부당함을 재해석하게 되면서 더욱 긍정적인 자기인식을 자주 조성하게 된다. 예를 들면 강간을 당하기 전의 자신의 행동을 '단정치 못하거나' '자초' 했다고 항상 해석해 왔던 내담자는 실제로 무엇이 일어났는지를 재검토하고 재체험하는 기회를 가지며 그녀 자신에 대한 그녀의 판단이 타당한지를 볼 기회를 가질 수 있다. 강간이 일어나기 전의 사건의 탐색은 그녀가 '유혹적' 인 태도로 행동하지 않았으며, 학대나 손상을 부르지 않았다는 것을 밝혀낼지도 모른다. 이러한 탐색이 초기 인식이 '비합리적' 이었다고 제안하기보다는 트라우마 상황에서 합리적으로 일어난 것이라고 인식하는 것이 중요하다.

트라우마 당시에 무엇이 타당하게 이루어졌는지에 대한 증가된 인식은 — 즉 그 사람의 선택이 실제로 무엇이었는지 — 책임감, 자기비난, 또는 자기비판에 대한 부적절한 느낌에 대한 단서가 될 수 있다. 예를 들면 아동 학대에 대한 기억을 묘사하는 것은 — 동시에 어른의 관점으로 아동 학대에 대하여 듣는 동안 — 학대 당시 복종이나 순응 이외의 다른 선택들이 거의 없었다는 자각을 이끌 것이다. 예를 들면 '나는 그것을 멈추기 위해서 무언가를 했어야 한다' 는 생각은 7살 아이에게 자신의 뜻(그리고 신체)을 강요하는 어른에게 내재하는 크기와 힘의 차이에 대한 더 큰 경험적 이해로 대응될 수 있을 것이다.

마침내 안전한 환경에서 학대를 검토했을 때 공격을 가한 사람에 의해 만들어진 비난이나 수치스럽게 하는 언급들은 그 힘을 점점 잃을 것이다. 대인 관계 폭력의 많은 피해자들이 폭행 당시 가해자에 의해 사용된 합리화를 내재화하거나 받아들이는 경향이 있다(Salter, 1995). 여기에는 피해자가 좋은 배우자가 아니어서 폭력을 당할 만하다는 학대자의 언급, 피해자가 성적 폭행을 자초했다는 강간 가해자의 언급, 아동 학대자의 신체적 학대가 단지 나쁜 행동에 대한 적절한 벌이었다는 언급이 포함된다. 예를 들면 망명인은 그의 고문관이 만든 그가 '배반자' 라는 명목으로 그의 가족의 죽음에 책임이 있다는 진술을 부분적으로 받아들일 것이다. 그러나 사실 (1) 그 자신은 이 끔찍한 사건을 정당화한 것이 아무것도 없으며, (2) 죽음은 그가 아니라 정부에 의해 수행된 것이다. 아동기 드라우마 생존사는 그가 나쁘거나, 뚱뚱하거나, 못생겼거나, 가치가 없다는 상당히 일반적인 가해자의 언급을 내재화할 것이다. 내담자와 임상가가 사건의 주변환경에 대하여 의논하고 위협이나 강압이 없는 상태에서 가해자의 언급을 고려하면서, 이러한 언급이 객관적이지 못하다는 것이 내담자에게 더 분명해질 것이다.

임상가는 내담자보다 이러한 인지 왜곡을 더 자주 볼 수 있기 때문에 피해자의 과실이 아니라든가 가해자의 분명한 잔인성에 대한 의견을 말하려는 압박을 느낄 것이다. 이것은 이해할 만하며 어떤 경우에는 대개 적절하다. 그러나 이러한 언급은 피해자가 사실은 희생되었다는 임상가의 분명한 이해의 '공식적 언급의' 형식으로 제시되어야 한다. 이러한 언급은 그 자체로 저절로 내담자의 의견을 실제로 바꾸는 일은 드물다. 사실 임상 경험은 임상가가 내담자 자신의 인지나 기억에 동의하지 않거나 현실이 무엇인지 또는 무엇이었는지에 대한 확정적인 언급을 만들 때 인지 치료는 거의 도움이 되지 못한다. 오히려 내담자에게 당시의 그리고 합리적인 관점(예를 들면 매 맞는 것이 궁극적으로 배우자의 만성적인 화, 알코올 중독, 그리고 부적당함에 대한 것이지 내담자가 그릇 씻는 것을 실수했거나 성 행위 요구에 실패했기 때문이 아니라는)을 동시에 고려하면서, 원래의 트라우마 관련 생각과 자기인식을 경험하는(예를 들면 배우자에 의해 맞는 것을 회상할 때의 죄책감이나 책임감) 기회를 주었을 때 인지 치료는 가장 효과적이다.

Resick과 Schnicke(1992)에 의해 제안되었듯이 트라우마 관련 가정이나 인식에 대한 재작업은 내담자가 트라우마를 적극적으로 기억하고 그 당시 내담자가 갖었던 생각과 기억을 재경험하는 농안 재작업을 할 때 가징 가효적이다. 다시 말해서 어느 정도의 감정적 기억의 활성화 없이 단지 트라우마 사건을 의논하는 것은 내담자가 그 기억과 연관된 인식 바꾸기를 덜하게 하는 것으로 보인다. 반대로 트라우마 사건에 대한 적극적 회상과 묘사는 아마도 다음의 두 가지 병행 과정을 유발한다. (1) 그 사건의 세부사항에 대한 내담자 자신의 트라우마 관련 속성에 대한 관찰, (2) 그 사건과 연관된 감정의 활성화이다. 이 반응의 두 번째 요소는 다음 장에서 자세히 다룰 것이다. 그러나 감정의 활성화가 내담자로 하여금 더 직접적으로 트라우마 사건을 재체험하게 하기 때문에 이러한 인지적 개입이 트라우마에 대한 구체적인 기억들에 더 직접적으로 연결된다는 것을 인식하는 것은 중요하다.

치료 과정 동안 내담자가 트라우마 사건을 기억하고 어느 정도 재경험하는 두가지 주된 방법이 있다. (1) 트라우마 사건을 자세히 설명하는 것, 그리고 (2) 그것에 대하여 적는 것이다. 첫 번째 경우 임상가는 내담자가 피해자가 되는 경험 과정과 그 이후에 자신이 경험한 느낌을 포함한, 트라우마 사건을 감내할 수 있는 한 가능한 한 자세하게 구두로 묘사하도록 격려한다. 다음 장에서 언급하듯이 이것은 감정 처리 과정의 중요한 요소이다. 이것은 또한 생존자가 그 경험으로 형성한 결론이나 믿음에 관한 의논을 포함시킬 정도로 인지적 처리 과정을 수월하게 한다. 내담자의 서술에 대한 반응으로, 임상가는 일반적으로 비난이나 당연시함, 또는 책임감에 대하여 잠재적인 인지적 왜곡이 분명해지도록 의도된 오픈엔드 질문을 한다. 내담자가 이러한 질문에 반응하면서, 임상가는 지지와 격려, 그리고 내담자의 반응에서 나온 부정적인 암시나 자기에 대한 인식에 대적할 수 있는 정보를 적절한 때 제시한다. 이후 내담자는 임상가로부터 더 깊은 질문으로 이끄는 반응을 가질 수도 있다. 아니면 주제가 의논 과정으로부터 나온 느낌이나 통찰, 또는 새로운 정보의 암시에 대한 내담자의 감정 처리 과정으로 올겨갈 수도 있다.

인지 처리 과정의 두 번째 주요한 형식은 내담자가 트라우마와 연관된 특정 주제에 대하여 글쓰기를 하게 하는, '숙제'를 사용하는 것과 이것을 다음 치료 시간에 가져오고, 또 임상가가 있는 가운데 이것을 크게 읽도록 하는 것을 포함한다. 이러한 방식으로 트라우마 기억의 탈감각화(8장 참조)와 트라우마와 관련된 가정과 인식들에 대한 지속된 인지적 재고려를 포함하는 치료 활동을 지속하는 기회를 가진다. 더불어서 연구 조사는 기분 나쁜 사건에 대한 단순한 글쓰기 활동은, 특히 이것이 다양한 경우들에서 쓰였다면, 시간이 지나면서 심리적 괴로움이 줄어들 수 있다고 제안하고 있다(Pennebaker & Campbell, 2000). (Resick과 Schnicke, 1992로 개조된 트라우마 처리 숙제의 예에 관해서는 8장의 171~172쪽을 보라.)

이러한 활동들의 목표는 그것이 구두로하는 것이든 글쓰기를 하는 것이든, 목표는 트라우마 사건에 대한 내담자의 기억을 활성화하고 연속되는 의논에서 이것들을 인지적으로 처리하는 것이다. 이러한 의논의 시작과 유지는 종종 소크라테스식 문답법으로 알려진 것에 초점을 맞추는 것이다. 내담자가 피해 경험에 대하여 자신이 만든 가정과 해석을 점진적으로 검토하도록 하는 유순하고 종종 오픈 엔드의 시리즈 질문들을 한다.

이점에 관한 전형적인 질문들은 다음과 같은 것들이 포함된다(그러나 여기의 질문들로 제한되지 않는다).

- "그 사건이 발생하는 동안 생각한 것이 있나요? 어떤 생각들이었나요?"
- "주어진 그 상황에서, 당신이 무언가를 했을 수 있었다고 생각하나요?"
- "그래서 이것이 당신으로 하여금 당신이 비난받을 만하며/책임이 있으며/ 나쁘고/어리석고/유혹하였다고 생각하도록 만드나요?
- "당신은 그가/그녀가/그들이 당신을 강간하고/구타하고/학대하고/다치게 하기를 원했나요? 한 번이라도 이것을 원했던 것을 기억하나요?"
- "당신은 그것을 자초했거나/유혹적이었거나/문을 잠그지 않았거나/늦게 나갔기 때문에 당신이 다치고/강간을 당했고/구타 당했다고 말합니다. 이러한 결론을 위한 증거를 검토해 볼 수 있나요? 어쩌면 이런 결론보다 더 복합적일까요?"
- "만일 이것이 누군가에게 일어났다면, 똑같은 결론에 이른다고 생각하나 요?"
- "당신은 그것에 대하여 그/그녀가 말한 것을 믿는 것 같습니다. 그가/그 녀가 어떤 것을 말할 때 그/그녀는 당신이 믿던 유형의 사람이었나요?"
- "당신은 왜 그/그녀가 그것을 하였다고 생각하나요? "그/그녀가 정상적이 지 않은 무언가가 있었나요?"

여기서의 목표는 내담자가 자신의 트라우마 기반에 대한 이해를 갱신하는것 으로 ─ 사실에 대한 진실 여부나 내담자의 '생각 오류'에 대한 임상가의 진술 을 단순히 포함시키는 것이 아니다. 이 점에 대하여 비록 사건들의 추정된 현실 에 대한 임상가의 언급이 가끔 도움이 되지만, 내담자가 치료에서 얻는 상당한 지식이 내담자 자신으로부터 배우게 될 때 가장 좋다. '낡은' 트라우마에 기초한 견해와 과거 사건의 자세한 검토 상황에서 생긴 새로운 이해들을 반복적으로 비교함으로써 내담자는 자신의 개인 내력을 꾸미는 것이 아니라, 강압 하에 만들어진 그리고 그 사건에 대하여 다른 견해를 가지고 다시 고려해 본 적이 없었던 가정과 믿음을 갱신함으로써 내담자 자신의 내력을 수정할 것이다.

이러한 접근은 또한 단지 책임이나 자기비난의 느낌이 아닌, 미래 사건에 대한 왜곡된 믿음을 검토하는 데 사용될 수 있다. 이러한 생각에는 가장 전형적으로, 다음과 같은 믿음이 포함된다.

- 나는 부수어졌고 나아지거나/사랑받기/내가 원하는 것을 얻지 못할 것이다.
- 환경은 위험하고 나는 다시 다칠 것이다.
- 나는 추가의 트라우마를 피하기에는 무기력하다.
- 사람들/남자/여자/권위 있는 사람들은 약탈적이며 믿을 수 없다.
- 미래는 절망적이다.

이러한 트라우마 관련 가정들의 인지적 개입은 이들이 미래 결과의 분석에 더 집중한다는 것을 제외하면, 자기비난을 처리하기 위하여 사용되는 것과 상당히 비슷하다. 임상가가 물을 수 있는 일반적인 질문들 중에서, 필요하다면 더 나은 조응으로 바꾸어 말해진 것들은 다음과 같다.

- "미래에 이것이 다시 일어날 것 같은 것에는 어떤 경우들이 있을까요?"
- "무엇이 당신의 추정이 옳다는/옳을 것이라고 믿게 하나요?"
- "당신의 믿음에 들어맞지 않을 예들을 생각해 볼 수 있나요? 그 규칙에 예외들이 있나요?"(예를 들면 아마도 당신을 강간하지 않을 어떤 사람, 당신이 안전하게 되는 어떤 장소, 트라우마에 대한 잠재적 노출을 회피할 수 있는 어떤 것, 적어도 당신이 신뢰할 수 있는 어떤 사람)

● "당신이 그것을 말할 때 당신의 능력을 과소평가할 수 있는 방식이 있나
요?"

● "만일 그것이 다시 일어난다면 당신이 할 수 있을 것 같은 어떤 것을 생각
할 수 있나요?"

트라우마에 대한 서술이 펼쳐짐에 따라 또는 내담자가 해석을 마친 이후 임
상가는 이러한 질문들을 물을 수 있으며, 질문들은 내담자마다 그리고 치료 시
간마다 분명히 달라질 것이다. 우리는 나중의 접근법인 내담자로 하여금 트라
우마를 자세하게 묘사하도록 격려하고 이후에 질문들을 계속하는 것을 선호하
는 경향이 있다. 이렇게 함으로써 내담자는 동반하는 감정 유발자를 가지고 트
라우마 이야기에 자신을 더 완전히 노출할 수 있게 되며, 임상가는 내담자가 임
상가의 반응으로 영향을 받지 않고, 트라우마에 대하여 생각하는 것이 무엇인
지를 발견하는 데 더 나은 기회를 가진다.

그러나 이 영역에서 인지 치료로 얻어야 할 중요한 목적은 내담자가 더 완전
하고 정확하게 자신의 믿음이나 추정, 그리고 가르침이나, 논쟁 없이, 또는 이
러한 믿음을 '잘못'이라고 이름 붙이지 않고 믿음과 추정이 일어나는 상황을
탐색하도록 돕는것이다. 이러한 인식들은 극도의 불안과 괴로움, 미완의 정보,
강압, 혼돈, 그리고 많은 경우에 생존적 방어의 필요를 포함한 압도적인 사건들
에 대한 전적으로 이해할 만한 반응으로 보여야 한다(그리고 내담자에게 반영
되어야 한다). 트라우마 관련 인식들은 내담자의 잘못이나 내재된 신경증의 산
물이 아니라 안전하고 지지적인 상황에서 갱신을 필요로 하는 초기 인식과 가
정으로 다루어져야 한다. 트라우마 경험에 대하여 대화와 글쓰기 방식으로 인
지적 처리를 하는 것에 대한 더 자세하고 프로그램화된 논의에 대하여, 독자는
Resick과 Schnicke(1992)와 Chard, Weaver, 그리고 Resick(1997)을 찾아보
기 바란다.

사건에 대한 인지적 왜곡과 사건이 내담자에게 의미하는 것이 무엇인지를 다

루면서, 임상가는 또한 내담자가 경험하는 증상의 의미에 대하여 내담자가 형성한 왜곡을 만날 수 있다. 일반적으로 침투적인 재체험, 둔감화/회피, 그리고 트라우마적인 스트레스의 과도 각성 요소들이 통제 사망이나 주요한 심리적 병리를 대변한다는 믿음이 포함된다. 트라우마 관련 인식에 대하여 초기에 설명된 스타일로, 임상가는 다음과 같이 질문을 함으로써 특별히 심리교육이 이루어진 후에 이러한 인식이나 신념의 인지적 처리를 수월하게 할 것이다. 임상가는 내담자에게 다음과 같은 것을 질문한다. (1) 그 증상에 관하여 무엇이 병리적이지 않은 설명이 될 수 있는지(예를 들면 과도 경계에 대한 생존적 가치, 또는 약물 남용에 대한 자신의 약물 투여 측면), (2) 그 증상이 실제로 정신병 또는 정신 질환을 실제로 지시하는지(예를 들면 플래시백이 환각과 같은 것인지 또는 이것이 트라우마 회상 상황에 대하여 두려워하는 실제의 '편집증'인지, (3) '폐쇄'나 트라우마 기억을 회피하기보다 적극적으로 트라우마 이후의 스트레스(특히 재경험)를 경험하는 것이 나은지를 묻는다. 이 질문들(그리고 비슷한 질문들)은 활기 넘치는 그리고 임상적으로 유용한 대화를 자극할 수 있으며, 이 질문의 목적은 이기기 위한 임상가의 견해가 아니라 내담자가 자신의 내면 경험(그리고 의미)에 대한 기초를 탐색하는 데 있다.

●●일관성 있는 서술 발진시키기

임상가는 트라우마 기억의 인지적 처리 이외에도, 광범위한 의미와 상황을 제공할 것이다. 임상 경험은 트라우마 경험들이 치료에서 반복적으로 의논되고 탐색되면서 내담자의 과거 트라우마 사건에 대한 설명이 더 상세하게 되고, 정리되고, 구조화가 자주 이루어지게 된다. 연구(예를 들면 Amir, Stafford, Freshman, & Foa, 1998)는 이러한 증가된 일관성은 트라우마 이후의 트라우마 증상 감소와 직접적으로 연관되어 있다. 비록 서술적 일관성이 치료적 향상의 표시이지만, 내담자의 트라우마에 대한 통합된 견해의 발전이 회복에 긍정적 효과를 가지고 있음을 또한 보여준다(Pennebaker, 1993). 내담자가 일어난 사건에 대하여 연대기적으로 그리고 분석적으로 서술하는 것이 증가하면서, 그리고 이것을 더 폭넓은 상황에 놓게 되면서, 내담자는 증가된 인식 감각, 감소된 혼돈스런 느낌, 그리고 완전히 유순하지 않다면, 우주가 예측할 수 있고 질서정연하다는 더 큰 감각을 가진다(Meichenbaum & Fong, 1993). 더욱이 내담자의 경험에서 의미를 만드는 것은(원인과 영향에 대한 결론을 포함한) 어느 정도의 폐쇄를 제공할 수 있으며, 이런 점에서 그 경험은 '이치에 맞고' 따라서 더 깊은 심사숙고나 몰두를 필요로 하지 않을 수 있다. 마침내 서술의 정리와 복합성에 의한 더 일관성 있는 트라우마에 대한 서술은 감정과 인지적 처리를 더 효율적으로 그리고 더 완성하도록 지지할 수 있다(Amir et al., 1998). 반대로 분명한 연대기적 순서가 없고 분명한 원인과 영향의 연결이 없는 트라우마 기억들에 대한 파편적 회상들은 ― 트라우마 처리 과정에 지장을 주는 ― 추가의 불안, 불안정, 그리고 혼돈으로 이끌기 쉽다.

일관성 있는 서술의 발전은 대개 효과적인 트라우마 집중 치료를 하는 동안 자연스럽게 일어난다. 트라우마 사건이 반복적으로 그리고 자세히 의논되면서 가끔 **맥락 복원**(Anderson & Bower, 1972)으로 언급되는 처리가 일어난다. 특별히 상세한 트라우마 서술은 그 기억의 더 많은 면으로의 생존자의 접근을 증가시킬 수 있으며, 따라서 추가의 상세함에 대한 회상을 유발할 것이다. 예를 들면 내담자는 처음에 "그가 나의 머리를 쳤고, 고함과 피가 있었다"고 보고하였을 수도 있다. 이 진술을 만드는 순간, 피에 대한 언급은 카펫에 있던 피에 대한 더 구체적인 기억을 활성화시킬 수 있으며, 이어서 위치, 또는 아마도 두피의 찢어짐으로 연상된 아픈 느낌에 대한 추가 회상을 유발할지도 모른다. 더 깊은 논의는 연대기적 연속을 위한 맥락을 제공할 것이다. 예를 들면

> 그래, 그는 나에게 고함을 질렀고, 내가 게으르다고 말했고, 그런 후 그는 초록
> 색 재떨이로 나를 쳤으며, 내 머리를 베었다. 나는 거실의 카펫 전체에 피를 흘
> 렸고, 나는 절대로 그 얼룩을 빼지 않겠다고 생각한 것을 기억한다.

사건에 대한 연속과 상세함이 더욱 분명해지면서, 인지적으로 처리하는 내용이 더 많아지면서, '무엇이 일어났는지를 아는 것'과 연관된 상당한 안정감이 커진다. 더욱이 앞서 설명하였듯이 더 많은 상세함은 인지적 왜곡에 대한 단서가 되는 정보를 제공한다. 예를 들면 내담자는 다음처럼 언급할지도 모른다.

> 나는 그가 그것을 나에게 하기 전처럼, 그가 나와 나의 친구들에게 말하곤 했
> 던 모든 기괴한 것들에 대하여 생각하고 있었다. 나는 그것이 일어나도록 아무
> 것도 하지 않았다는 것을 이해하기 시작했다 — 그는 나를 잡기 위하여 나를
> 이미 쳐다보고 있었다.

또는 데이트 강간 시나리오에서

> 내가 방금 기억하는 것은, 그것이 시작되었을 때 너무 무거웠고, 나는 그에게
> 멈추라고 말했고, 나는 그를 멈추게 하려고 시도하였다. 나는 이 일이 생기기
> 를 원했던 것이 아니다. 아마도 키스였지 다른 것이 아니었다.

치료에서 더 일관적인 서술이 그 드라우마를 반복해서 재방문하여 다시 생각해 보는 것에서 자연스럽게 생기지만, 임상가는 이러한 가능성을 더 증가시키도록 할 것이다. 여기에는 그 트라우마의 세부사항에 대한 일반적으로 유순하고 비침투적인 질문들이 포함되며, 그 사건에 대한 내담자의 생각과 느낌에 대한 내담자의 일반적 탐색을 인지적 처리를 위하여 앞서 설명한 같은 방식으로 지지한다. 그러나 서술적 개입은 인지적 처리 개입과 부분적으로 반대되게, 트라우마 사건과 이 사건에 선행되었던 것들, 그리고 사건의 영향들에 대한 더 광범위한 설명과 고가교 같은 '이야기'의 발전을 지지한다. 이것의 명백한 임상

효과 이외에, 부정적 경험들에 대한 통합적 견해는 인생에 관한 더 확장된 전체적인 견해로 이끌고, 또 4장에서 언급한 대로 보다 큰 개인적 지혜로 이끌 수 있다.

••압도적이지 않은 감정의 활성화로부터 생기는 인지적 변화

Foa와 Rothbaum(1998)에 의해 강조되었듯이 트라우마 치료의 모든 인지적 영향이 구두의 재고 또는 트라우마로 변경된 생각하기 패턴을 '재구조화'하는 것을 포함하는 것은 아니다 — 이것은 치료 기간 동안 기분을 상하게 하는 기억들을 기억하고 처리하는 과정 동안 생존자의 믿음이 바뀌는 것이 가능하다. Foa와 Kozak(1986)의 감정 처리 모델에 관한 인지적 요소를 요약하면서, Rogers와 Silver(2002)는 다음을 언급하였다.

> 또한 불안장애를 가진 사람들은 불안의 성질에 대하여 잘못된 믿음을 가지고 있다. 이들은 두려운 상황에서 벗어날 때까지 끈질기게 지속하는 어떤 것으로 불안을 보려고 하며, 이러한 불안은 물리적이거나 심리적으로 손상을 주며, 불안함의 결과는 매우 회피적이게 된다.(p. 45)

치료에서 트라우마 기억을 처리하는 맥락에서, 내담자는 다음의 세 가지를 반복적으로 경험한다. (1) 트라우마 기억에 조건화된 불안(즉 조건화된 감정적 반응(CER), (2) 이러한 불안이 위험을 신호하며(또는) 이 불안이 그 자체로 위험한 상태이며 회피되어야 한다는 예상, 그러나 (3) 실제의 부정적 결과는 없음 — 내담자는 불안이나 전조가 될 수 있는 것으로부터 신체적 또는 심리적 손상을 실제로 경험하지 않는다. 위험을 신호하는 것으로서 불안에 대한 기대와 이후의 비위험적인 경험은 시간이 지나면서 어쩌면 이 기대를 바꾼다. Foa와

Kozak(1986)의 용어에서는 수반된 '두려움 구조'를 바꾼다. 특정 트라우마 기억으로 연상된 믿음과 추정에 관한 인지적 영향을 넘어, 트라우마 치료 기간 동안 — 치료적으로 안전한 상황 안에서 — 불안한 느낌을 반복적으로 경험하는 것은 어쩌면 그 자체로 불안의 부정적 가치를 줄인다. 많은 사례에서 내담자가 불안에 대하여 덜 불안해하는 의미를 나타내며, 이것을 단지 감정으로 보게 뇌고 위험의 조짐, 봉제 상실 또는 심리적 불능으로 보지 않는다. 이러한 맥락에서 보여지듯이 트라우마 처리하기와 정동 조절 훈련 간의 상호 연결은 앞장에서 설명한 대로 분명해진다. 즉 실제보다 나쁠 것이라는 연상된 인식이 이러한 감정이 압도될 가능성을 줄이지 않고 부정적인 정동을 경험하는 능력을 증가시킨다.

●●인지적 개입과 통찰

이 장의 앞에서 언급하였듯이 인지적 개입의 중요한 목적 중 하나는 내담자가 어떻게 자신과 자신의 이전의 인생, 그리고 자신의 상호관계 환경 속에 있는 다른 사람을 보는지를 바꾸는 것이다. 이러한 인지적 재고는 종종 **통찰**의 정신 역동적 개념과 대등하다. 예를 들면 내담자는(그 사실에 통찰을 가진다) 내담자가 통제할 수 없는 트라우마 사건 앞에서 실제로 자신이 할 수 있는 것이 많지 않았음을 이해할 때, 그러한 경험을 하거나 트라우마를 가질 만했다는 또는 그것을 피하지 않았다는 자기비난에 대한 이해가 적극적으로 반박된다. 앞서 언급하였듯이 이러한 새로운 인지적 이해가 즉각적으로 유익한 효과는 없지만, 시간이 지나면서(그리고 치료 시간 안과 밖에서 이러한 사실을 반복적으로 반복하는 것은) 낡은 추정과 인식 대 더 최근의 더 정확한 판단 사이의 차이는 왜곡된 트라우마 관련 인식들을 중립화하고 '중복하여 쓰는' 데 기여할 것이다.

덧붙여서 과거에 대한 상당한 이해, 그리고 이것이 현재와 다르다는 다양한

방식의 통찰은 외상후 반응을 유발하는 현재의 환경 자극의 영향을 줄일 수 있
다. 예를 들면 상호관계적인 가까움이 항상 위험한 것이 아니라는 '자각'(즉 인
지적 재고와/또는 지속적으로 부드러운 임상가와의 상호관계를 통하여)은 내
담자의 성인 환경의 관계들에서 유발된 불신, 두려움, 그리고 분노의 양을 줄일
수 있다. 어떤 의미에서 이전의 대인 관계 폭력에 대한 기억 유발이 변화될 수
있다. 어떤 사람이 주변 사람들로 취약해질 수 있으며 손상되지 않는다는 이해
는 대체로 소수의 직접적인 회상이나 트라우마 유사자극들이 현재의 친밀한 상
호관계 동안 경험되는 것과 비슷하다는 의미이다. 다시 말해서 집단으로서의
사람들을 자신의 학대적인 부모, 구타한 사람, 또는 강간자로 즉시 동일시하지
않는다면 사람들과의 친밀한 관계는 일반적으로 트라우마 연관 기억들 그리고
연상된 괴로움을 덜 유발시키는 것 같다. 비슷하게 사람은 완전히 전멸됨 없이
불안할 수 있다는 자각(경험)은 증가된 안전감을 낳고, 어떤 경우에는 더 낳은
상호관계 기능을 낳는다.

　물론 정신역동적 임상가와 인지적 임상가가 인지적 왜곡의 변경을 추구하는
데는 이론적 차이가 있다. 인지적 임상가는 일반적으로 비이성적인 생각을 확
인하고 이것을 더 정확한 인식과 믿음으로 대체하기 위하여 일하는 반면, 정신
역동적 치료자는 특별히 내담자가 이러한 왜곡에 관한 원래의 기초를 이해하도
록 돕는 데 힘을 쓴다. Goin(1997)은 "인지적 임상가는 비논리와 논리를 가지
고 투쟁하는 반면 정신역동 임상가는 비논리에서 논리를 찾는다."(p. 308)라고
언급한다. 트라우마 치료에서(그리고 현대 인지 행동 치료의 어떤 형태들에서),
두 가지 현상이 이상적으로 발생한다. 즉 내담자는 이전의 자신과 다른 사람들
그리고 미래에 대한 부정확한 생각을 확인할 기회를 갖게 되며(즉 인지적 재고
를 통하여), 실제에 대한 더 정확한 모델을 찾도록 지지되며, 또한 왜곡, 주어진
트라우마의 한도와 이것들에 적응하기 위한 내담자의 초기의 필요에 대한 논리
적 기초를 배운다. 나중에 인지적 왜곡에 대한 '이유들'에 대한 더 넓은 이해는
더 일치하는 과거에 대한 서술을 하게 하며, 트라우마가 생존자에게 미친 영향

을 이해하며, 궁극적으로 더 최근의(즉 트라우마 영향을 덜 받은) 이해들에 대하여 더 많은 타당성을 갖게 한다.

'통찰'이라는 개념과 인지적 개입 사이의 유사성과 융합은 추정되는 다른 치료 접근법 간의 숨겨진 유사성에 대하여 전형적이다. 이러한 점에서 대부분의 가장 좋은 치료는 종종 지지적인 치료 관계의 맥락에서 새로운 정보와 새로운 배움의 기회를 제공한다. 어떤 특정 치료가 이러한 처리에 연관되었는지에 대한 이슈는 내담자의 새로운 정보에 대한 접근(그리고 새로운 정보의 통합)이 어떻게 잘 수행되었는지보다 이슈가 덜 빈번하다. '잘못 생각하기에 대한 가혹한 '인지적' 대면은 아마도 비적절한 시간에 사용되거나 정신역동 치료의 심도 깊은 '해석'의 조응되지 않은 사용으로서 실패하기 쉽다. 반면에 내담자의 자신에 대한, 그리고 지금과 과거에 대한 늘어나는 지식(그리고 일치하는 서술)은 내담자의 심리 회복에 상당한 영향을 줄 수 있다.

 추천 문헌

Beck, J. S. (1995). *Cognitive therapy: Basics and beyond.* New York: Guilford.

Chard, K. M., Weaver, T. L., & Resick, P. A. (1997). Adapting cognitive processing therapy for child sexual abuse survivors. *Cognitive and Behavioral Practice, 4,* 31–52.

Follette, V. M., Ruzek, J. I., & Abueg, F. R. (Eds.). (1998). *Cognitive-behavioral therapies for trauma.* New York: Guilford.

Janoff-Bulman, B. (1992). *Shattered assumptions: Towards a new psychology of trauma.* New York: Free Press.

Kubany, E. S., & Watson, S. B. (2002). Cognitive trauma therapy for formerly battered women with PTSD: Conceptual bases and treatment outlines. *Cognitive and Behavioral Practice, 9,* 111–127.

Resick, P. A., & Schnicke, M. K. (1993). *Cognitive processing therapy for rape victims: A treatment manual.* Newbury Park: Sage.

제8장

감정 처리하기

앞장에서 설명한 인지적 개입 이외에, 대부분의 트라우마 치료는 어떤 형태의 **감정 처리**를 포함한다. 그러나 이 용어에 대한 정의는 상당히 다양하다. 흔히 언급되는 관점은 감정의 처리가 트라우마 관련 공포로 연상된 잘못된 인식, 믿음, 그리고 예측이('병리적 두려움 구조') 새롭고 더 정확한 정보 환경에서 활성회되고 습관화될 때 일어난다는 것이다(Foa & Kozak, 1986). 비록 이 모델은 함축적으로 인지적이지만, 기억을 불러내고 결국 두려움 반응의 감소를 필요로 하기 때문에 **감정적**이라고 간주된다.

이 책에서 사용된 감정 처리하기에 관한 관점은(자기-트라우마 모델; Briere, 1996, 2002a) Foa와 Kozak의 견해에 특별히 정반대적이지 않지만, 더 직접적으로 감정 중심적이다. 이것은 감정 처리가 트라우마를 회상시키는 자극(환경 안에서, 또는 트라우마에 대한 생각의 결과 또는 트라우마 사건에 대한 묘사로서)에 노출되었을 때 발생하며 트라우마 회상 자극은 (1) 연상된 내재적 그리고/또는 외재적 기억을 유발시키고, 그런 다음 이것들이 이러한 기억들로 초기에 함께 암호화된(그리고 조건화된) 감정적 반응을 활성화하지만, (3) 활성화된 감정적 반응이 외부 환경으로 강화되지 않거나, 또는 사실은 이것들이 (4) 반대되는 감정적 경험에 의해 역조건화되어 (5) 원래의 기억–감정 연상을 소멸로 이끈다. 예를 들면 치료에서 트라우마에 대하여 이야기하는 것은 외현적(서술적) 트라우마 기억들에의 접근을 필요로 하며 — 상황 회상과 회상 자극들에 대한 신호 특징을 통하여 — 이 기억들은 종종 적절한 심리치료의 안전 안에서 눈에 띄게 강화되지 않는, 그리고 시간이 지나며 치료 관계에 의해 나온 긍정적인 느낌에 의해서 역조건화될 수 있는 조건반사 감정 반응(CER; 예를 들면 두려움, 공포)을 종종 활성화한다. 그 결과 충분한 트라우마 처리 과정 이후에, 트라우마 유발인자들과 기억들에의 노출은 더이상 트라우마 이후(외상 후)의 고통을 활성화시키지 않는다.

그러나 이 모델은 항상 이렇게 간단하지 않음을 가정한다 — 주어진 '트라우마 기억'은 그 트라우마 사건과 분리되어 있고 많은 별개인 기억들의 수집을 포함하기 쉽다. 더욱이 이러한 기억을(그리고 연상된 조건반사 감정 반응, 이 조건화된 감정 반응은 어떤 종류의 기억으로 고려될 수 있는) 불러내는 것은 — 내부 연상과 활성화된 상태 또는 경험에 대한 상당히 복잡한 처리를 이끌면서 — 다른 트라우마와 다른 조건반사 반응들에 대한 기억을 유발할 것이다. 특별히 우리는 — 조건화된 감정 반응과 비슷하게 — 유발된 트라우마 기억들은 사건 당시에 암호화되고 그 기억에 조건화가 된 간단한 인지적 내용(추정이나 예측)을 활성화할 수 있다(내재적·전통적으로 조건화된 '사고방식'에 대한 논의에 관하여는 Olsen과 Fazio, 2002를 보라). 이렇게 활성화된 인식들은 '두려움 구조'를 대변할 필요가 없기 때문인데, 두려움을(예를 들면 이것들은 화나 수치심으로 연상될 수 있다) 낳을 필요가 없으며, 사실은 항상 고통스런 감정을 유도하는 것은 아니다.

자기–트라우마 모델은 기억이 처리되기 위하여 인식들이 구두로 처리되거나 변경될 필요가 없음을 주목하는 것은 중요하다. 예를 들면 어떤 환경에서 연상시키는 사건은(예를 들면 사랑하는 사람으로부터의 비판적인 말)은 이전의 트라우마 경험(예를 들면 부모에 의한 신체적 그리고 언어적 학대)에 대한 기억이나 기억들을 유발할 수 있으며, 대뇌 피질의 처리 과정(즉 발생한 것에 대한 '생각하기')에 대한 기여 없이 감정적 또는 인지적 반응(예를 들면 위험에 대한 예측, 너무 뚜렷한 두려움, 또는 분노)을 직접적으로 활성화할 것이다. 만일 이러한 반응들이 그 환경에서 강화된 것이 아니거나(예를 들면 사랑하는 사람이 확실히 학대적이거나 위험하지 않다면), 비슷한 과정이 치료에서 일어난다면 (예를 들면 임상가의 모습이나 행동이 학대적이지 않더라도 내담자에게 반복적으로 학대 기억을 유발한다면), 이러한 반응은 의논되지 않고 또는 명백히 '…에 대한 생각' 없이 줄어들 것이다.

이 점에 관하여 LeDoux(1998)와 그밖의 사람들은 감정적(그리고 어쩌면 간단한 인지적) 반응들이 '생각, 추정, 그리고 의식과 연관된다고 믿어지는 체계들인, 두뇌의 상위 처리 체계의 개입 없이' 유발될 수 있다고 제안한다(LeDoux, 1998, p. 161). LeDoux는 '피질하부' 경로는 시상으로부터 편도체에 직접적으로 감각 정보를 전송하며, 느린 것과 반대로 '피질' 경로는 시상으로부터 피질과 해마 둘 모두에게 전송되며 — 여기서 더 많은 상황과 종종 구두 정보와 통합하는 — 그런 다음 편도체에 전해진다고 '피질' 경로를 설명하였다.

다시 말해서 트라우마 기억들은 비의식적 수준 이외에 의식적 수준에서 처리될 수 있으며, 따라서 그들의 감정적 특성을 줄이기 위하여 '두려움 구조'의 수정이 반드시 필요한 것이 아닐 수 있다. 반면에 부분적으로 인식적인 습관에 대한 Foa와 Kozak의 견해와 비슷하게(예를 들면 내담자는 지속된 두려움이 본질적으로 위험하지 않다는 것을 배우는 것), 소멸은 특정 반응들이 더이상 이전의 유발 자극과 관련되어 있지 않다는 구두적이지 않은 학습을 포함할 것이다. 이것은 '인지적인' 결론일 수 있지만, 구두적(또는 심지어 인지적인 것이 필요한)이지 않다. 이 책의 전반에서 보여준 것처럼, 비록 생존자가 트라우마 경험을 이해하고 해결을 추구하는 트라우마 생존자의 인지에 많은 강조를 두고 있지만, 많은 트라우마 활성과 처리가 내재적, 비구두적, 그리고 종종 관계적인 수준들에서 발생한다는 것 또한 사실이다.

••트라우마 처리 과정으로서의 재경험하기

우리는 치료 기간 동안 어떻게 트라우마 기억들이 다루어질 수 있는지에 대한 설명을 계속하기 전에, 재경험을 통한 **실질적 처리하기**에 대한 개념을 우선 소개하려 한다. 다른 사람들처럼 우리는 침투적 재경험이 트라우마 처리의 내재적 방식이라고 제안하며, 이는 (플래시백, 악몽, 또는 다른 침투적 기억을 통한) 기분 나쁜 기억들에 대한 마음의 반복되는 표시가 트라우마 사건의 실제(Horowitz, 1978)로의 즉각적인 인지적 화해를 위한, 또 트라우마 기억으로 연상된 조건화된 예측과 감정들(조건화된 감정적 반응들)을 체계적으로 둔감화하거나 소멸하기 위한(Briere, 1996, 2002a) 진화적으로 유도된 시도를 나타낸다. 이러한 장치는 왜 많은 사람들이 외상후 스트레스를 트라우마 이후 몇 개월 이내에, 심지어 치료 없이 극복하는지를 부분적으로 보여준다(Bryant & Harvey, 2000; Norris et al., 2002; Rothbaum, foa, Riggs, Murdock, & Walsh, 1992).

그러나 어떤 트라우마 기억들은 너무 기분이 상하는 것이어서(예를 들면 지속된 학대, 고문, 강간, 또는 강제수용소 연상 기억들) 쉽게 화해되거나 둔감화될 수 없다. 덧붙여서 몇몇 트라우마화된 사람들은 다른 심리적 현상들(예를 들면 정신병, 공존된 우울이나 불안, 또는 이전부터 있는 외상후 스트레스), 신경학적 부조절(예를 들면 트라우마적인 두뇌 손상이나 변경된 시상하부 뇌하수체 부신(hypothalamic-pictuitary-adrenal, HPA축), 고통스런 인식들(예를 들면 죄의식 또는 수치심) 또는 동반된 감정으로 압도됨 없이 '정상적인' 트라우마 재체험을 할 수 없는 불충분한 정동 조절 기술(6장 참조)에 의해 충분히 타협된다. 그 결과로 생긴 고통은 2장에서 설명한 다양한 회피 반응을 동기화할 수 있으며, 나중에 트라우마 기억의 노출을 방해하며 더 깊은 처리하기를 감소시킨다. 예를 들면 유발된 트라우마 기억에 대한 부정적인 감정 반응(조건화된 감정적 반응)이 이러한 느낌을 감내할 자신의 능력을 초과하는 사람들은 해리, 약물 남용, 사고억압, 집중방해, 그리고 내부 균형 유지를 위한 다른 회피반응의 사용이 강요될 수도 있다. 이러한 경우 침투–소멸 과정은 효율적이지 않아 보이며, 회복 없이 재경험을 지속하는 결과를 낳는다.

　자기–트라우마 모델은 트라우마 치료 과정에 대한 중요한 암시를 가지고 있다. 이 모델은 특히 혐오스런 트라우마 기억 또는 연상된 부정적 감정 조절에 어려움이 많은 사람들에게 회피가 적응적인 것이며 심지어 필요하다고까지 제안한다. 또한 이 모델은 이러한 회피, 저항, 부인, 또는 해리 증상을 일찍 없애기 위한 임상가의 지나치게 열성적이거나 가혹한 시도들이 내담자의 내부균형에 위협을 줄 수 있음을 내포하고 있다.

　이것은 치료 수수께끼를 보여준다. 어떤 사람들(특히 만성 트라우마 생존자들)은 치료에서 트라우마 기억으로 연상된 감정의 (조건화된 감정반응) 활성화를 감내할 수 없으며, 따라서 이러한 내용을 쉽게 처리할 수 없다(Ford, Courtois, Steele, Van der Hart, & Nijenhuis, 2005). 해답은 내담자 감정의 활성화 수준을 모니터하고 통제하는 방법을 발견하는 데 있지만 그래도 어느 정도 트라우마 기억에 충분히 노출하는—즉 소멸과 역조건화가 마침내 충분히 치유적인 노출을 제공하지만, 내담자가 압도되어 처리 과정을 방해하는 회피전략을 불러오지 않는 수준의 노출을 제공한다. 이러한 점에서 치료에서 임상가 역할의 한 부분은 실질적인 트라우마 노출 상황을 떠맡는 '일'이며, 어느 정도 침투적인 재경험을 트라우마 기억에 대한 조심스런 치료적 탐색으로 바꾸는 것이다. 그러나 치료는 자연스럽게 일어나는 트라우마 처리 과정과 반대로 비교적 통제된 환경을 제공하며, 임상가는 트라우마 생존자의 감소된 감정 능력 또는 과도하게 기분을 상하게 하는 기억을 조정하기 위하여 임상가가 조정을 하거나 **적정 수준의 기억 노출**(그리고 연속된 감정의 활성화) 안에서 비교적 치료가 통제된다.

여기에서 언급한 대로 모든 트라우마 전문가들이 **적정 노출의 타당성**을 받아들이지 않음에 주목해야 한다. 그 대신 Foa와 Rothbaum(1998)과 같은 임상가–연구자들은 내담자가 일인칭의 현재 시제로 한 번에 한 시간까지 자세하게 말하면서 트라우마 관련 감정을 완전히 경험하도록 격려하는 한도에서 **연장 노출**을 하도록 주장한다. 우리는 비록 어떤 사례들에서 연장된 노출 효과(그리고 효율성)을 부인하지 않지만 현재의 이 모델은 이러한 활동들이 더 심각하거나 복잡한 외상후 증상을 가진 개인의 정동 조절 능력을 초과할 수 있다는 염려를 가진다. 그대신 우리는 아래에서 설명하듯이 치료는 일반적으로 **치료 창**(Briere, 1996, 2002a)에서 일어난다고 제안한다.

•• 치료 창

치료 창은 치료 동안 트라우마 관련 감정의 부적절하고 압도적인 활성 사이의 심리적 중앙 지점을 말한다. 이것은 가장 도움이 될 치료 개입으로 생각되는 가설적인 '장소'이다. 치료 창 안에서의 치료 개입은 너무 사소하거나 기억을 환기하지 않아 부적절한 기억 노출과 처리를 제공하는 않는 것도 아니며, 너무 강력하여 받아들일 수 있는 기억 활성과 압도된 감정 간의 내담자의 균형이 압도된 감정을 향해 기울어지게 되는 것도 아니다. 다시 말해서 치료 창을 고려한 개입은 트라우마 기억을 유발하고 처리를 촉진하지만 내부 보호 체계를 압도하지 않고, 그렇게함으로써 원하지 않는 회피 반응을 동기화한다.

치료 창에 미치지 못하는 치료 개입들은 트라우마 내용을 완전히 그리고 일관적인 회피 내용들이거나, 더 많은 노출이나 처리를 감내할 수 있는 주로 내담자와의 지지와 확인에 중점을 두는 개입들이다. 치료 창에 미치지 못하는 것은 거의 위험하지 않다. 그러나 더 효과적인 치료 개입이 가능한 경우에 이것은 시간과 능력의 낭비이다.

반면에 치료 창에 '과도한 것'은 임상가가 내담자의 현재 정동 조절 능력에 비해 너무 많은 기억 노출과 감정 활성화를 제공하거나 압도적인 트라우마 고통으로 쇄도당하는 내담자를 예방하지 못할 때 일어난다. 너무 빠른 치료 속도는 새로운 기억을 떠올리기 전에 이미 활성화된 내용을 내담자가 적절하게 조정하고 둔감하도록 허용하지 않기 때문에 치료 창에 닿지 못할 것이다. 치료가 지속적으로 치료 창에 닿지 못할 때 생존자는 치료 과정으로 압도되지 않기 위하여 회피 전략에 참여했을 것이다. 매우 흔하게 내담자는 치료 시간 동안 자신의 해리 정도를 높이거나(예를 들면 관여하지 않거나 '멍하게 있기'), 또는 다양한 행동으로 임상가의 집중을 방해하면서, 분명한 치료 요점을 가지지 않거나 위협이 덜한 주제로 바꿈으로써 언쟁으로 치료의 중점이나 속도를 방해할 것이다. 최악의 경우 내담자는 치료를 그만 둘지도 모른다.

임상가들은 이러한 행동을 '저항'으로 해석할 수 있지만, 이러한 회피는 종종 실수들을 처리하는 임상가에 대한 적절한 보호 반응을 대변한다. 불행히도 회피의 필요성은 기억 내용에 대한 내담자의 노출을 줄이고 개선적인 치료 측면을 감소시킴으로써 치료를 쉽게 방해할 수 있다.

이와 반대로 효과적인 트라우마 치료는 마침내 조건화된 감정 반응을 소멸하기 위하여 필요한 안전을 유지하면서 트라우마 내용에 적정한 노출을 제공한다. 연상된 감정의 활성화가 생존자의 감정 능력을 초과하지 않도록 하는 치료적 노출의 양을 조심스럽게 조정함으로써 치료 창 안의 치료는 처리 과정을 폐쇄하고 재트라우마화되지 않고 내담자가 트라우마 기억들을 천천히 처리하게 한다.

강도 조절

강도 조절은 치료 시간에 발생하는 감정 활성화 정도에 대한 임상가의 인식과 상대적인 통제에 관한 것이다. 우리 — 특히 정동 조절 능력이 손상된 내담자 — 는 감정의 강도를 치료 시간 중간 즈음(또는 중간의 약간 전에)에서 가장 높게 하는 반면 시작과 끝은 가장 낮은 강도를 가지도록 권유한다(그림 8.1 참조). 이상적으로는 치료 시간의 시작에 내담자는 심리치료 과정으로 점점 더 들어오며, 중간 시간까지의 중점은 비교적 더 강도 높은 처리하기와 활성화로 바꾸는 것이며, 치료의 끝부분에는 내담자가 나중에 회피 활동의 필요 없이 밖의 세상에 다시 들어갈 수 있도록 충분히 각성되지 않도록 한다. 결과적으로 내담자의 정동 상태가 가능한 한 차분한 상태에서 치료 시간을 마치게 하는 것이 — 이상적으로는 치료 시간의 시작보다 더이상 감정적으로 각성되지 않는 것 — 임상가의 목표가 되어야 한다.

트라우마-중점의 치료 동안 내담자가 기분이 상한 느낌과 생각을 경험할 필요는 임상가가 내담자가 경험하는 감정의 활성화 수준을, 적어도 임상가의 통제 아래 있는 정도로, 조심스레 적정하는 것이 필요하다. 치료 창의 관점에서 보면 치료 동안 강도 높은 정동은 내담자가 이 창 밖의 모서리로 향하도록 밀고 (즉 압도되는 것의 증가된 가능성을 향하도록하며, 반면에 강도가 적은 것(또는

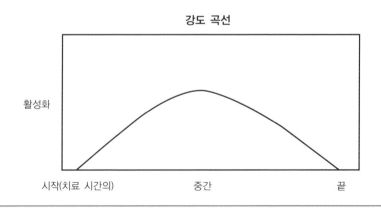

강도 곡선

활성화

시작(치료 시간의)　　　　　중간　　　　　끝

■■ **표 8.1** 치료 동안의 시간 경과에 따른 치료 강도

더 인지적으로 중점)은 내담자가 내부 모서리를 향하도록(즉 감소된 노출과 처리를 향하도록) 한다. 목표는 내담자가 창의 '중간' 근처를 유지하도록하는 것 — 너무 적은 것도 느끼지 않거나(예를 들면 처리할 수 없는 인식들과 학대 관련의 조건반사 감정 반응에 대한 초점을 회피하거나 해리를 하는 것) 또는 너무 많이 느끼는 것도 아니다(예를 들면 가능한 정동 조절 능력을 쇄도하고 재트라우마되는 이전의 회피된 감정으로 쇄도되는 것).

•• 트라우마 처리하기의 제약

이 책의 전반에서 주목하였듯이 트라우마 기억들에의 노출 그리고 수반되는 고통은 상당한 도전이 될 수 있다. 대부분의 경우 트라우마 처리하기는 치료 창 안에서 일어날 수 있는 정도로 감내할 수 있는 것이다. 그러나 비교적 드문 몇몇 사례들의 경우 기억 처리의 어떤 수준도 내담자의 노력과 상관없이 '치료 창에 닿지 못한다.' 이러한 일은 대개 다음과 같은 이유 때문에 일어난다. (1) 트라우마가 너무 최근의 것이거나 심각해서 조건화된 감정 반응 활성화가 본질적으로 압도되기 때문에, (2) 이 내담자가 불충분한 정동 조절 능력을 가지고 있기 때문에, (3) 내담자가 상당히 높은 수준의 공존된 감정적 고통 또는 추가의(특히 트라우마 관련) 고통이 정상적인 생활을 불가능하게 하는 부정적인 인지적 집착으로 고통 받기 때문이다.

이러한 이유로 트라우마 내용의 탐색이 항상 적절한 것은 아니다. 여러 저자들이 주목하였듯이(예를 들면 Bryant & Harvey, 2000; Cloitre, Koenen, Cohen, & Han, 2002; Najavits, 2002; Pitman et al., 1991) 트라우마 기억에 대한 치료적 노출은 내담자가 다음과 같은 것을 경험하고 있다면 금지될 수 있다.

- 매우 높은 불안(쉽게 유발된 공황발작을 포함)
- 심각한 우울증
- 급성 정신병
- 중대한 자살 충동(즉 높은 위험의 자살 시도)
- 트라우마 사건으로 연상된 압도적인 죄의식과 수치심
- 특히 손상된 정동 조절 능력
- 매우 최근의 상당한 트라우마에의 노출
- 약물 도취 또는 약물 의존 경우들(약물 중독 트라우마 생존자에 대한 노출에 기초된 치료에 관한 구체적 권유들은 이 장 뒤에서 언급할 것이다.)

이러한 요건들이 노출 치료를 불가능하게 할 때 이 책에서 보여준 정동 조절(6장), 인지적(감정–기초와 반대로) 개입(7장), 정신과 약(11장), 그리고 정신과 입원을 포함한, 기타 다양한 개입들에 중점을 두도록 임상가에게 조언한다. 많은 사례에서 이러한 여러 개입의 반복된 사용은 결국은 더 고전적인 감정 처리하기를 위한 단계를 설정하고, 따라서 더 효율적인 트라우마 둔감화가 될 것이다.

•• 트라우마 처리하기 요소

여기에서 보여준 제약 요건들의 어떤 것도 보여지지 않거나, 또는 제약 요건들이 충분히 약해졌다고 가정할 때 정식의 트라우마 처리하기가 시작될 수 있다. 이 책을 위하여 치료 창 안에서의 트라우마 기억의 처리하기는 다섯 가지 요소로 나누어질 것이다. 즉 **노출, 활성화, 차이, 역조건화, 그리고 둔감화/해결**(Briere, 2002)이다. 이러한 요소들은 항상 직선상의 진행을 따르는 것이 아니다. 사실 어떤 사례들에서 '나중' 단계의 개입은 '초기' 단계의 더 깊은 작업으로 이끌 수 있다. 다른 경우 어떤 요소들(예를 들면 역조건화)은 다른 것들(예를 들면 차이)보다 덜 중요하다. 마지막으로 6장에서 설명하였듯이 치료 과정은 내담자가 감정 반응이 무심코 압도적이 될 때 고통을 하향 조절하는 정동 조절 기술을 배우는 것(또는 이전에 배운 것을 불러내는 것)이 필요할 것이다.

노출

현재의 맥락에서 **노출**은 내담자에게 트라우마 사건에 대한 기억을 떠올리게 하거나 야기시키는 임상가나 내담지에 의해 관련된 어떤 활동에 관한 것이다. 치료적 노출은, '예를 들면 불안을 줄이는 목적으로, 신체 내에서 또는 상상으로, 객관적으로 해는 없지만 공포스런 자극에 반복된 또는 연장된 노출'로 묘사되어 왔다(Abueg & Fairbank, 1992, p. 127). 트라우마 관점에서 볼 때 '객관적으로 해가 없는' 자극들을 정의하자면, 현재 발생하고 있지 않는, 이전 트라우마의 기억들이며, '불안'은 이러한 트라우마 기억들에 대한 떠올려진 감정 반응이다.

트라우마적인 스트레스를 치료하기 위하여 사용되는 노출에 기초한 치료들의 몇 가지 유형 중 하나인 **연장 노출**은 성인 트라우마들, 대부분의 주목되는 성폭행 치료에서 비교적 효율적임을 보이고 있다(Foa & Rothbaum, 1998). 앞서 주목하였듯이 이 접근법은 대개 트라우마 기억들에의 적정된 또는 등급화된 접근이 삼가되며, 그 대신 연상돼 불안이 익숙해질 때까지 전부의 트라우마 기억(예를 들면 강간에 대한 순간 순간의 경험)에 대한 연장된 노출을 포함시킨다. 이와 반대로 우리가 여기서 제안하는 노출 접근법은 **체계적 둔감화**(Wolpe, 1958)의 변형이며, 안전한 치료 환경 안에서 내담자는 압도되지 않지만 적당히 고통스런 트라우마 경험을 회상하도록 요청된다. 노출은 대개 회상된 내용의 강도에 의해 등급화되며(그러나 불가피하지 않게), 더 기분을 상하게 했던 것을 회상하고 말하기 전에 기분을 덜 상하게 했던 것을 회상하고 언어화한다. 그러나 이러한 접근법은 대개 엄격한, 미리 계획된(즉 위계질서적으로) 연장된 노출 활동 시리즈에 부착되지 않는다. 이것은 노출을 감내하는 내담자의 능력이 상당히 타협되고 외부 생활 스트레스 요인들의 기능으로서 상당히 다를 수 있다. 친구들, 친척들, 그리고 다른 사람들의 지지 정도와 그리고 가장 중요한 내담자에게 그 순간에 가능한 정동 조절 능력의 정도에 따라 매우 다양하다. 자기-트라우마 용어에서, 치료 창의 '크기'는 치료 시간 안에서 그리고 치료 시간을 넘어 바뀔 수 있을 것이다.

　일반적으로 노출은 임상가와 함께 내담자가 트라우마 사건을 회상하고 의논하거나, 사건에 대한 글쓰기를 하고 이후에 이것을 임상가에게 읽어 주는 것을 포함한다. 비록 몇몇 유형의 트라우마 치료는 단일 트라우마(예를 들면 교통 사고나 신체적 폭행)에 대한 기억에 중점을 두고 다른 트라우마들에 대한 더 많은 의논을 삼가하지만, 우리가 주장하는 접근법은 꽤 허용적이다. 트라우마 생존자들은 종종 임상가에게 즉각적으로 분명하지 않은, 또는 어떤 사례들에서는 내담자에게 분명하지 않은 연상을 만들면서, 한 기억에서 다른 기억으로 '뛰어넘는' 것은 꽤 흔하다. 특별히 다중의 복합적이고 연장된 트라우마들의 생존자들에게 주어진 치료 시간의 초점은 강간 경험으로부터 초기 아동기 학대로 옮겨가고, 그 다음엔 아마도 가정 폭력 경험으로 옮겨가는 것일 수 있다. 예를 들면 전쟁 참전자는 육박전에 대한 기억으로 치료 시간을 시작하고 20분이 지난 후에는 그가 아이였을 때 그의 아버지로부터 신체적으로 학대받는 것을 묘사하는 자신을 발견할 것이다.

　여기에 설명한 치료의 광범위한 노출 활동은 다양한 트라우마 표현의 복합성을 반영한다. 비록 내담자가 최근의 폭행 경험을 다루려 치료를 찾았을지라도, 이것은 곧 분명히 다음 중 하나가 될 것이다. (1) 초기의 트라우마가 내담자의 현재 진행되는 고통과 실제로는 더 많이 관련되어 있다는 것, 또는 (2) 고통은 다중 트라우마의 상호 영향 때문이다. 예를 들면 매춘에 연루되었던 여성은 고객에 의한 폭력적인 강간의 영향 때문에 치료를 찾았을 수 있으며, 곧 이 강간이 정기적으로 그녀가 겪는 다른 고통스런 경험들 이외에 맨 처음 매춘 장소에서 그녀가 부분적으로 매춘을 결정하게 한 아동기 근친상간에 대한 방대한 회상을 활성화시킨다는 것을 발견하게 된다(Farley, 2003). 이러한 예들에서 치료 동안 내담자가 단일 트라우마에만 집중하거나 또는 한 번에 하나의 트라우마에만 집중하는 주장을 금할 수 있으며 내담자는 인정을 잘하지 못할 것이다. 그뿐 아니라 초기 트라우마에 대한 회상들이 종종 파편적이며 완성되지 않으며(Williams, 1994), 많은 사례들에서 언어 발달 이전의(Berliner & Briere, 1998) 것들이며, 개별적이고, 일관성 있는, 묘사할 수 있는 기억에 대한 내담자의 노출을 금지한다. 단일 트라우마로 제한하는 대신, 우리는 트라우마 생존자가 의논을 하도록 허용하고 이에 따라 그 내담자가 그 시간에 중요한 트라우마가 어떤 것이든 이것을 의논하거나, 어떤 기억이든 또는 기억의 부분이 다른 기억으로 유발되도록 허용한다. 이 접근법이 단일 (특히 성인의) 트라우마를 다루는 데 효과가 덜하다는 의문이 조금 있다. 그러나 다중 트라우마를 가진 환자를 치료할 때는 더욱 적합하다.

치료적 노출의 가치 설명하기

비록 임상가들은 치료적 노출을 강력한 치료 방법으로 폭넓게 이해하고 있지만, 트라우마 생존자가 치료 초기에 치료적 노출에 더욱 부정적으로 반응하는 것이 허락될 수 있다. 치료에 앞서 생존자는 외상후 침투를 유발시키는 사람, 장소 그리고 내화를 회피함으로써 자신의 증상을 통제하는 데 상당한 시간과 노력을 쏟았을 것이다. 사실 트라우마를 회상시키는 요소들을 회피하는 것은 외상후 스트레스 장애(PTSD)와 기타 다른 스트레스 반응들의 중심 측면이다. 그 결과 노출 테크닉은 내담자가 자신이 회피해온 사건들을 내부적으로 경험하도록 요청되는 점에서 기대했던 것에 어긋나 보인다.

이러한 이유로 트라우마 치료의 중요한 측면은 **사전브리핑**을 하는 것이다. 즉 정식으로 트라우마 치료를 시작하기 전에, 노출 이유와 노출의 일반적 방법들을 설명하는 것이다. 충분한 설명이 없는 처리하기와 노출의 즉각적인 영향은 매우 비합리적이고 스트레스적이어서 내담자는 자동적으로 저항하고 회피를 할 것이다. 반면에 노출에 대하여 때때로 고통스런 절차에 대한 이유를 내담자가 이해하도록 설명할 수 있다면, 대개 긍정적인 내담자-임상가 동맹과 치료 과정에 관한 공유된 인정을 형성하는 것은 어렵지 않다.

비록 노출이 소개되는 방식은 경우마다 다양할 수 있지만, 임상가는 노출 작업을 위하여 내담자를 준비시킬 때 다음 내용의 대부분을 다루도록 시도해야 한다.

- 경험은 기분을 나쁘게 하는 증상의 원천이며, 또 그 자체로 치유를 시도하는 마음의 시도이다.
- 트라우마에 대한 해결되지 않은 기억들은 대개 이야기되고 재경험되어야 하며, 그렇지 않으면 처리되지 않고 증상으로 되돌아 올 가능성이 너무 높을 것이다.
- 비록 내담자가 발생한 사건에 대하여 생각하지 않으려는 점이 이해되고, 트라우마에 관한 기분을 상하게 하는 느낌을 회피할 수 있지만, 이러한 회피는 종종 증상 존속에 기여한다는 것을 보여준다.
- 만일 내담자가 발생한 사건에 대하여 충분히 말할 수 있다면, 트라우마로 연상된 고통과 두려움은 줄어들기 쉽다고 제안한다. 그러나 회복을 약속하지는 말아라.
- 원래 노출은 어느 정도의 고통으로 연상된다는 점에 주목하라. 그밖에 내담자에게 노출 경험을 겪는 어떤 사람들은 치료 시간들의 공백 사이에 플래시백, 악몽, 그리고 괴로운 느낌이 증가할 수 있음을 경고하지만 이것은 정상적인 것이며 대개 나쁜 신호가 아니라고 말한다. 동시에 내담자에게 이런 것이 일어나거나 언제 일어나는지를 임상가에게 말하도록 요청해서, 임상가가 노출이 너무 심한지를 모니터할 수 있도록 한다.
- 임상가가 내담자를 압도하는 이러한 기억들에 대한 의논을 계속하는 일을

할 것이고, 만일 이것이 너무 기분을 상하게 한다면, 기억이 어떠한 것이든 내담자는 이에 대한 이야기를 멈출 수 있음을 강조한다. 내담자는 가능한한 편안한 것에 대하여만 말할 필요가 있음을 강조한다. 그러나 내담자가 그 기억들에 대하여 더욱 기억하고, 생각하고, 느끼고, 말할수록 상당한 향상이 생길 것이다.

숙제

앞장에서 주목하였듯이 트라우마 치료는 가끔 '숙제' 배정을 포함한다. 이것은 주로 치료 시간 밖에서 내담자가 트라우마 사건에 대하여 글쓰기를 하고, 글쓰기 한 것을 그다음 치료 시간에 크게 읽는 것이다. 트라우마 사건으로 처음에 연상된 인식들을 검토하고 처리하는(7장 참조) 추가의 기회 제공과 함께, 숙제 활동은 트라우마 사건에 대한 글쓰기를 위하여 내담자가 원래의 트라우마 기억에 접근하는 것을 필요로 하며, 따라서 상당한 치료적 노출을 제공한다. 그런 다음 이러한 노출은 내담자가 이 서술을 임상가에게 소리내어 읽을 때 반복된다.

  강간 피해자를 위한 Resick과 Schnicke(1992)의 숙제 배정을 개조하여, 임상가는 다음과 같이 말할 수 있을 것이다.

> 강간/충격/학대 사건/교통 사고에 대하여 한 페이지나 두 페이지의 글쓰기를 시도해 보십시오. 당신이 기억할 수 있는 만큼 그 사건에 대하여 자세한 것을 포함시키며, 가능한 한 구체적으로 하십시오 ─ 예를 들면 어떤 일이 일어났으며, 어떤 느낌을 가졌고, 그것이 일어났을 때 무엇을 생각했으며, 누가 무엇을 말했는지, 그리고 사건 직후에 무엇을 했는지입니다. 당신은 한 번에 이것들 모두를 말할 필요는 없으며, 가끔 사람들은 이 모든 것을 얻기 위하여 여러 번 시도를 합니다. 당신이 글쓰기를 마친 후, 다음 치료 시간 전까지 적어도 한 번 자신에게 이것을 읽으십시오. 만일 한 번에 모든 것을 읽는 것이 너무 기분을 상하게 한다면, 당신이 할 수 있을 만큼 읽기를 시도하고 당신이 할 수 있을 때 나머지를 읽으십시오.

대개 내담자는 치료 과정 전체를 통하여 다른 상황에서 여러 번 이러한 글쓰기 연습을 반복하고, 매번 이 글쓰기를 임상가에게 읽도록 요청된다. 이러한 글쓰기와 읽기 연습에 대한 구체적인 시간 정하기는 다음에 따라 다를 수 있다. (1) 쓰기 표현을 할 수 있는 현재의 내담자의 능력, (2) 직접적으로 트라우마에 대면하는 내담자의 준비태세, (3) 내담자의 당면한 안정성과 정동 조절 능력. 내담자의 이야기를 듣는 임상가의 반응은 지지, 확인, 그리고 이러한 잠재적으로 어려운 과제에 참여하는 내담자의 준비태세를 인정하는 것으로 특징 지워진다.

분명히 이러한 접근은 읽고 쓰기를 할 수 없거나 이러한 활동을 수행하기에는 너무 인지가 약화된(예를 들면 정신병 또는 심각한 우울증) 사람들에게는 가능하지 않다. 그러나 글을 읽고 쓰는 능력과 공존된 다른 병들이 문제가 아닌 경우에 이러한 연습은 처음 몇 치료 시간 이후의 어떤 시점에서 시도될 수 있으며 간격을 두고 여러 번 반복될 수 있다. 이러한 연습의 전체 횟수는 감정의 처리가 필요한 다른 여러 트라우마들이 있다면 증가될 수 있다. 일반적으로 임상가는 이러한 글쓰기가 반복에서 더 자세하게 그리고 더 감정적인 묘사를 하고, 시간이 지나면서, 숙제를 읽을 때 내담자의 감정 반응들이 덜 극단적이 되는 것을 발견할 것이다.

활성화

치료가 효과적이려면 노출을 하는 동안 어느 정도 **활성화**가 벌어져야 한다. 활성화는 트라우마 기억들로 유발된 조건화된 감정 반응(예를 들면 두려움, 슬픔, 그리고 공포와 같은), 그리고 트라우마 관련 구체적 인지 반작용(예를 들면 침투적이고 부정적인 자기-인식이나 무기력의 갑작스런 느낌)에 관한 것이다. 다른 관련 기억, 연상된 정동과 인식 또한 유발될 수 있다. 예를 들면 아동기 때 성적 학대 경험을 묘사하도록 요청받은 여성은, 치료 시간 동안 그 사건의 특징을 회상할 정도까지 치료적 노출을 경험한다. 만일 이러한 기억들이 원래의 학대 자극들(예를 들면 두려움, 혐오, 또는 공포)에 조건화된 감정 반응을 유발시키거나, 인지적 침투들(예를 들면 "나는 지저분한 계집이다")을 연상시키거나, 또는 더 깊은 기억들(예를 들면 다른 트라우마들에 관한 것 또는 학대의 특정 측면을 기억함으로써 유발된 학대의 다른 측면)을 자극한다면 치료적 활성화가 일어났다고 말할 것이다.

활성화는 대개 트라우마 처리에 매우 중요하다. 특정 트라우마 기억에 대한 감정적-인지적 연상을 소멸하기 위하여 연상은 (1) 활성화되고, (2) 강화되지 않고, 이상적으로는 (3) 역조건화된다. 그 결과 감정의 활성화 없이 오직 트라우마 관련 기억들에 대한 서술로만 이루어진 치료 개입이 증상 경감을 위하여 필요하지 않을 것이다(Foa & Kozak, 1986; Samoilov & Goldfried, 2000). 최적의 활성이 이루어지기 위하여, 노출을 처리하는 동안 사리에 맞게 가능한 한 회피가 적어야 한다. 예를 들면 해리 내담자는 특정 트라우마 기억에 대하여 상당히 자세한 해석이 될 수 있는 것을 제공하더라도 치료 동안 매우 적은 활성화를 경험할 것이다. 반면에 이 책 전반에서 주목한 대로 너무 많은 활성화 또한 문제가 되는데, 이것은 높은 수준의 고통을 낳고(그에 따른 기억을 안전이나 긍정적인 느낌보다는 감정적인 고통과 연결시키는) 회피를 동기화한다(그에 따른 더 많은 노출과 처리를 감소하기).

활성화된 인지-감정적 반응이 어느 정도는 트라우마 작업에서 가장 중요하기 때문에 우리는 다음 부분에서 치료 기간 동안 활성화 수준을 통제하는 것을 목표로 한 여러 개입들에 대하여 설명한다. 각 사례들의 목표는 치료 창 안에서의 작업이다 — 최적의 처리를 위하여 너무 적지도 않고 너무 많지도 않은 감정적 그리고 인지적 활성화를 지지한다.

활성화 증가시키기

내담자가 정동 조절 능력이 가능한데도 트라우마 내용에 대한 자신의 감정 반응의 어떤 부분을 불필요하게 차단하는 경우, 임상가는 대개 활성화를 증가시키려 한다. 회피 반응이 너무 과도하게 학습되어 있어서 스트레스에 대한 노출 기간 동안 자동적으로, 그러나 쓸데없이 나오는 일이 흔하다. 다른 경우는 4장에서 설명한 대로 성 역할이나 직업적 사회성이 그것을 감내할 수 있는 개인 안에서 감정의 표현을 말릴 수 있다는 것이다. 이러한 경우 치료 동안 회피의 감소가 오직 타당하게 안전한 것만은 아닌 것 같다. 대개 심각한 둔감화가 일어나는 것이 필요하다. 지속적인 감정의 항상성을 위하여 회피가 요구되지 않을 때, 하지만 트라우마 처리를 막는 일이 나타나며, 몇 가지 개입이 적절할 것이다. 각각의 사례에서 목표는 증가된 자각이며, 따라서 증가된 활성화이다 — 비판이 아니며, 필요하다면 증상 확인이 필요하다.

첫째, 임상가는 비교적 덜 회피할 수 있는 상태에서 대답할 수 있는 것으로만 질문을 할 것이다. 여기에는 다음의 예들이 포함된다.

- "그 일이 일어났을 때 무엇을 느꼈는지/어떻게 느꼈는지요?"
- "지금 무엇을 느끼나요?"
- 그 트라우마에 대하여 묘사할 때 어떤 생각이나 느낌을 자각하나요?"

어떤 사례들에서 회피는 줄지만 결코 인식되지 않는 경우가 있으며 이 결과는 전적으로 적합하다. 주된 의도가 적절한 수준에서 활성화를 유지하는 것이지, 내담자의 반응을 문제가 있다고 이름 붙이는 것이 아니기 때문이다.

둘째, 임상가는 그것을 오명으로 낙인하지 않고, 간접적으로 회피를 유도할 수 있으며, 활성화 과정 동안 내담자가 자신의 접촉 수준을 높이도록 요청할 것이다. 이것은 내담자의 회피, 또는 압도에 대한 조건화된 감정 반응의 힘이 치료에서 문제로 미리 확인되었을 때 종종 가장 효과적이다. 여기에는 다음과 같은 제안들을 격려하는 것이 포함된다.

- "당신은 잘하고 있습니다. 그 감정에 머물도록 해보세요."
- "지금 나가지 마세요. 당신은 정말 잘하고 있어요. 이것과 함께 머물러 보

세요."

- "나는 이것이 기분을 상하게 하는것을 알아요. 단지 몇 분만 더 이 기억에 머물러 볼 수 있겠어요? 당신이 필요하다면 우리는 언제든 멈출 수 있어요."

그러나 다른 사례들에서, 예를 들면 해리가 단지 하나의 가능성이거나, 아니면 내담자가 방어적 반응을 더 하기 쉬울 때 임상가는 다음과 같은 질문-진술 조합으로 개입할 것이다.

- "지금 어떠세요? 당신은 조금 멍한 상태에 있는 것 같아 보이네요."
- "당신은 약간, 지금 당장 떠나가려는 것처럼 보입니다. 그런가요?"

비록 회피에 대하여 직접적인 주목을 부르는 것이 가끔은 적합하지만, 노출/활성화 처리를 부수는 경향이 있으며, 활성화를 격려하는 덜 직접적인 방법들이(따라서 회피를 줄이는) 효과적이지 않을 때만 사용되어야 한다.

임상가는 인지적 또는 감정의 회피를 막음으로써 또 감정적 경험을 증가시킴으로써 활성화를 증가시킬 수 있다. 종종 이것은 트라우마 사건에 대하여 더 상세함을 요구하는 것과 내담자가 감정적 문제들에 중점을 두는 방식으로 반응하는 것을 포함한다. 내담자가 더 많은 상세함을 제공할수록 더 큰 활성화 기회가 증가된다 — 더 많은 상세함은 종종 더 많은 감정적으로 각성하는 내용을 포함하기 때문에, 그리고 상세함이 많을수록 원래의 내담자 마음 상태로 더 많이 되돌아오게 하기 때문이며, 이에 따라서 트라우마 시간에 일어난 감정의 경험을 증가시킨다. 다음은 특별히 회피를 다루지 않으면서도 높은 수준의 감정 활성화를 불러낸 대화의 한 예이다.

임상가 : 어떤 일이 일어났는지를 말할 수 있습니까?

내담자 : [감정이 없는 목소리] 자동차로.

임상가 : 총을 쏘면서 자동차를 모는 것을 말하나요? 누가 다쳤습니까?

내담자 : [잠시 멈춤] 예. 이웃이 총을 맞았습니다.

임상가 : 이웃이요? 그게 누구였습니까?

내담자 : 내가 조금 아는 여자입니다. 그녀는 좋은 사람이었습니다.

임상가 : 좋았었다구요? 그녀는 지금 괜찮습니까?

내담자 : [목소리를 약간 높이고, 얼굴이 약간 붉어지며] 그녀는 죽었습니다.

임상가 : [잠시 멈춤] 이런… 무슨 일이 일어났습니까? 나쁜 것 같습니다.

내담자 : 예, 그랬습니다. [목소리가 낮아지고, 눈길을 돌리며]

임상가 : 그렇게, 그녀가 총을 맞았군요. 당신은 거기에 있었습니까? 언제 그 녀가 총을 맞았습니까?

내담자 : 예. 그녀는 가슴에 총을 맞았습니다. [목소리가 흔들리며, 목구멍이 막힌 것 같은 소리를 내며] 그녀는 그 장소 곳곳에 피를 흘렸습니다. 나는 재빠르게 도망쳤습니다. 그 녀석이 계속 총을 쐈기 때문에 나는 그렇게 해야 했지만, 그녀의 비명을 들었습니다. 나는 그녀를 도울 수 없었습니다. 나는 나자신을 보호해야 했습니다. [손으로 얼굴을 덮으며]

이 사례에서 내담자는 사건을 묘사하는 것을 꺼려했지만, 감정 부조절의 극적 신호들을 보이지 않았습니다. 그의 회피 반응(처음에 감소된 감정의 반응, 눈길 돌리기, 손으로 얼굴을 덮는 것)은 작은 것이며, 이 남자가 압도되지 않은 채 어떤 더 깊은 감정의 활성화와 처리하기를 감내할 수 있음을 제시한다. 그녀를 도울 수 없었던 것에 대한 죄책감이나 수치심이 나타난 것을 다루기 위하여 아마도 어떤 시점에서 인지적 개입이 제안된다.

활성화 줄이기

일반적으로 활성화 강도는 (1) 노출 수준, (2) 트라우마 기억에 대한 혐오감(즉 트라우마에 대해 조건화된 부정적인 감정 크기), 그리고 (3) 내담자에게 가능한 정동 조절 능력의 양으로 결정된다. 만일 임상가가 과도한 활성화를 격려하거나 또는 내담자의 감정적 활성화를 감내하는 수준 유지에 성공하지 못한다면 치료 창은 초과될 것이다. 감소된 정동 조절 능력을 가진 사람들은 부정적인 감정을 조절하는 그들의 능력을 향상할 때까지 특별히 기분을 상하게 하는 기억들에 노출되어서는 안 된다(Chu, 1998; Cloitre et al., 2002). 이것은 내담자가 너무 활성화될 때 임상가는 내담자를 기분이 덜 나쁜 내용으로 방향을 수정하고, 내담자가 이완에 중점을 두게 하거나, 그 사건에서 덜 감정적인 측면으로 대화의 방향을 바꾸는 것을 의미한다. 이러한 사례에서 정동 기술 발달(6장 참조)은 특별히 강도 높은 트라우마 처리를 넘어 우선권을 받을 것이며, 지지적 개입과 반응들은 탐사적인 처리를 넘어 우위를 차지할 것이다. 예를 들면 회피가 더 극심해질 때, 내담자가 치료 시간에 상당히 해리되었을 때, 임상가는 일반적으로 무엇이 회피를 가져오게 하든 노출/활성화 처리를 중단하고 안정화 개입에 초점을 둘 것이다.

이러한 일반적 접근은 내담자로 하여금 중요한 트라우마를 다룰 기회를 박탈하게 할 수 있다. 그러나 우리는 이러한 제한이 임상가의 책임 중 하나라고 믿는다. 만일 임상가가 ― 내담자에 대한 관찰에 기초하여 ― 주어진 상황에서 활성화가 치료 창을 초과할 것 같은 의심이 든다면, 강도와 치료 과정의 속도를 줄임으로써 내담자에게 안전을 확신하게 하는 것이 중요하다. 이것은 임상가가 함께 트라우마 처리를 회피할 필요가 있다는 것을 의미하는 것이 아니라, 단지 이 처리가 천천히 그리고 조심스럽게 처리되어야 한다거나, 임시적으로 지연되어야 한다는 것이다. 다행히 이러한 보수적 접근의 필요는 대개 일시적이다. 트라우마 내용이 천천히 그리고 조심스럽게 처리되면서, 극소수의 트라우마 기억들이 점진적으로 압도적인 정동을 활성화하는 가능성을 가지며, 6장에서 설명한 대로 고통을 감내하는 내담자의 전반적 능력이 자랄 것이다. 전체적으로 우선적인 문제는 시간 문제이다. 적절한 정동 조절 능력을 가지고, 극도로 고통스

런 트라우마 기억들이 더 적고, 지장을 주는 공존하는 다른 질병이 없는 개인은
치료 창을 초과하지 않고, 높은 수준의 활성화를 감내할 것이며, 따라서 비교적
빠르게 치료에 반응할 것이다. 그러나 이러한 영역에서 하나나 그 이상의 어려
움을 가진 개인들은 트라우마 처리 과정 동안 낮은 수준의 활성화로 적정(適定)
하는 것이 필요하며, 중대한 증상 향상이 생기기 전에 상당히 오랜 기간 치료에
머물러야 할 것이다.

  불행히도 모든 활성화를 임상가가 볼 수 있는 것은 아니다. 치료 동안 내담자
가 치료 창을 '초과하는' 그러나 특별히 압도되지 않는 경우가 있을 수 있다.
이것은 (1) 내담자가 임상가 사무실의 통제된 환경 안에서 비교적 안전을 느끼
고 내담자가 치료 시간을 떠날 때까지 압도적 성질의 노출을 완전히 경험하지
않기 때문에, (2) 내담자가 임상가의 승인에 대하여 고민을 하고 자신을 강하고
건강하고 또는 통제할 수 있는 것으로 보여주기 위해서 치료 시간에 고통을 보
여주지 않기 때문에, 또는 (3) 내담자가 해리적이거나 인지적으로 기분을 상하
게 하는 내적 처리를 억압하기 때문에 생기는 것이다. 이러한 눈에 띄지 않는
치료 창 초과하기는 내담자에 의해 이것이 인식되든 안 되든 치료 시간이 끝난
후에 높은 불안, 낙담, 또는 수치심을 가지게 할 것이다 ― 긴장 감소 행동(예를
들면 자기─상해 또는 충동적 행동), 약물 남용, 또는 다른 회피 활동을 가져올
수 있다. 어떤 경우에는 내담자는 임상가에게 응급 전화를 하거나, 다음 치료
시간을 지키지 못하거나, 치료 시간에 늦을 것이다.

  트라우마 작업에서, 치료 시간을 지키지 못하고 늦는 것은 가끔 트라우마 내
용에 대한 이전의 치료적 노출로 연상된 괴로움의 회피를 나타낸다. 이러한 경
우에서 내담자의 행동은 이어지는 치료 시간에서 더 많은 감정의 활성화에 대
한 공포를 반영한다. 한 번 치료 시간을 지키지 못했다면 치료 시간을 더 많이
지키지 못하는 것으로 이어질 것이다. 내담자가 반복적으로 치료 시간을 지키
지 못할 때 우리는 임상가가 치료 과정의 어떤 측면이나 내용이 회피를 가져오
는지를 평가하고 내담자에게 임상가가 화가 나 있지 않으며 벌을 주지 않을 것

을 확신시키면서, 판단하지 않는 태도를 가지고 내담자와 이 문제를 탐색하도
록 권유한다. 종종, '보이지 않기'에 대한 허용적인 태도는 다른 형태의 심리치
료보다 트라우마 작업에 더 필요하다. 결석에 관한 근본적인 동기를 받아들이
고 의논함으로써 — 결석을 대면하고 비판하는 것과 반대로 — 임상가는 앞으로
치료 시간을 안 지킬 가능성을 줄이는 기회를 더 가질 것이다.

치료 창 실수 개선하기

치료 창 초과하기를 가능할 때마다 회피하는 것은 분명히 중요하다. 그러나 노
출 작업의 미묘한 성질과 내담자 감정 회피에 대한 불투명한 영향을 고려하면,
과도반작용을 완전히 회피하는 것은 종종 불가능하다. 그 결과 치료에서 임상
가가 하는 일의 한 가지는 과도반작용이 일어날 때 개입을 하는 것이고 이러한
경험의 영향을 보수하는 일을 하는 것이다.

　치료 창이 상당히 초과된 것이 분명할 때 임상가는 다음을 고려해 볼 수 있다.

- 현재의 활성화 기간과 강도를 줄이는 것, 이완이나 호흡 연습, 인지적(감
  정적인 것과 반대로) 개입을 통하여, 그리고 초점을 과도하게 활성화하는
  주제로부터 벗어남으로써 현재 활성화의 기간과 강도를 줄인다.
- 내담자의 과도반작용에 어느 정도 책임을 가지는 동시에 내담자 자신의
  과제나 능력을 폄하하지 않는다.
- 감정적 반응이 '적절한 삭업'(회피와 반대되는)의 표시라고 제안하는 것
  을 포함한, 내담자의 고통 표현을 지지하고 인정해 주기
- 중대한 활성화가 일어난 후에 이를 의논하고 재구성하는 것, 그래서 내담
  자가 자신의 반작용을 기억을 유발시키는 힘에 대한 정상 반작용으로 이
  해하며, 이것을 병리화하지 않도록 한다.
- 내담자가 문제를 해결하는 방식에는 (1) 임상가가 내담자의 증가된 고통을
  감지할 수 있는(이것은 치료 시간에 내담자가 감정적 회피 방어를 습관적

으로 사용한다면 특히 관련된다), (2) 내담자는 고통이 있을 때마다 의논할 수 있는, (3) 임상가와 내담자는 활성화 수준을 치료 창으로 되돌아올 수 있게 한다.

- 초기 트라우마 치료 시간의 '감정 기복' 이 시간이 지나면서 점점더 약화될 것이라는 조심스런 낙관론을 전달하는 방어적이지 않고 지지적인, 그리고 인정해 주는 언급을 한다.

차이

노출과 활성화는 본질적으로 트라우마 치료에 충분하지 않다. 7장에서 언급하였듯이, 내담자가 느끼고 있는 것(예를 들면 트라우마 기억으로 연상된 활성화된 공포)와 현재의 실제 상태(예를 들면 즉각적 위험에 대한 명백한 부재) 사이의 차이가 분명히 있다. 트라우마 기억에 대한 조건반사 감정 반응이 시간을 두고 약화되거나 소멸되기 위하여, 현재 환경에서 비슷한 위험(신체적 또는 감정적)으로 지속적으로 강화되어서는 안 된다.

앞서 설명한 대로 안전은 최소한 두 방식으로 드러나야 한다. 첫째, 내담자는 자신이 임상가와 있는 것이 안전하다고 자각하는 기회를 가져야 한다. 이것은 안전이 신체적 부상과 성적 착취뿐 아니라 가혹한 비판, 벌, 경계 침입, 또는 내담자의 경험에 대한 과소 인정으로부터의 안전을 의미한다. 대인 관계 폭력, 심한 학대, 또는 착취의 생존자는 대인 관계 상황의 위험을 과도하게 확인하는 경향이 있기 때문에(Janoff-Bulman, 1992), 치료 시간의 위험의 부재는 약속이 아니라 직접적으로 경험되어야 한다. 다시 말해서 트라우마 기억에 대한 그들의 힘을 잃을 것이라는 내담자의 불안한 연상들에 대해, 내담자들은 치료 시간 동안 현재의 위험이나 심한 학대로 지속적으로 재강화되어서는 안 된다.

둘째, 치료에서의 안전은 압도적인 내부 경험의 보호를 포함한다. 치료 기간 동안 트라우마 기억들이 불안정한 감정을 갖게 하는 내담자는 치료가 원래의 경험과는 상당히 다르다는 것을 발견하지 못할 것이다. 앞서 주목하였듯이 이러한 압도하는 감정은 다음의 두 가지 중 하나나 모두가 있을 때 일어날 수 있다. ⑴ 트라우마 사건으로 연상된 기억이 너무 트라우마적이며 상당히 고통스런 정동(예를 들면 불안, 분노) 또는 인식들이어서 적정(適定)되지 않은 노출은 심한 정신적 고통을 낳는다. 또는 ⑵ 생존자의 정동 조절 능력이 충분히 타협되어 어떤 중대한 재경험이 압도되는 경우이다. 각각의 경우에 안전 — 그리고 차이 — 는 오직 치료 창의 상황 안에서만 제공될 수 있다. 창 안에서의 처리는, 정의하자면 기억으로의 노출이 이러한 기억을 감내하는 내담자의 능력을 초과하지 않으며, 이러한 상황에서 트라우마를 재경험하는 것이 압도하는 부정적인 정동, 정체성 분열, 또는 통제 사망의 느낌을 연상하지 않는다는 의미이다.

트라우마 기억에 대한 조건반사 감정 반응의 처리는 공포증을 위한 행동 치료에서 두려움 처리하기와 비슷하다. 치료 시간에 이러한 반응에 대한 인식할 수 있는 '실제' 이유가 없는 가운데 트라우마 내용을 반복적으로 이야기하는 동안 공포와 다른 부정적인 감정 반응의 계속되는 활성화는 이러한 감정이 강화되고 있지 않다는 의미이다. 결국, 강화되지 않은 반응은 사라지는 경향이 있다. 이러한 현상에 대한 가능성 있는 이유는 전통적인 소멸 이론(Wolpe, 1958)으로부터 경험에 기초한 인지적 '두려움 구조'의 수정(Foa & Kozak, 1986)을 포함한 새로운 인지 모델까지 다양한다. 근본적인 메카니즘과 상관없이 트라우마 회복에서 차이의 역할은 분명하다 — 트라우마 활성화가 일어나는 환경은 반드시 원래의 위험-공포 연상을 강화해서는 안 된다. 그렇지 않으면 그 기억에 대한 내담자의 공포반응은 강하게 남아지거나 증가할 것이다.

역조건화

트라우마 처리를 하는 동안 위험이 없어야 하는 것은 분명히 중요하며, 또한 가장 좋은 환경은 **역조건화** — 신체적 또는 심리적 위험과 반대되는 긍정적 현상의 존재 ─ 가 있어야 한다. 예를 들면 오래 지속된 가정 폭력 관련 문제로 치료를 찾아 온 여성은 그녀의 임상가가 비판적이거나 거부적일 거라고 예측한다. 치료에서 그녀의 두려움이 이러한 예측과 어긋나고(연상된 치료적 안전과의 차이), 사실, 수용, 인정, 그리고 양육이 있을 때 활성화된 고통은 치료에서 일어난 긍정적인 느낌과 양립하지 않기 때문에 강도가 줄어들 것이다. 그 결과 매 맞은 기억에 대한 감정적 연상들은 강화되지 않으며, 모순되게도 약화되고 긍정적 느낌 상태로 된다. 임상가의 지지, 이해, 그리고 보살핌 안에서 다른 유형의 트라우마 내용을(대인 관계적이지 않은 사건을 포함하는) 이야기하는 내담자를 위하여 비슷한(비록 종종 덜 강력하지만) 처리가 뒤따를 것이다 ─ 트라우마 활성화로 연상된 부정적 감정은 치료 환경과 연관된 자연스런 긍정적 느낌으로 대응된다. 인지 행동 치료의 많은 측면들과 비슷하게, 트라우마 해결을 위한 역조건화의 기여는 논쟁이 되고 있으며, 몇 가지 논쟁은 이것이 치료의 적극적인 요소가 아니라는 점이다. 그러나 주된 역조건화 상태는 노출 치료 동안 이완과 거리가 멀다(Foa, Keane, & Friedman, 2000). 우리는 긍정적인 치료 관계로 자극된 연장된 긍정적 감정보다 상당히 덜 강력한 경험이라고 믿는다.

역조건화의 두 번째 유형은 감정의 자유를 경험하는 것이다. 기분을 상하게 한 사건에 대한 반응으로 울거나 또는 다른 유형의 감정 표현은 대개 초기에 트라우마 기억으로 연상된 공포와 관련된 정동을 역조건화할 수 있는 비교적 긍정적인 감정 상태(예를 들면 경감)를 낳는다.

다시 말해서 누가 '실컷 울거나' 또는 '털어놓도록' 하게 하는 흔한 제안들은 트라우마 관련 조건반사 감정 반응을 자연적으로 역조건화하는 감정 활동을 위한 문화적 지지를 반영할 수 있다. 이러한 관점에서 전통적인 체계적 둔감화가 시간을 두고 불안 반응을 중립화하려는 시도로서 이전에 괴로운 자극이 이완된, 불안과 양립할 수 없는 상태와 짝을 이루듯 고통스런 기억에 대한 노출 동안 반복되는 감정 해방은 감정 표현과 연관된 비교적 긍정적인 내부 상태에

대한 트라우마 자극과 짝을 이룰 수 있다. 이러한 이유로 최적의 트라우마 치료
는 대개 노출 과정 동안 표현된 감정을 유순하게 지지하는 ─ 그리고 강화를
하는 것이다. 이러한 환경에서 감정 반응 수준은 사람마다 다르며, 부분적으로
는 내담자의 정동 조절 능력, 개인의 내력, 그리고 사회화 기능에 따라 다를 것
이다. 그 결과 임상가는 내담자가 이러한 활동을 할 수 없거나 참여하지 않으
려 할 때 '밀어붙이기'를 해서는 안 되며, 이런일이 있을 때 이것을 지지해야
한다.

둔감화/해결

고통스런(압도적이지 않은) 사건을 안전하고, 긍정적인 관계, 정서적인 표현,
그리고 최소의 회피 맥락에서 치료자와 함께 처리하는것은 트라우마 기억과 연
상된 부정적 감정적 반응과의 연결을 깨뜨릴 수 있다. 이러한 둔감화가 일어나
면서, 트라우마 경험에 대한 기억을 유발하는 환경적 그리고 내부의 사건들이
더 이상 이전같은 수준의 부정적 감정을 만들지 않는다. 일단 이런 것들이 처리
되면, 트라우마 기억들은 간단한 기억들이 된다. 큰 고통을 가져온 능력은 상당
히 감소된다. 그러나 다양한 트라우마에 노출된 사람의 경우, 처리는 그 기억의
해결로 끝나지지 않는다. 그 대신 다른 기억들, 더 많은 고통과 연관된 기억들
은 더욱더 대화가 가능하게 되며 새로운 내용을 계속 처리하는 시점에서 가능
하다. 그러나 우리의 경험으로, 흔히 나중의 기억들이 지료 초기에 다루어진 기
억들보다 더 빨리 둔감화한다. 이것은 트라우마 내용의 성공적인 처리와 연관
된 증가된 정동 조절 능력(6장 참조) 이외에 하나의 트라우마 기억에 대한 조건
화된 감정 반응의 소멸이 다른 트라우마 기억과 관련된 조건화된 감정 반응을
부분적으로 일반화하는 가능성 때문일 것이다.

●● '분쟁 점' 처리하기

주어진 치료 시간 동안 특정 기억들이 부정적인 조건화된 감정적 반응과 침투적 인식들의 특별히 강력한 활성물이 되는 것이 분명해질 수 있다. 이러한 기억들은 이 장에서 잘 설명하지 않은 적정화된 노출 방법들에 덜 반응할 것이다. 이러한 '분쟁 점'(Foa & Rothbaum, 1998)들은 상당한 증상 경감을 위하여 더 집중된 주의가 필요할 수 있다. 다음과 같은 예들이 분쟁점의 예들이다.

- 내담자는 그녀가 특히 혐오스런 행동을 하도록 강요한 상황의 강간을 묘사한다. 그녀가 이러한 폭행의 측면을 회상할수록 그녀는 기분이 더 상하고 인지적으로 혼란스러워진다. 더불어 강간 경험의 다른 기억들이 시간이 지나면서 둔감되더라도 이 기억은 같은 수준의 고통을 계속해서 만든다.
- 2001년 9월 11일 테러 공격의 생존자는, 그날 그가 목격하고 경험한 것에 대하여 성공적 치료에도 불구하고, "하나도 잊지를 못한다." 그는 사람들이 세계 무역 센터 창 밖으로 뛰어내리는 침투적 플래시백을 계속해서 가지며, 이 사건에 대하여 의논할 때마다 이러한 이미지들을 집요하게 반복한다.
- 붐비는 도시 거리에서 사고로 노숙자를 차로 친 한 여성은 그녀의 차 타이어가 그의 몸을 지나는 소리를 묘사할 때 특별히 기분이 나빠진다. 이러한 구체적인 기억은 강박적 생각과 반복적인 악몽을 만들며, 그녀는 운전을 할 때마다 그녀의 타이어가 부딪히면서 만드는 소리를 계속해서 듣는다.

이러한 침투적인 기억 파편들이 다중 트라우마 사건의 일반적인 표상의 부분이며 정동 조절 능력을 감소시키는 경우에, 임상가는 적어도 내담자가 더 효율적인 정동 조절 목록을 구축할 때까지, 내담자가 덜 생각나게 하고 덜 고통스런 기억에 중점을 두도록 하는 것이 도움이 될 수 있다. 그러나 다른 경우들은 이

러한 분쟁 점들이 혐오스런 기억에 대한 더 직접적인 처리를 감내할 수 있다고
기대하는 사람들에서 일어날 수 있다. 나중 사례의 경우 임상가가(내담자의 허
락으로) 더 깊이 초점을 두고 제한된 노출과 활동을 유도하는 것을 선택할 수 있
다. 이 치료적 활동은 전체 과정이 대개 단기로 제한된다는 것을 제외하면, 이
책에서 소개한 일반적 접근과 반대로, Foa와 그의 동료들(1998)이 주장하는 '연
장된 노출'과 더 직접적으로 매우 유사하다.

우리는 분쟁 점 처리에 대하여 다음과 같은 일반적 절차를 제안한다.

- 절차에 대하여 완전히 설명하고, 분쟁 점을 시작하기 전에 동의를 얻는다.
  고통을 버리려면 어떤 기억들은 다른 기억들보다 더 집중된 주의가 필
  요하다는 것을 알린다. 절차를 설명하며, 특히 내담자가 "분쟁 점을 매
  우 자세히 묘사하도록, 아마도 반복해서 묘사하도록 요청하며, 또 이 절
  차가 다소 감정적인 도전이 되기 쉽다는 것을 설명한다. 이 절차가 압도
  적이 되면 내담자는 언제든지 멈출 수 있음을 알려준다. 그럼에도 불구
  하고 노출을 더 오래 감내할수록 더 많은 유익이 누적될 수 있음을 알려
  준다.

- 내담자가 가능한한 이완하도록 격려한다. 만일 내담자가 특히 불안해 보이면,
  천천히 숨쉬기를 하게 하거나 6장에서 설명한 어떤 수준의 근육 이완 초
  점을 하도록 제안한다. 내담자가 비교적 이완 상태에 있으면, 다음 단계로
  옮겨간다. 치료 창의 범위 안에서 이러한 경험을 유지하기 위하여 필요할
  때마다 이 단계를 반복한다.

- 내담자에게 눈을 감고(만일 감내할 수 있다면) 그 기분 나쁜 기억을 현재 시제를
  사용하여, 천천히 그리고 자세하게 묘사하도록 요청한다. 내담자에게 그 사건
  으로 '되돌아' 가라고 말하고, 그것을 말하는 동안 가능한 한 그것을 재체
  험하도록 말한다. 현재 시제로 처리하는 것은 다음과 같은 언급을 포함한
  다. "그 차가 나에게로 오는 중이었고, 나는 차가 멈추지 않을 것이라고 생

각했었다."와 반대로 "그 차가 나에게로 달려오고, 그 차는 멈추려 하지 않는다." 이 문법적 차이는 그 사건이 마치 현재에 일어나고 있는 것처럼 구성하기 때문에 활성화를 높이는 경향이 있다. 만일 내담자가 현재 시제로 처리하는것이 너무 스트레스를 주면, 현재 시제가 다시 가능하게 될 때까지 잠시 과거 시제를 사용하도록 허용한다. 적절한 때에, 그 사건이 일어났을 때 내담자가 무엇을 느꼈는지, 무엇을 보고, 냄새 맡고, 소리는 어떠했는지 그때 있었던 다른 물건이나 사람들, 그리고 그 당시에 내담자의 특정 생각에 대하여 (현재 시제로) 묻는다. 일반적으로 더 자세하게 말할수록 처리가 더 효율적이지만, 치료 창 안에서 일어날 때만 그러하다. 비록 어떤 내담자는 노출 강도 활성화 강도를 증가시키기 위하여 눈을 감을수 있지만, 어떤 사람들(예를 들면 대인 관계 폭력의 생존자들)은 눈을 뜨는 것을 더 안전하게 느낄 수도 있다.

- 감정 표현이 나오려 할 때마다 감정적 표현(예를 들면 눈물이나 분노)을 격려한다. 그러나 내담자가 표현하기를 저항하면 감정을 표현하도록 압박하지 않는다. 내담자가 조건화된 감정적 반응에 더 감정적 접근을 할수록, 이러한 반응의 궁극적 소멸이 더 직접적이고 잠재적으로 효율적일 수 있다. 다시 한 번 감정적 활성화가 치료 창을 초과해서는 안 된다는 것을 주목하라. 만일 감정의 불안정, 인지적 와해, 극적으로 증가된 해리, 또는 외견상의 압도적인 고통과 같은 정동 부조절의 상당한 증거가 있다면 — 내담자가 얼마나 멀리 이 과정을 갈 수 있는지를 축하해 주면서 — 분쟁 점 처리는 조심스럽게 중단되어야 한다. 분쟁 점 처리하기의 이른 종료는 실패로 틀을 만들기보다는 나중에 다시 시도할 수 있는 과제의 부분적 완성으로 받아들여야 한다.

- 내담자가 주제에 집중하고, 현재 시제를 유지하고, 호흡하기에 집중하거나 이완하도록 초대하거나 또는 압도하는 내용으로부터 멀어지도록 주위를 돌리기 위하여, 임상가는 부드럽게 개입하는 것에 자유로워야 한다.

- 필요할 때마다 내담자는 지금 여기를 지향하게 한다. 만일 내담자가 잠재적으로 압도하는 활성화를 경험하는 것이 보이면, 내담자에게 비록 과거를 기억하고 있지만 그것은 단지 기억이며, 내담자는 실제로 임상가와 함께 이 방에서 안전함을 상기시킨다. 예를 들면 임상가는 이렇게 말한다. "비록 당신이 당신의 마음속에 그 트라우마를 기억하지만, 이것은 실제로 지금 일어나는 것이 아닙니다. 이것은 매우 중요한 점입니다. 그 트라우마는 과거에 있습니다. 당신은 여기서 나와 함께 안전합니다. 이것들은 단지 기억들입니다." 만일 더 많은 안내가 필요하다면 6장에서 설명한 안정화 테크닉(grounding techniques)의 사용을 생각해 보라.

- 권고되는 많은 치료 시간마다 이러한 단계들을 반복하라. 분쟁 점 처리는 대개 한 번의 치료 시간에 한 번의 에피소드로 제한되지만, 일반적으로 20분을 초과해서는 안 된다. 이 제한 시간은 분쟁 점 처리를 한 이후에 관계적 지지와 잠재적인 트라우마 관련 고통의 축소가 필요한 사람들인, 더 복합적 트라우마 생존자를 대상으로 한 임상 경험에 기초한 것이다. 그러나 연장된 노출의 지지자들은 대개 상당히 긴 노출/활성화 기간을 미리 정한다.

분쟁 점 처리하기는 계속되는, 관계적 심리치료를 제공하는 동안, 특히 증상-만들기 내용을 다루는 데 효율적인 방법이 될 수 있다. 이러한 처리하기가 필요한 정도, 그리고 내담자가 감내할 수 있는 정도는 사례마다 다양하다. 트라우마 기억들이 특히 기분을 상하게 하거나, 또는 정동 조절 능력이 뚜렷이 낮을 때 이 과정은 그리 적합하지 않다. 반면에 분쟁 점 처리하기는 비교적 적절한 정동 조절 기술 가지고 있는 내담자의 비교적 미완성된 트라우마 내용에 관한 정규적인 트라우마 치료의 부분이 될 수 있을 것이다.

분쟁 점 처리하기의 예

우리는 이 테크닉의 간단한 예를 다음에서 보여주려 한다. 내담자는 이 책에서 설명한 지시를 따르고 있고, 그의 트라우마 중, 특히 문제 있는 부분을 눈을 감고 현재 시제로 말하고 있다. 그는 20분 처리 과정의 가운데 있다.

내담자 : 모든 곳에 불이 붙었고, 차에도 불이 났고, 나는 그들에게 갈 수 없습니다. 문이 잠겨 있고 너무 뜨겁습니다. 나는 문을 잡아당기고 또 잡아당깁니다. 내가 들을 수 있는 모든 소리는 비명 소리입니다…. 나는 그들이 거기서 타고 있음을 압니다! 나는 문을 잡아당기면서 울고 있었고, 그것이 내가 어떻게 화상을 입었는지에 대한 것입니다.

임상가 : 당신은 정말로 잘하고 있습니다. 현재 시제에 머무르는 것을 기억하십시오. 당신은 문 손잡이를 잡아당기고 있습니다…

내담자 : 예. 알겠습니다. 나는 그 문 손잡이를 획 잡아채지만, 문은 너무나 뜨겁고 나는 그것을 잡을 수 없습니다… 나는 나의 손이 타고 있는 것을 느낍니다. 나는 너무 다쳤기 때문에 나가야 하지만, 다른 사람들은 비명을 지르고 있고 나는 무언가를 해야 하지만, 내가 할 수 있는 것은 아무것도 없습니다. [약간의 과호흡을 시작한다.]

임상가 : 폴, 당신은 괜찮습니다. 당신은 잘하고 있습니다. 깊게 호흡을 들이마시고, 잠시 멈춘 후, 다시 천천히 밖으로 내쉬세요.

내담자 : 예. [깊은 호흡과 긴장 경감] 괜찮습니다. [다소 진정되어 보임] 나는 괜찮습니다. 정말 진실입니다.

임상가 : 예. 좋아요. 좋습니다… 당신이 이렇게 할 수 있는 것은 훌륭합니다. 예. 그래서 당신의 손이 화상을 입고, 그 문은 닫혀 있습니다….

내담자 : 가장 나쁜 것은 비명들이고, 심지어 창문들 너머의 비명입니다. [울기 시작한다.]

●●감정 처리하기와 약물 의존

현대 트라우마 치료에서 요구되는 대부분의 인지 행동 치료 원칙들은 약물 남
용이나 약물 의존 참가자들을 배제한 치료-결과 연구의 맥락에서 발전되었다
(Bradley, Greene, Russ, Dutra, & Westen, 2005; Spinazzola, Blaustein,
& Van der Kolk, 2005). 그 결과 외상후 스트레스 장애와 약물 남용에 관계되
어 고통받는 사람들의 감정 처리 접근과 노출 사용에 대하여 알려진 것이 적다
(Ouimettre, Moos, & Brown, 2003). 불행히도 2장에서 설명한 대로 상당 수
의 약물 남용자들이 트라우마 내력을 가지고 있으며, 많은 수가 상당한 외상후
스트레스를 경험한다.

동반되는 트라우마 증상들과 약물 사용 장애(substance use disorders,
SUDs)의 치료를 위한 일반적 제안은 첫째로 화학적 의존도를 치료하고, 그다
음 절제가 나타나고, 트라우마 관련 증상을 치료하는 것이다(Chu, 1988;
Keane, 1995). 이 치료 연속의 주된 이유는 트라우마 기억으로의 이른 노출이
약물 남용을 강화하고 재발을 유발하거나, 아니면 많은 약물 남용의 트라우마
생존자들의 약화된 정동 조절 능력과 대처기술에 도전하기 때문이다. 아마도
이러한 타당한 이유에 관하여, 동반된 외상후 스트레스 장애와 약물 사용 장애
에 대한 가장 잘 알려지고 가장 효율적인 치료 접근은('안전 구하기'; Najavits,
2002) 트라우마 기억에 대한 어떤 탐색이나 어떤 형태의 지료적 노출을 피하는
것이다.

그러나 이러한 고려에도 불구하고 일반적인 임상 실제에서 '절제 먼저' 접
근법을 사용하는 것은 몇 가지 문제가 있다. 문제들에는 다음과 같은 것들이
포함된다. (1) 트라우마 치료에서 보여주는 상당 부분의 사람들이 중대한 약물
남용 문제들을 가지고 있다는 사실이다 — 치료에의 접근을 막는 것은 대다수
의 치료를 구하는 트라우마 생존자들에게 충분한 서비스가 되고 있지 않다는
의미이다. (2) 대부분의 도시의 정신 건강 영역에서, 경쟁력 있고 준비되어 있

는 사용 가능한 화학적 서비스들은 즉각적으로 가능한 것이 드물다. 대기자 명단들이 종종 수개월 동안 지속되고, 약물 남용 트라우마 생존자들을 위한 특수화된 프로그램들이 드물다. (3) 연구 조사는 주요 외상후 스트레스를 경험하는 사람들에게 약물 사용 장애 치료가 상당히 효과가 적음을 보여준다 (Ouimette et al., 2003). 다시 말해서 트라우마 치료 전의 성공적인 약물 사용 장애 '사전 치료'는 어떤 사례들에서 실증적일 수 있지만, 자연적이지 않다면 부합하지 않는다.

이러한 문제를 고려하여 몇몇 임상가들과 연구조사자들은 트라우마와 약물 사용 장애 치료의 결합을 주장한다(예를 들면 Abueg & Fairbanks, 1991; Expert Consensus Guideline Series, 1999). 더 나아가 최근의 연구들은 치료적 노출을 포함한, 고전적인 트라우마 치료가 약물 의존 트라우마 생존자들에게 효과적일 수 있다고 제안한다(검토를 위하여는 Coffey, Dansky, & Brady, 2003). 이러한 관점과 기본적으로 일치하여, 우리는 트라우마-약물 사용 장애 공존성에 가장 유용하고 포괄적인 접근은 이 책에서 개괄하였듯이 남용하고 중독된 생존자들의 외상후 스트레스를 치료하는 것이다. 그러나 외상후 스트레스 장애-약물 사용 장애 공존성, 그리고 일반적으로 약물 남용과 연관된 문제들에 대하여 알려진 것을 고려하면, 우리는 정규적인 트라우마 처리에 몇 가지 잠재적 수정을 다음에 제안한다.

1. 많은 약물 사용 트라우마 생존자들은 그들의 감소된 정동 조절 기술과 대처 능력에서 괄목할 만하다(Khantzian, 1997). 이러한 이유로 임상가는 감정이 불안정한 내담자가 6장에서 개괄한 스트레스 감소와 정동 조절 개입으로 유익을 얻을 때까지 트라우마 기억에 대한 감정적(또는 인지적) 처리를 지연하는 것을 고려해야 한다.

2. 만일 정동 조절이 적합하거나 또는 성공적 치료 개입으로, 어떤 수준의 트라우마 처리가 가능하다면, 치료적 노출과 활성화가 주의를 가지고 접근

되어야 한다. 특히 임상가는 약물 사용 장애가 있을 때 처리가 치료적 창안에서 일어나야 함을 확실히 해야 한다. 가장 중요한 것은 트라우마 기억에의 노출은 "낮은 것에서 시작하고 천천히 진행한다"라는 금언을 따라야 한다. 트라우마 내용은 적은 증가로 탐색되고 진행되어야 하며, 만일 노출이 갖고 있는 정동 조절 능력을 초과하는 것처럼 보이면(즉 치료 창을 초과하면) 노출은 중단되어야 한다.

3. 일반적으로 트라우마 치료는 생존자가 취한 상태로 왔다면 하지 않아야 한다. 그 대신 초점은 내담자의 안전(예를 들면 치료에 운전하여 오지 않는 것, 집에 안전하게 갈 수 있는지 여부)에 중점을 두고, 있을 수 있는(예를 들면 자살 충동, 공격성, 취한 상태와 관련된 '대상부전(decompensa-tion)' 임상 문제들의 관리에 중점을 둔다. 더 나아가 다음 치료 시간은 이전의 치료 시간에 취한 상태로 온 내담자의 이유에 대한 의논, 취한 상태가 자동적으로 치료가 가능하지 않다는 반복, 그리고 내담자가 절제를 다시 할 수 있는 방법들 또는 적어도 앞으로의 치료 시간에 맑은 정신으로 올 것을 확인하는 것을 포함해야 한다. 임상가는 이 점을 다양하게 다룰 수 있지만, 우리는 대개(비록 우리가 이것을 권유하더라도) 트라우마 내담자의 약물 절제를 요구하지 않는다. 그러나 우리는 내담자가 변화된 상태로 치료 시간에 도착하는 치료 시간에 매우 가깝게 약물 남용을 하지 않는 것을 요구한다.

4. 가능할 때마다 내담자는 약물 남용 문제들에 중점을 둔 자가-도움 또는 임상가 유도의 외부 집단 모임에 참여해야 한다. 단주회(Alcoholics Anonymous) 또는 '12단계' 프로그램들은 그들의 인식이 심리적으로 또 정신적으로 내담자에게 받아들여질 정도로 이러한 목적에 기여할 것이다.

5. 이 책에서 개괄하였듯이 효율적인 약물 남용 치료 테크닉이 가능하다면 트라우마 치료는 증가되어야 한다. 독자들은 Najavits(2002)의 치료 매뉴얼과 Ouimette와 Brown의 분명한 외상후 스트레스 장애-약물 사용 장

애 접근법을 위한 훌륭한 책을 참조하기 바란다.

** 다른 관점에서 본 감정 처리 : EMDR(안구운동 민감 소실 및 재처리 요법)

감정 처리에 대한 고전적인 인지-행동적 그리고 심리역동적 접근법 이외에, 점점 더 많은 임상가들이 그 밖의 모델인, 안구운동 민감 소실 및 재처리 요법 (Eye Movement Desensitization and Reprocessing, EMDR)을 사용한다. 이 접근법은 Shapiro(1995)에 의해 개발되었으며, 내담자에게 트라우마 사건 을 회상하도록 요청하고, 그다음에 그 기억으로 연상된 시각적 이미지, 부정적 인 믿음, 몸의 반응, 그리고 감정에 집중하는 것을 포함한다. 동시에 내담자는 자신의 시각 영역을 넘어 임상가가 손가락을 움직이는 대로 손가락을 따라 시 선을 이동하거나 두드리는 소리, 청각 음, 또는 빛의 움직임이나 플래시에 노출 된다. 주어진 치료 시간 동안 이것을 여러 번 반복한다.

여러 메타 분석은 EMDR이 비교적 효과적이며, 같은 정도의 치료적 노출 방 법들에 비해 외상후 스트레스 증상을 감소한다고 제안한다(예를 들면 Bradley 이외, 2005; Van Etten & Taylor, 1998). 흥미롭게도 EMDR의 안구운동 요 소는 최종 결과에 주는 영향이 적은 것으로 나타나며, 불필요한 것일 수도 있다 고 한다(Davidson & Parker, 2001). 그러나 일반적으로 EMDR 임상가들과 연구조사자들은 이러한 해석에 동의하지 않는다(Shapiro, 2002).

우리는 EMDR이 PTSD 치료의 다른 간단한 치료들만큼 효과적일 수 있는 인지 행동 치료의 유형이라는 결론을 가진다. EMDR이 고전적인 인지 행동 치 료만큼 기여하는지는 아직 모른다. EMDR은 비교적 별개의 덜 복합적인 트라 우마 영향들의 치료에 가장 효과적일 수 있거나, 더 장기적인 관계적 치료를 하 는 동안 '분쟁 점' 처리를 제공하는 동안 가장 효과적일 수 있다. EMDR연구소에서 주목하였듯이, 다른 노출 치료처럼 이 절차도 "내담자가 감정의 고통을 조절하는 적절한 방법과 적절한 대처 기술을 가지고 있지 않다면, 그리고 내담자가 비교적 안정적인 상태에 있지 않다면 권유되지 않는다. 만일 더 많은 안정이 요구되거나 또는 추가 기술이 필요하다면, 치료는 이것을 제공하는 데 중점을 두어야 한다"(EMDR 연구소, 2004).

•• 기억 처리하기의 연속과 치료 시간 수준의 구조

8장과 앞의 장들은 트라우마 기억의 인지적 처리와 감정 처리에 관한 다양한 테크닉과 접근법을 설명하고 있다. 우리는 마지막으로 이러한 개입이 가장 잘 일어날 수 있는 전반적인 상황을 제안한다. 비록 트라우마 기억의 실제적인 처리와 둔감화가 치료 시간마다 정도가 다르지만, 일반적으로 이러한 모든 치료 시간은 기본 구조를 고수하는 것이어야 한다. 이러한 틀은 치료자가 내담자의 현재의 필요에 접근하고 필요한 관련된 처리 활동을 제공하고, 내담자의 현재 상태를 재평가하고, 필요하다면 치료 시간 수준의 각성을 하향하며, 치료 시간 종료를 제공한다. 우리는 50분 치료 시간의 약간의 형식을 다음과 같이 제안한다.

- 시작 부분(5~15분)
  1. 지난 치료 시간 이후로 내담자 생활의 어떤 변화에 대하여 묻는다.
     - 어떤 것이든 새로운 트라우마나 피해가 있었는지?
     - 내담자가 부적절하거나 자기-파괴적인 행동을 하였는지?
     - 만일 앞서 걱정되는 것이 있다면, 내담자의 지속적인 물리적 안전을 확인하거나 증가할 수 있는 일을 하라. 정식 트라우마 처리 전에(또는 대신에) 이 작업을 한다.

2. 지난 치료 시간 이후의 내담자의 내부 경험에 관한 것을 점검한다. 지난번 만남 이후에 심각하게 증가된 침투적이거나 회피적인 증상들이 있었는지? 만일 그렇다면, 이러한 경험들을 정상적인 것으로 하고 본래 트라우마 과정으로서의 증상들이라고 확인해 준다. 만일 침투나 회피 반응들이 상당하다면, 그 치료 시간의 노출과 활성 강도를 줄이는 것을 고려한다.

● 중간 부분(20~30분) :

1. 가능할 때마다 치료 창 안에 머물면서, 감정 처리와 인지적 기억 처리를 제공한다.
2. 만일 중요한 처리하기가 되지 않으면, 심리교육, 일반적인 대화, 또는 내담자 인생에서 기분이 덜 상했던 사건들에 집중한다.

● 후반 부분(15~25분) :

1. 필요하다면 일어난 기억 처리에 대한 브리핑, 정상적인 것으로 만들기, 그리고 인증 확인을 한다.
2. 처리하기 동안 내담자의 주관적 경험뿐 아니라 이 시간 동안 가졌던 어떤 생각이나 느낌에 대하여 묻는다.
3. 처리하기 동안 나타난 추가의 인지 왜곡에 대하여 필요하다면 인지 치료를 제공한다(7장 참조).
4. 만일 내담자의 활성화 수준이 높은 상태로 남아 있다면, 그의 감정의 각성을 하향하도록 작업한다. 여기에는 비감정적인 이슈들에의 증가된 집중, 더 많은 인지적(감정적이 아닌) 처리하기, 그리고/또는 6장에서 언급한 안정화가 포함될 것이다.

● 끝마침(마지막 5~10분) :

1. 내담자에게 가끔씩의 증가된 플래시백, 악몽을 포함한 트라우마 처

리하기에 대한 잠재적인 지연된 영향들과 약물 남용이나 긴장 감소 행동과 같은 회피 활동을 하고 싶은 갈망에 대하여 (필요한 만큼) 상기시킨다.

2. (필요하다면) 치료 시간에 확인된 위험에 관하여, 또는 가능한 자기 (또는 타인) 파괴 행동에 대하여 안전 계획하기를 제공한다.

3. 끝마침을 하는 말(예를 들면 치료 시간을 요약하는 것)과 격려하는 말을 제공한다.

4. 다음 치료 시간의 시간과 날짜를 분명하게 언급한다.

 추천 문헌

Briere, J. (2002). Treating adult survivors of severe childhood abuse and neglect: Further development of an integrative model. In J. E. B. Myers et al. (Eds.), *The APSAC handbook on child maltreatment* (2nd ed.; pp. 175–202). Thousand Oaks, CA: Sage.

Cloitre, M., Koenen, K. C., Cohen, L. R., & Han, H. (2002). Skills training in affective and interpersonal regulation followed by exposure: A phase-based treatment for PTSD related to childhood abuse. *Journal of Consulting and Clinical Psychology, 70,* 1067–1074.

Foa, E. B., & Rothbaum, B. O. (1998). *Treating the trauma of rape: Cognitive-behavioral therapy for PTSD.* New York: Guilford.

Follette, V. M., Ruzek, J. I., & Abueg, F. R. (Eds.) (1998). *Cognitive-behavioral therapy for trauma.* New York: Guilford.

Ouimette, P., & Brown, P. J. (2003). *Trauma and substance abuse: Causes, consequences, and treatment of comorbid disorders.* Washington, DC: American Psychological Association.

제9장

정체감 높이기와 관계적 기능

2장에서 주목하였듯이 트라우마는 외상후 스트레스, 인지적 왜곡, 그리고 정동 부조절을 넘어 정체성과 대인 관계에 만성적 문제들을 가져올 수 있다. 대개 임상가들은 지속적이고 심각한 아동기 학대와 방임 내력(Cole & Putnam, 1992; Pearlman & Courtois, 2005; Schore, 2003) 그리고 정체성과 관계의 어긋남을 가장 대표적인 인격 장애(특히 경계선)의 증서로 본다. 비록 트리우마와 몇몇 유형의 지속적인 심리적 폐해가 상당히 연결되어 있지만, 이 영역의 모든 문제들이 그 자체로 부적합한 인격과 관련되는 것은 아니다. 많은 사례들에서 만성적인 아동 학대에도 불구하고 이들은 반작용, 적응, 또는 개발된 대처기술들을 보여준다.

Cloitre, Koenen, Cohen, 그리고 Han(2002), linehan(1993a), Najavits (2002), 그리고 몇몇 다른 사람들에 의해 개발된 모델을 제외하고, 대부분의 인지-행동적 트라우마 치료들은 오직 인지적 또는 외상후 스트레스 증상에만 중점을 둔다. 그러나 다수의, 복합적인 트라우마의 많은 생존자들은 정체성과 대인 관계적 기능에 심각한 ─ 종종 상당히 괴로운 ─ 어려움을 나타낸다. 이러한 결과로 우리는 이러한 영역을 다룰 수 있는 치료적 개입을 권유한다.

•• 정체성 문제

인생 초기의 심각한 아동기 트라우마의 생존자들은 내부 자기감에 접근하는 것과, 여기로 부터 무언가를 얻는 것과 연관된 불평을 자주 한다. 예를 들면 이러한 것들은 다음과 같은 문제들에서 나타날 것이다.

- 자기 자신의 필요나 자격을 결정하기
- 강도 높은 감정이나 강제하는 사람들이 있는 상황에서 일관적인 자기감이나 정체성 유지하기
- 가끔씩의 스트레스에 대한 내부 기준 가지기
- 다양한 상황에서 자기 자신의 반작용이나 행동을 예측하기
- '자신의 가장 친한 친구'가 되는 것, 즉 긍정적인 자기 감에 직접적인 접근을 하는 것

이러한 어려움들의 많은 경우들이 인생의 첫 해에, 부모─자식 간의 애착 관계가 양육자의 공격성이나 다소 역설적인 방임으로 방해받았을 때 발달된다고 생각된다(Allen, 2001; Hesse, Main, Abrams, & Rifkin, 2003). 아동의 심리생물학 발전에 부정적 영향을 주는 것 이외에[예를 들면 대뇌피질과 자율신경 처리를 조절하는 안와전두피질(orvitofrontal cortex) 능력의 감소; Schore, 1994, 1996; Siegel, 1999] 아동기 학대와 방임은 적응과 방어의 발전을 동기화시킬 수 있으며, 차례로 아동의 일관적인 자기감 발전을 감소시킨다.

비록 아동기 트라우마 생존자들의 정체성 장애에 대한 이유들이 의심할 여지

없이 복합적인 것이지만, 가능성 있는 원인들로는 초기 해리, 타인 지향, 그리고 다른사람들과의 유순한 상호작용의 부재는 의심의 여지가 없다(Briere, 2002a). 해리나 인생 초기의 트라우마 관련 고통의 회피는 자신의 내부 상태에 대한 인식을 막기 쉬우며 바로 이 아동기 시기에 자기감이 발달된다고 알려져 있다. 더 나아가 위험에 빠진 아동이 자신의 생존을 확신하기 위한 필요한 과도 경계는 자신의 주의를 상당히 밖으로 향하게 하는, 내부의 인식을 다른 데로 주의를 돌리는 과정을 의미한다. 이러한 상황에서 자기성찰이(아마도 자기에 대한 내부 모델의 발전을 위해 필요한; Stern, 1985) 일어날 때 이것은 다음과 같은 이유로 처벌을 한다. (1) 이러한 내부로 향하는 집중은 환경으로부터 주의를 돌리며, 따라서 위험을 증가시키며, (2) 더 많은 내부 인식은 — 지속적인 트라우마 상황에서 — 더 많은 감정적 고통을 의미한다. 마지막으로 많은 자기감 능력에 대한 이론들이 자기에 대한 내부 모델의 아동기의 발달에서 친절한 타인의 역할을 강조한다(Bowlby, 1988). 사람은 일관성 있는 그리고 긍정적인 자기 감을 형성하기 위하여 긍정적인 타인들과 상호작용을 해야 할지도 모른다. 이것은 사랑을 주는 조율적인 부모나 양육자가 아동이 느끼거나 경험한 것에 대하여 아동에게 반영해 주는(예를 들면 아기가 웃을 때 웃고, 아이가 울 때 염려를 나타내는 것), 아동의 타당성을 강화해 주는 방식으로 아동의 필요에 반응을 해 주고, 아동이 긍정적인 자기 특성을 암시하는 방식으로 아동을 다룰 때 나타난다고 알려져 있다. 아동이 청소년기로 발달하고 그 다음 성인으로 발달하면서, 사회적 환경과의 자신의 상호작용의 증가된 복합성은 다른 사람들의 상황 속에서 증가된 자기감을 이상적으로 부여한다. 불행히도 증가하는 일관적인 정체성으로의 이러한 진보는 긍정적인 양육이 박탈된 사람들에게는 가능성이 적다.

개입

자기-발달의 많은 부분이 양육자와의 상호작용과 관련되어 있기 때문에, 치료적 관계는 내담자의 정체감이 발달될 수 있는 강력한 환경이 될 수 있다. 이러한 맥락에서 임상가는 안전을 제공하고, 자기-타당성을 지지하고, 자기-탐색을 격려하기 위하여 일한다.

안전 제공하기

자기 성찰은 궁극적으로, 외부 환경이 과도 경계를 필요로하지 않을 때만 일어날 수 있다. 이러한 이유로 임상 장소는 이 책의 앞에서 개괄한 안전에 대한 측면을 알려야 한다. 내담자가 임상가와 세상으로부터(적어도 임시적으로) 물리적으로 안전을 느끼는 것 이외에 내담자가 심리적 안전을 경험해야 한다 — 임상가는 심리적으로 침입하지 않으며, 내담자의 경계들을 존중하고(내담자가 이 경계들을 인식하는 것과 상관없이), 그리고 안정성과 안전을 이야기하는 데 충분히 믿을 만해야 한다. 이러한 요건들이 충족될 때 내담자는 자신의 내면의 생각, 느낌, 그리고 경험들을 탐색하기에 충분한 환경을 신뢰하고, 이 장의 뒤에서 주목하였듯이 임상가에게 더욱 긍정적인 애착을 형성하기 쉽다. 그러나 내담자가 치료에서 안전한지를 실제로 알아보는 과정은, 앞에서 주목하였듯이 시간이 오래 걸릴수 있으며, 심한 아동기나 성인 트라우마 경험의 많은 생존자들은 치료 시간에 내재하는 안전을 정확히 인식할 수 있기 전에 얼마간의 치료 시간을 가져야만 된다(Allen, 2001). 그렇다고 하더라도 상대적 안전에 대한 이러한 감각은 치료 동안 변화가 있다.

자기 타당성 지지하기

또한 임상가가 내담자의 필요와 인식들을 본질적으로 타당한 것으로 분명히 인정하는 것은 도움이 되며, 내담자와의 기본적인 관계적 권리에 관한 내담자와의 대화는 도움이 된다(Herman, 1992a). 이것은 어느 정도 내담자의 부정적인 자기 인식과 다른 인지적 왜곡에 도전할 필요에 모순적으로 보일 수 있다. 그러나 이 책에서 주장된 이 접근법은 자기에 대한 내담자의 '잘못 생각하기'에 관하여 내담자와 논쟁을 하는것이 아니라, 오히려 내담자가 현재의 관계적 경험(치료-기초의)에 비추어 잘못된 생각들을 다시 생각하고 부정확한 가정들을 인식할 수 있는 방법으로 내담자와 함께 작업하는 것이다. 비록 대개의 경우 임상가는 내담자의 자기-거부(예를 들면 내담자가 다른 사람에 의해서 존중되거나 돌봄을 받을 자격이 없다는 믿음)를 인증하지 않겠지만, 임상가는 이러한 생각과 모순되는 치료적 경험을 제공할 것이다. 이것은 어떤 면에서 7장에서 묘사된 한가지 유형의 격차이다 : 비록 내담자가 자기-결정을 할 권리를 가지고 있지 않은 것으로 자신을 보더라도, 이러한 자기에 대한 인식은 치료 시간에서 경험된 긍정적 배려와 수용 경험과 반대될 것이다. 이러한 인식들은 임상가에 의해서 강화되지 않을 때 시간을 두고 감소되기 쉽다. 똑같이 중요한 것은 자기 타당 메시지가 임상가의 행동에 의해서 내담자에게 반복적으로 의사소통되면서, 받을 자격이 없다는 것과 받아들일 수 없음에 대한 내담자의 생각들이 상관적으로 모순되게 된다.

내담자의 권리에 관한 이러한 일반적 초점은 생존자가 학대나 방임 상황에서 배운 다른 방향들을 바꾸게 하는 데 도움을 줄 수 있다(Briere, 1996). 대부분의 아동기 학대 동안 주의 집중은 대개 학대자의 필요에 초점을 두며, 폭력적이될 가능성, 그리고 결국은 학대자의 현실에 대한 견해에 초점을 둔다. 이러한 상황에서 아동의 필요나 실제는, 위험하지 않다고 주장되었다면 무관하게 된다. 그러나 내담자 중심 환경에서, 실제는 임상가가 요구하거나 기대하는 것보다 내담자가 필요로하거나 인식하는 것이 된다. 이러한 환경에서 내담자는 내면 상태, 인식, 그리고 필요를 더 확인할 수 있으며 의미 있는 다른 사람들(즉 임상가)이 있을 때 자기에 대한 이러한 측면을 어떻게 붙잡는지를 발견할 것이다. 내담자의 경험이 궁극적인 초점이라고 강조함으로써 그리고 내담자가 자신의 내면 느낌과 필요들을 확인하고 이름을 붙이도록 도와줌으로써, 임상가는 내담자가 일관적이고 긍정적인 자기에 대한 모델 ―부모들이 많이 가지고 있어야 하는 방식으로, 내담자의 아동기가 더욱 안전하고, 조율되고, 지지적이 되는 방식으로 ― 을 형성하도록 돕는다.

자기 탐색 격려하기

자기 탐색과 자기 언급을 가능하게 함으로써(임상가를 포함하여, 다른 사람들의 기대 또는 반응에 관하여 자기를 정하는 것과 반대로), 치료는 생존자가 자신의 내면에 대하여 더 많은 감각을 얻도록 허용할 것이다. 증가된 자기-인식은 치료 과정을 통하여 내담자의 지속적인 내면 경험에 대하여 반복적으로 질문을 받을 때 특히 발전될 수 있다. 이것은(7장에서 설명하였듯이) 피해 경험과 그 이후의 내담자의 느낌과 반응, 내담자의 초기의 인식과 경험, 그리고 지속적인 치료 과정에 대한 내담자의 생각과 결론에 대하여 다수의, 유순한 질문들이 포함될 것이다. 그러나 동등하게 중요한 것은 내담자가 트라우마 관련 그리고 그밖의 모든 현재의 것들에 대하여 무엇을 생각하고 느끼는지를 내담자가 찾는 것이다. 부당한 괴롭힘으로부터 생존하기 위하여 필요한 외부-방향성 때문에, 생존자는 자신이 좋아하는 것과 싫어하는 것, 자기와 다른 사람들에 관한 견해, 자격과 의무, 그리고 치료적인 지지와 수용 상황에서 연관된 현상을 탐색하도록 격려되어야 한다. 이러한 더 광범위하고 덜 구체적인 트라우마 집중 치료 개입은 어느 정도 '정체성 훈련'이다. 생존자에게 다른 사람들이 생각하고 느끼는 것과 별개로, 자신이 생각하고 느끼는 것을 알아내는 기회를 제공한다.

자기 성찰, 자기 탐색, 그리고 자기 정체성에 대한 임상가의 일관적이고 지속적인 지지는 내담자가 더 연결되고 접근 가능한 내부 자기감을 발전시키도록 허용한다. 궁극적으로 임상가는 지지적이고, 참여하고, 우선적 관심이 — 증상 해결 이외에 — 내담자의 내면 생활과 자기 결정의 발전에 도움을 주는 애착 인물의 역할을 취한다. 이러한 과정은 특정한 치료 테크닉이나 프로토콜에 닻을 덜 내리더라도 더 중요한 치료적 측면이 될 수 있다.

•• 관계적 폐해

이 책에서 제시한 관점은 트라우마화된 사람들에 의해 경험되는 많은 관계 문제들이 가혹한 대인 관계 세계의 적응과 이 세계에 대한 초기의 배움으로부터 생긴다는 것이다. 비록 이러한 어려움들이 성인기의 만성 트라우마 결과로서 일어날 수 있지만(예를 들면 지속적인 가정 폭력, 고문, 또는 만성적으로 위험한 환경에서 사는 것), 이러한 어려움은 초기의 아동기 학대 상황에서 훨씬 더 자주 보여진다(Pearlman & courtois, 2005). 학대와 방임의 가장 초기의 영향 중 하나는, 이들의 양육자로 부터 어떻게 다루어졌는지에 기초하여, 자기와 다른 사람들에 대한 아동의 내면 표상이 된다고 생각된다(Allen, 2001). 학대나 방임 사례에서 이러한 추론들은 특히 부정적이 되기 쉽다. 예를 들면 학대된 아동은 자신이 이러한 벌이나 무시를 받을 만한, 본질적으로 받아들여질 수 없거나 악한 사람임에 틀림없다는 결론을 내리거나, 자신을 무기력하고 부적합하거나 약한 존재로 보게 된다. 뿐만 아니라 이러한 부정적인 맥락은 학대되거나 방임된 아동이 다른 사람들을 본질적으로 위험하거나 거부하는, 또는 가까이 할 수 없는 존재로 본다는 의미일 것이다.

자기와 다른 사람들에 대한 이러한 초기 추론은 가끔 **내부 작업 모델**(Baldwin, Fehr, Keedian, Seidel, & Thompson, 1993)이나 **관계 도식**(Baldwin, Fehr, Keedian, Seidel, & Thompson, 1993)으로 묘사되는, 기대와 가정의 일반화된 세트를 종종 형성한다. 이러한 것들은 인생의 첫 해에 암호화되고, 따라서 자연적으로 언어 사용 이전이기 때문에 이러한 핵심적 이해는 나중에 인생에서 다른 사람들에 대하여 표현된 견해나 구두 정보들에 비교적 반응하지 않는다. 예를 들면 초기 학습에 기초하여 자신이 다른 사람들이 좋아하지 않거나 매력적이지 않거나, 또는 다른 사람들을 믿을 수 없다고 믿는 사람들은, 그 사람이 가치가 있거나 그 사람이 믿을 만하다는 다른 사람들의 말에 기초된 견해를 쉽게 바꾸지 못할 것이다.

이러한 기억은 종종 암시로 언급되며, 그 자체로는 회상될 수 없는 광범위한 비언어적 그리고 비자서전적 기억들이지만, 현재 환경에서 연상 자극에 의해 유발될 수 있다(논의에 관하여는 Siegel, 1999 참조). 그 결과 대부분의 사람들은 이러한 초기의 관계 기억들에 관하여 '유아 기억 상실'을 가진다 — 비록 이러한 기억들이 인식과 조건화된 감정적 반응을 유발할 수 있더라도 이것들은 과거의 부분으로서 의식적으로 회상될 수 없다.

이러한 핵심 도식의 질과 가치는 이후에 다른 사람들과의 의미 있는 연결과 애착을 형성하고 유지하는 개인의 능력에 영향을 주는 것으로 알려져 있다(Bowlby, 1988). 그 결과 이전에 학대되거나 방임된 개인들은 나중의 인생에서 대립적이거나 혼돈된 관계들에 있는 자신을 발견할 수 있으며, 친밀한 성인 애착을 형성하는 데 어려움을 가지며, 또 가까운 관계를 방해하거나 위협적인 행동에 관여할 수 있다(Allen, 2001). 이러한 핵심 도식들은 종종 애착 유형으로 언급된다. 이전의 부모-자녀 애착 기간동안 아동이 배운 학습들은 트라우마화된 청소년과 성인들의 역기능적인 대인 관계 행동들과 분명히 관련되어 있기 때문에(Alexander, 1992; Carlson, 1998; Coe, Dalenberg, Aransky, & Reto, 1995), 독자들은 애착 이론에 관한 현대적 교과서들(예를 들면 Collins & Read, 1990; Simpson & Rholes, 1998; Solomon & Siegel, 2003)을 읽어보기 바란다.

관계 도식들(또는 내부 작업 모델들)은 일반적으로 암시적이고 비언어적인 수준에서 암호화되며, 안전과 애착 욕구에 우선적으로 기초되기 때문에 이 도식들은 생존자가 대인 관계적 위협을 거부, 버림, 비판, 또는 신체적 위험과 같은 학대와 비슷한 것으로 인식하는 상황을 제외하고는 분명히 눈에 띄지 않을 것이다. 이런 일이 생길 때 이러한 근본적인 인식들은 그에 따른 부정적인 영향과 대인 관계의 어려움들이 유발될 것이다(Simpson & Rholes, 1994). 예를 들면 초기 분리 또는 버려짐을 경험한 사람은 거부, 비조율적인 공감 또는 버림을 암시하는(또는 연상시키는 방식들로) 자극을 만날 때까지는 주어진 직업이나 친밀한 상황에서 비교적 잘 관계될 수 있다. 이러한 인식된 경험들은, 초기 트라우마와의 유사성으로, 비록 당면한 상황에서 초과적이거나 균형이 안 맞는 것이더라도 학대되거나 방임된 아동의 느낌과 생각에 적절한, 기억, 조건화된 감정, 그리고 인식을 유발할 것이다(Briere, 2002a). 이러한 활성화는 비록 가까이 있음을 확인하고 관계 유지를 보장하기 위해 의도된 것이지만, 굉장히 '원시적인' (즉 아동적인) 반응과 수요로 특징지어지며, 너무 감정적으로 가득차서 관계를 파괴하거나 시험에 들게 할 것이다.

만성적인 관계 트라우마 활성화의 가장 극적인 예는 '경계선 인격 장애'로 언급되는 것들이다. 2장에서 주목하였듯이 경계선 인격 특성을 가진 개인들은 종종 다음과 같은 것들을 하기 쉽다. (1) 사소하거나 상상한 대인 관계적 도발 자극에 대한 반응으로 갑작스런 감정적인 분출, (2) 자기 패배적 인식들, (3) 공허감이나 강도 높은 불쾌감, (4) 다른 사람에 의해 버려졌거나, 거부되었거나, 심한 학대를 받았다는 인식으로 유발된 충동적, 긴장-감소 행동들이다(American Psychiatric Association, 2000). 이러한 행동과 증상의 상당 부분은 일반적으로 감소된 정동 조절 능력 상황에서 초기 학대, 버려짐, 거부, 또는 부모의 반응 부족으로 연상되는 조건반사 반응들로 보이며 유발된 관계 기억들로부터 떠오르는 것으로 볼 수 있다. '경계선' 개인은 성인의 관계적 상황의 자극들로 유발된 학대 기억을 갖기 때문에 약물 남용, 부적절한 친밀함 구하기(예를 들면 버려짐을 미연에 방지하기 위한 시도나 구걸)와 같은 행농을 함으로써 연상된 괴로움을 회피하려는 시도를 하거나 또는 마음을 산란하게 하는 긴장-감소 행동을 하는 것이다.

치료 개입

비슷한 관계적 장애를 위한 개입들이 7장과 8장에서 어느 정도 소개되었다. 그러나 관계 안에서 트라우마 처리하기의 다양한 요소들은 치료적 관계의 기능으로서 더 직접적으로 발생난다. 가장 방해되는 관계는 인생 초기의 심한 학대에서 나타나며, 종종 나중의 대인 관계적 자극에 의해서 유발되며, 관계적 문제의 가장 효과적인 개입이 사실은 관계적이라는 점은 놀라운 일이 아니다. Kohlenberg와 Tsai(1998)의 트라우마 생존자가 말했듯이, "만일 나쁜 관계가 나를 엉망으로 만들면, 이후에 나를 치유하기 위하여 도움을 주는 좋은 관계가 나는 필요하다"(p. 305). 특이하지 않은 플라시보 효과나 몇몇 단기 치료 주창자에 의해 제안된 비활성 요소와 달리, 내담자와 임상가의 관계는 직접적으로 그리고 구체적으로 치료적이 될 수 있다.

다른 치료 요소들 중에서 치료적 관계는 대인 관계적 유발인자의 강력한 자원이다. 내담자와 임상가의 연결이 증가하면서, 내담자의 임상가에 대한 증가된 애착은 아동기의 애착 경험에 대한 암시적(비언어적, 감각, 또는 경험적) 기억을 점차적으로 유발시킬 수 있다. 많은 내담자의 이러한 초기 애착 기억들에는 상당한 학대나 방임을 포함하며, 치료를 하는 동안 학대-관련 생각과 느낌으로 재경험될 수 있다. 이러한 신생의, 광범위한 암시적 '관계적 플래시백'은 과거를 표상하는 상황 정보를 포함하지 않으며(Siegel, 1999), 따라서 현재의 임상가-내담자 관계(인지 이론가들이 가끔 '원인 기여 잘못' 이라고 부르는 것)와 관련된 느낌으로 종종 잘못 인식된다. 이러한 인식과 감정이 일단 활성화되고 표현되면, 긍정적인 치료 관계로 연상되는 안전하며, 위로적이고 지지적인 상황에서 의논하고 처리될 수 있다.

더 '단순한' 트라우마 기억들을 가지고 일을 하는 데 있어서, 관계 기억과 그들의 연상들(예를 들면 조건화된 감정적 반응과 애착-수준 인식들)에 대한 치료적 처리하기는 앞장에서 설명한 노출, 활성화, 차이, 그리고 역조건화와 관련되어 있다고 볼 수 있다.

노출

치료 시간에 내담자는 치료적 자극의 반응으로 어떤 면에서 초기의 경험과 유사한 초기 대인 관계적 트라우마에 대한 암시적 기억들을 재경험한다.

원래 트라우마에 대한 유사성에 의해, 관계 기억들에 대한 노출을 유발할 수 있는 치료 자극들에는 내담자의 신체적 모습, 나이, 성별, 또는 인종, 그리고(상처받기 쉬운 내담자의 느낌을 포함한) 내담자와 치료자 간의 세력의 차이가 포함된다. 치료적 관계와 연관된 긍정적 느낌도 고통을 유발할 수 있다 — 내담자의 치료자를 향한 사랑하는 느낌(또는 치료자로부터의 비슷한 느낌에 대한 인식)은 성적인 느낌 또는 두려움을 활성화시킬 수 있으며, 치료자의 보살핌과 수용에 대한 인식은 이러한 경험을 잃게 되는 두려움을 유발시킬 수 있다(즉 애착 인물로부터의 버려짐). 뿐만 아니라 치료자들은 공감적 조율의 잘못, 개인적 문제들로 인한 심란함, 피곤, 또는 4장에서 묘사한 대로 내담자의 표상에 — 이러한 것들은 내담자를 초기의 심한 학대나 방임에 대한 기억들에 불가피하게 노출될 수 있다 — 의한 그들 자신의 이슈들에 대한 유발을 포함한, 예측 할 수 없는 일반적인 인간으로서의 경험에 불가피하게 영향을 받는다.

이러한 개별 유발인자들 이외에, 치료적 관계는 그 자체로 — 이것의 지속적인 성질과 내담자에게 중요하기 때문에 — 내담자의 애착에 관한 아동기의 필요를 포함한 초기의 중요한 관계들의 자극과 비슷한 자극 요건들을 복제할 것이다. 초기 관계가 트라우마에 의해 특징지어지므로 현재의 치료적 관계는 부정적인 관계 기억들을 유발하기 쉽다.

더 단순한 트라우마 처리에 관하여 앞 장에서 주목하였듯이 노출은 치료 창의 상황 안에서 일어나야 한다. 이러한 점에서 임상가는 자극 유용성 또는 치료적 관계의 성격이 부정적인 관계 기억들에의 노출을 너무 많이 낮아서 내담자가 압도되지 않도록 확신하기 위하여 적극적으로 일하고 조심스럽게 주의해야 한다. 외상후 스트레스 장애를 다루는 치료자가 트라우마 기억에 대하여 내담자가 겪는 노출 양을 적정(適定)하듯이, 관계적 트라우마를 다루는 치료자는 이상적으로 치료적 환경의 회상 측면들이 압도적이지 않도록 추구한다.

예를 들면 4장에서 주목하였듯이 처벌적인 양육으로부터 쉽게 접근 가능한 도식을 가진 내담자는 치료자의 판단에 대하여 어떤 지각이라도 회피하려 할 것이다. 비슷하게 신체적으로 또는 성적으로 폭행을 당한 내담자는 다음의 것을 필요로 할 것이다. (1) 안전 이슈에 대한 특별한, 눈에 띄는 주의, (2) 경계 인식과 존중을 강조하는 치료자의 반응, 또는 (3) 내담자 의자와 치료자 의자 사이에 보통보다 더 큰 물리적 간격. 반면에 초기의 심리적 방임으로부터 버려짐 이슈를 가진 내담자는 임상가가 내담자에게 특히 조율적이고 심리적으로 가능할 때 더욱 편안함을 느낄 것이다. 더 일반적인 수준에서 만성 트라우마 내담자의 치료자들은 어떤 면에서 침투, 통제, 또는 자기애를 포함한 행동들을 피하기 위하여, 평소보다 더 많은 주의를 기울이는 것이 필요할 것이다.

불행히도 치료자의 어떤 특성들은 너무 강력한 유발인자여서 항상 유용한 치료가 가능하지 않다. 아마도 이것의 가장 좋은 예는 치료자의 성별이다. 최근에 남자에 의해 성 폭행을 당한 많은 여성들은 남자 치료자와 치료 작업을 하는 데 상당한 어려움을 가질 것이다. 어떤 사례들에서는 치료자의 성격 특성과 의도와 상관없이, 치료자의 남성성 자극 유용성이 남자에 의한 폭행에 대한 트라우마 기억들에 대한 압도적 노출을 유발할 것이며, 이에 따라 치료창을 벗어나고 의미 있는 치료적 개입의 가능성을 무효화할 것이다(Briere, 1996). 이러한 사례들에서 가장 좋은 해결책은 대개 내담자를 여성 임상가에게 의뢰하는 것이다. 임상가의 민족이나 인종 정체성이 내담자의 가해자와 같을 때, 또는 치료 장소(예를 들면 병원)가 내담자의 트라우마 기억을 압도적으로 유발할 때(예를 들면 내담자 출생지의 비슷한 장소에서 고문을 당했던 것) 비슷한 시나리오가 생길 수 있다.

그러나 대개 치료 자극들은 적정(適定)하며, 따라서 치료적 관계는 더욱 도움이 될 수 있다. 이러한 적응은 대인 관계적 트라우마에 관하여 임상가가 일반적으로 치료 창에 미치지 못하다는 것을 의미하는 것이 아니다. 치료적 관계가 내담의 관계 기억들을 유발하게 되는 것은 거의 불가피하다. 치료가 내담자를 위한 것이라는 중요성, 그리고 이러한 치료는 정기적으로 공유한 경험, 애착, 친밀함, 그리고 상처받기 쉬운 가능성을 포함하기 때문이다.

활성화

치료적 노출로 내담자는 관계적 트라우마 시점에서 발생한 감정과 생각을 경험한다.

초기의 관계 기억들에 대한 활성화된 감정적 반응들은 종종 이들의 갑작스런 출현, 강도, 그리고 상황적 부적절함이 두드러진다. 자기나 치료지에 대한 침투적인 부정적 인식들이 활성화되거나 굴복, 아이같은 인식, 또는 의존성을 포함한 애착 관련 도식들이 갑자기 나타날 수 있다. 어떤 사례들에서는 이러한 활성화는 또한 감각 플래시백과 해리 반응을 유발 할 것이다.

인지-감정적 활성화는 폭행이나 재난 같은 개별 트라우마 기억들의 맥락에서 일어날 때 내담자와 임상가 모두에 의해 쉽게 이해될 수 있다. 그러나 활성화가 관계 자극들의 상황에서 일어날 때 내담자의 생각과 느낌 저변에 있는 실제 '이유'는 훨씬 덜 분명할 수 있다. 원래 트라우마 기억이 인생의 첫 몇 해 동안 형성되었기 때문에, 의식적(분명한) 인식이 가능하지 않기 때문에, 내담자나 치료자는 왜 내담자가 갑자기 불안하거나 화가 나는지, 또는 왜 갑자기 임상가를 믿지 않는지를 알지 못할 수 있다. 사실 이러한 활성화가 극적인 경우에 이들은 너무 비합리적이고 상황적으로 부적절하게 나타나기 때문에 어떤 사람들에게는 이것이 심각한 정신병리적 또는 심지어 정신병으로 보일 수 있다. 그러나 이러한 활성화는 궁극적으로 이것들이 유발된 관계적 기억들에 대한 조건화된 인지-감정석 반응이라는 점에서 이해할 만하다.

인지-감정적 활성화는 내담자의 애착 반응(긍정적인 것과 부정적인 것 모두) 유발이 더 쉬워보이는 한, 특히 오랜 시간의 더 강도 높은 심리치료와 관련되어 있다. 관계적 트라우마 기억들과 연상된 부정적 도식의 활성화는 다음에서 Briere(2002a)가 제시하고 있다.

[A] 자기애적 아버지로부터 정서적 학대의 오랜 내력을 갖고 있는 24세의 여성이 나이 든 남성 임상가와 함께 치료를 시작한다. 비록 내담자는 그녀의 임

상가를 지지적이고 돌보는 것으로 초기에 보았지만, 곧 그를 불신하는 느낌이
늘게 되고, 그의 말에서 상당한 '깔아뭉갬'을 보기 시작하고, 결국 치료자가
공감이 부족하고 조율과 보살핌이 없고, 판단적인 행동에 화가나는 자신을 발
견한다(p. 194).

이 예에서 내담자와 임상가의 외관상 친절한 관계는 아동기 학대 기억을 유
발하고 구체적인 트라우마 인지–감정적 반응을 활성화하는 자극(예를 들면 치
료가 진행되면서 증가된 감정적 친밀감의 느낌)을 유지한다. 많은 정신역동 이
론가들과 일치하여, 우리는 관계 기억과 느낌의 이러한 활성화는 아동기(그리
고 확장된 성인들) 트라우마를 가지고 있는 사람들을 치료할 때 예상되어야 하
며, 사실 만성적인 대인 관계 문제의 성공적인 해결에 종종 필요하다. 이러한
관계적 활성화가 없는 치료는 실행이 더 쉬울 수 있지만 내담자가 관계적 생활
이 많이 향상되기 전에는 처리해야 하는 내용을 활성화하지 않기 쉽다.

차이

비록 내담자가 치료 시간 동안에 심한 학대나 버려짐이 일어나거나 일어날듯이
생각하거나 느낄지라도 실제로는 그 치료 시간은 안전하며 치료자가 학대적이
거나 거부적이지 않거나 위험하지 않다.

비록 이 요소는 트라우마 처리에 종종 비판적이지만, 대인적으로 피해자가
된 사람들은 —특히 그 피해가 만성적이라면— 신뢰는 고사하고, 처음에는 이
차이를 완전히 받아들이기 어려움을 발견할 것이다. 여기에는 많은 이유들이
있다. 첫째로 만성적인 위험에 노출된 사람들은 종종 이러한 위험이 불가피하
다고 가정한다. 예를 들면 매 맞는 여성, 참전 군인들, 또는 창녀들은 규칙이 갑
자기 바뀌고 자신이 안전하다는 것을 받아들이는 것이 —특히 힘 있는 사람과
의 관계와 같은 원래의(위험한) 상황과 어떤 유사성을 견디는 상황에서— 매우
어렵다는 것을 발견할 것이다. 두번째로 많은 사례들에서 원래 폭력의 가해자

들은 피해자에게 접근하는 방식으로 안전, 보살핌, 또는 지지를 약속한다. 그 결과 안전에 대한 재확신이나 맹세는 당면한 위험이 없다면, "다른 것과 다르지 않아"와 같아 보일 것이다. 마지막으로 치료는 어느 정도의 친밀함, 또는 적어도 내담자가 상처받기 쉬운 것이 분명하며, 생존자의 관점에서 볼 때 필요한 것은 친밀함에 대한 의존과 이후의 상처에 대한 과거 경험을 요약할 수 있어야 한다.

이러한 관련된 이유로, 차이/안전이 있어야 함을 물론이거나 내담자는 이것을 인식할 수 있어야 한다. 이것은 비록 치료자를 가끔 좌절시키지만, 치료에서 믿을 만한 관계적 처리가 되기 위하여 충분한 신뢰가 보이기 전까지 상당한 시간이 필요하다는 것을 의미한다. 예를 들면 길어진 정치적 고문, 전투, 또는 집단 폭력의 생존자는 트라우마 치료에 전적으로 참여하기에 충분히 '경계를 내려놓기' 전에 매주마다의 치료가 몇 달 동안 필요할 수 있다. 비슷하게 치료자는 믿지를 못하거나 즉각적인 거부를 하는 내담자를 위하여 "당신은 여기서 안전합니다" 또는 "나는 어디로 가지 않을 것입니다"와 같은 말도 준비해야 한다. 이것은 임상가가 이러한 말을 해서는 안 된다는(이 말들이 정확하고, 침투적이지 않고 부담을 주지 않는 방식으로 표현되었을 때) 의미가 아니라, 오히려 이러한 말들이 이전의 역경에 의해 반복적으로 강화되고 비언어적으로 부호화된 인식을 바꾸는 것이 힘들다는 것을 이해해야 한다.

사실 대인적 상황에서 위험을 과도하게 경계하는 사람들에게 차이는 의사소통될 수 없으며, 증거를 들어 보여주어야 한다. 앞서 주목하였듯이 치료자를 믿을 만하다는 치료자의 말은 트라우마 내담자들에게 역효과를 가져올 수 있다. 내담자들이 과거의 사악한 사람들로부터 비슷한 약속이나 맹세들을 들었었기 때문에 이러한 말들은 이들을 덜 안전하거나 안전하지 않게 느끼도록 할 수 있다. 치료자는 만성의 관계적 트라우마 생존자와 일할 때 내담자가 진심으로 앞으로의 안전을 추정하고 차이를 가정할 때까지 시간을 두고 확실히 안전하고 침투적이지 않은 방식으로 일해야 한다.

노출/활성화/차이 처리는 관계적 트라우마 생존자에게 단계적 방식으로 진행되어야 한다. 치료 초기에는 내담자는 임상가에게 적은 정도의 상처받기 쉬움(취약성)이나 고통을 가끔(그리고 종종 무심코) 드러내고, 반사적으로 부정적인 결과를 기대한다. 이러한 상처받기 쉬움(취약성)이 치료자에 의해 처벌되지 않고(뒷부분에서 주목하였듯이) 지지와 다소 조심스럽게 적정화된 수준의 뚜렷한 보살핌과 만났을 때 내담자는 자신의 심리적 경계들(자신의 회피 전략들을 포함하여)을 천천히 낮추고 더 많은 생각이나 느낌을 표현한다. 이러한 반응들이 비슷하게 지지되고 부당하게 되거나 처벌적이지 않을 때 내담자의 '실제 시간'에(즉 치료자 앞에서 직접적으로) 고통을 처리하려는 자발성이 일반적으로 증가한다. 이것은 시간이 걸린다는 점을 강조하며, 성급함에 대한 임상가의 표현은 역설적이게도 비평, 거부, 또는 심지어 자기애를 의논함으로써 치료 과정을 파괴할 수 있다.

다른 사례들에서, 예를 들면 내담자가 덜 극심하거나 덜 만성적인 관계적 트라우마를 경험한 내담자일 때, 피해의 주변 요건이 치료의 현재 요건과 상당히 다를 때(내담자에 의해 이렇게 인식될 수 있는), 내담자의 환경에 가해자 이외에 지지적인 사람들이 있을 때 차이는 설정하기가 상당히 쉬울 것이며 트라우마 처리는 더 즉각적으로 가능하게 될 것이다. 그러나 어떤 경우라도 이것은 평가 문제이며 자동적으로 가정될 수 있는 것과는 반대이다. 정확한 측정의 실패, 과도 경계나 아니면 과도하게 두려움을 가진 내담자는 전적인 노출-활성화 활동으로부터 유익을 얻지 못하고, 사실 노출은 차이가 확실히 보일 때까지 반대로 나타날 수 있을 것이다.

역조건화

내담자가 치료 시간에 안전을 인식할 수 있는 것 이외에 치료적 관계 안에서 두려움 감소의 감정 상태를 경험할 수 있다.

8장에서 역조건화가 설명되었을 때 이 현상의 치유적 측면은 (1) 트라우마 기억 노출로 연상된 활성화된 고통과 (2) 지지적이고 돌보는 치료적 환경에 의해 생겨난 긍정적인 느낌 두 가지 모두 사실로 설명되었다. 관계적 트라우마가 진행될 때 역조건화는 잠재적으로 더욱 중요하다. 이러한 점에서 활성화된 부정적인 관계적 인식들(예를 들면 "그/그녀는 나를 싫어해" "그/그녀는 나를 상처주거나 버릴 것이다" 또는 내가 상처받기 쉽게 된다면 나는 착취당할 것이다") 그리고 느낌(예를 들면 권위적인 인물이나 친밀함과 관련된 두려움)은 직접적으로 — 그리고 따라서 잠재적으로 더욱 효율적으로 — 긍정적인 관계적 경험에 의해 모순된다. 다시 말해서 배려와 수용의 특정 상황 안에서 학대에 대한 두려움과 기대를 가지는 것이 특별히 도움이 될 수 있다. 초기 정신 역동 이론 언어에서는 활성화된 도식과 느낌에 대한 실제의 시간 모순은 **수정감정 경험**(corrective emotional experience)을 제공할 것이다(Alexander et al., 1946).

그러나 치료에서 부정적인 기대와 긍정적인 경험의 병치는 잠재적으로 덜 긍정적인 점이 있다. 치료에서 긍정적인 경험들이 가까운 관계에 대하여 초기에 가졌던 신념과 모순될 수 있듯이, 활성화된 부정적인 관계적 인식들이 치료에서 생긴 긍정적인 관계적 현상들을 내담자가 확인하고 접근하는 것을 방해할 수 있다는 것도 사실이다. 다행히도 전부 아니면 아무것도 아닌 경험은 거의 드물다. 대부분의 사례에서 가장 믿지 못하거나 과도 경계를 하는 내담자들도 임상가의 지지와 인정이 분명해지고 확실히 믿어질 때 서서히 부정적인 관계적 인식을 재평가하게 될 것이다. 내담자가 치료적 안전을 인식하는 데의 어려움이 있는 사례에서, '치료적 돌봄과 긍정적 배려'(그리고 이에 따른 긍정적인 애착 경험들)의 '들여놓기'의 증진 과정은 치료에서 상당한 시간을 필요로 할 것이다.

장기 심리치료와 연관되어 있는 내담자들은 치료자의 지지와 돌봄보다 더 강력한 형태의 역조건화를 경험할 수 있다. 이것은 치료자와 내담자 간의 더 깊은 따뜻한 느낌과 연결로 종종 설명된다. 트라우마 처리의 특별히 긍정적이어 보이는 정동 상태이다. 비록 이러한 현상은 수량화하거나 경험적으로 확인하는 것이 어렵지만, 우리는 다른 사람들처럼(예를 들면 Siegel, 2003), 이러한 반응들이 비교적 타고난, 애착-수준의 감정과 인식들의 활성화를 대변한다고 짐작한다.

아이는 태어나서 비교적 초기에 — 개입 문제가 없는 — 부모와 신생아 모두 서로를 향하여 매우 긍정적인 감정들을 대개 경험한다. 이러한 느낌과 이들의 연상된 인식들은 진화적으로 파생된 생존 기능을 구성하는 것 같다(Bowlby, 1982). 아이가 분리의 고통을 피하기 위하여 부모에게 접근을 구하려는 것 이외에도 우리는 아이가 생물학적으로 기초된 부모-자녀 관계와 친밀함으로 유발된 긍정적 느낌의 활성화를 구한다고 제안한다. 비슷하게 부모는 아이에게 애착을 유지하는데, 여러 이유들 중에서 아이와의 분리가 상처를 주는 반면, 아이에게의 가까움이 긍정적 감정을 낳기 때문이다. 이러한 부모-자녀의 가까움에 대한 상호적 갈망은 아이가 젖을 먹고 보호 받게 될 가능성을 최대화하며, 그렇게 함으로써 지속적인 종의 생존을 지원한다.

비록 애착에 대한 선천적 보상 체계에 대한 개념이 다소 추측에 근거한 것이지만, 최근의 연구는 긍정적 애착 경험이 도파민과 베타 엔돌핀 보상 체계를 활성화시킴을 보여주고 있다(Schore, 2003). 친밀함과 연결에 관한 보상의 생리적 체계들은 일생을 통하여 인간에게 가능해 보이며, 보살피고 양육하는 사람들을 지속적으로 가까이 할 수 있는 상황에서 유발될 수 있다. 부모-자녀의 두 사람 조합, 중요한 우정, 또는 성적 관계들에서 활성화되었을 때 이 현상은 대개 사랑이라고 불린다. 비슷한 느낌은 이러한 활성화가 육아하는, 장기의 심리치료에서 일어날 때 보일 수 있다. 정신분석가들이 전이의 형태를 생각하는 것, 그리고 우리가 언급할 애착 **활성화**이다.

계속되는 심리치료 과정 동안 애착 활성화가 일어나므로 몇 가지 결과들은 비슷하다. 첫째로 유발된 타고난 애착 반응으로 생긴 긍정적이며 지속적인 느낌은 특히 이전의 트라우마 경험들로 연상된 부정적인 생각과 느낌을 역조건화하는 데 효율적이기 쉽다. 둘째로 애착 활성화는 다른 종류의 아동-부모 생각, 느낌, 그리고 아동의 행동을 낳을 것이다 — 치료에 미칠 그들의 영향에 관하여 반응들은 조심스럽게 모니터되어야 한다. 예를 들면 내담자는 치료적 관계가 계속되고 깊어지면서 더 의존적이고 '유아적'이 될 것이다. 내담자는 치료자에게 더 연결하려는 요구를 시작하고, 더 자주 전화를 하고, 더욱 가까워지려고 다른 방법을 시작할 것이다. 셋째, 초기 애착 경험들이 특히 불안전하거나 문제가 있었던 내담자들은 치료적 관계가 이러한 초기의 관계적 트라우마의 재체험을 위한 강력한 유발인자가 될 것이다.

　몇 가지 사례들에서 이러한 유형의 전이는 내담자가 치료자와 더욱 기초적인 수준의 관계적 기능으로 '퇴행'하면서, 문제가 있는 것으로 나타날 것이다. 그러나 치료 시간에 폭행을 재체험하는 감정적 처리와 같은 방식으로, 치료자가 이것을 애착-수준 재체험으로 이해하는 것은 중요하다. 앞서 설명하였듯이 목표는 치료 창 안에서 일하는 것이다 — 충분한 관계적 연결, 지지, 그리고 내담자가 고통-감소의, 양육 상태의 상황 안에서 아동기의 내포된 기억을 재경험할 수 있는 기회를 가지는 긍정적인 배려를 제공하는 치료 창이다. 그러나 치료자는 동시에 너무 많은 유사-부모 지지를 초기 트라우마 관련 고통이 너무 강하게 활성화되거나, 내담자의 의존 필요가 성장에 해가 되는 방식으로 강화될 정도로 너무 많이 제공해서는 안 된다. 나중의 것은 아마도 내담자를 보호하거나 또는 구하려는 치료자의 필요에 대한 시속적인 검토에 의해 가장 잘 방지된다. 그밖에 치료자의 애착-수준 느낌의 출현은 내담자의 부적절한 성적 매력이나 공상적 표현, 또는 내담자의 치료자의 충족되지 않은 애착(양육을 포함한) 필요를 충족시키기 위한 내담자의 착취에 대하여 특별한 경계를 필요로 한다 (Chu, 1992; Herman, 1992a). 이러한 '역전이'(자기-트라우마 모델의 역활성화와 관련된)가 행해지면, 차이를 파괴하고(즉 안전을 제거하며) 트라우마 관련 조건화된 감정 반응과 인식을 강화하거나 증가시킨다.

둔감화

내담자의 치료자와의 관계로 유발된 내담자의 관계적 트라우마 기억들로의 반복된 노출은, 치료적 관계에 의한 자신의 부정적인 기대와 느낌에 대한 믿을 만한 재강화부재와 역조건화의 결합으로, 연관과 위험의 학습된 연결의 붕괴로 이끈다.

8장에서 설명하였듯이 노출, 활성화, 차이, 그리고 역조건화의 과정은 치료 창의 상황에서 충분히 반복될 때 종종 트라우마 기억에 대한 둔감화로 이끈다. 이것은 아마도 다음의 시리즈 과정을 포함한다. (1) 비재강화된 감정적 반응의 소멸(예를 들면 차이를 통한, 조건화된 감정적 반응), (2) 역조건화 효과들, 즉 기억과 감정적 고통 사이의 연상을 기억과 더욱 긍정적인 느낌의 새로운 연결로(예를 들면 지지와 보살핌으로 연상되는 것들) '겹쳐 쓰는' 형식을 포함하며, (3) 트라우마 기억을 유발하는 관련 자극에 대한 능력의 변화(즉 대인적 사건들에 대한 내담자의 해석을 변화시키는 통찰이나 새로운 정보). 마지막 요점에 관하여는 긍정적인 치료적 경험들은 관계나 대인 관계적 친밀성의 능력을 변화시킬 수 있다. 관계는 그 자체로 더이상 위험한 것으로 인식되지 않기 때문에, 따라서 아동기 학대나 방임에 대한 회상을 덜 하게 되기 때문이다.

그러나 암시적인 관계적 기억들과 이들의 인지적 그리고 감정적 연상의 처리와 점진적인 활성화의 전체적인 효과가 일어나는 것은 내담자 자신의 대인 관계적 세계에 대한 내담자의 반응을 바꾸는 것이다. 이 점에서 성공적인 치료는 내담자가 긍정적인 대인 관계들로 더욱 들어올 수 있고 유지할 수 있는 것이며, 이것은 다른 사람들과의 연결이 더이상 같은 수준의 두려움, 분노, 불신, 그리고 부정적이거나 회피적인 행동을 유발하지 않기 때문이다. 그 결과 내담자의 대인 관계적 생활은 더욱 충만되고 덜 혼돈스러워진다. 스트레스나 고통을 지속하기보다 지지의 원천이 된다.

추천 문헌

Allen, J. (2001). *Traumatic relationships and serious mental disorder*. Chichester, UK: Wiley.

Linehan, M. M. (1993). *Cognitive-behavioral treatment of borderline personality disorder*. New York: Guilford.

McCann, I. L., & Pearlman, L. A. (1990). *Psychological trauma and the adult survivor: Theory, therapy, and transformation*. New York: Brunner/Mazel.

Pearlman , L. A., & Courtois, C. A. (2005). Clinical application of the attachment framework: Relational treatment of complex trauma. *Journal of Traumatic Stress, 18*, 449–459.

Simpson, J. A., & Rholes, W. S. (Eds.). (1998). *Attachment theory and close relationships*. New York: Guilford.

Solomon, M. F., & Siegel, D. (2003). *Healing trauma: Attachment, mind, body, and brain*. New York: Norton.

제10장

급성 트라우마의 영향 다루기

Catherine Scott, Janelle Jones, 그리고 John Briere

비록 이 책의 많은 부분이 만성 트라우마 관련 고통의 치료와 관련되어 있지만, 또한 비교적 최근에 트라우마 사건에 노출된 사람들의 필요도 중요하다. 그러나 우리는 증상을 보이는 생존자를, 이들 중 어떤 이들은 외상후 스트레스 장애 또는 다른 만성 증후군을 발전시켰을 때 몇 달 후 또는 몇 년 후에 노와주는 것보다 트라우마 사건 후 즉시 치료하는 것에 대하여 아는 바가 적다. 급성 외상후 스트레스가 지속적인 심리적 장애로 전환되든 아니든 이것은 고통스럽고 심신을 약화시키기 때문에 불행스럽다.

이 장에서 논의한 대로 **급성 스트레스 장애**는 만성 외상후 스트레스 설명 방식보다 잘 입증된 치료 전략이 적다. 사실 대부분의 급성 트라우마 스트레스에 관한 대부분의 치료 개입은 외상후 스트레스 장애 치료의 수정이며, 외상후 스트레스가 만성적이 될 때 도움이 되는 것이 더 심한 급성 반응에도 도움이 될 것이라는 가정에 기초하고 있다. 비록 이러한 접근은 대개 타당하지만, 대부분의 사람들이 어떻게 지속되는것과 반대인 급성 트라우마 스트레스를 경험하는지는 상당히 다르다. 이러한 차이들은 자주 다소 다른 치료 개입 전략을 필요로 한다.

이 장은 급성 스트레스에 관한 문헌을 검토하고, 급성 트라우마 피해자의 특별한 필요를 고려하여 어떻게 치료가 수정되어야 하는지를 개괄적으로 검토할 것이다. 독자들은 이 치료 작업의 철학적 접근을 논의한 4장을 검토하고 싶어 할지도 모르겠다. 이밖에도 독자들은 인지와 노출 기반 치료에 관한 7장과 8장을 참조하기 바란다.

외상후 스트레스 장애의 맥락에서, **급성**이라는 용어는 일반적으로 트라우마 사건에 잇따른 첫 3개월 안에 증상들이 나오는 것에 관한 것이다. 그러나 1994년 급성 스트레스 장애에 대한 소개 이후로, 또한 트라우마 사건의 첫 달 안의 반응을 설명하기 위하여도 사용된다. 이 장에서 우리는 이 용어를 가장 확대적인 의미로 사용하며 트라우마 노출 상황 이후의 첫 며칠 후, 몇 주 또는 몇 개월 안에 일어나는 반응을 언급하는 것이다.

●●급성 트라우마 스트레스에 관한 연구

정신질환 진단 및 통계 편람 4판(*DSM-IV-TR*; American Psychiatric Association, 2000)에 급성 스트레스 장애(ASD)의 진단이 소개된 이래, 급성 트라우마 스트레스에 대한 관심이 증가되어 왔다. 그러나 이 영역의 대부분의 출판된 논문들은 개입 전략이나 접근법보다는 급성 스트레스 장애의 현상과 외상후 스트레스 장애의 발전과 연관된 위험 요소를 논의하고 있다.

외상후 스트레스 장애의 급성 증상과 위험

앞장에서 주목하였듯이 정신 건강 전문가들에게 처음에 보여지는 많은 급성 트라우마 피해자들은 '자연스럽게' 회복하고 이들의 외상후 스트레스 증상들은, 심지어 치료가 없더라도 시간이 지나며 감소된다(예를 들면 Norris et al., 2002; Rothbaum, Foa, Riggs, Murdock, & Walsh, 1992). 그럼에도 불구하고 여러 자료들의 정보는 급성 스트레스 장애의 진단 기준을 충족하기에 충분히 심각한 초기 증상을 가진 사람들의 80%가 6개월 후에 외상후 스트레스 장애를 가지고, 사실 60~70%가 트라우마 사건 2년 후에 외상후 스트레스 장애를 가질 것임을 나타내고 있다(Bryant & Harvey, 2000).

급성 스트레스 장애를 발전시키는 이러한 트라우마 생존자들의 고통 지속의 높은 위험률은 ― 대부분의 급성 스트레스 장애 제시와 연관된 극심한 고통과 역기능뿐 아니라 ― 트라우마 이후 증상들의 초기 개입의 잠재적 유익을 강조한다. 불행히도 지속적인 연구에도 불구하고 이러한 개입의 구체적인 성질과 이상적인 치료 개입 시간은 분명하지가 않다. 예를 들면 11장에서 주목하였듯이 외상후 스트레스 장애를 방지하기 위하여 트라우마 이후 초기의 며칠이나 몇 시간 안에 사용하는 약들에 대한 연구들이 동등히 다루어져야 한다. 비슷하게 다음에서 논의한 대로 심리적 '브리핑' 테크닉의 폭넓은 사용이 급성 트라우마나 외상후 스트레스 장애를 방지하는 데 특별한 도움이 됨을 보여주고 있지 않다. 다행히도 점차 많은 문헌들이 급성 스트레스 장애 치료에 다른 접근법들이 유익하고 이후의 외상후 스트레스 장애 가능성을 감소시킬 수 있을 것이라고 제안하고 있다.

급성 스트레스의 치료 개입에 관한 문헌

디브리핑

심리적 디브리핑은 전쟁이나 테러 공격 이후, 그리고 천재지변과 같은 개인별 평가와 치료가 불가능한 상황에서 많은 트라우마 생존자들의 치료 개입 방법으로 초기에 발전되었다. 일찍이 제2차 세계대전 때 브리핑은 참전 병사들이 전쟁 경험과 관련된 고통을 '몰아내는' 방법으로 설명되었다(Bisson,

McFarlane, & Rose, 2000).

위기 사건 스트레스 디브리핑　디브리핑에는 여러 모델들이 있다. 가장 흔히 사용되는 것은 위기 사건 스트레스 디브리핑(Critical Incident Stress Debriefing, CISD)으로 Mitchell(1983)에 의해 개발된 구조적 프로토콜이다. 위기 사건 스트레스 디브리핑은 중요한 트라우마 사건 후에 구조자, 최초 대응자, 그리고 법의 집행인들에 의해 빈번히 사용된다. 예를 들면 2001년 9월 11일 테러 공격 이후 위기 사건 스트레스 디브리핑은 이 재난에 직접적으로 노출된 사람들 집단이나 가까이에 거주하거나 직장이 있는 사람들, 또는 그 사건을 경험하거나 목격자는 아니지만 기타 이 공격으로 영향을 받은 사람들 집단에 광범위하게 적용되었다.

위기 사건 스트레스 디브리핑은 개인 디브리핑도 있지만 대개 10명에서 20명의 집단 세팅에서 시행된다. 치료 시간들은 1시간에서 3시간으로 지속되며, 대개 트라우마 사건의 일주일 안에 시행된다. 참가자들은 그 트라우마 사건에 대한 그들의 경험을 자세히 말하고, 그 사건에 대한 인지적 이해와 해석을 체계적으로 말하며, 그들의 감정 반응을 표현하도록 요청된다. 집단으로 이야기 나눔을 하는 것이 스트레스 반응을 일반화하고 사회적 지지를 제공하는 의도를 가지고 격려된다. 치료 시간은 그 사건의 있을 수 있는 앞으로의 결과들에 관한 대처 전략과 심리교육에 대한 대화로 마친다(Mitchell, 1983).

불행히도 생존자들에게 교육과 지원을 제공하는 위기 사건 스트레스 디브리핑의 효율성에 대한 일화의 보고들에도 불구하고 이 브리핑에 대한 분명한 유익은 증거로 보이고 있지 않다. 최근의 두 가지 메타분석은 단 한 번 치료 시간 브리핑은 외상후 스트레스 장애의 발전에 대적하는 것을 지켜주지 못한다고 한다(Rose, Bisson, & Wesley, 2002; Van Emmerik, Kamphuis, Hulsbosch, & Emmelkamp, 2002). 위기 사건 스트레스 디브리핑이 아닌 개입 ― 그리고 전혀 개입이 없는 것 ― 은 두 가지 모두의 경우에서 위기 사건 스트레스 디브리핑보다 더 나은 결과와 종종 연관되었다. 사실 여러 연구들에서 디브리핑은 장기의 후속 조치에서 외상후 스트레스 장애의 높은 위험률을 가진, 잠재적으로 해로운 영향을 가지는 것이 발견되었다(Mayou, Ehlers, & Hobbs, 2000).

위기 사건 스트레스 디브리핑이 가끔 해로운 영향을 가질 수 있는지에 대한 가능성 있는 여러 이유들이 있다. 첫째로 집단 세팅의 위기 사건 스트레스 디브리핑은 다른 트라우마 노출 상황 내력, 다른 고통 수준, 다른 증상군과 외상후 스트레스 장애의 다른 위험을 가진 개인을 포함하고 있다. 이러한 상황에서 어떤 개인들은 그들 자신의 반응을 처리하거나 통합하기 전에 다른 사람들의 경험을 들음으로써 재트라우마화되거나 추가적으로 고통스럽게 될 수 있다. 둘째로 비록 위기 사건 스트레스 디브리핑이 감정 반응을 정상화하고 확인하려는 의도이지만 어떤 사례들에서 이 브리핑은 다른 것들보다 그 트라우마 사건에 대하여 눈에 띄는 더 급성반응을 가질 수 있으며, 그 결과 자신들을(또는 그 집단의 다른 사람들에 의해서 인지된) 심리적으로 지장이 있는 것으로 인식할 수 있다. 셋째로 어떤 세팅에서 특히 구성원들이 밀접하게 함께 작업하거나 안전에 관하여 서로 의존되어 있는 경우(법의 집행과 같은) — 자신의 느낌을 표현하고 공포와 상처받기 쉬운 점을 말하는 것이 집단의 거부와 사회적 지지를 감소시키며 앞으로 직장 관련 어려움들로 이어지는 기타 대인 관계적 어려움들로 이끌 수 있다. 마지막으로 위기 사건 스트레스 디브리핑은 잠재직으로 트라우마 사건에 노출되었던 모든 개인들에게 단체로 또는 소규모 집단으로 시행되므로 그 사건으로 트라우마화되지 않은 개인들이 있기 쉬우며, 따라서 그렇게 치료되는 것에 대하여 부정적인 반응을 가질 수 있다.

근접성, 신속성, 그리고 기대성   다른 유형의 디브리핑은[근접성, 신속성, 기대성(Proximity, Immediacy, and Expectancy, PIE), 또한 '최전방 치료'라고 언급된다; Ritchie, Watson, & Friedman, 출판 중] 군대에서 부상 병사들을 최전방으로 되보내는 목적으로 사용된다. 근접성, 신속성, 그리고 기대는 가능한 최전방 가까이(근접성), 가능한 즉각적으로(신속성), 그리고 군대로 되돌아가는 회복에 대한 기대(기대성)로 부상 병사들에게 개입하는 것을 강조한다(Jones & Wessely, 2003; Solomon & Benbenishty, 1986). 이 개입은 또한 감정의 환기와 표현을 위한 기회와 함께, 기본적인 필요와 의료적 돌봄에 주의를 기울이는 것을 포함한다. 근접성, 신속성, 그리고 기대성 모델은 1982년 레바논 전쟁에서 몇몇 확실한 성공과 함께 이스라엘 병사들에게 사용되었다(Solomon & Benbenishty, 1986). 그러나 임무로 되돌아온다는 개념은 원래 트라우마 상황과 환경으로 되돌아오는 것뿐 아니라 더 심한 트라우마 노출 상황에의 가능성을 암시한다. 예를 들면 베트남 전쟁에서 임무로의 급박한 복귀는 더 나은 정신 건강 결과와 연관되어 있지 않았었다(Shalev, 2002). 어떤 개인들, 특히 적게 트라우마화된 사람들, 근본적 생명활동에 회복력이 더 있는 사람들의 경우 즉각적인 재노출이 심리적 회복을 촉구한다는 것은 사실일 것이다. 그러나 트라우마 사건으로 압도된 사람들, 충분한 정동 조절 기술이 부족하거나 스트레스에 생물학적으로 취약한 사람들에게 이러한 재노출은 사실 재트라우마되고 해로운 것일 것이다. 독자들은 전투 환경의 근접성, 신속성, 그리고 기대성에 대하여, 이것의 효과에 대한 초기 측정이 상당히 과장되어 있다는 제안을 포함하며, 자세한 그리고 결국은 부정적인 검토인 Jones과 Wessely (2003)의 논문을 참조하기 바란다.

기타 급성 치료 개입

위험제거   급성 트라우마 치료 개입의 흔하지 않은 다른 유형은 '위험제거 (defusing)'로 불린다. '위험제거'는 비형식적인 상황에서 트라우마에 노출된 개인에게 지지, 안심, 그리고 정보를 제공하려고 의도한 간단한(대개 10분에서 30분) '대화적인' 개입이다(Ritchie et al., 출판 중; Young, Ford, Ruzek, Frieman, & Gusman, 1998). 비록 이 접근법에 관한 연구 자료들이 매우 적지만, 단결한 보스니아의 스웨덴 평화주의자 동료들의 한 연구는 위험 제거가 이후의 탁월한 정신 건강 서비스와 연관됨을 발견하였다. 그러나 이 서비스를 받기 전 최악의 심리적 기능을 하는 사람들에게 향상은 일어나지 않았다. 비록 이 연구 결과가 고무적이지만, 위험 제거의 효율성을 평가하기 위하여, 특히 동료 지지의 독립을 평가하기 위하여 더 많은 연구가 요구된다.

심리적 응급처치　심리적 응급처치(Psychological First Aid, PFA)는 전국 아동 트라우마 스트레스 네트워크와 외상후 스트레스 장애 전국 센터(National Center for PTSD, NCP)의 테러 재난 분과(Terrorism Disaster Branch of the National Child Traumatic Stress New work, NCTSN)에 의해 개발되었다. 심리적 응급처치 영역 운영 지침(The PFA Field Operations Guide) ― 미국 걸프 지역의 허리케인 커트리나 후 지원을 제공하는 사람을 위한 문서자료의 필요로 출판된 작업 문서 ― 는 외상후 스트레스 장애 전국 센터 웹사이트 http://www.ncptsd.va.gov/pfa/PFA.html에서 다운받을 수 있다. 심리적 응급조치는 디브리핑 테크닉과 위험 제거와 달리, 특정한 치료적 개입이 아니다. 이것은 국가 재난, 테러, 그리고 다른 대형 트라우마의 피해자들에게 개별 지원을 제공하는 정신 건강 전문가를 위한 모델 체계를 개괄하고 있다.

심리적 응급처치는 다양한 장소에서(예를 들면 쉼터, 병원, 그리고 기동 응급 의료팀) 행해지며, 아동, 청소년, 그리고 성인에게 사용될 수 있다. 비록 모델이 융통적이도록 의도되었지만, 모델과 다른 요소들은 개인의 구체적 필요에 맞게 맞추어질 수 있다. 개입의 주된 목적은 트라우마 노출과 연관된 초기의 고통을 줄이고 장기 적응 기능을 향상하는 데 있다.

이 모델은 임상가 부분에 대하여 비침투적이고 연민적인 태도를 강조한다. 심리적 응급처치는 어떤 형태로든 트라우마 디브리핑을 삼가한다. 임상가들은 트라우마된 개인들이 그들의 경험에 대하여 가급적 적게 또는 그들이 바라는 만큼 말하도록 격려되지만, 정보나 치리하기를 전혀 강요하지 않는다. 심리적 응급처치의 핵심 요소는 안전과 위로, 그리고 우선적 지지 네트워크와 사회적 자원의 연결을 제공하는, 즉각적 필요로 실제적 지원을 하는 것에 중점을 둔다.

인지-행동적 개입

앞서 개괄된 접근법들과 반대로, 여러 시도들 중에서 트라우마 이후 몇 주 후의 인지 행동 치료(CBT) 과정이 후속 외상후 스트레스 장애 가능성을 줄일 수 있다는 경험적 증거가 있다. 트라우마 사건 직후, 6개월 후, 그리고 트라우마 사건 4년 후의 연구가 증거이다(예를 들면 Bryant, Moulds, & Nixon, 2003; Bryant, Sackville, Dang, Moulds, & Guthrie, 1999; Echeburúa, De Corral, Sarasua, & Zubizarreta, 1996; Foa, Hearst-Ikeda, & Perry, 1995).

급성 트라우마 생존자들을 위한 인지 행동 치료의 맨 처음 조사는 진단으로 스트레스 장애를 소개하기 전에 시행되었고, 그 결과 트라우마에 노출된 후 바로 외상후 스트레스 장애 증상 범주와 만나는 개인을 포함하였다. 초기의 결과들은 특별히 확신을 주지 못했으며, 심리교육, 불안 관리, 인지 테크닉, 그리고 치료 노출을 포함한 개입들은 일반적으로 통제에 관하여 중요한, 지속적인 증상 감소를 가져오지 않았다(Bryant & Harvey, 2000). 그러나 이 연구의 많은 수가 적은 표본 크기로 제한되어 있었고 손상과 증상 정도가 광범위하게 다양하였다.

인지 행동 치료에 관한 이후의 연구들은 더 많은 확신을 보여주었다. 처음의 두 연구에서, Bryant, Harvey, Dang, 그리고 Sackville(1998)은 교통 사고나 산재 피해자들에게 다섯 번의 심리교육, 불안관리, 연장된 노출, 인체내 노출, 그리고 인지 치료의 치료 시간을 제공하였다. 통제 집단은 지지적 상담을 받았다. 트라우마 사건 이후의 즉각적인 치료 이외의 6개월 이후의 치료는 통제 집단과 비교하면, 인지 행동 치료를 받은 사람들 중 상당히 낮은 %의 사람들이 외상후 스트레스 장애 범주와 만났다. Bryant와 동료들(1999)은 이어서 더 다양한 성적이지 않은 트라우마 피해자들을 연구했고, 이들은 인지와 행동 치료, 또는 지지적 상담을 받았다. 연장된 노출과 인지적 중재를 받은 사람들의 낮은 비율이 지지적 치료를 받은 사람들과 비교할 때 외상후 스트레스 장애 진단범주와 만났다. 6개월 뒤의 후속된 두 집단에는 상당한 차이를 보였다. 그러나 치료 집단의 20%가 치료를 포기하였으며, 포기한 사람들은 치료를 마친 사람들보다 더 심한 급성 스트레스 장애를 가졌다. 4년 뒤에 Bryant와 동료들(2003)은 이 두 연구의 41명의 참가자들을 재평가하였고 지지적 상담을 받은 사람들이 인지 행동 치료를 받은 사람들보다 외상후 스트레스 장애 진단범주와 만날 가능성이 3배임을 발견하였으며, 이들은 또한 대체적으로 더 강도 있고 빈번한 외상후 스트레스 증상을 보고하였다. 비슷한 연구로 Ehlers와 동료들(2003)은 자가-도움 책자를 사용하여 인지 행동 치료에 대해 12회 치료 시간까지 비교를 하였고, 외상 후 스트레스 장애 범주와 만나는 최근의 교통 사고 생존자들에 대한 임상가 평가를 반복하였다. 후속 6개월 후에 자가-도움 집단의 61%와 반복된 평가를 받은 55% 사람들과 비교하면, 인지 행동 치료를 받은 사람들의 11%가 외상후 스트레스 장애 범주와 만났다.

이 문헌은 인지 행동적 치료 접근이 나중의 외상후 스트레스 장애 증상과 위험을 줄이는 데 효율적이며, 적어도 이들 중 급성 스트레스 장애로 고생하는 사람들에게 그러하다. 이 영향이 고정적인 인지 행동 치료 때문인지 아니면 트라우마 기억에 대한 치료적 노출과 관련된 어떤 치료로 일어난 것인지는 분명하지 않다. 또한 가장 큰 표본을 가진 강력한 연구들은 교통 사고, 해난, 그리고 대인 관계적이 아닌 다른 트라우마 생존자들에 중점을 두었다는 점에 주목해야 한다. 성적, 신체적, 대인 관계적 트라우마들은 대인 관계적이지 않은 사건들보다 더 흔한 임상 사례들이고, 특히 심각한 증상을 유발할 수 있으며, 일반적으로 높은 비율의 외상후 스트레스 장애로 이끌기 때문에 위의 발견은 이러한 연구 결과를 임상 환경으로 일반화하는것을 어렵게 한다. 비록 초기의 자료들이 장려되지만, 급성 교통 사고 생존자들과 대인 관계적이지 않은 다른 트라우마 생존자들, 또한 강간과 가정폭력 피해자들에게 개입이 도움이 되는지를 평가하기 위하여 이 영역에서 더 많은 연구가 필요하다.

●●급성 스트레스 장애의 치료 개입

일반적으로 특정 클리닉이나 몇몇 사례들, 갈등 환경의 대인 관계가 아닌 트라우마 생존자들의 통과된 표본의 치료로 제한되어 있지만, 위에서 검토한 문헌은, 급성 트라우마 환자들과 일하는 임상가들에게 무엇을 해야 하고 무엇을 하지 말아야 하는지에 관한 중요한 지침을 제공한다. 그러나 동시에 이러한 연구들은 일반적 임상 실제에서 일어날 때(그리고 이걸로 제한될 때)이므로 급성 트라우마 치료의 실제적 실행에 영향을 덜 준다는 점에서 더 많은 만성 외상후 스트레스 장애 치료에 관한 인지 행동적 문헌과 비슷하다. 이 장과 이 책의 여기저기서 설명된 가장 효율적인 치료적 개입들의 창시자들은 많은 시간을 급성 트라우마를 연구하고 치료하는 데 자신을 헌신하고, 학계 환경에서 종종 비교적 '순수한' 급성 스트레스 장애 사례들을 연구한, 상당히 훈련되고 전문화된 사람들이다.

이와 반대로 '실제 임상 세계'의 대부분의 임상가는 이러한 전문화된 훈련을 받지 않았으며, 이들 임상가들은 종종 (1) 많은 오래된 그리고 새로운 트라우마를 보이는 내담자들을 다루며, (2) 광범위하게 동반된, 정신병적 요건들로 자주 고통 받는 내담자들을 다룬다. 다시 말해서 보통의 지역 정신 건강 클리닉에서 보이는 급성 트라우마 생존자는 다양한 도움이 필요한 사람이다 ― 심리사회적, 심리적, 그리고 때로는 신체적 또는 의료적 도움이 필요한 사람들로 사려 깊은 평가와 조심스럽게 모니터된 치료를 포함하는 개입이 이상적이다.

이러한 복합성과 일반화와 관련된 문제들에 관하여, 기존의 심리학적 문헌이 알려주었듯이, 우리는 이 장의 나머지 부분을 지역 정신 건강과 트라우마 클리닉들에서 급성 트라우마 생존자들과의 임상 경험에 기초하였다. 따라서 우리가 제시하는 제안들은, 이 책의 다른 장에서처럼 실용성을 가진 경험에 균형을 두려는 시도들이다.

다행히도 특정한 사전 요건들이 충족되었을 때 급성 트라우마의 많은 치료는 앞장들에서 설명한 많은 만성 외상후 스트레스 반응들에서 설명된 치료 개입 접근법을 병행한다. 예를 들면 치료는 앞서 개괄한 트라우마 처리 단계들을 포함하는데, 즉 노출, 활성화, 차이, 역조건화, 그리고 소멸/해결, 이외에 심리교육과 같은 다른 인지 행동적 요소들이다. 그러나 내담자가 급성 트라우마의 생존자일 때 치료를 위한 준비 평가는 상당히 큰 이슈이며, 치료 과정은 적절한 집중, 강도, 그리고 치료 속도에 더 많은 주의를 필요로 한다.

즉각적 평가

급성으로 트라우마화된 사람들의 평가는 3장에서 제시한 평가의 일반 원칙을 따른다. 급성 트라우마에 대한 개인적 반응은 매우 다를 수 있으며 한 가지가 아니며, 다른 사람들은 분노, 눈물, 불규칙한 행동, 그리고 긴장 감소 활동들로 특징되는 극도의 그리고 극적인 반응을 보이는 반면에 급성 트라우마된 사람들의 전형적인 반응은 — 어떤 생존자들은 비교적 영향을 안 받은 것처럼 보인다. 그러나 심지어 증상이 없어 보이는 반응은 표정이 없는 면이 해리, 둔감화 그리고 신가한 내부 고통을 빈영하기 때문일 것이다. 이러한 결과로 평가자들이 하는 흔한 실수는 ‘통제 안에’ 있는 것처럼 보이는 모든 사람들, 그렇지 않으면 트라우마 직후의 정상적으로 안정된 기분을 가진 모든 사람들이 필요한 대처를 잘하고 있다고 가정하는 것이다.

그러나 동시에 회피하는 트라우마 생존자는 자신이 생각한 필요와 상관없이 치료를 강요하거나 강제되어서는 안 된다. 트라우마 직후의 높은 수준의 해리나 인지적 회피는 압도적 고통 그리고/또는 감소된 정동 조절 능력을 신호하는 것일 것이다. 다른 장들에서 주목하였듯이, 어떤 사례들에서 트라우마 기억에 대한 너무 많은(또는 가끔식) 노출은 '치료 창을' 넘고 다시 트라우마화될 것이다.

일반적으로 우리는 임상가들이 급성으로 트라우마화된 개인들이 평가 과정동안 그들이 원하는 만큼 적거나 많이 말할 수 있도록 놓아두기를 권유한다. 트라우마에 대하여 상세함을 말하도록 강요하거나 피해자들이 이렇게 말하는 것을 꺼려 할 때 말하도록 하는 것은 가능한 한 피해져야 한다. 그러나 특정 이슈들은 분명히 급성 단계의 평가의 중요한 부분이며 몇 가지 잠재적으로 침투적인 질문이 필요할 것이다. 목적은 위협적이지 않은 태도로 필요한 정보를 유도하는 동안 친절한 지지를 제공하는 균형을 찾는 것이다.

초기에 평가해야 할 중요한 이슈들은 3장에 설명되어 있으며 다음이 포함된다.

- **신체적 안전.** 의료적 주목이 필요한 부상인지? 이 개인이 쉼터, 의류, 음식을 충분히 접근할 수 있는지? 강간이나 가정 폭력의 피해자가 가해자가 찾을 수 없는 곳으로 갈 수 있는 안전한 장소가 있는지?

- **자살 충동성.** 자살 생각이나 자살 충동을 초래하는 인적 사망, 압도적인 수치심, 애착 인물로부터의 배신, 크게 줄어든 기능, 그리고 신체적으로 미관을 흉하게 만든 것이 있는지? 자살 계획이 있는지? 손쉽게 이용할 수 있는 방법(예를 들면 알약, 칼, 총)이 있는지?

- **살인/폭력 가능성.** 그 트라우마가 복수나 처벌로서 공격적 행동 가능성을 증가시켰는지? 그 피해자가 총이나 다른 무기를 가질 수 있는지? 엄청난 위협을 하고 있는지? 폭력 행동 내력이 있는지?

- **정신병.** 그 트라우마가 정신병 증상을 가져왔는지? 만일 그렇다면 이러한 증상이 인지 기능과 목적 지향을 손상시킴으로써 자신의 자원에 접근하는 것을 방해하는지? 그 증상들이 자신의 판단이나 이해를 손상시킴으로써 그 사람을 추가적 손상의 즉각적 위험에 두게 하는지?

- **기타 심리적 쇠약.** 이 피해자가 심한 불안, 우울, 또는 해리를 경험하고 있어서 적절한, 목적 지향 방식으로 행동하는 능력이 손상되었는지? 극한 감정적 고통이나 상당히 침투적이거나 약화키는 외상후 트라우마 스트레스 증상들로 압도되거나 극적으로 불안정한지?

- **가족 또는 기타 사회적 지지.** 원천 생존자가 트라우마의 급성 후유증 안에서 피해자가 접근할 수 있는 관계적 또는 사회적 원천이 가능한지?

- **트라우마 상태.** 그 트라우마가 끝났는지? 임상가는 주어진 트라우마가 과거에 있었던 것이어서, 계속되는 위협이 없다고 가정할 수 있다. 불행히도 대인 관계 폭력의 많은 형태들이 반복적이고 지속적이어서 피해자에게 지속적 위험과 심리치료를 어렵게 만드는 생존하려는 반응을 가져온다. 즉각적인 평가 질문들에는 다음의 것들을 포함시켜야 한다.

  − 가해자가 피해자에게 아직도 물리적 접근을 하는지?

  − 가해자가 자신에게 접근하는 것을 피해자가 허용하는 방식으로 가해자에게 정서적으로 연결되어 있는지?

  − 가해자가 체포되었는지, 투옥되었는지? 투옥되었다면 얼마나 교도소에 있을 것인지? 가해자가 피해자를 해칠 수 있는 외부 연락자와 접근하는지?

의뢰

이러한 질문들에 대한 대답에 기초하여, 즉각적 개입은 적절할 수도 적절하지 않은 수도 있다. 위 대답들이 제안될 때 많은 사례들에서 임상가의 첫 기능은 의뢰인의 기능이다. 만일 심각한 심리적, 의료적 또는 심리사회적 어려움에 대한 신호들이 보이면, 임상가는 대개 적합한 자원으로 부상자를 분류함으로써 평가를 실행할 것이다. 예를 들면

- 부상을 당했거나 의료적으로 아픈 피해자는 즉각적인 의료적 처치나 가장 가까운 응급실로 후송되어야 한다.
- 쉼터, 의류, 또는 음식이 필요한 사람들은 사회 서비스 기관들에 대한 정보가 주어져야 하며, 관련 케이스 담당자들은 내담자의 필요에 주의를 기울여야 한다.
- 강간과 가정 폭력 피해자들은 지역응급실이나 위기 센터, 쉼터, 또는 적절한 사회 기관으로 의뢰되어야 한다. 만일 필요하다면 보고서가 법 집행인, 성인 보호 서비스 기관, 또는 아동 학대 기관들로 전달되어야 한다.
- 정신병적 또는 자신을 돌 볼 수 없는 기타 정신병 증상들로 손상된 사람들은 자신이나 다른 사람들을 해치거나 자살을 할 위험에 있는 사람들이거나 자살하려는 사람들은 정신병 병동에 입원하는 것이 의뢰되어야 한다.
- 비밀보장 이슈의 한도 안에서 그리고 가능한 만큼, 트라우마화된 개인을 지원할 수 있는 가족과 친구들과의 접촉이 시도되어야 한다.

치료

비록 어떤 유형의 의뢰는 급성 트라우마에 노출된 증상을 보이는 개인을 위한 것으로 보이지만, 공식적인 심리 치료의 필요(또한 이러한 필요에 대한 내담자의 인식)는 사람마다 다르다. 이 이유에는 다음과 같은 것들이 포함된다.

- 시간 틀은 심리적 개입을 지지하지 않을 수 있다. 트라우마 사건 후의 첫 며칠이나 첫 몇 주는 종종 인지적 적응과 통합 기간이 지난 후 자동적으로 해결하려는 감정 반응과 증상을 포함한다. 잘못된 시기의 심리치료로 지장을 주거나 산만할 수 있는 과정이다(Bisson, 2003).
- 앞서 주목하였듯이 잠재적 트라우마 사건을 경험한 상당 수의 사람들이 사실은 그 트라우마 사건에 의해 트라우마되는 것이 아니며, 지속되는 외상후 스트레스 증상을 경험하는 사람은 적다.

- 더 심각한 트라우마 피해자들에게는, 신체적 부상이 관련될 때 의료적 주의가 정신 건강 평가와 개입보다 우선적으로 취해져야 한다.
- 홍수, 지진, 화재, 그리고 다른 재난의 생존자들에게 의료적 치료 이외에 대개 적절한 쉼터, 의류, 그리고 음식들은 우선적이다(National Institute for Mental Health, 2002). 강간이나 가정 폭력의 많은 피해자들에게 주된 걱정은 가해자로부터 안전하게 머물 수 있는 장소를 찾는 일일 것이다. 이러한 상황에서 물리적 필요와 안전은 무엇보다 중요하며 종종 심리치료에 즉각적 중점을 두지 않는다(Briere & Jordan, 2005). 더욱 즉각적인 개입(또는 개입 대신에) 전에 심리치료가 이루어지면, 실제로 이른 심리치료는 심지어 해로울 수 있다.

급성 트라우마 상황에서 매우 이른 치료는 맞지 않아 보이고 침투적이며, 더 즉각적 관심으로부터 산란하게 하는 경우에는 심지어 생존에 반대되어 보일 수 있다. 예를 들면 2001년 9월 11일 테러 공격 이후 일화적 보고들은 피해자들과 그들 가족들이 가장 즉각적으로 인정한 서비스들은 다른 가족이나 피해자들의 위치를 찾아내는 것을 지원하고, 구체적인 조언, 사회 서비스로의 의뢰, 정서적 격려, 그리고 어떤 사례들에서는 재해 현장에서의 도너츠, 커피, 그리고 지지와 연관된 인간적 접근과 따뜻함이었다고 제안한다. 그러나 반대로 치료적 개입이 필요하거나 원하지 않는다는 항변에도 불구하고 치료자가 생존자와 트라우마 내용을 의논하고 처리한 것에 대하여 소수의 불평이 있었다.

인터뷰를 하는 사람으로서 우리는 너무 엄격하게 급성 트라우마 개인들에게 '치료적' 서비스를 제공하는 것에 너무 엄격하게 집착되어서는 안 된다는 것은 중요하다 ― 우리가 제공할 수 있는 가장 중요한 것들은 기본적인 인간적 접근, 정서적 지지, 그리고 생존자가 다른 사람들과 연결되도록 도와주는 것이다.

어떤 사례들에서 정신 건강에 대한 치료 요청은 피해자가 아닌 가족 구성원,

목사, 또는 구조 대원으로부터 나온다. 치료적 개입을 찾는 이러한 의뢰는 피해자가 자신에게 필요한 의료적 또는 심리적 관심을 찾는 것이 불가능하거나 찾지 않으려 할 때 매우 중요하다. 예를 들면 개입은 피해자가 정신병적, 자살 충동적, 또는 즉시 상해를 할 위험에 있을 때 개입이 분명해야 한다. 그러나 덜 극한적인 경우들에서 트라우마에 노출된 개인은 그들의 즉각적 관심과 연관되지 않고 침투적일 때 원하지 않는 의뢰와 개입을 경험할 수 있다.

이러한 주의에도 불구하고 어떤 사람들은 심하게 그리고 즉시로 트라우마 사건들로 영향을 받으며, 초기의 심리치료 개입이 큰 도움이 될 수 있다는 데는 의문의 여지가 매우 적다. 우리는 일반적으로 다음의 범주들이 충족된다면 급성 스트레스를 위한 정식의 심리치료를 고려하도록 제안한다.

- 평가가 심각한 심리적 손상을 나타낸다.
- 중대한 음식, 쉼터, 그리고 의료적 이슈들이 보이지 않거나 통제 하에 있다.
- 내담자는 치료에 임하려는 갈망을 나타낸다.
- 중대한, 임상적으로 중요한 증상들이 적어도 한 주 또는 몇 주 동안 지속되었거나 증상들이 자신과 다른 사람들에게 잠재적인 위험을 반영한다 — 사례 개입이 즉각적이어야 하는 상황에서.

불행히도 이 목록은 종종 판에 박힌 위험을 보여준다. 아마도 가장 심각한 것은, 초기 개입이 도움이 될 수 있는 상황의 사례들에서 피해자의 손상 수준이 피해자가 심각한 증상을 부인하거나 실제로 치료를 회피하는 경우이다. 이 책의 여러 군데서 주목하였듯이 급성 외상후 스트레스 반응의 빈번한 측면은 어떤 유형의 정서적 또는 행동적 회피이다. 압도적인 사건으로 연상된 충격과 둔감화는 피해자가 자신의 내부 상태로 접근하는 것(그리고 이에 따른 내부 상태에 대한 설명)을 감소시킬 것이다. 어떤 사례에서 생존자는 부정적인 느낌으로 너무 압도되었다고 느껴서 외상후 스트레스 고통, 즉 2장에서 설명한 급성 스트레스 장애와 외상후 스트레스 장애 증상을 활성화할 것 같은 대화(예를 들면 증상 발설)와 활동(예를 들면 치료)을 당연하게 회피한다. 생존자들은 그들의 증상들로, 또는 트라우마 그 자체로 당황스러워하거나 놀랄 수 있으며, 따라서 그들의 경험을 발설하는 것을 꺼려 할 것이다. 다른 사람들은 감정 표현이나 도움을 구하는 것을 약자의 신호라고 생각할 수 있다. 그러나 다른 사람들은 만일 억압하거나 인정하지 않는다면, 자신이 트라우마 증상들로부터 해방될 것이라는 희망으로, "그들의 과거를 뒤에 묻어 두어라" 또는 "그것을 극복하라"와 같은 사회적 메시지를 받아들일 것이다.

이러한 다양한 반응은 임상가에게 수수께끼를 남길 수 있다. 개인은 트라우마화되어 나타나지만, 증상을 부정하고 치료 권유를 거절한다. 궁극적으로 트라우마를 말하는 것과 치료에 참여하는 결정은 주로 피해자 혼자이다. 만일 치료를 원하지 않는다면, 심지어 분명히 증상이 있는 개인이 심리치료에 들어오도록 주장하는 것은 현명하지 못하다. 반면에 이러한 상황에 맞닥뜨려(예를 들면 혼자 있기에 의존하는 상당한 증상을 보이는 강간 피해자, 또는 외상후 스트레스 증상을 말하거나 치료에 들어가는 것에 대한 사회적 낙인을 두려워하는 정서적으로 고통스러워하는 경찰과 맞닥뜨렸을 때), 임상가가 피해자와 함께 피해자 자신의 현재 증상 상태를 친절하게 의논하고, 현재 또는 미래의 치료의 가능한 유익함에 대해 이야기하고, 피해자가 치료를 구하는 것을 방해하는 장벽들에 대한 가능한 해결책을 의논하는 것은 전적으로 적절하다. 만일 피해자가 치료에 참여하지 않으려 하는 것이 분명하다면, 더 심하게 강요하지 않는 것이 대개 가장 좋으며, 임상가는 다음 중 하나를 고려할 것이다.

- 정보 제공—구두로든 또는 문자 형태(권장되는)로—은 트라우마 노출 상황에 대한 있을 수 있는 장기 영향에 대한 설명과 앞으로 도움을 받을 수 있는 방식들에 대한 설명이다.
- 현재의 접촉 이후 한 달 후의 후속 약속을 만들고, 서면의 약속 카드에 적

는다.

- 임상가는 피해자의 허락을 받고, 일이 어떻게 되어 가고 있는지에 대하여, 적어도 한 번의 후속 전화를 하는 것을 주선한다.

- 피해자의 허락과 서명날인된 정보유출 허락서를 가지고, 한 사람 이상의 중요한 다른 사람들(예를 들면 파트너, 가족 구성원들)과 만나 피해자의 상황과 앞으로의 치료 서비스의 가능성을 의논한다. 이것은 피해자가 있는 상황에서 이루어지는 것이 이상적이다 — 사례 정보유출 허락서가 필요할 수도 필요하지 않을 수도 있는 상황에서 이루어진다.

- 가능한 약물 처방에 대한 평가를 위하여 정신과 의사나 다른 의료 서비스를 하는 사람들에게 의뢰한다. 어떤 개인들은 심리치료와 연관된 있을 수 있는 사회적 오명을 걱정하고 약물 처방이 고통스런 증상을 도울 수 있다고 생각할 것이며, 이러한 치료 개입을 덜 병리적인 것으로 볼 수 있다. 약물 관리는 내담자에게 트라우마를 완전히 처리하는 것을 제공할 기회를 허용하지 않지만, 걱정을 표현하는 안전한 환경과 공감적 지지를 제공할 수 있다. 또한 이것은 미래의 심리치료 가능성의 '문을 열' 것이다.

몇몇 사례들에서 피해자들은 이후일지라도 결국 심리적 지원을 요청함으로써 이러한 추가적 시도들이나 지지들에 반응한다. 예를 들면 개인은 — '경우에 따라서' — 전단지나 약속 카드를 가지고 있을 것이며, 증상이 많아지거나 자유롭게 되는 것에 실패할 때 이것에 주의를 돌릴 수 있다. 불행히도 다른 경우에서 트라우마 생존자가 몇 년이 지난 후 정신 건강 서비스를 찾을 수 있다. 그러나 이러한 사례들에서도 트라우마 시점에서의 임상가의 태도, 도움, 그리고 초기 정보들이 기억될 수 있으며, 도움을 구하려는 이후의 결정에 영향을 줄 수 있다.

일단 내담자가 치료를 원하고 제안한다고 결정되면, 일반적으로 치료는 앞장에서 설명한 대로 진행된다. 그러나 급성으로 트라우마된 개인들은 종종 쉽게 압도되기 때문에 회피 방어들에 꽤 의존할 수 있으며, 자기-트라우마 모델 원칙, 특히 치료 장에 대하여 상당한 주의를 기울여야 한다.

균형된 정서적 지지와 연민

앞서 주목하였듯이 트라우마 사건으로 급성으로 압도된 개인들은 종종 사람과의 접촉, 지지, 그리고 연민에 대한 특별한 의미가 있고, 즉각적인 사람의 접촉, 지지, 그리고 동정이 필요하다. 이러한 필요는 종종 너무 강력해서 응답을 덜 하는 임상가는 돌보지 않거나 접근 불가능한 것으로 보일 수 있고, 이에 따라 치료자의 효율성이 줄어든다. 우리는 급성 트라우마 생존자와의 처음 상호작용에서 공감적 접촉과 돌봄어린 대화를 하도록 제안한다. 이것은 치료자의 관심이 불쌍하게 보일 정도로 과도하게 동정적이거나, 관심 표현이 침투적이어서도 안 된다는 의미이다. 목적은 내담자의 트라우마 상황에 대한 인정하는 대화하는 방식으로 반응해야 하며 정서적 수용과 따뜻함을 제공하지만, 전문적이어야 하며 침투적이지 않음을 유지해야 한다. 생존자들은 종종 응급실이든 재해 현장이든 이러한 보살핌, 전문적 도움을 미래에도 기억한다.

적극적인 관련성

고전적 심리치료에서 임상가는 종종 치료적 중립성을 위하여 교류하며, 내담자가 밝힌 사실에 대해 비교적 반영적이고 비식접적인 태도로 반응할 것이다. 이와 반대로 트라우마 피해자를 위한 치료에서는, 특히 트라우마 사건에 갑자기 노출된 피해자를 위한 치료에서, 종종 내담자와 더 적극적이고 직접적인 상호교류가 있다. Judith Herman(1992a)의 말을 표현하면, 폭력과 기타 트라우마 피해자와 일하는 데 있어서 치료적 중립성을 가져야 하는 경우는 매우 드물다고 한다. 더 나아가 몇몇 급성 외상후 트라우마 표현들의 잠재적으로 압도적인 성질은 치료자가 구체적인 충고를 제공하고, 직접적인 의뢰를 하고, 내담자가 임시적으로 의존할 수 있는 강력한 관계적 인물로서 행동하는 것이 요구된다.

중요하게도 이러한 직접적인 태도는 장기 치료에서 보이는 것이 드물며, 내담자의 자기-결정과 자기-지시들이 더 직접적으로 요청되고 강화되는 경우에 권고된다(9장 참조). 그 대신 적극적 관련성은 대개 급성 트라우마 반응의 무질서와 불안정에 대한 단기 반응이다. 구조에 대한 내담자의 즉각적 필요, 자원에의 접근, 그리고 치료적 지침이 적어지면서 치료자의 직접성도 또한 적어져야 한다.

보통 이상의 접근성

더 전통적이고 덜 응급적인 정신 건강 상황에서, 연락 분계선들은 내담자와 치료자 사이에 종종 합의되며, 대개 내담자가 치료자에게 전화를 하거나 접근할 수 있는 경우를 제한한다. 이러한 이해는 과도한 의존을 막고 치료자가 "일을 하지 않는 시간 동안 방해받지 않도록 한다. 그러나 급성 트라우마 상황에서 내담자는 위기와/또는 더 자주 접촉을 필요로 하는 압도적 괴로움이나 애도의 간헐적 에피소드를 경험할 수 있다. 이러한 이유로 트라우마 이후의 며칠, 몇 주, 그리고 초기의 몇 개월 후에 전문적 도움이 필요할 때마다 급성 트라우마 피해자에게 가능해야 한다. 내담자에게 응급실, 위기 센터, 또는 대기 중이거나 대기 치료자들의 전화번호를 주는 것 이외에도 응급/트라우마 임상가는 일반적인 심리치료 사례들보다 더 많은 전화나 즉각적인 치료 시간의 허용(이상적으로는 일반적인 치료 시간)을 고려해야 한다. 내담자는 트라우마 회복 과정 초기에 임상가에게 특별히 강력한 애착을 형성할 수 있기 때문에 이 치료사와의 지속적 접촉은 위기전화나 대기 임상가와 같은 비개인적 치료로 제공된 치료 개입들보다 자주 더 진가를 보인다(또 자주 더 도움이 된다). 물론 급성 트라우마 임상가라도 24시간 가능한 것은 결코 적합하지 못하다. 만일 급성 트라우마 생존자가 단기에 많은 정신 건강 접촉이 필요하다고 보이면, 더 강력한 치료적 개입(예를 들면 정신과 병원 입원)이 고려되어야 한다.

케이스 업무

대부분의 심리 임상가와 다른 정신 건강 임상가들은 치료 외적인 다른 업무들보다 심리적 장애를 평가하고 치료하는 데 그들의 관심을 집중한다. 그러나 이장의 앞에서 설명한 대로 많은 급성 트라우마 생존자들은 심리치료 이외에, 의료적, 사회적, 법적, 그리고 심리적이지 않은 다른 서비스들을 필요로 한다. 이러한 추가 서비스와 자원 접근에 대한 내재적 실행 계획들은 종종 최근에 트라우마화된 사람들을 겁먹게 한다. 예를 들면 내담자는 사망, 트라우마 이후의 스트레스, 그리고 갑작스런 불쾌감의 상황에서 치료 약속을 만들고, 적절한 사회적 서비스들(예를 들면 재난 구호품 또는 범죄 피해 지원), 집 또는 경제적 지원, 개인 보험, 또는 법 집행인이 관여되었을(또는 관여되어야 하는) 때의 법적 문제에 대한 도움을 찾아내는 것이 어려울 수 있다. 비록 이러한 영역에서 내담자를 지원하는 것이 임상가의 업무 내용 밖의 것처럼 보일 수 있지만, 내담자가 당면한 세계가 방해되었을 때 사례별 사회복지 업무와 심리치료를 구별하는 것은 종종 어렵다(예를 들면 Young et al., 1998). 이러한 상황에서 임상가는 내담자를 지원하고, 문제를 해결하거나 내담자가 단독으로 해결할 수 없는 관공서의 불필요한 요식을 없애기 위하여 정부, 법적, 또는 다른 기관들에 전화를 하거나 편지를 쓰는 것이 필요할 수 있다.

사회적 연결

트라우마의 심리적 영향들은 고립과 사회적 단절을 포함한다 — 생존자는 자신이 다른 사람들에게 완전히 이해되거나 인정될 수 없는 경험을 겪는다고 느낄 수 있다(Herman, 1992a). 재해나 다른 대형 트라우마 현상에서 — 급성 트라우마 사건에 대한 혼돈과 혼동의 기간 동안, 피해자들은 다른 피해자, 가족, 친구들과 단절되고, 도움을 주는 사람들이 모든 피해자들에게 재빨리 도달되지 못하거나 또는 이 트라우마 사건으로 영향을 받을 수 있다(Hobfoll, Dunahoo, & Monnier, 1995; Orner, Kent, Pfefferbaum, Raphael, & Watson, 출판 중). 이러한 이유들로, 급성 트라우마에 대한 개입은 종종 생존자들을 관계적 지원들(예를 들면 피해자가 가족 구성원들을 찾고 연락을 하도록 돕는 것)과 재연락하도록 하는 것과 사회적 지지에 대한 광범위한 자원들(예를 들면 적절할 때 목사를 포함하거나 공동체 자원과 집단에 접근을 가능하게 하는 것)을 포함한다. 사실 많은 경우에 사회적 지원을 향상하고 공동체 자원을 동원하는 것은 고전적인 심리적 개입보다 급성 트라우마 생존자에게 더욱더 즉각적인 유익이 될 수 있다(Orner et al., 출판 중).

심리교육

대부분의 임상가와 연구자들은 심리교육을 급성 트라우마 생존자의 치료에 매우 중요한 요소로 본다. 매우 심하게 트라우마화된 내담자는 자기 돌보기에 관한 정보를 제공받아야 하며, 특히 주된 트라우마 이후 몇 주나 몇 달 안에 이러한 정보가 제공되어야 한다. 적절하다면 트라우마 신호에 대한, 예를 들면 최근의 대인 관계 폭력을 떠올리게 하는 기억을 회피하기 위하여 자신을 완전히 고립시키거나 트라우마 사건에 대한 모든 대화, 생각, 또는 생각나게 하는 것들을 회피하려는 것과 같은 과도 행동에 대응하는 상담을 포함한다. 비슷하게 과도한 알코올 사용이나 유희적 마약은 주요 트라우마 이후 처음의 몇 주나 몇 달간 삼가하도록 해야 하는데, 약물 남용이 트라우마 처리를 방해하고 자기-파괴 행동, 자살 충동, 또는 다른 사람들을 위험하게 하는 것을 방지할 수 있는 제한을 감소시키기 때문이다. 이러한 점에서 일반적인 메시지는 비록 완전히 이해는 되지만, 트라우마 유발인자와 기억들에 대한 과도한 회피는 노출, 활성화, 그리고 처리의 정상적 처리를 약화시킴으로써 심리적 회복을 잠재적으로 방해한다.

어떤 사례들에서 이러한 충고는 체내 둔감화 형식을 지지한다. 예를 들면 반드시 필요할 때만 운전을 하는 최근의 교통 사고 피해자는 더 자주 운전하도록 격려되거나, 점차적으로 사고가 발생한 지역에 더욱 가까이 운전을 하도록 격려된다. 비슷하게 자기를 고립시키는 강간 피해자는 여성 친구와 그 지역의 상점까지 걷는 것을 생각해 보도록 하거나, 가능하면 남자들이 있지만 이들과의 상호작용이 제한된 파티에(친구와 함께) 참석하는 것을 요청해 볼 수 있다. 이러한 경우들에서 임상가는 이상적으로는 조언 이상의 일을 한다 — 임상가는 이러한 조언에 대한 중요한 이유를 설명한다. 우리의 경험으로 볼 때 그들이 회피를 하지 않아야 한다고 조언 받은 내담자들은 만일 그들이 이러한 조언에 대한 중요한 근거를 이해한다면 더욱더 조언 대로 하려고 하기 쉽다.

5장에서 설명한 대로 내담자는 대개 트라우마 사건들에 매우 심각하게 노출된 이후 알게 된 일련의 증상과 문제들을 듣게 된다. 이것은 주로 급성 스트레스 장애와 외상후 스트레스 장애의 주요 증상들 이외에 내담자의 구체적인 상황과 관련되어 보이는 다른 인지적 또는 행동적 반응들이 포함한다. 비록 의미상으로는 트라우마 치료에 적합한 개인들이 어느 정도 증상적이지만, 극소수가 전적인 외상후 장애를 경험한다. 그럼에도 불구하고 잠재적인 외상후 스트레스 결과에 대한 친절한, 불안하지 않게 하는 교육은 내담자가 이미 경험하고 있는 것을 인증하고 일반화하는 데 기여할 수 있어서, 내담자는 오명으로 낙인되었다는 느낌이나 정신적으로 장애가 있다는 생각이 덜 들 수 있다.

마지막으로 매우 심하게 트라우마화된 내담자는 잠재적으로 유발시키는 상황과 자극을 어떻게 확인하는가에 관한 정보로부터의 유익을 얻을 수 있으며, 이것이 문제가 될 때 과도한 활성화를 회피힐 수 있나. 6상에서 주목하였듯이 이러한 정보의 유익은 쉽게 압도된 내담자가 그가 예상할 수 있을 정도로 큰 통제감을 느끼고, 침투적인 플래시백과 트라우마 관련 감정의 범람을 감소시킬 것이다.

치료 창에 대한 조심스런 주목

트라우마 기억 활성화의 영향과 내담자의 자기-능력 수준 사이의 상대적인 균형이 모든 트라우마 치료 작업에 있어야 하지만, 이 문제는 특히 급성 트라우마 생존자를 치료하는 것과 관련되어 있다. 이러한 개인들은 종종 주되고 침투적인 트라우마 이후의 증상과 동등하게 강력한 불쾌한 감정들 가운데 놓여 있기 때문에, 너무 빠르게 또는 너무 상기시킴으로써 치료창을 넘는일이 비교적 쉬워보인다. 임상가는 자신의 심리적 자원들을 아직 통합할 기회를 갖지 못했고 심각하게 부조절되어 있는 내담자에게 치료를 너무 일찍 시작하고/또는 너무 많은 기억을 노출과 활성화를 제공한다. 아마도 이 점이 임상가가 심하게 트라우마된 사람과 일하는 가장 흔한 실수일 것이다. 어떤 사례에서 치료 창은 초기에 꽤 '작기' 때문에 임상가는 매우 조심스럽게 트라우마 처리에 접근해야 하며, 내담자가 충분히 내부 안정성을 가지고 있음이 분명할 때만 심각한 노출 활동을 시도한다. 사실 많은 사례들에서 이 장의 앞에서 그리고 여기저기서 개괄한 다양한 개입들(예를 들면 정서적 지지, 사례별 사회복지 작업, 심리교육, 그리고 몇몇 경우들에서, 자기-능력 강화하기)은 기억 처리가 고려되기 전에 필요할 것이다. 이것은 치료적 노출이 매우 심각한 트라우마 피해자와의 작업에서 제한된다는 것이 아니다 — 최근의 연구는 이것이 상당한 도움이 될 수 있음을 보여주고 있다. 관련 이슈들은 얼마나 곧, 얼마나 **빠르게**, 그리고 얼마나 **강도 높은지**이다. 비록 (1) 빠른 치료, (2) 트라우마 이후 곧, (3) 노출을 감내할 수 있는 급성 트라우마 생존자들에게 길어진 치료적 노출은 가장 효율적일 것이며, 감정의 안정성에 대한 평가는 흔히 가장 좋은 접근법이며, 이후 적정(適定)된 노출을 제공하며, 내담자가 준비가 되었을 때 그리고 노출이 괜찮다고 보였을 때에만 치료 창에 조심스럽게 주목하여 노출을 제공한다.

치료 기간

만성 외상후 스트레스 치료로부터 급성 트라우마 스트레스의 치료의 차이를 인식하는 마지막 이슈는 치료 기간에 관한 것이다. 어떤 경우에는 수년간 많은 트라우마 사건들로부터의 생존자들은 중요하고 지속된 치료적 향상을 보여주기 전에 연장된 치료가 필요할 것이다. 반대로 어떤 급성 스트레스 생존자들은 상당히 짧은 치료 기간에 반응한다. 예를 들면 Bryant와 Harvey(2000) 그리고 Ehlers와 동료들(2003)은 다섯 번에서 열두 번의 치료 시간에 걸친 급성 스트레스 장애에 관한 경험적으로 인증된 인지-행동 치료를 설명한다. 비록 이러한 짧은 치료가 항상 적절하지는 않지만 특히 급속히 퍼지거나 끔찍한 경험들(예를 들면 고문, 집단 강간, 전쟁에서의 잔혹 행위들)을 겪었거나, 심각한 다른 질병들을 가지거나, 또는 이전 트라우마들의 해결되지 않은 내력을 가지고 있는 급성 생존자들을 치료할 때 Bryant와 동료들의 성공은 중요한 요점을 만들어 주었다. 급성적으로 트라우마화된 수많은 개인들은 연장된 치료를 필요로 하지 않는다는 점이다. 이 이유는 여러 가지가 있다. 첫째로 많은 급성 트라우마들은 그들 스스로 어느 정도 해결될 것이다. 이러한 사례들에서 치료의 역할은 더 빠른/또는 완전한 회복을 제공하는 것일 것이다. 반대로 외상후 스트레스 장애와 다른 비슷한 트라우마 이후의 요건들은 의미상 더 만성적이며, 따라서 더 심각한 그리고 치료-저항 현상들을 대개 나타낸다. 둘째로 비록 만성적인 트라우마 이후의 스트레스가 다수의 위험 요소들(예를 들면 부적절한 정동 조절, 과도한 회피)과 연관되어 있지만, 많은 급성 트라우마 생존자들에게 이것이 중요하지 않을 수 있다. 마지막으로 비록 증명되지 않았지만, 트라우마 증상들이 시간을 두고 일반화되고 정교화되는 기회를 갖기 전에, 초기의 성공적인 치료 개입이 트라우마 이후의 증상들을 '잡는' 것이 가능하며, 따라서 덜 종합적인 개입이 필요하다.

모든 급성 트라우마 생존자들이 단기 치료에 반응하는 것이 아님을 다시 강조한다. 소수의 사람들은 더 광범위한 치료 개입을 꽤 필요로하기 쉽다. 그럼에도 불구하고 모든 트라우마 치료에 적용되듯이 당면한 급성 스트레스를 해결하기 위하여 필요한 치료의 정도는 임상가가 이미 갖고 있는 짐작들이나 습관적으로 제공해 온 치료 종류로 결정되어서는 안 된다는 것이다. 많은 사례에서 긍정적인 결과가 짐작들이나 습관적으로 제공해 온 치료들보다 덜 치료적이라고 예상했던 것에서 나올 수 있다.

 **추천 문헌**

Bisson, J. I., McFarlane, A. C., & Rose, S. (2000). Psychological debriefing. In E. B. Foa, T. M. Keane, & M. J. Friedman (Eds.), *Effective treatments for PTSD* (pp. 39–59). New York: Guilford.

Blanchard, E. B., & Hickling, E. J. (1997). *After the crash: Assessment and treatment of motor vehicle accident survivors.* Washington, DC: American Psychological Association.

Bryant, R. A., & Harvey, A. G. (2000). *Acute stress disorder: A handbook of theory, assessment, and treatment.* Washington, DC: American Psychological Association.

National Child Traumatic Stress Network and National Center for PTSD. (2005). *Psychological First Aid: Field operations guide.* Retrieved October 25, 2005, from http://www.ncptsd.va.gov/pfa/PFA.html

Ritchie, E. C., Watson, P. J., & Friedman, M. J. (Eds.). (in press). *Interventions following mass violence and disasters: Strategies for mental health practice.* New York: Guilford.

Shalev, A. Y. (2002). Acute stress reactions in adults. *Biological Psychiatry, 51,* 532–544.

Solomon, S., Laor, N., & Mc Farlane A. C. (1996). Acute posttraumatic reactions in soldiers and civilians. In B. A. van der Kolk, A. C. Mc Farlane, & L. Weisaeth (Eds.), *Traumatic stress: The effects of overwhelming experience on mind, body and society* (pp. 102–114). New York: Guilford.

제11장

트라우마 생리학과 정신약리학

Catherine Scott과 John Briere

이 장은 정신과 의사들과 기타 의료 서비스를 하는 사람들뿐 아니라 의사가 아닌 임상가들에게 유용하도록 만들었다. 여기에 제시된 어떤 내용은 필요에 의해 특성상 비교적 실용적이다. 이 정보는 더 의료적으로 특별화되었기 때문에 약물 처방을 하지 않는 임상가들의 필요와 덜 관련이 있어 보일 것이다. 그러나 보통의 심리치료를 받고 있는 많은 트라우마 생존자들이 한 가지나 다른 종류의 정신과 약을 복용하고 있음에 주목해야 한다. 이러한 맥락에서, 종종 약을 처방하지 않는 치료자는 내담자의 주마다의 심리 상태와 일반적인 신체적 기능을 가장 잘 알고 있는 전문가인 반면에, 의료 전문가는 — 아마도 한달에 한 번 — 약물 효과를 평가하기 위한 단지 한 시간 동안만을 알게 된다. 이렇게 내담자의 상태에 대한 준비된 접근은 약리학적 정보가 통지된 임상가가 약물 부작용이나 약을 바꾸어야 하는 응급적 필요들을 알게 하며, 이후에 이것에 대하여 약을 처방하는 임상가와 의논할 수 있다. 다른 사례들에서 심하게 트라우마화되거나 다른 장애가 함께 있는 경우의 생존자들은 약을 받지 않지만, 아마도 약을 복용해야 할 것이다. 트라우마 정신 약물에 대한 지식은 이러한 내담자를 위하여 적절한 정신과적 의뢰와 추천을 함으로써 비의료적 임상가를 도울수 있다. 비의료적인 심리치료자를 위하여 이 장에서 다룬 이슈에는 (1) 특정트라우마-중심 약물을 위한 이유, (2) 인간 신경 체계에 대한 약물의 주된 활동들, (3) 약물의 주요 부작용, (4) 약물의 제약이 포함된다.

트라우마 이후의 스트레스에 관한 실용적 정신약물에 대한 이해 그리고 연관된 정신과적 요건에 대한 이해를 높이는 데 관심이 있는 의료적 서비스를 하는 사람들을 위하여, 우리는 주요 트라우마-관련 약물에 대한 자세한 개요, 이들의 적절한 복용량, 그리고 외상후 증상 패턴에 관한 일반적인 조짐과 반대조짐을 포함하였다. 이러한 점에서 트라우마 이후의 고통에 관한 약을 포함한주요 임상 실험들이 검토된다. 이 장은 또한 정신질환 진단 및 통계 편람 4판축 1의 공존하는 다른 질병의 맥락에서 그리고 트라우마 집중 심리치료의 보조로서 약물 관리에 관한 전략들을 논의할 것이다. 이 분야의 연구에 대한 심층 논의는 이 책 영역 밖의 일이지만, 임상가는 트라우마 약물치료에 대한 문헌에 대한 더 자세한 검토에 대해서는 이 장의 끝에 있는 추천 도서들을 참조하기 바란다. 우리는 또한 이 장을 성인 생존자의 치료로 제한하였다. 아동과청소년을 위한 트라우마 정신약리학은 상당히 특수화된 분야이며, 비록 청소년들이 성인과 비슷한 방식으로 정신병 약에 종종 반응하지만, 청소년과 성인의 생물학에는 상당한 차이들이 있다. 트라우마화된 아동과 청소년을 위한 약물 사용에 관한 더 많은 정보에 관하여, 독자는 Donnelly, Amaya-Jackson, 그리고 March(1999)와 Seedat과 Stein(2001)을 참조하기 바란다.

정신약리학에 대하여 논의하기 전에, 신경체계 부조절이 정신병 약물의 특정목표이기 때문에, 트라우마 이후의 스트레스에 대한 심리생물학을 간단히 검토하려 한다. 그러나 이 분야의 연구는 아직도 초보 단계이기 때문에 트라우마 이후의 장애에 대한 정확한 생리학적 기질보다는 현재 제안된 생물학적 모델에 대한 개괄을 제시한다.

•• 트라우마에 관한 심리생물학

최근 몇 년 동안 트라우마 이후의 스트레스에 관한 생물학에 폭발적인 관심이
있어 왔다. 이 연구는 비록 어떤 증거는 모순적이며 항상 쉽게 해석되지 않지
만, 많은 체계들과 신경전달물질이 트라우마 이후의 장애와 관련되어 있음을
나타낸다. 이러한 복잡성에 대하여 여러 즉각적 암시들이 있다.

1. 아마도 트라우마 이후의 스트레스로 이어지는 많은 경로가 있으며, 한 가
   지 모델이 전체 병리생물학에 대해 설명하는 것은 충분하지 않을 것이다.
2. 외상후 스트레스 장애는 현재 설명되어 있는 대로 하나의 장애를 표현하
   는 것이 아니라 유전, 신경생리학, 스트레스 반응, 그리고 트라우마 사건
   노출의 개인적 차이에 광범위하게 의존하는 결과의 모음이다.
3. 외상후 스트레스 장애나 기타 트라우마 이후의 결과를 위한 한 가지 이상
   적인 약은 어려우며, 오히려 다른 증상 군을 치료하는 데 보조가 될 수 있
   는 광범위한 약리학적 물질들이다.

시상하부 뇌하수체 부신축[Hypothalamic-Pituitary Adrenal(HPA) Axis]과 아드레날린 발생계(Adrenergic System)

스트레스를 받으면 보통의 몸의 반응은(다른 요소들 중에) 부신 수질 호르몬
(norepinephrine)과 코르티솔(cortisol)을 방출하면서, 아드레날린 발생계와
글루코티코이드 체계 모두를 활성화한다. 건강한 요건 아래서 이 두 체계들은
서로를 조절한다. 코르티솔은 길어진 교감 활동을 방지하면서, 아드레날린 발
생계에 '제동장치'로서 활동한다. 외상후 스트레스 장애에서 이러한 균형은 유

지되지 않으며, 두 체계의 반응은 조절되지 않게 된다(Raison & Miller, 2003).

교감신경체계(sympathetic nervous system, SNS)로 알려진 아드레날린 발생계는 전통적으로 알려진, **싸움 혹은 도주 반응**에 대한 책임이다. 이것은 각성과 주의를 유지하는 것 그리고 기억의 통합과 연관되어 있다. 대개 스트레스나 위협 요건 아래서 상황에 적절한 반응을 허용하기 위하여(예를 들면 도주하거나 싸우기) ─ 주로 청반(Locus ceruleus)과 망상 활성화 체계(reticular activating system)에서 ─ 두뇌는 교감을 증가시키고 노르아드레날린을 방출한다. 스트레스가 제거되면 아드레날린 발생계는 자신의 일상적인 기준치로 돌 아온다. 이러한 정상 수준의 각성으로 되돌아오는 것은 외상후 스트레스 장애에서 저해되는 것으로 나타난다. 아드레날린 과다활동은 ─ 다수의 신경전달물질과 신경호르몬, 아세틸콜린, 에피네프린, 그리고 노르에피네프린과 같은 신경호르몬 이외에 증가된 수준의 신진 대사를 포함한 ─ 외상후 스트레스 장애를 가진 개인 안에서 보인다. 이러한 초과된 그리고 지속되는 활성화는 과도각성, 재경험, 해리, 공격성, 그리고 일반화된 불안과 공황발작을 포함한, 다수의 트라우마 이후의 증상들과 연관되어 있다. 이밖에도 증가된 아드레날린 활동은 감정이 깃든 기억을 표현하는 것을 보조하는 것으로 보인다(Southwick et al., 1999).

부신(시상하부 뇌하수체 부신 축의 마지막 기관)은 코르티솔과 아드레날린 복합체를 방출한다. 코르티솔 분비를 가져오는 대량의 쏟아냄은 시상하부에서 시작하며, 부신 피질 자극 호르몬 방출 인자(corticotropin releasing factor, CRF)를 생산한다. 부신 피질 자극 호르몬 방출 인자(CRF)는 부신피질 자극 호르몬(adrenocorticotropin hormone, ACTH)을 생산하는 뇌하수체를 자극하며, 차례로 부신 피질 자극 호르몬은 아드레날린에 의해서 코르티솔의 방출을 통제한다. 코르티솔은 면역과 스트레스 반응의 조절을 포함한 다양한 기능을 가진 호르몬이다. 이것은 코르티솔이 신경 펩티드(neuropeptide) Y(NPY)와 같은 다른 복합체과 함께, 아드레날린 발생계의 활동을 조절하는 데 기여할 것이라고 제안해 왔다(Southwick et al., 1999). 신경 펩티드는 코르티솔과 협력하여 활동하는 것 처럼 보이는 내인성 불안 완화제이다(Kask et al., 2002). 중간 또는 '감내할 수 있는' 스트레스 수준에서 코르티솔과 신경펩티드 Y의 혈액 수준이 높다는 것을 의미한다. 그러나 개인이 트라우마로 압도될 때 이 체계는 코르티솔과 신경 펩티드 Y 수준에서 하락으로 이끌면서, 이 체계 또한 압도될 수 있다. 이러한 결과는 아드레날린 각성을 하향 조절하는 대뇌 능력을 제한한다.

감소된 코르티솔과 신경 펩티드 Y 수준은 만성 스트레스 요건 아래서 생활하는 개인들에서 보여 왔다. 여러 연구 노선들은 외상후 스트레스 장애를 가진 개인의 낮은 코르티솔과 신경 펩티드 Y를 보여주었다(Yehuda, 2002). 그밖에도 트라우마 이후의 이러한 낮은 수준의 신경전달물질들은 이후의 외상후 스트레스 장애에 대한 예견으로 나타난다(Morgan et al., 2001). 강간의 성적 학대 내력을 가진 여성들에서, 낮은 코르티솔은 외상후 스트레스 장애를 예견했었다(Resnick, Yehuda, Pitman, & Foy, 1995). 그러나 이 분야의 여러 연구들은 이것에 동의하지 않는다. 예를 들면 DeBellis와 동료들(1999)은 외상후 스트레스 장애에서(낮은 것과 반대로) 증가된 코르티솔을 발견하였으며, 소수의 연구들은 코르티솔과 트라우마 이후의 스트레스와의 관계가 그렇지 않다고 가정했던 것보다도 더 복잡할 수 있나고 제안한다(논의를 위하여는 Yehuda, 2002 참조). 이 분야의 연구는 계속되어야 하며, 현재의 발견들이 — 비록 강력하게 제안적이지만 — 결정적으로 고려되어서는 안 된다.

시상하부 뇌하수체 부신축(HPA)은 부정적인 피드백 순환에 의해 자가조절을 한다. '정상적' 요건 아래서 낮은 코르티솔 수준은 — 궁극적으로 더 많은 코르티솔을 제공하는 아드레날린의 자극과 아드레날린 발생계 균형을 가져오면서 — 높은 수준의 부신 피질 자극 호르몬 방출인자(CRF)와 부신 피질 자극 호르몬(ACTH)을 가져올 수 있는 시상하부와 뇌하수체에 피드백을 제공할 것이다. 그러나 외상후 스트레스 장애에서 코르티솔의 수반된 증가 없이 높은 부신 피질 자극 호르몬 방출인자(CRF)를 가져오는 시상하부뇌하수체부신축(HPA)의 강화된 부정적 피드백이 나타난다(Raison & Miller, 2003). 그밖에 외상후 스트레스 장애를 가진 개인들은 덱사메사손 도전에의 코르티솔을 과도 억압하는 것으로 나타난다(Yehuda, Halligan, golier, Grossman, & Bierer, 2004). 이러한 자료들은 글루코코르티코이드(glucocorticoid) 수용자들이 어떤 트라우마화된 개인들에게 과도하게 민감하게 되며, 낮은 기저선의 코르티솔로 유도하고 이에 따른 증가된 교감신경체계(SNS)로 된다는 것을 제시한다. 따라서 이러한 손상은 단순히 너무 적은 코르티솔의 문제라기보다는 손상된 글루코코르티코이드 신호 보내기의 하나라고 제시해 왔다(Raison & Miller, 2003).

  종합하여 생각해 보면 이러한 발견들은 다양한 두뇌복합체(신경펩티드 Y와 코르티솔과 같은)가 '교감신경체계가 과도하게 되는 것을 금지하도록 노르에피네프린의 지속적인 방출을 방지하는 것'을 운영하는 한도 내에서 최적의 스트레스 반응을 위한 신경생물학적 창이 있을 가능성을 제안한다(Southwick, Morgan, Vythilingan, Krystal, & Charney, 2003, p. 1). 트라우마 이후의 스트레스에서 감소된 글루코코르티코이드(코르티솔)와 신경펩티드 Y 조절과 함께 증가된 아드레날린 활동의 동시발생이 나타나는 것 같다. 이러한 불균형은 감정으로 가득한 트라우마 기억들에 대한 갑작스럽고 강력한 통합으로 이끌 수 있으며, 지속적인 아드레날린 자극 요건 아래서 침투적이고 압도적이 되고, 과도각성, 안절부절함, 불안, 그리고 해리 증상을 이끌 수 있다. 시상하부뇌하수체부신축 관련의 정상적인 면역 반응의 붕괴는, 또한 특히 만성적인 스트레스 요건 아래서(예를 들면 길어진 고문, 아동기의 신체적 또는 성적 학대)는 몇몇 트라우마 생존자들이 보고하듯이 만성적인 신체적 불평과 신체적 질병에 걸릴 잠재적 원인이 될 수 있다(Ehlert, Gaab, & Heinrichs, 2001).

외상후 스트레스 장애의 다른 생물학적 연관성

아드레날린과 글루코코르티코이드 체계의 역할 조사 이외에 외상후 스트레스 장애의 발전에서 시작을 잘하지 못한 생물학적 메커니즘을 조사하는 문헌들이 많다. 세로토닌은 외상후 스트레스 장애의 치료에서 주로 선택적 세로토닌재흡수억제제(selective serotonin reuptake inhibitors, SSRIs)의 효용성 때문에 트라우마 이후 스트레스의 생물학적 작용과 연관되어 있음을 보여준다 (Friedman, 2000b). 그러나 세로토닌 물질들이 아드레날린 세포들이 남아 있는 청반(locus ceruleus)에 영향을 주기 때문에 세로토닌 물질의 영향은 가능한 세로토닌을 단순히 증가시키는 것보다 더 복잡할 수 있다. 또한 외상후 스트레스 장애는 세로토닌 전달물질의 변화, 오피오이드(opioid) 부조절, 그리고 높은 정상적인 갑상선 호르몬 수준들과 연관되어 있다(Friedman, 2000b). 반복되는 스트레스가 일단 한계점 아래의 자극들로 반작용되도록 대뇌 변연계 뉴런을 민감화한다는 생각은 특히 아동 학대와 같은 만성 스트레스 요건에서 외상후 스트레스 장애의 발달 모델로 제시되어 왔다(Weiss & Post, 1998).

신경 촬영법(Neuroimaging) 연구로부터의 발견

신경 촬영법 테크놀로지의 최근의 진전은, 어떻게 트라우마가 신경해부학과 신경생리학에 영향을 주는지의 국면을 열면서, 뇌가 몸 안에서 기능하는 대로 뇌를 볼 수 있도록 힌다. 많은 자료들이 작은 표본 크기들로 제한되는 반면, 어떤 일관된 발견들이 나타나 보인다. 일반적으로 외상후 스트레스 장애는 하얀색과 회색 물질의 작은 두뇌, 작은 해마 양(hippocampal volume), 그리고 작은 전측 대상회(anterior cingulates)와 연관되어 왔다(Villarrel & King, 2004). 작은 해마 양은 또한 아동 학대의 생존자들(외상후 스트레스 장애와 상관없이)에서 발견되어 왔으며, 해마 양의 축소는 학대의 심각성과 외상후 스트레스 장애의 심각성 모두와 상관되어 있다(Fennema-Notestine, Stein,

Kennedy, Archibald, & Jernigan, 2002). 작은 해마 양이 트라우마보다 먼저 개인으로 하여금 외상후 스트레스 장애를 발전시키도록 하는지, 아니면 트라우마 사건에 대한 신경생물학적 반응의 결과로 해마 양이 감소되는지에 대한 질문은 아직도 남아 있다. 더 복잡한 설명을 위하여, 어떤 개인들에는 중복되는 방식으로 이러한 두가지 처리들이 일어날 가능성이 있다.

이밖에도 상상을 하는 것은 외상후 스트레스 장애를 가진 개인의 구두로 기억을 하는 동안 감소된 해마 활성화를 보여주었으며(Bremner et al., 2003), 이는 해마가 기억의 통합에서 중요한 역할을 한다는 이치와 일치한다는 발견이다. 흥미롭게도[프로작(Prozac)과 같은] 선택적 세로토닌재흡수억제제(SSRIs) 치료는 구두 기억을 향상하고 해마 양의 증가를 보여주고 있다(Villarreal & King, 2004). 비슷하게 연구 조사자들은 트라우마를 회상하는 동안 감정적 반응과 정동 조절이 연관 있다고 여겨지는 뇌의 영역인 전측 대상회의 감소된 모집을 발견하였다(Shin et al., 2001).

생물학적 모델과 자기-트라우마 모델 통합하기

여기에 제시된 심리생물학적 모델들은 앞장들에서 설명한 적응-중심 심리학적 개념과 반대로, 신경 체계 병리학에 중점되어 있다. 생물학적 이론들은 트라우마 이후 스트레스 증상들이, 아마도 시상하부뇌하수체부신축(HPA)과 관련된 신경호르몬의 부조절의 결합으로, 교감신경활동의 과도한 활성화로부터 일어나는 경향이 있으며, 트라우마 기억들은 부정적인 감정을 만들기 위하여 과도하게 통합되고, 쉽게 활성화되고 자신의 능력 안에서 압도당하게 된다고 제안하는 경향이 있다. 더 나아가 교감 체계의 지속적인 활성화는 유지된 자율신경 각성을 가져오며, 반복되는 스트레스 유발인자가 있을 때는, 이후의 자극에 대한 과도 활성화를 가져온다고 생각된다.

이와 반대로 앞 장들에서 설명한 심리학적 모델은 트라우마 이후의 재경험(예를 들면 플래시백과 침투적인 트라우마 관련 생각)이 정상적인 심리생물학적 과정을 표현한다고 제안한다 — 안전한 상황(즉 8장에서 논의한 노출, 차이, 그리고 소멸) 안에서 트라우마 기억을 반복적으로 떠오르게 함으로써 트라우마 기억을 둔감화시키려는 시도이다.

우리는 추측에 근거하지만 이러한 두 관점의 통합이 가능하다고 제안한다. 8장에서 설명하였듯이 보통의 노출/차이/소멸 과정이 현상을 재경험(예를 들면 침투적 생각과 기억)하는 것이 연상된 고통스런 정동을 조절하고 감내하는 개인의 능력을 초과하지 않을 경우에만 '작동된다'고 가정한다. 차례로 이러한 정동 조절 능력은 교감신경 각성을 조절하는 시상하부뇌하수체부신축(HPA)의 능력과 같은 심리생물학적 현상의 기능이 부분적으로 되기 쉽다.

따라서 자연적인 노출/소멸 체계가 탈선되었을 때 — 즉 스트레스 유발인자의 감정적 영향이 그 개인이 갖고 있는 정동 조절 '창'을 초과할 때 외상후 스트레스 장애와 다른 트라우마 이후의 반응들이 일어나는것이 가능하다. 이것은 아마도 이미 민감하거나 부조절적인 신경체계를 갖고 있는 사람들에게 특히 맞다. 재경험이 효율적이어 보이는 사례들에서 — 즉 트라우마 기억들이 성공적으로 노출되고 소멸될 때 — 우리는 덜 압도적이고 덜 '흥분하는' 신경 체계(그리고 이에 따른, 코르티솔을 통한 더 효율적인 조절), 높은 수준의 신경 펩티드 Y, 그리고 덜 종합적인 변연계를 발견하는 것을 기대할지도 모른다.

생물학과 심리학 연구자들은 최적의 스트레스 반응이 일어나는 '창'의 개념을 독자적으로 가정해 왔다. Southwick, Morgan, Vythilingam, 그리고 Charney(2003)는 "심리적으로 회복력을 가진 개인들은 적응적인 높임의 창 안에서, 위험에 반응하기에 충분히 높지만 너무 높아서 정상생활이 불가능하거나, 불안과 공포를 만들지 않는 창 안에서 교감신경체계 활성화를 유지한다"(p. 1)고 제안하였다. 8장에서 자세히 설명하였듯이 자기-트라우마 모델(Briere, 2002a)은 개인들이 압도되지 않은채 감정과 고통을 경험하고 감내할 수 있는 한도 내의 심리적 창이 사실이라고 제안한다.

앞의 논의를 고려해 볼 때 외상후 스트레스 장애와 기타 스트레스 장애의 성공적 치료는 아마도 다음의 몇 가지 결합이나 부분을 포함할 것이다.

- 조심스럽고 적정히 트라우마 기억에 노출되어, 타협된 생물학적 그리고 심리적 체계들이 압도되지 않은 것
- 6장에서 설명한 심리적 개입을 통하여, 그러나 어떤 경우에는 변연계와 시상하부뇌하수체 부신축을 안정시킨다고 생각되는 약을 통하여 감정적인/스트레스 조절을 증가시키려는 시도
- 긴장이완 훈련과 기억 둔감화를 통하여, 또 교감활성화가 나타날 때 불안을 치료하는 약을 통한 교감 활동의 약화를 통하여, 전체적인 불안/각성 '걱정'의 감소(즉 교감신경계의 과도활동과 과도민감성)
- 약을 사용하지 않으면 정동 조절을 방해하거나 전체적인 괴로움이 가중될 수 있는, 공존하는 불안, 우울, 그리고 정신병을 줄이기 위한 약의 사용

비록 이 장에서 주목하였듯이 현재 가능한 약들은 외상후 스트레스의 완벽한 해결에 충분하지 못하며, 어떤 트라우마 생존자들은 단독 심리치료로는 완전히 효율적이지 않은 것 같은, 높은 수준의 불안, 과도각성, 그리고 공존하는 증상들로 괴로워한다. 그 결과 트라우마 이후 상태의 성공적인 치료, 특히 심각하거나 만성적인 증상들은 가끔 심리적 그리고 약리적 개입 모두를 포함할 것이다.

••트라우마 정신약리학

이 책을 통하여 논의하였듯이 트라우마 이후의 영향은 극도로 복잡할 수 있다. 그 개인의 특정 상황에 치료를 맞추는 것은 치료가 심리치료이든, 정신약리학이든, 또는 이 둘의 결합이든 간단하지 않을 것이다. 비록 외상후 스트레스 장애 치료를 위한 약과 이와 관련된 장애를 위한 치료를 위한 약들은 가짓수는 적지만, 이 약의 사용에 대한 실습과 지킴의 엄수를 격려하는 데 상당한 지식과

주의를 필요로 한다. 내담자에게 처방전을 쓰고 한 달 후 후속 조치를 위하여 되돌아 오라고 말하는 것은 충분하지 않다. 트라우마 생존자들에게 사용하는 약의 사용과 관련된 특별한 유의점에는 다음과 같은 것들이 있다.

- **준수.** 트라우마 생존자들은 종종 약을 복용하는 것을 기억하는 데 어려운 시간을 종종 가진다 ─주의 산만, 높은 수준의 감정의 활성화, 그리고 가끔의 해리의 결과이다. 이것은 약 복용법이 하루 동안 정해진 많은 시간에 약 복용을 필요로 할 때 더 고려될 것이다.

- **불안.** 외상후 스트레스 장애를 치료하기 위하여 사용되는 많은 항우울제들은 초기 며칠의 치료 후에 어떤 사람들은 불안 수준이 높아질 수 있으며, 어떤 경우에는 공황발작을 일으킬 수 있다. 상당히 해리되었거나, 신체적으로 집착되어 있거나, 불안하거나, 또는 공황 발작을 보이는 트라우마 생존자들은 다른 사람들이나 덜 트라우마화된 개인들보다 더한 불안 증상들로 이러한 약에 반응하기 쉽다.

- **진정제 투여.** 특정 항정신성 약들은 어떤 사람들에게는, '둔감(dullness),' 진정작용, 또는 '자신이 아님'과 같은 느낌을 유발할 수 있다. 특별히 트라우마 생존자들은 이러한 부작용들이 감각하기와 위험에 반응하는 그들의 능력을 손상한다고 느낄 것이다. 역설적으로 비록 과도경계가 트라우마 이후의 스트레스를 극도로 약화시킬 수 있는 요소이지만, 많은 개인들은 그들에게 주는 '신경이 곤두서는' 통제와 안전에 대한 감각을 상실하지 않기를 원한다.

- **수면.** 비슷하게 트라우마 생존자들이 방해받고 불규칙적인 수면에 대하여 빈번하게 보고하지만, 이들은 잠재적 위험으로 잠들 것이라는 두려움으로 수면 약 복용에 저항할 것이다.

- **금전 처리.** 어떤 약들, 특히 벤조디아제핀(그리고 어떤 '길거리 마약' 그리고 유흥을 위한 약들)은 뒤의 장에서 자세히 설명하였듯이 트라우마 기억

은 심리적 처리를 방해할 수 있다.

- **약물 남용.** 불법의 그리고 다른 중독성 물질의 사용은 외상후 스트레스와의 공존이 매우 높으며 특정 약들과의 결합에 문제가 될 것이다.
- **권위의 불신.** 많은 트라우마 생존자들은, 특히 대인 관계 폭력이나 정치적 고문의 피해자들은 임상가나 의사를 포함한 어떤 사례들에서 ― 권위 있는 인물들을 불신할 수 있으며, 따라서 처방 약 복용을 꺼려 할 것이다. 예를 들면 이들은 임상가가 약, 또는 심지어 드문 경우에는 독극물을 통하여 이들을 통제하려는 두려움을 가질 것이다.
- **과잉약물.** 어떤 트라우마 생존자들이 경험하는 만성적이고 극한 괴로움은 임상가에게 무기력과 좌절감을 유도할 수 있으며, 내담자에게 적정 양보다 더 과감하게 약을 복용하도록 이끌거나 중독성의 항 불안 약을 과도하게 처방할 것이다.

우리는 이러한 점들을 고려하여 초기의 권유사항을 다음과 같이 만들었다.

- 새로운 약 복용을 시작한 일주일 이내에, 트라우마 내담자에 대한 자세한 후속조치
- 내담자가 가끔 약의 복용을 기피하려는 데 대한 인내 ― 내담자가 향정신적 식이요법을 시작하기 위하여 필요한 신뢰를 발전시키시 위하여 한 번 이상의 방문이 필요할 수도 있다.
- 준수를 줄일 수 있는 부작용을 피하기 위하여 천천히 복용양을 증가시킨다.
- 부작용이 생겼을 때 내담자가 놀라거나 불안해하지 않도록 하기 위하여, 또 결국은 감내할 수 있는 약 복용을 미리 중단하지 않도록 잠재적인 부작용에 대하여 적절한 교육을 한다.
- 과다 복용의 두려움에 대한 친절한 격려와 지지를 하여 위험에 덜 반응하게 한다.

● 불안을 해소하기 위한 약을 처방할 때 남용이나 과다 복용량에 대한 잠재
  성에 대하여 조심스럽게 고려한다.

심리치료와 정신약리학

우리는 이 책에서 지지적인 치료 관계 환경 안에서 트라우마 내용을 처리하는
중요성에 중점을 둔다. 그러나 어떤 경우 트라우마 내담자는 트라우마 이후의
증상들로 치료에 참여할 수 없이 압도적이거나, 또는 치료가 매우 느린 속도로
진행되는 낮은 수준의 활성으로 너무 불인하거나 고통을 받을 수 있다. 다른
경우는 심리적 요건들(대부분 흔하게 우울증)이 있는 경우 내담자가 심리치료
에 전적으로 참여하는 능력을 방해한다. 가장 안 좋은 사례는 내담자는 아무런
설명 없이 또 임상가에게 전화도 없이 매우 짧은 치료 후에 치료를 그만두기도
한다.

향정신성약들은 트라우마 중심의 심리치료에 유용한 보조물이며, 특히 치료
초기 단계에서 그러하다. 적절한 약리학적 개입은 초기에 강도 높은 고통의 경
감을 제공할 수 있는데, 부분적으로 외상후 스트레스 증상에 대한 약물효과를
통하여, 그리고 부분적으로 플라시보 효과를 통하여 고통을 경감한다. 수면을
향상시킬 수 있는 약은, 종종 수면 장애가 외상후 스트레스의 가장 크게 심신을
약화시키는 것 중 하나이기 때문에, 특히 도움이 될 수 있다.

약의 사용으로 몇 가지 초기 증상이 감소되었을 때, 내담자들은 트라우마 중
심의 심리치료 작업에 더 어려움을 가질 것이다. 치료에 회의적인 내담자들에
게 초기의 유익한 경험은 치료적 동맹을 향상하도록 돕고, 부정적인 경험을 한
사람들은 회복 가능성이 없다고 믿게 하며, 초기에 증상 경감에 대한 설명은 미
래에 희미게나마 희망을 줄 것이다. 이렇게 생각해 보면 약리학은 내담자가 회
복하도록 돕는 과정의 '디딤돌' 이다. 이들이 심리치료에 들어오고 심리치료에
관여하도록 돕는 방법이다.

놀랍게도 외상후 스트레스를 위한 심리치료와 정신약리학적 치료를 직접

대면한 비교가 없다. 그러나 전체적으로 약들은 자체적으로 치료적인 것이 드물며, 비록 도움이 된다 해도 심리치료보다 영향력이 적다. 트라우마 스트레스 연구 국제 협회의 실습 지침(International Society for Traumatic Stress Studies(Foa, Keane, & Friedman, 2000)에서 심리치료(Rothbaum, Meadows, Resick, & Foy, 2000)와 약물치료(friedman, Davidson, Mellman, & Southwick, 2000)에 관한 '가장 높은 수준의' 성과에 대한 연구들이 검토되었고, 심리치료 개입과 연관된 증상 감소 양이 약물 개입에서 발견된 것보다 상당히 컸다. 이러한 직접 비교와 연관된 방법론적 문제들(약물과 심리치료 연구의 참여자들 사이의 증상의 심각성에서 가능한 차이들을 포함한)이 있는 반면, 외상후 스트레스를 위한 약물치료가 심리치료보다 본래 더 효율적이라는 생각을 지지하는 증거는 확실히 없다. 그럼에도 불구하고 우리의 경험에서 어떤 사람들은 증상 수준을 감내할 수 없으며 — 따라서 회피해야 하며 — 심지어 낮은 수준의 활성화와 고통에서도 회피하기 때문에 심리치료의 잠재적 유익을 '놓칠 수' 있다. 이러한 개인들에게 약 복용은 심리치료에 참여하게 하는 강력한 방법이 될 수 있으며, 이에 따라서 회복 가능성도 높을 것이다.

•• 외상후 스트레스 약 복용에 대한 치료 결과 연구와 한계

이 장은 외상후 트라우마 상태를 치료하기 위하여 사용된 약, 이들의 조짐, 부작용과 트라우마 개인들에 사용을 조사하는 주요 임상 실험들을 검토한다. 그러나 논의를 타당하게 하는 이러한 연구에 대한 몇 가지 한계들이 있다. 약이든 심리치료든 외상후 스트레스 장애의 치료 결과에 대한 많은 연구들은 종종 복합성이 적은 성인 트라우마와 연관된, 비교적 '순수한' 외상후 스트레스 장애를 검토하였다. 주요우울장애, 성격 장애, 강박 장애, 그리고 기타 불안 장애들의 공존 진단을 가진 개인들은 이러한 테스트에서 종종 제외된다(Spinazzola, Blaustein, & Van der Kolk, 2005). 이밖에도 많은 연구들은 약물 남용을 하거나, 자살 충동이 있거나, 또는 심각한 해리 증상을 가진 사람들을 제외한다. 놀랍게도 이러한 제외에도 불구하고 많은 연구의 도중하차율은 30%이다(Spinazzola et al., 2005).

불행히도 일반 대중(즉 스크린되지 않은 세팅)의 외상후 스트레스 장애는 기타 축 1 진단들과 상당히 공존한다. 사실 기타 축 1 진단들과 외상후 스트레스 장애의 공존은, 성별을 합치면 80%에 달한다(Kessler, Sonnega, Bromet, Hughes, & Nelson, 1995). 클리닉과 개인 치료 사무실에서 트라우마 생존자들과 일하는 대부분의 임상가들은 '순수한' 외상후 스트레스 장애는 비교적 드물다고 말한다. 따라서 대부분의 임상가들이 일하는 실제 환경(내담자가 종종 증상의 복잡한 배열을 보이는 세계)에 대한 치료 결과 연구들의 결과를 일반화하는 것은 항상 쉽지 않으며, 치료에 덜 활발하게 반응하거나 연구들이 반응을 하는 데 제안한 것보다 더 오래 걸릴 것이다.

일반적으로 가끔 정신병 약이 필요하다는 고려할 만한 증거들이 있지만, 외상후 스트레스와 기타 트라우마 관련 상태들을 치료하는 데는 충분하지 못하다. 그러나 이러한 제약들은 이러한 약의 적절한 사용을 못하게 해서는 안 된다. 예를 들면 우리의 심리적 트라우마 프로그램의 대부분의 내담자들은, 비록 이들이 트라우마의 심각성–복합성 지속의 더 심각한 종말로 떨어질 것이라고 인정된 경우이지만, 적어도 한 가지 정신병 약을 복용한다(Ehrlich & Briere, 2002).

임신과 수유

1장에서 주목하였듯이 트라우마 생존자 중에 과도한 증상을 보이는 여성들과 폭력 관계에 놓여 있는 여성들은 임신을 하였을 때 특히 피해자가 될 위험이 높다(Campbell & Lewandowski, 1997). 이러한 이유로 외상후 스트레스에 사용되는 약의 잠재적 효과가 태아 발달에 미치는 영향을 고려하는 것은 중요하다. 불행히도 대부분의 정신과 약들은 임신한 여성들의 안전에 관한 분명한 지침을 제공하는 연구가 충분히 이루어져 있지 않다. 대신 태어나지 않은 아이에 대한 가능한 부작용을 나타내는, 식약청(the Food and Drug Administration, FDA)에 의해 임신 범주 C로서 대부분 분류된다. 벤조디아제핀, 항우울제 팍실(파록세틴), 그리고 몇 가지 기분안정제와 같은 특정 약들은 임신에서는 분명히 사용이 금지되어 있다. 그러므로 임신한 여성에게 향정신 약으로 치료하는 결정은 위험과 유익의 조심스런 분석을 포함한다. 예를 들면 증상들이 그 여성 자신과 그녀의 아기를 해칠 위험이 있는, 충분히 심각한 것인지? 의도적 상해나 자기-무시로 인한 손상 위험이 약의 사용으로 생긴 위험보다 큰 것인지? 항우울제, 특히 **선택적 세로토닌재흡수억제제**(selective serotonin reuptake inhibitors, SSRIs)는 임신 기간에 퍽 광범위하게 처방된다. 그러나 2005년 12월, 식약청은 선택적 세로토닌재흡수억제제를 임신 범주 C에서 D로 바꾸었다. 이 변화는 임신 첫 3개월 동안 이 약에의 노출이 선천성 기형의 기회를 증가시킬 수 있다고 제안을 준비 중인 자료의 결과로서 생겼다(Federal Drug Administration, 2005). 이것이 패락서틴(paroxetine)과 단순하게 연결된 것과 반대로 더 일반적인 선택적 세로토닌재흡수억제제 관련 효과인지는 분명하지 않다. 그럼에도 불구하고 이 변화는 다소 갑자기 발표되었으며, 이 약의 분류에 대하여 우리가 알지 못하는 것이 많음을 설명한다.

가능하면 임신 첫 3개월은 태아에게 가장 중요한 신경학적 발달이 일어나는 시기이므로 이 기간 동안 향정신약의 사용을 피하는 것이 권유된다. 만일 약을 사용해야 한다면 약사가 고려하는 것이 어떤 것이든 약 사용의 잠재적 위험과 부작용에 대하여 환자와 솔직한 의논이 있어야 한다.

대부분의 향정신약들은 모유 안에서 생성된다. 모유를 통해 갓난아기에 의해 선택된 약의 효용에 관한 자료는 매우 적다. 따라서 바로 엄마가 된 사람들이 약이 필요할 정도로 충분한 증상을 갖고 있는 환경에서는 모유수유는 일반적으로 회피되어야 한다.

이 장의 표들에서 우리는 각 약에 관한 식약청의 임산부에 미치는 영향 등급을 목록화하였다. 그밖에도 각각의 약이 모유에 포함되어 있는지를 나타내었다. 참고로 식약청 임산부에 미치는 영향 등급은 다음과 같다(Physicians's Desk Reference, 2004).

- A 범주 : 위험을 보이지 않는 사람들에 대한 통제 연구
- B 범주 : 동물의 부작용에도 불구하고 인간에게 위험이 있다는 증거가 없거나 또는 인간 대상 연구의 부재에서, 동물에게 부작용이 보이지 않을 때, 그러나 피해 가능성이 남아 있는 경우
- C 범주 : 위험이 배제될 수 없으며, 인간 대상의 적절한 통제 연구가 부족함
- D 범주 : 인간에게서 위험에 대한 양성반응 증거
- X 범주 : 임신 중 사용이 금지된 것

대체 치료와 향정신성약들

대체 치료(가끔 보조 약으로 언급되는) 는 의과 대학이나 유용한 병원들에서 자주 배우지 않는 다소 엄밀하게 정의되지 않은 치료 모델 분류이다. 대체 치료는 일반적으로 '인습적인 약'과 구분되며, 여러 가지 중에서 약초 치료(herbal remedies), 동종요법(homeopathy), 마사지, 카이로프랙틱, 침, 비타민, 그리고 에너지 치료와 같은 이질적인 치료들을 포함한다. 어떤 트라우마 생존자들이 처방된 정신과 약 대신에(또는 추가로) 비전통적 해결책으로 자신들을 유용하게 하는 상당히 일화적인 증거들이 있기 때문에 이 장에서 약초 치료에 대하여 탐색을 할 것이다.

과거 두 세기 동안 미국에서 대체 치료 사용이 상당히 확장되었으며, 1997년에 전국 전화 조사에서 응답자의 45%가 적어도 한 유형의 대체 치료를 사용하

였다고 하였다(Knaudt, connor, Weisler, Churchill, & Davidson, 1999). 어떤 유형의 대체 치료들은 자격증을 갖춘 임상가들에 의해 제공되지만, 다른 대체 치료들은 완전히 규제되어 있지 않다.

대체 약학(즉 약초 또는 기타 '자연적' 치료약), 특히 외상후 스트레스 장애에 관한 체계적인 연구들이 드물다. 그러나 일반적으로 우울증과 불안 증상을 위한 대체 치료약의 사용에 관한 문헌들은 증가하고 있다. 여기에는 망종화(St. John' Wort)의 (또는 하이퍼리신, Hypericin) 카바 카바(Kava, Kava), 그리고 사미(SAMe)가 포함된다. 이밖에도 정신과적 증상을 치료하는 비타민, 트립토판, 그리고 다른 보조제들에 관한 범세계 통신망에서 가능한 과학적으로 입증되지 않은 정보가 풍부하다.

인구통계학적 자료들은 건강 관리에 관한 대체 형태를 추구하는 개인들이 불안과 우울증에서 높은 비율을 가지고 있음을 나타내고 있다(Davidson, Rampes, Eisen, Fisher, Smith, & Malik, 1998; Knaut et al., 1999). 이것이 가능한 이유에는 관습적인 약으로 잘 다루어지지 않는, 널리 퍼진, 불분명한 신체적 통증, 또 신체적인 통증과 정신과적 통증을 위한 '자연적' 치료약을 발견하려는 시도, 그리고 건강 관리 체계의 회의와 좌절이 포함된다. 어떠한 이유이든 정신 건강 종사자들이 그들의 내담자들이 대체 약을 사용할 수 있다는 것과 이들이 의사나 치료자들과 이러한 정보를 나누는 것을 자주 꺼려 한다는 점을 유의하는 것은 중요하다. 약초나 다른 보조제들이 '자연적'이기 때문에 역효과가 없다는 것은 흔한 오해이며, 불행히도 이것은 사실이 아니다.

약초와 기타 보조제들의 잠재적 문제들에 관한 철저한 검토는 이 장 범위 밖의 것이다. 그러나 소수의 매우 중요한 요점은 언급할 가치가 있다.

망종화는 우울증 치료에 처방전 없이 살 수 있는 일반 의약품으로 가능한 약초 보조제이며 대체 요법 제공자에 의해 자주 권유된다. 이것은 약간의 선택적 세로토닌재흡수억제제(SSRI) 활동을 가지며, 이 활동의 메카니즘이 된다고 추정된다. 따라서 망종화가 세로토닌 증상의 위험을 높일 수 있으므로(선택적 세로토닌재흡수억제제와 세로토닌 증상에 관한 설명에 관하여는 뒤의 선택적 세로토닌재흡수억제제에 관한 부분을 참조하라), 내담자가 선택적 망종화를 동시에 복용하지 않는 것은 매우 중요하다. 트립토판을 함유한 보조제와 세로토닌 전구물질의 사용은 비슷한 잠재적 위험이 있다. 트립토판은 '기분 개선제'로 웹사이트에서 광범위하게 권유되며 온라인으로 가능하며 다양한 형태의 일반 의약품이다.

몇 가지 자연 치료약들은 자극제로서 기능하며 교감신경체계를 활성화한다(예를 들면 몸무게 조절에 사용되는 마황(ephedra)/에페드린(ephedrine) 또는 정력과 발기부전을 위해 사용되는 요힘빈). 앞서 설명하였듯이 트라우마 생존자들은 증가된 교감신경체계 활동을 경험하며, 따라서 이들이 자극제를 사용하면 증가된 외상후 증상의 위험에 놓인다. 사례 보고 시리즈에서(Southwick, Morgan, Charney, & High, 1999), 극적인 증상 증가들은 일반 의약품 요힘빈을 복용한 외상후 스트레스 장애를 가진 개인들에서 눈에 띄었다. 따라서 우리는 트라우마화된 개인들은 모든 종류의 약초나 처방되지 않은 자극제를 피하도록 권유한다.

어떤 내담자들은 분류표가 붙지 않은 포장이나 외국에서 온 보조제를 복용한다. 예를 들면 로스앤젤레스 카운티 남가주대학 의료센터에서, 우리는 많은 사람들이 미 인디언 **주술사**(Curanderos)로 알려져 있는 전통적인 멕시칸 영혼 치유자와 상담한 것을 보게 된다. 이 인니언 주술사는 약초나 기타 레벨 표기가 없는 정제를 치유 예식의 부분으로 복용하도록 줄 것이다. 이러한 사례에서 내담자가 무엇을 복용하는지를 정확히 아는 것은 불가능하다. 만일 향정신성 약들이 암시된다면 잠재적 상호작용에 대한 고려 때문에 그들이 복용하고 있는 것이 무엇이든 중단할 필요에 대하여 내담자와 솔직한 대화를 반드시 해야한다.

우리는 트라우마 생존자들에게 독자적으로든 향정신성약들과의 결합이든 약초와 기타 보조제의 가능한 위험들에 중점을 두었다. 이러한 위험은 사실이며 의료 기록이 작성되는 것 이외에 내담자들에게도 전달되어야 한다. 그러나 어떤 의논을 하는 동안에도 지지적이고 판단하지 않는 태도를 유지하는 것은 필수적이다. 종종 내담자들은 대체 공급자와의 만남에 대하여 벌을 받을 것이라로 믿거나 또는 그들이 복용하고 있는 것을 보고하는 것을 두려워한다. 이러한 상황에서 처방을 하지 않는 임상가, 정신과 의사나 기타 의료 공급자, 그리고 내담자와의 열린 의사소통은 매우 중요하다.

복용에 대한 노트와 이 장의 제약

우리가 다음에서 제시한 상당 부분은 약의 활동 메카니즘, 부작용, 사용 억제 사유, 그리고 다양한 향정신성약의 복용량에 관한, 잘 알려진 쉽고 가능한 정보이다. 그러나 간결성을 위하여 — 그리고 독자에게 쉽도록 — 우리는 각 약에 대한 철저한 대략의 정보를 제시하지 않았다. 그러나 우리는 외상후 스트레스에서 이러한 약의 응용에 중점을 두었으며, 따라서 관심이 있는 독자들은 이 확장된 영역에서 지식을 넓힐 수 있다. 약을 처방하는 임상가는 트라우마 심리약물의 사용에 관한 문헌의 지침서로서 이 책을 주로 보아야 하며, 더 완전하고 권위 있는 책들이외에 자신의 치료적 경험들, 구체적으로 실제 실행에서 정신과 약의 사용에 대하여 문의되어야 한다. 모든 사례들에서 약을 처방하는 임상가는 주어진 내담자에게 정확하고 적절한 약의 복용량과 적절한 섭생을 위하여 의약품 처방 정보 책(Physicians' Desk Reference, PDR, 2005)을 찾아보거나 기타 약 참고를 찾아보아야 한다.

•• 외상후 스트레스 장애를 위한 약들

항우울제

선택적 세로토닌재흡수억제제

외상후 스트레스 장애의 약에 관한 대부분의 연구는 선택적 세로토닌재흡수억제제(SSRIs)에 집중되어 왔다. 세로토닌재흡수억제제가 우울증, 일반적인 불안과 공황 치료에 효과적임을 보여온 것은 사실이다. 따라서 외상후 스트레스 장애에 관하여 이러한 약들을 사용하는것은 외상후 스트레스 장애가 이들 장애들과 중복되는 증상을 포함하기 때문에 자연스런 확장이다. 선택적 세로토닌재흡수억제제와 외상후 스트레스 장애에 관한 연구 결과들은 일반적으로 장려되어 왔으며, 이 약의 트라우마 이후의 스트레스를 치료하는 광범위한 사용을 이끌고 있다. 예를 들면 선택적 세로토닌재흡수억제제는 트라우마 스트레스 연구국제협회(International Society for Traumatic Stress Studies)가 만든 '외상후 스트레스 장애에 관한 치료 권장사항'에서 선택적 세로토닌재흡수억제제가 외상후 스트레스 장애를 위한 일차 약물로서 목록화되어 있다(Friedman, Davidson, Mellman & Southwick, 2000).

외상후 스트레스 장애의 선택적 세로토닌재흡수억제제에 대한 무작위, 부지통제의(double blinded), 플라시보 통제 여러 연구들이 있어 왔다. 파록세틴[paroxetine(팍실, Paxil)]을 사용한(예를 들면 Stein, Davidson, Seedat, & Beebe, 2003), 서트랄린(sertraline) 졸로프트(Zoloft)(예를 들면 Brady et al., 2000; davidson, Rothbaum, Vander Kolk, Sikes, & Farfel, 2001), 그리고 플록세틴캡슐[fluoxetine(프로작, Prozac)](예를 들면 Connor, Sutherland, Tupler, Malik, & Davidson, 1999)을 사용한 연구들이 있다. 이 연구의 결과들은 선택적 세로토닌재흡수억제제가 외상후 스트레스 장애의 세 가지 핵심증상군(즉 재경험, 과도각성, 그리고 회피)의 증상들을 감소시킨다는 것을 나타낸다.

대부분의 연구들은 상대적으로 짧은 12주 치료 기간을 넘은 환자들을 따라갔다. 서트랄린 재발을 방지하는 효율성을 평가하기 위하여, 이 연구의 매우 중요한 단계를 따라 28주 동안 환자들을 따라간 서트랄린에 대한 단 한 가지 연구가 있다(Davidson, Pearlstein, et al., 2001). 이 결과들은 서트랄린이 외상후 스트레스 장애의 재발을 방지하는 데 효과적임을 제시하였다. 그러나 이 결과들은 또한 이 약의 중단 이후 플라시보 약을 받은 사람들이 외상후 스트레스 장애로 재발하는 상당한 위험을 가졌다. 이것은 장기적으로 효과적이기 위하여는 선택적 세로토닌재흡수억제제 치료를 위하여는, 보통 12주 동안의 대부분의 임상 시험보다 장기적으로 유지되어야 한다. 사실 3개월 이상 지속되는 외상후 스트레스 장애에 관하여, 연구들은 증상의 차도가 있은 후 9개월에서 1년 동안 선택적 세로토닌재흡수억제제 치료가 더 적절함을 암시한다(Davidson, 2004).

선택적 세로토닌재흡수억제제가 외상후 스트레스 장애에 도움이되는 반면, 치료에 필수적이지 않다는 점은 중요하다. 대부분의 연구에서 참가자의 50~60%가 응답하였으며, 이들 응답자의 20~30%만이 연구가 끝날 무렵 외상후 스트레스 장애 범주에 들지 않았다(Spinazzola, Blaustein, & Van der Kolk, 2005). 바꾸어 말하면 이것은 이 연구의 참석자의 70~80%가 치료 이후에, 비록 약화된 형태이지만 아직도 외상후 스트레스 장애를 가지고 있음을 의미한다.

PTSD의 선택적 세로토닌재흡수억제제에 관한 초기의 몇몇 연구들에서, 전쟁 참전자들과 남자들이 민간인과 여성들에서보다 덜 성공적으로 나타났다(예를 들면 Hertzberg, Feldman, Beckham, Kudler, & Davidson, 2000). 왜 이것이 논쟁거리가 되는지에 대한 상당한 논의가 있었다. 원래의 연구들은 PTSD가 여러 해 지속된 베트남 참전 남자 군인들로 구성된 참가자들로 이루어진 동시대 분석이 이루어졌고, 당연히 이 장애의 특별한 치료 저항을 보여주었다. 그러나 민간인들 대상의 최근의 연구들은 이러한 약들에 대한 반응에서 성별의 차이가 없음을 보여주었다. 선택적 세로토닌재흡수억제제가 외상후 스트레스의 기저를 이루는 해부학과 신경생리학에 실제로 직접적인 영향을 미칠 수 있음을 제안하는 몇 가지 흥미로운 자료들이 있다. 경계선 성격 장애를 가진 적은 수의 집단에서 플루박서민(fluvoxamine, Luvox)은 아동기 학대 내력을 가진 개인들의 HPA 축(덱사메타손 거부활동으로 측정된)의 과다반응을 감소시키는 것으로 발견되었다(Rinne et al., 2003). 또 다른 최근의 연구는 패락서틴(paroxetine)으로 1년간 치료를 받은 PTSD 환자들의 해마 양이 5% 증가했음을 보여준다. 이러한 정보는 아직 예비적이긴 하지만, 더 길어진 기간 동안의 치료에 사용될 때 선택적 세로토닌재흡수억제제를 가지고 한 치료가 가장 효과적일 수 있음을 지지한다.

이 책을 출판할 무렵 표 11.1에 목록화한 여섯 가지 선택적 세로토닌재흡수억제제가 시중에 가능하였다. 이들은 다양한 *DSM-IV-TR*을 위한 대부분의 임상시험들에서 증상을 줄이고 일상생활의 질을 향상하는 데 똑같이 효과적임이 발견되었다(예를 들면 Mace & Taylor, 2000). 이 장의 뒤에서 논의되었듯이 이들은 주로 부작용에 대하여 다르다. 이것은 이러한 유형의 환자들은 특히 준수하지 않는 비율이 높기 때문에 트라우마 생존자들을 위한 약을 선택할 때 중요한 고려사항이다. 지금은 세르트날린(sertraline)과 파록세틴(paroxetine)만이 FDA로부터 PTSD 치료에 대한 승인이 되어 있다. 그러나 선택적 세로토닌재흡수억제제가 장애들에 대하여 일반적으로 똑같이 효과적이므로, 다른 약들중에서 하나를 선택하는 것에 관한 결정은 임상기의 핀단에 주로 맡긴다.

선택적 세로토닌흡수억제제는 일반적으로 예전의 항우울제들(이 책의 뒤에서 설명한 삼환계항우울제와 모노아민 산화효소 억제제)보다 더 안전한 것으로 생각된다. 그러나 이들은 초과 중앙 신경체계 세로토닌으로부터의 '세로토닌 신드롬'으로 알려진 잠재적 생명 위협 상태와 연관되어 있다. 증상들은 미진한 떨림과 설사에서부터 섬망(delirium), 신경근육 경직, 그리고 이상고열(hyperthermia)까지 있을 수 있다. 세로토닌 신드롬은 과다 복용, 약들의 상호작용, 또는 드문 경우로 치료 약의 사용 동안 일어날 수 있다.

■■ **표 11.1** 선택적 세로토닌재흡수억제제들(SSRIs)

일반 이름	상표 이름	권장투여량	반감기	임산부에 미치는 영향 *	수유에서의 유무
Citalopram	Celexa	10~60mg	35 hrs	C	예
Escitalopram	Lexapro	10~20mg	27~32 hrs	C	예
Fluoxetine	Prozac	0~80mg	4~6 hrs	C	예
Fluvoxamine	Luvox	100~300mg	15 hrs	C	예
Paroxetine	Paxil	10~60 mg	10~21 hrs	D	예
Sertraline	Zoloft	50~200 mg	26 hrs	C	예

* FDA 임산부에 미치는 영향 등급 설명에 관하여는 261쪽을 참조하라.

플루옥세틴(Fluoxetine)은 가장 오래된 선택적 세로토닌재흡수억제제이며, 플루옥세틴과 플루박서민(fluvoxamine)은 비용이 덜 드는 포괄적 유형에서 가능한 시기에 유일한 선택적 세로토닌재흡수억제제들이다. 플루박서민(fluvoxamine)은 부작용 발생률이 높지만, 통상적으로 기타 선택적 세로토닌재흡수억제제들보다 덜 빈번히 사용된다. 일반적으로 선택적 세로토닌재흡수억제제들은 잘 견뎌지며, 과다 복용 시 비교적 치명적이지 않다(예를 들어 비교를 하면 삼환계 항우울제들은 15일 분과 동등한 양을 복용시 치명적일 수 있다). 그러나 이들은 모두 약간의 잠재적인 부작용들을 공유한다. 여기에는 불안, 초조, 식은 땀, 두통, 위의 배탈(메스꺼움, 설사, 소화불량), 구갈(dry mouth), 비몽사몽(somnolence), 불면증 그리고 모든 단계의 성적 장애(남자들의 발기, 만성과 여성 모두의 성욕과 오르가즘의 장애). 비록 선택적 세로토닌재흡수억제제들이 불안 증상을 치료하며 축 1의 불안장애들의 치료를 위하여 제안되지만, 이들은 빈번하게 치료의 처음 며칠 동안 불안을 증가시키며, 가끔 공황발작을 촉발시킬 수 있다.

다른 약들보다 몇몇 선택적 세로토닌재흡수억제제들과 연관된 확실한 부작용들이 있다. 플루옥세틴은 활성화되며 아침에 복용하도록 처방된다. 패락서틴

(Paroxetine, 또한 플루옥세틴)도 더 차분하게 하며 대개 저녁에 복용된다. 패락서틴은 또한 체중을 증가시키게 할 수 있다. 세르트랄린(Sertraline), 에사이타로프람(escitalopram(Lexapro)), 그리고 사이타로프람(citalopram, Celexa)는 부작용이 심하지 않으며 수면과 체중에는 더 적은 영향을 준다. 어떤 치료자들은 이들 부작용에 대한 가장 좋은 장점에 기초하여 개별 내담자들에게 어떤 선택적 세로토닌재흡수억제제에 대한 결정을 하며, 준수를 높이기 위하여 정확히 입증하지 못하지만 우리가 발견한 전략의 예들에는 다음과 같은 것이 있다.

- 상당히 불안하고 잠을 못 자는 비임신 내담자에게 패락서틴은 잠재적 체중 증가로 방해받지 않는다.
- 피곤하고 무관심한 내담자에게 플루옥세틴은 아침에 '일어나는 데' 힘든 시간을 갖게 했다.
- 특히 부작용 우려되는 내담자의 세르트랄린, 사이타로프람, 또는 에사이타로프람이다.

논의된 잠재적 부작용을 고려해 볼 때 내담자 교육은 필수적이다. 매우 불안하고 과도각성된 내담자들에게 그들의 불안이 초기에 증가할 수 있으며, 이것이 약에 대한 정상 반응임을 경고하는 것은 중요하다. 또한 내담자들에게 가능힌 성직 부작용에 내하여 알려주며, 남자늘에게 약을 중단하면 발기 어려움들이 해결될 것을 확인시켜 주는 것도 중요하다. 추가로 내담자들에게 항우울제가 즉시로 효과를 가져오지 않음을 알려주는 것은 필수적이다. 종종 초기 반응이 일어나기 위하여 2주까지의 시간이 걸리며, 완전한 반응은 개인이 4주에서 6주동안 치료 복용양을 먹을 때까지 일어나지 않을 수 있다.

또한 선택적 세로토닌재흡수억제제는 내담자가 갑자기 복용을 멈추면 심각한 '중단 증상(discontinuation syndrome)'의 잠재성을 가지고 있다. 구토, 설사, 메스꺼움, 거식증(anorexia), 어지럼증, 두통, 불면증, 쉽게 화를 내거나, 계획하기나 생각하기의 장애, 피곤, 그리고 떨림, 그밖에도 등과 팔에 '전기 충격' 감각들이 아래의 사람들에 의해 보고되었다(예를 들면 Coupland, Bell, & Potokar, 1996). 패락서틴은 짧은 반감기를 가지고 기타 선택적 세로토닌재흡수억제제보다 중단 증상을 더 빈번하게 일으키는 점이 주목되어 왔다(Barr, Goodman, & Price, 1994). 플루옥세틴(Fluoxetine)은 긴 반감기를 가지며, 이러한 장애들을 거의 일으키지 않으며, 사실은 내담자들이 선택적 세로토닌재흡수억제제를 줄이는 것을 돕기 위하여 가끔 사용된다. 다시 한번 선택적 세로토닌재흡수억제제의 사용 중단, 그리고 연관된 잠재적 증상들에 대하여 내담자를 교육하는 것은 매우 중요하다 ― 약을 처방하는 치료자의 감독하에 이러한 약을 줄일 때에만 이러한 약을 중단하는 것이 권고된다. 이 주제에 대한 참고를 위해 선택적 세로토닌재흡수억제제의 반감기를 표 11.1에 언급하였다.

기타 세로토닌 물질

과거 15년 동안 임상가들이 이용할 수 있는 항우울제의 수가 극도로 증가해 왔다. 선택적 세로토닌재흡수억제제 이외에도 세로토닌뿐 아니라 기타 신경전달물질에 영향을 주는 여러 새로운 약들이 시중에 나왔다. 이들은 자체적으로 효과적인 항우울약임을 보여주고 있다. 그러나 우리는 이 약들의 외상후 스트레스 치료의 효율성에 대하여 아는 것이 적다. 다가오는 해에는 이 약들에 대하여 그리고 이 약들의 트라우마에 대한 사용에 대하여 우리의 지식이 의심할 여지 없이 상당히 증가할 것이다. 이들 약 물질들을 표 11.2에 목록화하였다.

벤라팍신　　벤라팍신[Venlafaxine(Effexor)]은 우울증 치료에 효과적이라고 발견된 잠재적 세로토닌-노르에피네프린 재흡수억제제이다. 이것은 차분하게 하기 보다는 활성화시키며, 비교적 성적 부작용과 중단 증상을 일으킬 가능성이 상당히 높으며, 위의 선택적 세로토닌재흡수억제제에 대해서 설명한 부작

■■ 표 11.2 기타 세로토닌 물질

일반 이름	상표 이름	권장투여량	임산부에 미치는 영향 *	수유에서의 유무
Venlafaxine	Effexor XP	75~225mg	C	예
XP Bupropion	Wellbutrin	150~300mg	B	예
Mirtazapine	Remeron	15~45mg	C	예
Trazodone	Desyrel	150~600mg		예
Nefazodone	Serzone	200~600mg	C	예

* FDA 임산부에 미치는 영향 등급 설명에 관하여는 261쪽을 참조하라.

용과 비슷하다. 정규 유형의 벤라팍신은 몇몇 개인들의 혈압의 증가와 연관되어 있으며, 이 문제는 연장 해방 유형의 약인 벤라팍신 XR에서에서는 덜 보여진다. 그럼에도 불구하고 벤라팍신을 복용하는 개인들의 혈압을 모니터하는 것은 적합하다. 비록 벤라팍신의 유사성이 선택적 세로토닌재흡수억제제와 유사하지만 PTSD에 벤라팍신을 사용한 문헌은 거의 없으며, 우리는 벤라팍신이 이 장애의 치료에 효율적일 것이라고 기대한다. 난민 망명자들을 대상으로한 한 시도는 다섯 명의 피시험자들에게 효율적이었으며(Smajkicet al., 2001), 그밖의 시도들에서 외상후 스트레스 장애에 벤라팍신 사용을 한 경우 좋은 반응이 있었다는 사례 보고들이 있다(예를 들면 Hamner & Frueh, 1998).

부프로피온   부프로피온[Bupropion(Wellbutrin)]은 기타 다른 항우울제들과 관련되어 있지 않다. 부프로피온의 정확안 활성 메카니즘은 알려져 있지 않다 — 이것은 세로토닌과 에피네프린의 재흡수를 미약하게 방해하며, 도파민의 재흡수를 더 잠재적으로 방해한다. 자극유사 효과를 갖는 것으로 나타나며, 따라서 불면증을 방지하기 위하여 저녁 5시 이전에 부프로피온을 복용하는 것이 권장된다. 이 활성화와 함께 부프로피온 치료를 받은 상당수가 불안이나 초조를 경험하며, 이미 자율신경계의 각성을 불평하는 트라우마 생존자들을 치료할 때 항상 부작용을 명심해야 한다. 부프로피온의 가장 유념해야 할 부작용은 발작을 일으킬 0.4%의 위험률이 있으며, 이것은 다른 항우울제들의 위험률보다 4배이다. 이 위험은 폭식증을 가지고 있는 환자들에서 증가하며, 따라서 발작장애나 폭식증 내력을 가졌던 환자들에게 이 약은 금지된다. 어떤 아동기 학대의 생존자들은 폭식(bingeing)이나 하제(purging)(2장에서 설명한 대로)를 포함한 긴장완화 행동을 가질 수 있으며 섭식장애 내력에 대하여 묻는 것은 중요하다. 이러한 우려에도 불구하고 부프로피온은 효율적인 항우울제이며, 상당한 (그리고 유일한) 성적 부작용을 유발하지 않는 이점이 있다.

외상후 스트레스 장애의 부프로피온 사용에 관한 유일한 보고서가 있다. 이것은 아마도 외상후 상당한 고통과 불안을 가진 사람들에게 부프로피온이 너무 활성화될 수 있는 우려 때문일 것이다. 흥미롭게도 PTSD를 가진 17명의 전투 참전자들 대상의 공개 테스트에서 부프로피온은 과도각성을 줄였지만 침투나 회피에 관해서는 효과가 없었거나, 사실은 전체적인 PTSD 심각성 측정에 효과가 없었다(Canive, Clark, Calais, Qualls, & Tuason, 1998). 분명히 PTSD에 부프로피온 사용에 대한 어떤 추천이 있기 전에 더 많은 연구들이 필요하다. 부프로피온은 세 가지 공식 표시가 가능한데 — 보통(regular), 지효성약(遲效性藥, sustained release, SR), 그리고 가장 최근 것인 하루에 한 번 복용되는 방출연장약(extended release, XL)이다. 이 방출연장약은 불안과 초조 같은 급성 부작용이 더 적을 것이지만 여전히 임상 실습에서 사용되는 약으로 여겨진다.

멀타자핀　　멀타자핀[Mirtazapine(레메론)]은 세로토닌과 에피네프린 활성뿐 아니라 몇 가지 시냅스 전 알파-아드레날린 차단제(presynaptic alpha-adrenergic blockade)를 갖는 또 다른 유일한 약이다. 어떤 세로토닌 수용체들에서 적대감을 가지며, 성적 부작용이 덜한 것을 포함하여, 선택적 세로토닌재흡수억제제를 사용했을 때보다 세로토닌 부작용이 덜한 이유의 가설이다. 멀타자핀약은 차분하게 하며 대개 밤에 잠을 돕기 위해 사용된다. 불행히 멀타자핀은 엄청난 체중 증가를 가져올 수 있다. PTSD에 멀타자핀 사용에 대해 좋은 반응을 보인 몇 가지 공개 테스트들 그리고 한 가지 적은 규모의 임의 통제 테스트가 있다(Davidson, Weisler, et al., 2003). 한국전쟁 참전 군인들을 대상으로 한 한 가지 임의 공개 테스트에서 PTSD 증상을 줄이는 데 있어서 멀타자핀이 졸로프트보다 월등하다고 발견되었다. 또한 PTSD 관련 악몽과 수면 장애에 멀타자핀의 효율성을 말해 주는 사례 보고들이 있다(Lewis, 2002). 이것은 이 장의 뒤에서 논의할 주제인 알파 차단제 때문일 것이라고 주장되어 오고 있다.

트라조돈 트라조돈[Trazodone(Desyrel)]은 알파-아드레날린 차단 활성을 갖는 또다른 세로토닌 항우울제이다. 이것은 상당히 차분하게 하며, 정신과에서 수면 물질로서 가장 빈번하게 사용된다. PTSD에의 트라조돈 사용을 조사한 매우 적은 수의 사례 보고와 6명의 피시험자를 대상으로 한 하나의 공개 테스트가 있다. 이 보고서들은 PTSD 증상군 전반에 약한 정도에서 중간 정도의 효율이 있음을 주장한다(Hertzberg, Feldman, Beckham, & Davidson, 1996). 심각한 부작용들은 진정제 이외에는, 구갈(口渴), 몽롱(blurred vision), 위장장애(gastrointestinal upset), 그리고 남성들에게 음경지속발기증(응급 의료 조치가 필요한 고통스런 지속된 발기)을 포함한 심각한 부작용이 있다.

네파조돈 네파조돈[Nefazone(Serzone)]은 시냅스 이후 세로토닌의 잠재적 방지제이며 세로토닌과 노르에피네프린 재흡수의 미미한 억제제이다. 이것은 우울증을 치료하는 데 선택적 세로토닌재흡수억제제와 비슷한 효율성을 보여 왔으며, 최소한의 성적 부작용을 유발하는 유익이 있다. 네파조돈이 선택적 세로토닌재흡수억제제와 관련된 성적 기능장애를 가진 개인들에게 널리 사용되었던 것은 문제가 있었다. 불행히도 이것은 간부전(liver failure)의 여러 사례들과 연관되어 왔으며, 미국, 유럽, 그리고 캐나다의 시장에서는 없어 왔다. 네파조돈으로 임의 통제 테스트들은 없었지만, 여러 공개 테스트들은 PTSD의 세 증상군들에서 효율적일 뿐 아니라 수면에서도 향상을 보여주었다(예를 들면

Davis, Nugent, Murray, Kramer, & Petty, 2000).

모노아민 산화효소 억제제

모노아민 산화효소 억제제(Monoamine Oxidase Inhibitors, MAOIs, 표 11.3
에 목록화함)는 선택적 세로토닌재흡수억제제의 유의할 부작용과 복용 이후의
음식물 제한 때문에 선택적 세로토닌재흡수억제제를 대신하여 널리 사용되어
왔다. 모노아민 산화효소 억제제는 다른 약물들이 실패했을 때 우울증(특히 멜
랑코릭 유형을 치료하는 데 일반적으로 사용된다. 모노아민 산화효소 억제제들
은 효소 모노아민 산화효소의 활동을 억제하며, 효소 모노아민 산화효소는 에
피네프린, 노르에피네프린, 세로토닌, 그리고 도파민을 파괴하며, 따라서 이들
신경전달물질들의 가능한 수준들을 증가시킨다. 모노아민 산화효소 억제제는
어지럼증, 두통, 비몽사몽, 체중 증가, 변비, 구갈, 그리고 성적 장해를 포함한
상당한 부작용들을 가진다. 또한 모노아민 산화효소 억제제는 특히 종합감기
약, 충혈완화제, 체중 감소 약과 같은 교감신경흥분제를 복용하는 개인들, 또는
티라민 함유 식품을 먹는 사람에게 특히 고혈압 위기를 가져올 수 있다. 모노아
민 효소 또한 티라민을 파괴하므로 섭식 제한은 매우 중요하다. 티라민이 대사
되지 않을 때 신경체계와 부신에서 에피네피린과 노르에피네피린을 대체하며,
이것은 심각한 두통, 땀분지, 목의 뻣뻣함, 심장의 두근거림, 그리고 갑작스런
혈압 증가를 이끌 수 있다. 드문 경우로 모노아민산화효소억제제(고혈압 위기
를 유발하는)는 심장부정맥과 뇌일혈을 이끌 수 있다. 따라서 모노아민산화효

표 11.3 모노아민 산화효소 억제제

일반 이름	상표 이름	권장투여량(매일)	임산부에 미치는 영향*	수유에서의 유무
Phenelzine	Nardil	15~19mg	알려져 있지 않음	알려져 있지 않음
Tranylcypromine	Parnate	30~60mg	알려져 있지 않음	알려져 있지 않음

* FDA 임산부에 미치는 영향 등급 설명에 관하여는 261쪽을 참조하라.

소억제제를 복용하는 개인들은 티라민이 들어 있는 음식(숙성된 치즈, 이스트 잼, 적포도주, 쇠고기, 절인생선, 보존 육류, 파바빈(fava beans), 지나치게 익은 바나나와 아보가도, 카페인, 그리고 초콜릿으로 제한되지 않는다)을 피해야 한다. 분명히 모노아민 산화효소 억제제는 복용하는 것이 간단하지 않으며, 복용 지침 준수는 매우 어려울 수 있다.

　PTSD에 페넬진(phenelzine)의 두 가지 임의 통제 테스트들이 있었다. 한 테스트는 증상 재경험을 줄이는 데 효율적이고 전체적으로 향상을 보였지만 다른 증상군들에서는 그러지 못했으며, 다른 테스트에서는 플라시보보다 전혀 뛰어나지 않았다(Friedman et al., 2000). 페넬진의 공개 테스트들은 비슷하게 동등한 결과를 가져왔다.

삼환계항우울제

삼환계항우울제(Tricyclic antidepressants, TCAs; 표 11.4에 목록화함)는 우울증을 위한 치료약으로 1950년대에 소개되었으며, 1980년대에 선택적 세로토닌재흡수억제제가 소개될 때까지 우울증 약으로 중요한 역할을 하였었다. 삼환계항우울제는 심신을 상당히 약화시킬 수 있는 부작용이 있으며, 과다 복용 시 잠재적인 치명성 때문에 과거 두 세기 동안 덜 빈번하게 사용되어 왔다. 삼환계항우울제의 흔한 부작용에는 진정, 구갈, 위장의 불편함, 변비, 흐릿한 시야, 성적 기능장애, 그리고 체중 증가가 포함된다. 삼환계항우울제는 또한 심전도에 QTc 간격의 연장을 가져오게 할 수 있으며, 어떤 경우에는 심장 부정맥으로 이끈다.

　PTSD에 삼환계항우울제의 투여에 대한 네 가지 무작위 임상 테스트, 그리고 다수의 공개 테스트들이 있어 왔다. 이미프라민(imipramin)과 아미트리프틸린(amitriptyline)은 모두 PTSD의 재경험이나 증상 회피를 줄이는 데 효율적임을 보여주었지만 과도각성에는 그렇지 않았다(Kosten, Frank, Dan, McDougle, & Giller, 1991; Davidson, Kudler, et al., 1990). 데시프라민

■■■ 표 11.4 삼환계항우울제

일반 이름	상표 이름	권장투여량	임산부에 미치는 영향*	수유에서의 유무
Amitriptyline	Elavil	50~300mg	C	예
Clomipramine	Anafranil	100~250mg	C	예
Desipramine	Norpramin	100~300mg	C	예
Imipramine	Tofranil	75~300mg	C	예
Nortriptyline	Pamelor	74~150mg	C	예

* FDA 임산부에 미치는 영향 등급 설명에 관하여는 261쪽을 참조하라.

(desipramine)을 가지고 한 연구는 효율성이 없음을 보여주었다(Reist et al., 1989). 전체적으로 삼환계항우울제는 선택적 세로토닌재흡수억제제나 모노아민 산화효소 억제제보다 PTSD에 덜 효율적인 것으로 보인다(Friedman, Davidson, Meliman, & Southwick, 2000). 그러나 모든 무작위 통제 연구들은 민간인이 아닌 참전 군인들을 포함시켰으며, 따라서 결과에 영향을 미쳤다.

어떤 임상가들은 삼환계약들의 진정 성질을 악용하고 PTSD에 보조적 수면약으로 적은 양의 삼환계 약들을 사용한다. 그러나 이것을 지지하는 연구 자료는 없다.

선택적 세로토닌재흡수억제제처럼 삼환계항우울제도 중단 증상을 일으킬 수 있다. 이것은 아세틸콜린 차단이 제거된 이후 콜린성의 초과 때문으로 생각된다. 중단 증상에는 복부 통증, 매스꺼움, 구토, 신경성식욕부진증, 오한, 발한, 설사, 피로, 두통, 불쾌감, 근육통, 그리고 나약함이 포함될 수 있다(Lejoyeux, Adés, Mourad, Solomon, & Dilsaver, 1996).

벤조디아제핀제

벤조디아제핀(Benzodiazepines) 약들은 불안 치료를 위하여 정신과와 일반 내과에서 사용되는 중독성이 높은 약이다. 가장 흔히 사용되는 벤조디아제핀약을

표 11.5에 목록화하였다. 이들은 유도아민산(gammaaminobutyric acid, GABA)에 영향을 주며 알코올과 유사성이 많다. 사실 벤조디아제핀제는 금단 증상을 방지하는 알코올 중독치료의 주된 치료로 사용된다. 이들의 사용은 남용과 의존 가능성 때문에 논란이 많다. 벤조디아제핀제는 종종 불법의 여흥 물질들, 술과 함께 결합되어 사용되며, 남용되는 약물로 '거리에서' 구입될 수 있다. 남용에 대한 우려들은 트라우마 생존자 치료와 특별히 관련되어 있는데, 이들은 즉각적 안정이 필요해 보이는 강렬하고 압도적인 불안을 호소한다. 이러한 개인들에게 벤조디아제핀제는 초기에는 뜻밖의 선물처럼 보일 것이다—그들의 각성 수준을 극적으로 낮추고 이들의 공황을 해결하는 유일한 것으로 보일것이다. 그러나 장기적으로는 많은 사람들의 약 효과의 내성을 발전시키며, 같은 결과를 얻기 위하여 점점 더 많은 복용양을 요구한다. 어떤 개인들은 신체적 그리고 심리적 의존을 발전시키며 이러한 약들을 중단하는 것이 극히 어렵다는 것을 발견한다. 앞서 언급하였듯이 벤조디아제핀제는 알코올에 비슷한 반응을 가진다—적절하게 관리되지 않으면 잠재적으로 치명적이 될 수 있는 중단 증상들을 포함한다. 비록 벤조디아제핀제가 매우 훌륭한 항우울약들이지만 단기의 해결일 뿐이다—이 약들은 불안이 일어났을 때 치료하며, 약이 혈류 안에 활발하게 남아 있는 한도 내에서의 해결이다. 여러 주를 거쳐 치료 혈액 수준이 형성된 후에만 불안을 치료하는 선택적 세로토닌재흡수억제제와 항우울제와는 달리, 벤조디아제핀제는 '그 순간'에만 작용한다.

트라우마 생존자들에게 벤조디아제핀제를 사용하는 또다른 문제는 남용과 의존성 이외에도 이들이 보이는 의식의 변화이다. 벤조디아제핀제는 불안과 공황을 치료할 뿐 아니라 희열, 탈(脫)억제(disinhibition), 진정, 치료에 대한 감소된 반응, 손상된 조정력, 그리고 '멍한 상태(zoned out)' 또는 '동떨어진(disconnected)' 느낌을 가져오게 할 수 있다. 얼핏보기에 각성 상태에서의 이러한 느낌의 감소는 트라우마 관련 심리치료 맥락에서 유용할 것이다. 예를 들면 어떤 사람은 감소된 각성이 내담자가 감정적으로 부담이 되는 트라우마 내

■ 표 11.5 벤조디아제핀제

일반 이름	상표 이름	상표 이름 권장투여량 (매일 두 번에서 세 번 필요할 때, 또는 취침 시 복용)	임산부에 미치는 영향*	수유에서의 유무
Alprazolam	Xanax	0.25~2mg	D	예
Clonazepam	Klonopin	0.5~2mg	D	예
Diazepam	Valium	2.5~10mg	D	예
Lorazepam	Ativan	1~2mg	D	예
Temazepam	Restoril	취침 시 7.5~30mg	D	예
Triazolam	Halcion	취침 시 0.125~0.25mg	D	예
Oxazepam	Serax	취침 시 10~30mg	D	예

* FDA 임산부에 미치는 영향 등급 설명에 관하여는 261쪽 참조하라.

용을 말할 때 압도되는 가능성을 줄일 수 있을 것이라고 상상할 수 있다. 그러나 이것은 임상 실제에서 지지되지 못한다. 그대신 벤조디아제핀의 정기적인 사용은 치료에서 트라우마 내용 처리를 방해하거나, 일단 약이 중단되면 치료 효과를 지속하지 않는 상태 의존 치료 효과를 가져올 수 있다(Briere, 2002a).

비록 이러한 임상적 관찰이 아직 심리치료 개입들의 특정 맥락에서 경험적으로 입증된 것이 아니지만, 연구조사는 벤조디아제핀제가 학습과 기억 실행에서 모두 영향을 주는 것을 분명히 보여주었다. 트라아졸람(Triazolam)은 편도체에 손상을 입은 사람들에서 보여지는 어려움과 일관되게, 감정적 내용에 관한 기억에 영향을 주는 것으로 보여 왔다(Buchanan, Karafin, & Adolphs, 2003). 다른 연구들은 로라제팜(lorazepam)이 행동 전략을 배우는 능력에 손상을 일으킬 수 있음을 보여 왔으며, 어떤 연구 결과는 이것이 약의 영향 하에 있는 동안 장기 기억의 손상된 통합 때문일 것이라고 한다(Matthews, Kirkby, & Martin, 2002). 학습과 기억의 비슷한 손상이 옥사제팜(oxazepam)과 알코올과 함께 발견되어 왔다(Barbee, 1993; Mattila, Vanakoski, Kalska, &

Seppala, 1998). 벤조디아제핀이 건망증과 무감각증 같은 데에 사용되는 것을 고려하면 이러한 발견들은 놀랍지 않다.

기억과 실행에 관한 알코올의 영향이 GABA에 비슷한 영향을 고려하면 벤조디아제핀제에 일반화할 수도 있는 기억과 실행에 관한 알코올의 영향에 관한 비슷한 자료들이 있다. 알코올을 가지고 한 연구들은 알코올이 영향 히에 있는 동안 학습된 정보가 같은 상태 아래서 가장 잘 되찾아오는 것을 발견하였다. 어떤 연구는 알코올이 해마 의존 정보 처리(즉 외현기억 또는 서술기억)를 우선적으로 방해한다고 주장한다. 이러한 발견은 알코올의 영향 동안에 발생한 특정 경험을 기억하는 것이 왜 어려운지를 설명할지도 모른다(Melia, Ryabinin, Corodimas, Wilson, & LeDoux, 1996).

벤조디아제핀제들을 복용할 경우의 이러한 우려들에 대하여 내담자들에게 초기에 교육을 하는 것은 중요하다. 내담자들이 중독과 트라우마 처리하기에 있을 수 있는 장기 영향의 가능성에 대한 정보를 알았을 때 아직 중독되지 않은 사람들은 종종 이 약들을 어떻게 사용할지에 대해 더 조심스러워한다. 그밖에 위험을 느끼는 능력이 덜한 트라우마 생존자들은 벤조디아제핀제가 반응성을 진정시키고 손상시키는 잠재성을 알게 된 것에 자주 감사해한다. 또한 환자들에게 벤조디아제핀제들이 단기에만 작용하며, 마치 한 잔의 포도주를 마신 것이 급성 불안을 완화하는 데 도움을 주는 만큼이지만 장기적으로 치료가 되지 않는다.

불행히도 트라우마 생존자들이 강도 높은 불안과 공황으로 병원 응급실에 있을 때, 잠재적인 문제들에 대한 적절한 정보를 모르는 채, 유일한 약 물질로서 벤조디아제핀제가 자주 처방된다. 모두가 너무 자주 처방되는 약은 알프라졸람(Alprazolam)(Xanax)이며, 이것은 이 약 집단 중 가장 중독적이다. 알프라졸람은 또한 심리적 중독에 관한 가능성을 고조시키는 희열을 만든다. 알프라졸람은 반동 공황을 가진 특별히 나쁜 중단 증상을 낳게 할 수 있으며, 가끔 발작 조절을 위해 필요한 약이다. 응급실 세팅에서 트라우마 치료자들과 정신 건강 전문가들이 알프라졸람의 빈번한 사용이 이 약으로 이미 문제를 발전시킨 내담자들을 교육하고 치료 개입을 할 필요가 있음을 자주 생각해보는 것은 중요하다. 우선 관리 대상 환자들에 대한 한 설문조사는 트라우마 노출이 벤조디아제핀제의 생애 동안의 증가된 사용과 연관되어 있었다(Sansone, Hruschka, Vasudevan, & Miller, 2003).

트라우마 피해자들에게 벤조디아제핀제의 사용을 시험한 연구들은 매우 적다. 트라우마에 벤조디아제핀제에 대한 유일한 임의 통제 시험에서, 알프라졸함은 테스트 과정 동안 불안 증상을 돕는 것으로 주목되었으나 외상후 증상의 감소나 이후의 PTSD로 발전될 위험의 감소가 없었다(Braun, Greenberg, Dasberg, & Lerer, 1990). 외상후 첫 일주일 안에 시행된 클로나제팜(clonazepam)과 알프라졸람에 대한 공개 연구에서, 벤조디아제핀 치료를 사용한 환자들은 시간이 지나면서 심장 박동수의 감소를 보였지만 6개월 이후에는 아무런 유익이 발견되지 않았다. 사실 벤조디아제핀 약을 받은 환자들이 약을 받지 않은 환자들보다 6개월 후에 PTSD 진단 기준에 맞는 환자들이 더 많았다(Gelpin, Bonne, Peri, Brandes, & Shalev, 1996). 급성 트라우마 피해자들은 일주일 동안 취침 전 테마제팜(Temazepam)의 복용으로 수면이 향상되었고 중단 일주일 후에는 PDSD 증상의 감소를 보였다. 그러나 장기 후속 조치는 이루어지지 않았다(mellman, Augenstein, & Byers, 1998). 적은 규모의 싱글 블라인드 플라시보 통제 연구에서 취침 시 클로나제팜 복용은 전투관련 PTSD의 많은 수면 측정들 전반의 플라시보에 월등하지 않았다(Cates, Bishop, Davis, Lowe, & Woley, 2004).

분명히 트라우마 생존자들에게 벤조디아핀제의 유용성을 설명하기 위한 더 많은 연구가 필요하다. 현재 우리는 강도 높은 불안과 공황발작 조절이 필요한 개인들에게만 사용할 것을 조언한다. 만일 이 약들이 단기로 처방된다면, 초기 치료 계획은 약의 위험과 부작용뿐 아니라 중단을 위한 계획에 대한 논의가 포함되어야 한다. 추가로 임상가들은 내담자와 함께 강도 높고 지속적인 증상에 관한, 예를 들면 선택적 세로토닌재흡수억제제와 같은, 중독성이 덜하고 더 장기적인 약에 관해 논의해야 한다. 이상적으로는 선택적 세로토닌재흡수억제제로의 치료는 벤조디아제핀과 함께 시작하며, 벤조디아제핀은 양을 치료의 첫 10일에서 14일에 걸쳐 점차 줄인다. 처방을 한 임상가의 정밀한 후속 조치는 필수적이다. 응급실 상황에서 4일이나 5일 동안 지속하는 약만을 주는 것이 권유된다 — 이것은 환자가 후속 조치가 일어나기 전에 의존성을 발전하지 않을 것을 보장한다.

기분 안정제

앞서 언급하였듯이 실제 변연계의 발화는 만성 스트레스 상태 아래서 PTSD가 발전시키는 메카니즘의 하나로 가정되어 왔다. 이 발화 이론이 발작 장애를 설명하는 한 방식으로 발전되었기 때문에 PTSD에서의 기분 안정과 항간질약의 사용에 흥미를 일으켰다. 이 약들은 또한 PTSD에서 또 기타 정신 질환 상태에서의 성급함과 공격성을 치료하기 위하여 사용되어 왔다. 단지 두 가지 약(리듐과 밸프로산(valproic acid)만이 FDA가 기분안정제로 승인한 약들이다. 리듐이 일반적으로 전통적 조울증 장애의 치료에 'gold standard'로 고려되는 사실에도 불구하고 PTSD에 리듐의 사용을 조사한 임상적 시험들이 없다. 최근에 기분 안정제로서 이례적 항정신병 약의 사용에 관심이 증가해 왔으며, 지금은 조울 장애의 어떤 단계에서 이 약늘의 사용에 대한 암시들이 있다. 이러한 약들과 이들의 암시들이 항정신약에 관한 부분에서 논의된다. 기분안정제들을 표 11.6에서 목록화하였다.

리듐 리듐(Lithium)이 PTSD와 관련귄 공격성 치료에 도움이 될 수 있다는 몇 가지 연구들이 있지만(예를 들면 Kitchner & Greenstein, 1985), PTSD에 이 약의 투여를 조사한 자료는 없다. 리듐은 체중 증가, 떨림(tremor), 발진, 신부전증, 갑상선 문제들을 일으킬 수 있으며, 이 약 또한 과다 복용하면 잠재적

■■ **표 11.6** 기분안정제

일반 이름	상표 이름	권장투여량	임산부에 미치는 영향*	수유에서의 유무
Lithium	Lithobid	300~1,800mg(매일 두 번으 로 나누어, 혈류수준이 0.6~ 1.2mEq/L까지 복용됨)	D	예
lamotrigine	Lamictal	매일 50~200mg, 하루에 한 번	C	예
Valproate	Depakote	500~1,500mg(매일 두 번이 나 세 번으로 나누어, 혈류수 준이 50~100micrograms/ mL까지 복용됨)	D	예
Carbamazepine	Tegretol	200~1,200mg(매일 두 번씩 나누어, 혈류 수준이 8~12micrograms/mL까지 복욕됨)	D	예
Topiramate	Topamax	100~400mg, 매일 두 번씩 나누어 복욕	C	예
Gabapentin	Neurontin	300~2,700mg 매일 세 번이 나 네 번으로 나누어 복용	C	예

* FDA 임산부에 미치는 영향 등급 설명에 관하여는 261쪽을 참조하라.

으로 치명적이다.

라모트리진　　PTSD의 기분안정제에 관한 유일한 무작위 임상시험은 라모트
리진[Lamotrigine(Lamictal)]에 대한 매우 적은 연구가 있었고, N-methyl-
D-aspartate(NDMA)에 영향을 준 새로운 약이다(Hertzberg et al., 1999).
라모트리진은 PTSD의 회피/둔감화 증상과 재경험에서 플라시보를 넘어 향상
과 관련이 있었다. 이 연구의 적은 표본 크기 때문에 더 많은 연구들이 이루어
질 때까지 이러한 연구 결과들로부터 추정될 수 있는것은 매우 적다. 라모트리
진은 효율적인 기분 안정제 이외에 항우울 영향 작용도 하는 것으로 기록되어

있다. 가장 흔한 잠재적 부작용은 스티븐 존슨 신드롬이며, 드물지만 몸 전체에, 특히 손바닥, 발바닥, 손등과 발등에 발진을 보이는 다형홍반의 생명을 위협하는 유형이 있다. 점액 막, 심한 경우에는 신장, 폐, 그리고 소화기관의 병변을 포함할 수 있다. 이러한 이유로 세심한 관찰로 천천히 적정 양이 주어져야 한다.

밸프로에이트　모든 기분안정제 중에서, 밸프로에이트[Valproate(Depakote)]는 아마도 공격성과 성급함 조절에 가장 흔히 사용된다. 그러나 여러 사례 보고들 이외에도 PTSD에 대한 이 약의 사용을 조사하는 적은 규모의 세 가지 공개 테스트가 있었다. 결과들은 긍정적이었지만 다소 모호하다 — 한 테스트는 PTSD의 세 가지 모든 증상군에서 유익함이 보고되었으며, 나머지 테스트들은 각각 재경험/과도각성 그리고 과도각성/회피에서 유익함을 보고하였다(예를 들면 Clark, Canive, Calais, Qualls, & Tuason, 1999; Petty et al., 2002). 밸프로에이트는 체중 증가, 정신적 둔함, 그리고 간 손상을 유발할 수 있다. 이 약 또한 과다 복용 시 치명적일 수 있다.

카르바마제핀　카르바마제피[Carbamazepine(Tegretol)]는 아직 미국 식약청에서 승인되지 않았지만, 기분 안정제로서 빈번하게 사용되는 또다른 항경련제(anticonvulsant)이다. 여러 적은 규모의 공개 테스트에서, 카르바마제핀은 PTSD의 세 가지 모든 증상군의 감소에 효과석이었다(예를 들면 Keck, McElroy, & Friedman, 1992; Loof, Grimley, Kuller, Martin, & Shonfield, 1995). 카르바마제핀은 심각한 결과를 가져올 수 있는 골수생성억제를 유발할 수 있지만 일반적으로 잘 견딜 수 있다. 혈구치, 간과 신장 기능, 따라서 정기적으로 모니터될 필요가 있다. 흔한 부작용들에는 위장장애, 체중 증가, 진정되기가 포함된다. 카르바마제핀은 과다 복용 시 치명적일 수 있다.

토피라메이트　토피라메이트[Topiramate(Topamax)]는 추가의 기분 안정제로 사용되는 새로운 항경련제이다. 이 약은 체중 감소를 돕는 추가 유익이 있으며, 대부분의 매우 흔히 사용되는 기분안정제들의 두드러진 효과가 심각한 체중 증가이다. 사례 보고서들과 적은 규모의 두 가지 공개 테스트(Berlant, 2004; Berlant & can Kammen, 2002)에서 토피라메이트가 PTSD의 세 가지 증상 군에서 효과적으로 나타났다. 토피라메이트는 또한 PTSD 관련 악몽과 플래시 백을 줄이는 데 특히 효과적이라고 보고되어 왔다. 가장 주목할 만한 부작용은 인지적 둔함이며 어떤 개인들은 이를 견뎌낼 수 없어 한다.

가바펜틴　　가바펜틴[Gabapentin(Neurontin)]은 정신과에서 추가의 기분 안 정제뿐 아니라 불안과 공격을 관리하는 부가물로서 흔히 사용되는 또다른 새로 운 항경련제이다. 이 약은 비교적 적은 부작용을 가지며 과다 복용에 덜 위험한 것이 유익한 점이다. 지금까지 PTSD 환자들에게 다른 약의 부가물로서 이 약 을 사용한 것에 대한 소급적용 차트와 사례 보고들이 있다. 초기 보고서들은 가 바펜틴이 PTSD의 수면장애와 악몽에 유용할 것이라고 제안하고 있다 (Hamner, Brodrick, & Labbate, 2001).

　이러한 논의, 또 기분안정제의 사용에 관한 적절한 자료의 부족으로, 이 약들 은 PTSD의 제 일선의 치료로서 권고되어서는 안 된다. 이 약들은 아마도 선택 적 세로토닌재흡수억제제와 기타 항우울제 치료에 적절하게 반응하지 않는 사 람들과 공격성이나 불안해진 과도각성으로 인한 심각한 행동 장애를 가진 사람 들에게 가장 적절할 것이다.

아드레날린성 물질

이 장의 앞에서 설명하였듯이 교감신경 체계의 부조절은 분명히 PTSD와 기타 외상후 결과들에 대한 생물학적인 보강 부분이다. 이 상태들의 교감신경 과다 활성화를 보여온 연구에도 불구하고, 외상후 스트레스의 치료에 항아드레날린 요소들의 사용에 관한 조사가 적게 있어 왔다. 가장 흔히 사용되는 아드레날린 물질들이 표 11.7에 목록화하였다.

베타아드레날린 차단제

프로프라놀룰   프로프라놀룰[Propranolol(Inderal)]은 중앙과 주변 신경체계
모두에 영향을 주는 비선택적 베타아드레날린 차단물질이디. 프로프라놀룰은
일반 내과에서 항고혈합제와 항부정맥 약으로 우선적으로 사용되는 반면, 또
한 공격성, 사회 공포증, 그리고 공연 불안을 치료하기 위한 정신과에서도 사
용된다.

트라우마 환자에게 베타 차단제의 유일한 임의 통제 테스트는 심박수가 1분

■■ 표 11.7 아드레날린 물질

일반 이름	상표 이름	권장투여량	임산부에 미치는 영향*	수유에서의 유무
Propranolol	Inderal	처음 복용량 40mg은 매일 두 번. 320mg까지 감내할 수 있는 만큼 적정함. 정신과에서 보통 복용되는 양은 매일 120~160mg(지고형에서 인데랄(Inderal)이 존재하지만, 정신과에서 이 약의 사용에 관한 연구들은 없다.)	C	예
Clonidine	Catapres	처음 복용량은 0.1mg 매일 두 번. 복용량은 매일 0.1mg씩 임상적으로 표시된 것 — 대개 복용량은 매일 0.2~0.6mg — 에 따라 증가할 수 있다.	C	예
Prazosin	Minipress	초기 복용량은 매일 1mg. 감내됨에 따라 천천히 증가시킨다. 비록 의료 환경에서 prazosin 복용량이 15mg으로 제한되어 있지만, PTSD 환자에 사용된 양은 매일 1~4mg이다.	C	예

* FDA 임산부에 미치는 영향 등급 설명에 관하여는 261쪽을 참조하라.

에 적어도 90인 급성 트라우마 생존자들의 연속적인 프로프라놀롤 복용 과정을 조사하는 예비 연구이다(Pitman et al., 2002). 한 달 후에 베타 차단제로 치료받은 피해자들이 PTSD 기준에 맞는 경우는 거의 없었다. 그러나 이러한 차이는 3개월 후에는 사라졌다. 놀랍게도 프로프라놀룰 40mg의 복용량을 받은 치료 집단의 사람들은 플라시보를 받은 사람들보다 상당한 심장 박동률 감소를 보였다. 저자들은 이것이 트라우마 관련 아드레날린 상태에 효과적으로 대응하기 위한 더 높은 복용량을 암시한다고 제안한다. 소규모의 공개 연구들, 급성트라우마 생존자들의 한 연구(Vaiva et al., 2003), PTSD 아동들의 한 연구(Famularo, Kinscherff, & Fenton, 1988), 그리고 두 내담자 사례 보고서(Dias & Jones, 2004)는 프로프라놀룰이 외상후 스트레스의 현재 증상과 나중에 PTSD 위험 모두에 유용할 것이라고 제안한다. 이러한 연구들은 Dias와 Jones(2004)를 제외하면 주목할 가치가 있으며, 가치있는 연구들에는 매일 세 번이나 네 번의 40mg 복용량을 중단 전에 천천히 양을 줄인, 짧은 과정의 치료가 포함된다.

베타 차단제들의 흔한 부작용들에는 위장의 불편함(메스꺼움, 구토, 설사, 복통), 레이뇨 현상(Raynaud's phenomenon)의 냉증 극단(cold extremities)과 악화 , 수면 장애, 어지러움, 그리고 피곤이 포함된다. 베타 차단제들은 또한 울혈성심부전(congestive heart failure)과 기관지경련(bronchospasm)을 유발할 수 있으며, 따라서 이 약들은 이전에 울혈성 심부전, 기관지경련, 그리고 기관지 천식이 있는 사람들과 동성서맥(sinus bradycardia) 이나 1도 심장차단(first-degree heart block)을 경험한 사람들에게는 차단된다. 과다 복용 시 심각한 심장 손상으로 이어질 수 있다.

알파아드레날린 차단제

클로니딘　클로니딘(clonidine)은 시냅스 전 알파 2 아드레날린 효능약(a presynaptic alpha 2-adrenergic agonist)으로 중추적으로 그리고 지엽적으로 노르에르에피네프린의 발산을 억제한다. 이 약은 항고혈압물질로 사용되며, 아편금단증상과 연관된 자율신경증상들을 치료하는 부속물로서 사용된다. 공개 테스트들에서, 클로니딘은 과도각성 과다경계, 수면장애, 과장 놀람 반응, 악몽, 행동의 성급함 증상들과 전투 참전자 연구에서의 공격성(Kolb, Burris, & Griffiths, 1984), 캄보디아 난민(Kinzie & Leung, 1989), 그리고 PTSD 아동들(Harmon & Riggs, 1996)에게 도움이 되는 것으로 보고되고 있다.

클로니딘의 가장 흔한 부작용들에는 구갈(dry mouth), 졸림, 진정작용, 현기증, 그리고 변비가 포함된다. 클로니딘은 비교적 급작스럽게 작용되며, 약 투여후 30분에서 60분 이내에 급성으로 심각한 저혈압을 유발할 수 있다. 따라서 이 약은 조심스럽게 투여되고 모니터되어야 한다. 클로니딘은 심각한 심혈관 질환을 가진 사람들에게 주어서는 안 되며, 고혈압 반동을 피하기 위한 중단을 책임져야 한다.

클로니딘 사용의 심각한 문제는 가끔씩 높은 투여량에 반응하지 않는 증상들로 점차적으로 되돌아가게 하는 신체적 내성의 발달이다. 클로니딘 대신에 구안파신(guanfacine)의 사용을 설명하는 소수의 사례 보고들이 있지만, 너무 적은 사례 보고들이어서 이 약의 사용을 권유할 수가 없다(예를 들면 Horrigan & Barnhill, 1996).

프라조신　　　PTSD 치료에서 클로니딘 대체로서의 프라조신[Prazosin (Minipress)]의 사용은 최근에 조사되어 왔다. 프라조신은 알파 1 아드레날린 수용체를 중추적으로 그리고 지엽적으로 차단하는 항혈압 물질이다. PTSD 환자에게 프라조신 사용에 관한 초기의 사례보고들은 수면장애와 트라우마 관련 악몽에 특별한 효과가 있다고 말하고 있다. 전투 관련 PTSD와 비전투 관련 PTSD, 그리고 전투 군인들 대상의 적은 규모의 한 플라시보 통제 테스트는 전반적인 PTSD의 증상들에서 '중간의' 향상이 있었으며, 수면과 악몽의 향상에 특별한 강조를 보고하였다(Raskind et al., 2003; Taylor & Raskind, 2002).

프라조신의 가장 흔한 부작용은 메스꺼움, 현기증, 두통, 졸림, 쇠약, 에너지 부족, 그리고 심계항진이다. 프라조신은 기절(의식의 갑작스런 사망)을 유발할 수 있으며, 이것은 대부분 사례들에서 고혈압 때문으로 믿어진다. 절대적인 사용금지가 없지만, 심장 질환을 이미 가졌었던 환자들을 책임감 있게 돌보고 혈압이 조심스럽게 모니터되어야 한다. 과다 복용 시 알파 차단제들은 심각한 혈관 문제를 일으키며 매우 많은 복용 시 치명적이다.

아드레날린 물질에 관한 마지막 노트

비록 알파 아드레날린 차단제와 베타 아드레날린 차단제들이 외상후 스트레스 치료에 유용한 부가물들이 될 수 있다는 분명한 연구조사 자료가 있더라도 지금까지의 조사들은 사례 보고서, 공개 테스트, 매우 적은 피실험자들 대상의 몇 안 되는 통제 테스트들로 제한되어 왔다. 이 자료는 베타 아드레날린 차단제들이 과도각성의 강도 높은 증상들로 괴로워하는 개인을 치료하는 데 도움이 되는 반면, 알파 차단제들은 다루기가 매우 힘든 수면장애와 악몽을 가진 사람들에게 가장 도움이 된다고 제안한다. 약을 처방할 때 환자들에 대한 실질적 예방책은 다음과 같다. (1) 정신과에서 이들의 사용이 'FDA 승인 없이 처방된 약'이라는 사실을 포함한, 이 물질로 치료하는 근거와 성질을 설명하기, (2) 혈압강하제 사용에 관하여 환자의 내과 전문의와 의사소통하고 승인 얻기, (3) 활력징후(vital sign)를, 특히 치료의 첫 몇 주를 상세히 모니터한다.

항정신병약

항정신병약(antipsychtics)은 중추신경계의 도파민을 차단하는 약이다. 이들은 주로 도파민 차단제의 정도, 이들이 영향을 주는 특정 수용체들, 그리고 부작용에 따라 서로 다르다. '전형적인' 항우울제들[예를 들면 할로페리돌(haloperi-dol[Haldol]), 플루페나진(fluphenazine[Prolixin]), 클로르프로마진(chlorpromazine[Thorazine])]들은 1950년대에 처음 소개되었을 때 정신분열증을 위한 기적의 치료약으로 여겨졌다. 그러나 이들은 도파민에 영향을 주기때문에 잠재적으로 심각하고 심신을 약화시키는 동작 부작용을 가져온다. '추체외로 증상들'[extrapyramidal symptoms, EPS — 이들은 뇌줄기의 원동 '피라미드'로부터라기보다는 기저핵(basal ganglia)으로부터 비롯된다고 생각되기 때문에 이렇게 불린다]은 종종 치료의 첫 며칠 또는 몇 주 안에 발생하며, 다음의 세 가지 방식으로 분명하게 나타난다. (1) 파킨슨 질병 — 약간의 떨림, 경직, 발을 질질 끄는 걸음걸이, (2) 가만히 않지 못함(akathisia) — 가만히 있거나 앉아 있을수 없는 느낌을 경험, (3) 근육긴장이상(dystonia) — 사지, 턱, 또는 팔의 고통, 종종 매우 급작스럽게 일어나며 즉각적인 의료적 개입이 요구된다. 지연성이상운동증(Tardive dyskinesia, TD)은 치료 초기와 치료가 종결된 후에 보고되지만, 대개 항정신성 약품으로 장기 치료를 한 후에 일어난다. 지연성이상운동증은 입, 턱, 그리고 입술[씹기, 손바닥으로 때리기, (불만들의 표시로) 입술을 오므리기]과 손발 동작의 자기도 모르게 하는 리듬 있는 동작들이다. 지연성이상운동증은 일반적으로 돌이킬수 없으며, 그리고 외모를 꽤 흉하게 망가뜨리며 심신을 약화시킬 수 있다.

대표적인 이례적 항우울제들은 달라진 정신 상태, 자율신경계의 기능장애, 열, 근육긴장으로 특징되는 잠재적으로 생명 위협 반응인 **신경마비성악성증후군**(neuroleptic malignant syndrome, NMS)으로 알려진 상태와 연관되어 왔다. 과다 투여 시 부정맥증을 일으키고 치명적일 수 있다.

1980년대에 항정신병약의 새로운 분류가 발전되었으며, 다른 약들로부터 이들을 구별하기 위한 '이례적인 것'으로서 언급되었다. 분류로서의 이 새로운 약들은 동작 부작용에 상당히 적은 위험을 가지고 있었다. 이들은 또한 과다 투여에 비교적 위험하지 않다. 이 약의 낮은 위험성 때문에 조병(mania), 우울, 심한 불안, 성격 장애, 공격성, 불면증, 그리고 트라우마를 포함한 정신병적이 아닌 정신과 장애에서 광범위하게 사용되고 있다. 사실 FDA는 최근에 다양한 단계의 조울증 치료에 여러 이례적인 항우울제들의 사용을 승인하였다. 이례적인 항우울제들이 표 11.8에 목록화되어 있다.

그럼에도 불구하고 정신병적이지 않은 사람들에게 이들 약의 사용은, 논란의 여지가 많이 남아 있다. 동작 장애와 NMS의 예가 이례적 항우울제들로 상당히 줄어들었지만 위험은 그대로 남아 있다. TD의 대표적 항우울제의 일년간 발생비율은 성인의 5%로 추정되며, 이례적 항우울제는 1년간 발생 비율이 0.8%로 추정된다(Correll, Leucht, & Kane, 2004). 그러나 연구의 여러 활동들은 기분장애를 가진 개인들이 주로 정신병 장애를 가진 사람들보다 항정신성

■■ 표 11.8 이례적인 항우울제

일반 이름	상표 이름	권장투여량	주요 부작용	임산부에 미치는 영향*	수유에서의 유무
Risperidone	Risperdal	매일 0.5~6mg	Akathisia, 높은 양 투여 시 EPS, Hyperprolactinemia	C	예
Olanzapine	Zyprexa	매일 5~30mg	진정 상태, 체중 증가, 당뇨의 증가된 위험	C	예
Quetiapine	Seroquel	매일 나누어서 50~600mg	진정 상태, 체중증가, 드물게 백내장 위험	C	예
Ziprasidone	Geodon	매일 나누어서 40~160mg	EKG에 관한 길어진 QTc의 드문 위험 – 치료를 시작하기 전에 EKG스크린이 권유됨	C	예
Aripiprazole	Abilify	매일 10~30mg	Agitation	C	예
Clozapine	Clozaril	매일 나누어서 100~800mg	진정 상태, 유연 (drooling), 체중 증가, 당뇨의 증가된 위험, 과립구감소증 (agranulocytosis)	B	예

* FDA 임산부에 미치는 영향 등급 설명에 관하여는 261쪽을 참조하라.

약들로부터 TD를 발전시킬 가능성이 높음을 주장하였다. 한 연구는 전형적인 항정신병약으로 치료를 받은 우울증 환자가 TD를 발전시킨 연간 발생 비율이 13.5%였다고 보고한다(Kane, 1999). 이러한 자료는 새로운 단계의 약들을 사용하면서 재계획되어야 한다. 그러나 PTSD와 우울증의 두 질병들의 높은 공존성은 트라우마 환자들이 이러한 심신을 약화시키는 부작용에 높은 위험이 있을 수 있다는 추정을 가능하게 한다. 이러한 잠재적 위험으로, 더 광범위한 집단의 증상에 항우울제들을 사용할 때 경고가 뒷받침되어야 한다.

이례적 약물 사용의 또다른 염려는 **신진대사장애** — 비만, 내담능손상(impaired glucose tolerance), 고혈압, 증가된 지질(lipids) — 이다. 신진대사장애는 일반 대중보다 심각한 정신 질병을 가신 사람들에서 높은 것으로 언급되어 왔지만(다른 사람들 가운데 라이프 스타일과 형편 없는 자기 돌봄을 포함한 여러 이유에서), 또한 특히 올란자핀, 클로자핀, 그리고 쿠에타핀과 같은 향정신성약들과 연관되어 왔다. 최근의 연구들은 모든 향정신성약들에서 높은 중단율을 보여왔으며, 연구자들과 임상가들은 이들의 사용과 연관된 위험-이익 프로필의 재평가를 시작하고 있다(예를 들면 Lieberman et al., 2005).

외상후 스트레스 장애를 위한 항정신성약

트라우마의 효율성에 관해서 오직 세 가지 이례적인 항정신성약들이 평가되어 왔다. 이들은 리스페리돈[risperidone(Risperdal)], 올란자핀[olanzapine(Zyprexa)], 그리고 쿠에타핀[quetiapine(Seroquel)]이다. 지프라시돈[Ziprasidone(Geodon)]과 아피피프라졸[aripiprazole(Abilify)]은 시장에 새로 나왔으며, 앞으로 트라우마에 이들의 사용이 조사될 확률이 크다. 정신병이 있는 외상후 스트레스 장애자에게 클라자핀(clozapine, Clozaril)의 효율성을 논한 사례 연구 문헌이 하나 있다. 문헌이 부족하고 이 약 사용과 관련된 심각한 부작용이 있었지만 , 일반 임상에서처럼 정신병이 있고 치료를 상당히 저항하는 개인들에게 이 약의 사용 제한을 지속하는 데는 신중해야 한다.

리스페리돈   외상후 스트레스 장애에 리스페리돈[risperidone(Risperdal)]에 관한 네 가지 임의 통제 테스트들이 있어 왔다. 네 가지 테스트들 모두 소규모 표본크기, 상당한 공존 질병, 그리고 다른 정신성 약들의 사용으로 제약되었었다. 이들 중 두 테스트들은 성급함과 침투적인 재경험의 치료에 낮은 투여의 리스페리돈이 도움이 되는 것을 발견하였으며(Monnelly, Ciraulo, Knapp, & Keane, 2003; Reich, Winternitz, Hennen, Watts, & Stanculescu, 2004), 다른 테스트는 CAPS의 과도각성 세분화등급에 관한 효율성이 발견되었다(Bzrtzokis, Lu, Turner, Mintz, & Saunders, 2005). 마지막 테스트는 정신병 증상을 가진 외상후 스트레스 장애를 가진 참전 군인에게 리스페리돈의 사용이 조사되었다. 이들은 정신병 증상에서 적당한 향상을 가졌지만, PTSD 증상의 감소에는 통계적인 의미는 없었다(Hamner, Ditsch, Brodrick, Ulmer, Lorberbaum, 2003). 추가로 리스페리돈이 PTSD가 갖는 악몽, 침투적인 재경험, 과다각성, 그리고 공격성에 도움이 될 수 있음을 암시하는 많은 사례 보고서들이 있었다(예를 들면 Krashin & Oates, 1999; Monnelly & Ciraulo, 1999). 이례적 약물들 중에서 리스페리돈은 높은 위험의 추체외로(extrapyramidal) 증상을 가지며, 또한 체중 증가와 가벼운 진정 상태를 가져온다.

올란자핀   외상후 스트레스 장애를 가지고 있고 정신질환이 없는 참전 군인들에게 부가 치료제로서 올란자핀[Olanzapine(Zyprexa)]을 사용한 작은 규모의 임의 통제 테스트들이 두 가지 있다. 첫 번째 테스트는 플라시보와 비교하면 PTSD 증상에 적당한 반응을 하는 것이 암시되지만, 전반적인 임상 향상에서 의미 있는 차이가 없다(Stein, Kline, & Matloff, 2002). 두 번째 테스트는 높은 플라시보 반응률과 플라시보에 비해 올란자핀에 대하여 통계적 의미가 없음이 발견되었다(Butterfield et al., 2001). 불면증, 악몽, 침투적 재경험, 그리고 우울 증상들과 연관된 외상후 스트레스를 치료하는 데 올란자핀의 효율성을 제시하는 여러 공개 테스트들과 사례 보고서들이 있어 왔다(예를 들면 Jakovljevic,

Sagud, & Mihaljevic-Peles, 2003; Pivac, Kozaric-Kovacic, & Muck-Seler, 2004). 올란자핀은 체중 증가의 상당한 위험이 있으며(종종 어떤 환자들은 견디기 힘들어한다), 당뇨와 신진대사장애의 진전과 연관되어 왔다.

쿠에타핀　외상후 스트레스 장애를 가진 사람들에게 쿠에타핀[Quetiapine (Seroquel)] 투여에 관한 임의 통제 테스트들은 없었다. 20명의 참전 군인들 대상의 부가 치료로서의 공개 테스트들은 모든 외상후 스트레스 장애 군들, 특히 재경험 증상들 전반과 정신병의 양성 증상에서 효과를 보여주었다(Hamner, Deeitsch, Brodrick, Ulmer, & Lorberbaum, 2003). 그러나 이 연구의 참가자들은 심한 외상후증후군을 가지고 있었으며, 이들의 치료후 증상 점수들이 향상을 보여주었지만 여전히 높게 남아 있었다. 치료 저항 참전 군인들에 대한 부가 치료로서의 쿠에타핀 배후 차트분석 검토는 모든 증상 군의 감소를 보여주는 반면, 사례 보고들은 플래시백을 감소시키는 효과를 제시하고 있다(예를 들면 Sokolski, Denson, Lee, & Reist, 2003).

이들을 합쳐 생각해 보면 이러한 자료들은 치료가 힘든 PTSD, 특히 정신병 증상이 있는 경우에 이례적인 항정신병약들이 약물요법에 추가하여 유용할 수 있다고 제시한다. 그러나 높은 부작용 위험과 정신병이 없는 외상후 스트레스에 이들 약의 사용에 관한 자료가 제한되어 있으므로 주의가 요망된다. 특히 매우 불안하고 의심이 많은 사람들, 특히 진정 상태로 되는 것을 원하지 않는 사람들에게 항정신병약들은 타당한 대체 약이라고 확신하기는 어렵다. 현재 PTSD에 항정신성약들이 선택적 세로토닌재흡수억제제만큼 효과적임을 보여주는 것은 없으며, 항우울제들이 PTSD를 위한 우선의 선택에 해당됨을 제시하는 어떤 증거도 없다(Friedman, Davidson, Mellman, & Southwick, 2000).

•• 트라우마 관련 정신병을 위한 약들

이 책의 앞에서 언급하였듯이 트라우마 이후의 스트레스는 가끔 정신병을 동반한다. 심각한 트라우마는 단기 정신증 장애(BPDMS)로 이끌며, 정신분열증과 같은 근본적인 정신병 장애를 가진 사람들의 증상들을 악화시킬 수 있다. 외상후 스트레스 장애는 정신병적 우울을 가진 사람들이 비정신병적 우울증이 있는 사람들보다 네 배나 더 빈번하게 발생되는 것이 발견된다(Zimmerman & Mattia, 1999). 어떤 사람들은 정신병 증상들과 구별하기 힘든 강도 높은 재경험 증상들을 가질 수 있으며, 어떤 사람들은 편집증 정신분열과 구별하기 힘들며 광범위한 자극에 적용하는 트라우마 관련 두려움과 회피 반응을 가질 수 있다. 비록 '정신병적 외상후 스트레스 장애' 의 *DSM-IV* 분류는 없지만, 정신병적 증상을 가진 외상후 스트레스 장애를 가진 사람들, 근본적인 정신병 장애를 가지지 않는 사람들, 그리고 정신병적 우울증 기준에 맞지 않는 사람들이 있다(이 주제에 대한 더 완벽한 논의와 진단 딜레마에 관하여는 2장을 참조하라).

트라우마가 급성적으로 정신병으로 연결되는 경우에 권장되는 치료약은 향정신성약이다. 종종 단기 정신증 장애로서 정신병 증상들은 비교적 짧은 기간에 해결된다. 이러한 상황에서 향정신성약은 재발과 다른 외상후 증상들의 발전에 대한 조심스런 모니터링으로 여러 주에 걸쳐 점점 줄어들 수 있다. 단기 정신증 장애에 관한 문헌(그리고 *DSM-III*[APA, 1987]의 이전 것)이 매우 희박하며, 특히 이 상태의 약 사용에 대한 조사를 한 임상 테스트들은 없다.

트라우마 생존자들의 흔한 장애(2장 참조)인 정신병적 주요우울증은 진단과 치료 모두가 특별히 어려운 상태이다. 외상후 스트레스 장애가 정신병적 우울증과 공존하여 발생할 때 항우울제(일반적으로 선택적 세로토닌재흡수억제제)와 항정신병약 모두를 가지고 치료한다(검토에 관하여는 Schatzberg, 2003). 한 가지 약의 치료로서의 삼환계 항우울제들은 선택적 세로토닌재흡수억제제와 항정신성약들이 단독으로 사용되었을 때만큼 일반적으로 정신병적 우울증에 효과적이지 않음이 발견되어 왔다(예를 들면 Schatzberg, 2003; Simpson, El Shesahai, Rady, Kingsbury, & Fayek, 2003). 전체적으로 선택적 세로토닌재흡수억제제제와 이례적 향정신성약의 조합을 가진 응답률은 50~60% 범위에 있다. 외상후 스트레스 장애 증상을 치료하는 전반에 걸쳐 우울증과 정신병이 조심스럽게 다루어져야 한다. 정신병 증상들이 해결되었다면 향정신성약을 지속할지에 대한 결정은 개인별로 이루어져야 한다. 여기에는 재발 위험에 대한 평가, 이전의 정신병 내력, 우울증의 심각성, 현재의 스트레스정도, 그리고 심신을 약화시키는 약의 부작용의 유무가 포함된다(Rothschild & Duval, 2003).

정신병적 우울증을 치료하기 위하여 미페프리스톤(mifepristone)과 같은 HPA(시상하부-뇌하수체-부신피질) 축을 억제하는 약의 사용에 관한 문헌이 있다. 이러한 실행은 정신병적 우울증이 비정상적인 시상하부-뇌하수체-부신피질 축과 높아진 코르티솔 수준과 연관하여 나타난다는 발견에 기초되었다(Schatzberg, 2003). 이러한 발견을 일반적으로 낮은 시상하부-뇌하수체-부신피질 축과 외상후 스트레스 장애와 연관된 낮은 코르티솔과의 과정은 앞서 설명하였듯이 아직 분명하지 않다. 몇 가지 최근의 연구는 트라우마 생존자들의 비정신병적 우울증이 트라우마와 연관되지 않은 '일반' 우울증보다는 외상후 스트레스 장애와 생물학적으로 더 비슷하다고 제안하였다(Yehuda, Halligan, Golier, Grossman, & Bierer, 2004). 아마 연구가 계속되면서 우리는 트라우마와 외상후 스트레스 장애와 연관된 정신병적 우울증과 트라우마 부재에서 일어나는 정신병적 우울증의 유사한 생물학적 차이를 발견할 것이다. 이 어려운 문제는 다시 트라우마를 연구하고 치료하는 것과 연관된 복합성을 보여준다. 아직까지 외상후 스트레스 장애와 공존하는 정신병적 우울증의 시상하부-뇌하수체-부신피질 억제의 사용을 검토한 자료는 없다.

외상후 스트레스 장애가 우울증이나 다른 축 1 장애 없이 정신병 증상들이 동반된 상황에 관하여 지침을 준 문헌은 거의 없다. 임상적 그리고 일화적 경험은 정신병적 우울이 공존하는 외상후 스트레스 장애에 관하여, 밀접한 후속 조치와 지속적인 약의 복용에 대한 필요를 평가하고, 항우울제와 항정신성약의 치료를 제시한다. 우리의 경험으로 볼 때 항정신성약들은 외상후 스트레스 장애의 재경험 증상들이 정신병처럼 보일 때 도움이 되는 것이 드물다(표 11.8 참조).

••급성 트라우마 스트레스를 위한 약들

6장에서 설명하였듯이 급성 스트레스장애(ASD)에 관한 문헌이 부족하다. 특히 약학적 치료 영역에서 부족함이 뚜렷하다. 급성 스트레스의 약들에 대한 임의 통제 테스트들이 매우 적으며, 사실 급성 트라우마 피해자들을 치료할 때 임상가들은 인증된 최근의 치료를 제공하기 위하여 외상후 스트레스에 관한 문헌으로 부터 추론해야 한다. 응급 상황의 피해자들 또는 덜 응급하지만 그래도 급성 상황에 있는 피해자들의 치료에 관한 대부분의 문헌들은 약학적보다는 심리사회학적 개입에 중점을 두고 있다(10장 참조).

벤조디아제핀

트라우마의 급성 생존자들은 상당한 불안, 공황 발작, 초조, 그리고 수면장애와 함께 자주 엄청난 괴로움 상태에 놓여 있다. 피해자들(그리고 종종 이들의 가족과 사랑하는 사람들)은 트라우마와 연관된 강도 높은 괴로움을 없애기 위하여 의료적 종사자들이 진정 약을 줄 것을 요청할 수 있다. 그밖에 임상가들은 트라우마 내용과 내담자들의 괴로움에 감정적 반응을 가질 수 있으며, 즉각적인 증상 완화를 위한 강력한 약을 즉시로 줄 수 있다. 불행히도 문헌은 급성 트라우마 피해자들이 경험하는 불안을 급하게 치료함으로써 파생된 유익에 대하여 분명하지 않다.

앞서 설명하였듯이 벤조디아제핀은 급성 불안을 감소하는 데 사실 효과적이지만, 급성 트라우마의 치료에 유용하지 않으며, 사실은 심지어 급작스럽게 사용되었을 때 외상후 스트레스 장애의 증가된 위험과 연관될 수 있다(Gelpin et al., 1996). 어떤 사람들은 벤조디아제핀이 외상후 스트레스 장애로 이끌 수 있는 기억 통합을 방해하기 위하여 급하게 사용된다고 제안하였으며, 이 가설은 임상 실제에서 나온 것은 아니다. 그럼에도 불구하고 급작스런 고통의 상황에서(예를 들면 집단 강간이나 가족의 살해 목격 이후의), 특히 응급실 상황에서 벤조디아제핀의 사용으로서만이 적절히 다루어질 수 있다. 이러한 상황 아래서 가급적 선택적 세로토닌재흡수억제제나 다른 항우울제의 시작과 결합하여 조심스런 사용이 허용된다. 그러나 알프라졸람(alprazolam)과 연관된 남용과 의존성의 높은 위험 때문에 이의 사용을 권장하지 않는다(표 11.5 참조).

항우울제들

급성으로 트라우마된 사람들의 항우울제(antidepressants)의 사용에 관하여는 수집된 자료들이 매우 제한되어 있다. 급성 스트레스 장애 기준에 맞는 소아과 화상 피해자들 대상의 한 소규모 공개 테스트에서 7일 이후에 세 가지 모든 증상군에서 중간의 향상이 있었다(Robert, Blakeney, Villarreal, Rosenberg, & Meyer, 1999). 놀랍게도 선택적 세로토닌재흡수억제제가 외상후 스트레스 장애에 우선 치료 약이며 세 가지 모든 증상군에서 효율성을 가지는 것으로 나타나는 사실에도 불구하고 급상 트라우마 스트레스에 선택적 세로토닌재흡수억제제의 사용에 관한 연구는 없다.

임상 연구 자료의 부재에도 불구하고 실제 임상에서 임상가들은 급성 스트레스 장애로 진단받은 사람들이나 그밖에 급성 외상후 스트레스 증상을 경험하는, 특히 공황발작을 경험하는 사람들에게 선택적 세로토닌재흡수억제제를 종종 처방한다. 그밖에도 종종 선택적 세로토닌재흡수억제제는 지속되는 외상후 폐해의 진전을 방지하려는 의도로 종종 처방된다. 급성 스트레스 장애의 선택적 세로토닌재흡수 억제제의 사용은 타당해 보이며, 이는 첫째로 급성 스트레스 장애에 관한 *DSM-IV* 기준이 외상후 스트레스 장애 기준과 비슷하다는 사실, 두 번째로 선택적 세로토닌재흡수억제제가 뇌하수체-부신피질 역기능으로 '재조절' 될 수 있음을 주장한 앞서 언급한 자료들이 외상후 스트레스에 포함되어야 한다는 생각 때문이다.

이러한 이유들로 선택적 세로토닌재흡수억제제는 약 치료를 필요로 하는 급성 스트레스 장애로 고통스러워하는 사람들을 위한 타당한 선택이다. 벤조디아제핀의 사용과 연관된 문제점에 비추어, 선택적 세로토닌재흡수억제제는 이 약이 일반 불안과 공황발작, 그리고 외상후 스트레스 장애의 치료에 분명히 효율적이기 때문에 아마 급성 스트레스 장애의 급성 불안을 개입하는 가장 좋은 후보 약이다. 그러나 이 점을 분명히 하기 위한 연구가 필요하다(표 11.1에서 표 11.4 참조).

아드레날린 물질들

앞서 설명하였듯이 트라우마에서 아드레날린 약의 사용은 이론적으로 보장할 수 있지만, 지금까지 이루어진 소수의 연구들은 애매한 결과들을 보여주었다. 급성 트라우마 생존자들에게 프로프라놀롤은 초기에 외상후 스트레스 장애의 위험을 줄이지만 3개월 후에는 이러한 차이가 사라지는 것으로 나타난다 (Pitman et al., 2002). 그러나 대본 주도의 상상은 3개월 때, 치료를 받은 사람들을 통제 집단과 비교했을 때 감소된 신체적 반응을 보였다. 아드레날린 차단제가 트라우마 몇 시간 내에 사용되면, 아드레날린 체계의 민감화를 방지할지도 모른다는 추측이 있어 왔지만 이는 충분히 연구되어야 한다. 현재 급성 트라우마에서 이 물질에 대하여 분명한 권장이 만들어져 있지 않다(표 11.7 참조).

기타 물질

급성 스트레스 장애에 기타 향정신성 물질의 사용에관한 문헌은 선택적 세로
토닌재흡수억제제와 마찬가지로 매우 적다. 외상후 스트레스 장애로 이끌 수
도 있는 초기 단계를 막는 기분 안정제에 대한 잠재적 유익을 평가하는 연구가
필요하다.

••수면을 위한 약들

수면장애는 외상후 스트레스 증상 중에서 가장 고통스럽고 심신을 약화시키는
하나가 될 수 있다. 트라우마 생존자들은 초기 불면증, 빈번한 악몽으로 잠을
깨거나, 새벽녘에 잠을 깨거나, 잠을 자고 나서도 휴식을 취하지 못한 것 같은
느낌을 자주 호소한다. 수면에 관한 연구는 트라우마화된 개인들의 방해된 수
면의 근원적 심리 기제에 대하여 확실한 결론을 얻지 못하고 있다. 비록 어떤
연구는 트라우마가 무질서한 급속안구운동(rapid eye movement, REM) 수면
을 이끌며 악몽 환자들은 더 빈번한 악몽으로 잠을 깨는 것으로 보여주고있지
만(Harvey, Jones, & Schmidt 2003; Mellman, Bustamante, Fins,
Pigeon, & Nolan, 2002), 다른 연구들은 수면 장애에 대한 불평과 실험실의
수면다원검사(polysomnographic) 수면 연구들에 관한 비정상성과는 상관 없
음이 발견되었다(예를 들면 Hurwitz, Mahowald, Kuskowski, & Engdahl,
1998). 그럼에도 불구하고 수면 문제들은 트라우마 생존자들에게 빈번한 호소
로 남아 있다. 낮시간 동안 졸음이나 과다 진정 상태를 생기지 않게 하며 수면
의 질과 양을 향상하는 약을 발견하는 것이 도전된다.

　외상후 스트레스 관련 수면장애 치료에 관한 문헌이 제한되어 있다. 그러나
외상후 증상을 향상하는(기분 진정제, 향정신성약, 삼환계약, 그리고 몇 가지
기타 향우울제들을 포함한) 많은 약은 수면에 도움을 줄 수 있다. 또한 이들 약

중 많은 수가 진정 상태로 유도하고 있으며, 임상가들은 이러한 약을 밤에 복용하는 처방을 함으로써 부작용을 악용할 수 있다. 비록 선택적 세로토닌재흡수억제제가 전체로서는 외상후 스트레스 장애 증상의 세 가지 모든 군들 전체에 향상을 보이지만, 가끔 불안과 활성화 수준을 높이며, 특히 치료의 첫 몇 주에 그러하며, 종종 추가의 수면 물질을 필요로 한다. 주요 비벤조디아제핀 수면 물질들을 표 11.9에 목록화하였다.

트라조돈 앞서 논의했듯이, 트라조돈[Trazodone(Desyrel)]은 상당한 진정 상태를 주는 항우울제이다. 사실 이 약은 우울증 치료보다는(적은 투여량으로) 수면 물질약으로 더 흔히 사용되고 있다. 트라조돈은 효과적인 수면제이며, 의존성이나 철회를 일으키지 않는다. 그러나 이 약은 낮시간 동안 졸음으로 연상되는 숙취 상태 같은 느낌을 일으키며, 어떤 사람들은 견디기 힘들어한다. 외상후 스트레스 장애 생존자들로부터 수면 물질로서의 이 약의 사용에 관한 보고들은 없지만, 소수의 사례보고들은 카라조돈이 수면뿐 아니라 외상후 스트레스 장애의 다른 증상들을 향상한다고 제안한다(Hertzberg, Feldman, Beckham, & Davidson, 1996). 트라조돈은 다른 향정신성약들에 비해 일반적으로 안전한 것으로 고려된다. 이 약에 관한 더 자세한 정보는 272, 273쪽을 참조하라.

■ 표 11.9 비벤조디아제핀 수면 약

일반 이름	상표 이름	권장투여량	임산부에 미치는 영향*	수유에서의 유무
Trazodone	Desyrel	50~200mg	C	예
Diphenhydramine	Benadryl	25~50mg	밝혀지지 않음	밝혀지지 않음
Hydroxizine	Atarax, Vistaril	50~100mg	밝혀지지 않음	밝혀지지 않음
Zolpidem	Ambien	5~10mg	B	예
Zaleplon	Sonata	5~10mg	C	예
Eszopiclone	Lunesta	1~3mg	C	밝혀지지 않음

* FDA 임산부에 미치는 영향 등급 설명에 관하여는 261쪽을 참조하라.

항히스타민제   외상후 스트레스 장애에 항히스타민제(Antihistamines)의 사용에 관한 정확한 문헌은 없다. 그러나 디펜히드라민[diphenhydramine (Benadryl, 처방전 없이 살 수 있는 약)]과 하이드록시진[hydroxyzine(Atarax, Vistaril)]이 진정시키는 특징 때문에 수면 물질로서 흔히 사용된다(Ringdahl, Pereira, & Delzell, 2004). 이들은 비교적 부작용이 적으며, 과다 복용과 연관된 위험이 적고, 남용이나 의존성에 대한 잠재성이 없다. 수면 물질로서 이 약 사용의 주요 문제는 구갈과 아침 졸음의 가능성이다.

졸피뎀   졸피뎀[Zolpidem(Ambien)]은 흔히 처방되는 비벤조디아제핀 수면 물질이다. 이 약은 급작스런 작용을 시작을 가지며 약 2.5시간의 짧은 반감기 때문에 낮시간 동안 최소한의 진정을 일으킨다. 벤조디아제핀과 비교하면, 이 약은 인지와 기억에 상당히 적은 효과를 가지며(Terzano, Rossi, Palomba, Smerieri, & Parrino, 2003), 남용의 위험성이 적게 나타난다. 외상후 스트레스 장애의 참전 군인들에서 졸피뎀 사용에 대한 사례 보고 시리즈에서, 20개월 까지의 치료 과정에 걸쳐 내성 발달이 없는 효율적인 수면 물질이 되는 것이 발견되었다(Dieperink & Drogemuller, 1999). 그러나 제조자 관련 정보에 의하면 어떤 사람들에게는 내성의 잠재성과 불면증 재발, 그리고 심리적 의존성에 대한 주의가 보증되어야 하며, 이 약의 사용을 3주 미만으로 사용하도록 제한하도록 권유한다. 졸피뎀과 연관된 주요 부작용은 두통, 졸림, 피곤, 그리고 이 지럼증이다. 졸피뎀은 또한 시행 후 머지않아 인지적 장애를 일으키며, 이것은 최고의 혈장 수준과 연관된 최면이나 꿈꾸는 상태의 급작스런 유도 때문이라고 생각된다. 이것은 또한 통제 해방 공식에서 또한 가능하며(졸피뎀 CR), 더 오랜 동안의 작용성을 가신다.

잘레플론   잘레플론[Zaleplon(Sonata)]은 또다른 비벤조디아제핀 수면제이다. 이 약은 대략 1시간의 반감기와 함께 초단기 작용을 한다. 외상후 스트레스 장애에 이 약의 사용을 조사한 연구들은 없다. 그러나 이 약의 짧은 작용성 때문에 잘레플론은 트라우마화된 개인들, 특히 진정 상태와 위협에 감소된 반응을 염려하는 사람들에게 좋은 선택이 될 수 있다. 반대로 일직 깨는 것으로 고생을하는 사람들이나 트라우마 관련 악몽으로 밤 동안 자주 깨는 사람들을 위하여 잘레플론 효과는 충분히 오래 지속되지 않을 것이다. 잘레플론과 연관된 주요 부작용들은 두통, 메스꺼움, 그리고 현기증들이다. 또한 잘레플론은 졸피뎀으로 생기는 것과 비슷한 꾸벅꾸벅 조는 상태를 생기게 할 수 있다(Terzano et al., 2003).

에스조피클론　　　에스조피클론[Eszopiclone(Lunesta)]은 가장 최근의 비벤조디아제핀 수면 물질이며, 졸피뎀과 잘레플론과 관련되어 있다. 이 물질은 일반적으로 잘 참아지게 되는 것으로 보인다. 외상후 스트레스 장애에 이 약의 사용은 조사되지 않았다. 주된 부작용은 꿈과 같은 상태에서 입 안의 나쁜 맛이며 어떤 보고서는 견딜 수 없는 맛이라고 하며, 두통과 앞서 설명한 대로 꾸벅꾸벅 조는 가능성들이 부작용이다.

벤조디아제핀　　　이 장의 앞에서 설명한 대로 벤조디아제핀(Benzodiazepines)의 사용과 관련된 상당한 위험들이 있다. 가능하다면 임상가들은 수면 물질로서 벤조디아제핀을 사용하기 전에 다른 물질들을 시도해 보아야 한다. 남용 가능성 만큼 신체적 · 심리적 의존성 위험이 높다. 이것을 들어보면, 외상후 스트레스와 연관된 심각한 불면증에 어떤 약도 없을 때 적절하다. 이러한 경우에 벤조디아제핀은 사용 패턴에 대한 주의 깊은 모니터링과 복용량 증가에 대한 보고된 필요와 함께 단기로만 처방되어야 한다(표 11.5 참조).

외상후 스트레스의 수면장애에 약을 투여하는 전략

외상후 스트레스 수면장애를 위한 약 투여에 관한 권고사항을 아래에 요약하였다.

- 수면 효용성을 위한 현재의 향정신성 식이요법의 사용을 최대화한다(예를 들면 패럭서틴, 삼환계 항우울제, 트라조단, 멀타자핀, 항정신병약, 기분 안정제들). 이 약은 종종 매일 두 번에서 한 번 복용으로 취침 시 바꾸는 것으로 이행될 수 있다.
- 필요하다면 트라조돈이나 항히스타민제 같은 비중독성의 수면 물질을 추가한다.
- 졸피뎀이나 잘레프론 같은 비젠조디아제핀 수면제 중 하나로 바꾼다.
- 만일 이들이 효과적이지 않다면, 벤조디아제핀을 조심스럽게 사용하는 것이 도움이 될 수도 있다.

••해리를 위한 약들

해리 증상의 치료에 관한 약리학적 접근 문헌은 매우 희박하며, 많은 임상가들은 약이 해리에 도움이 되지 않을 거라고 추정한다. 이것은 어느 정도 사실이며, 현재 가능한 약들은 기억 상실, 인지적 이탈, 비개인화, 다른 상태로의 급격한 변화, 또는 시간의 흐름을 잃는 것과 같은 증상들의 많은 것을 해결해 주지 않는다. 그러나 해리 증상이 스트레스 아래서 심해지는 것으로 나타나므로, 많은 문헌들은 우울증, 불안, 외상후 스트레스 징애를 포함한 해리 장애와 공존하여 나타나는 조건들의 치료를 장려한다.

　적은 수의 공개 테스트들은(예를 들면 Bohus et al., 1999) 날트렉손(nal-trenone)이 경계성 환자의 트라우마이후의 플래시백과 해리 증상을 줄이는 데 도움이 될 수 있다고 제안하는 반면, 다른 테스트들은 해리성 정체성 장애의 자기상해 행동을 줄이는 데 있어서의 이 약의 효율성을 설명하였다(Loewenstein, 출판 중).

　해리가 심한 사람들의 경우 외상후의 재경험을 정신병적 환각과 구분하는 것이(3장에서 설명한 대로) 특별히 어려울 수 있다. 불행히도 어떤 내담자들은 정신병 환자로 잘못 판단되었기 때문에 종종 효과가 거의 없고 심각한 부작용이 있는 향정신성약들로 오랜 동안 불필요하게 치료받는다. 어떤 임상가들은 해리를 동반할 수 있는 외상후 스트레스 장애의 침투 증상들과 불안을 치료하는 데 소량의 향정신성약들이 도움이 되는 것을 발견한다(Loewenstein, 출판 중). 그러나 입증되지 않은 우리의 경험에서 이러한 약들이 사실 주위 환경에 대한 경계를 줄임으로써 해리반응을 증가시킬 수 있으며, 벤조디아제핀을 사용했을 때 많다.

Morgan, Krystal, 그리고 Southwick(2003)은 논평에서, 해리 상태의 생물학에 대해 우리가 알고 있는 것으로 볼 때 해리에 유익할 수 있는 여러 접근을 제시한다. (1) 트라우마화된 사람들이 스트레스를 받거나 압도되어 자주 해리될 때, 아르레날린 차단제로 과도각성을 치료, (2) 선택적 세로토닌재흡수억제제 같은 GABAergic 뉴런에 영향을 주는 약으로 치료, (3) 라모트리진(lamotrigine) 같은 N-methyl-D-aspartate (NMDA)에 영향을 주는 약의 사용이다. 그러나 이러한 권유는 임상 결과 자료보다는 생물학에 대한 추정에 기초한 것이다.

해리 치료에 대한 우리의 일반적 접근은 심리치료를 주된 치료 개입으로 포함하며, 가장 좋은 경우는 내담자들이 트라우마를 처리하고 정동 조절과 대인관계를 돕는 기술들을 배우면서, 임상 증상인 해리가 약해지는 것이다. 그러나 해리 환자가 심각한 외상후 트라우마, 우울, 또는 다른 불안 증상을 가질 때 약리학과 함께 하는 치료가 적절하다.

••다른 공존 장애들을 위한 약들

2장에서 설명한 대로 외상후 스트레스 장애는 우울증, 기타 불안 장애, 그리고 정신병적 장애를 포함한 축 1의 기타 다른 장애와 상당히 공존한다. 트라우마 중심의 임상가는 트라우마 스트레스를 위한 심리치료가 광범위한 증상을 필요하게 다룰 것이라고 추정해서는 안 된다. 내담자들이 한 가지 이상의 공존 장애들을 보일 때 이러한 상태들을 위한 적절한 약리학적 치료가 권유된다. 다행히 우울증이나 다른 불안 증상들을 가지고 있을 때 선택적 세로토닌재흡수억제제를 치료약으로 선택하고, 외상후 스트레스 증상들이 동시에 치료될 수 있다. 앞서 설명하였듯이 분명한 정신병적 증상들은 항정신성 약의 추가를 필요로 한다. 트라우마 생존자의 약물치료 관리의 일반적인 원칙은 이 장의 앞에서 설명되었으며, 특히 과다 약물치료에 대한 우려와 부작용에 관하여는 공존 장애들과 외상후 스트레스를 다룰 때 관련되어 있다.

이 장은 외상후스트레스 치료에 도움이 되는 것으로 보이는 광범위한 범위의 약들을 검토하였다. 두 가지 점이 다시 강조되어야 한다.

첫째로 현존하는 임상 문헌에 기초하면 정신병적 약이 그 자체로 대분분의 외상후 스트레스 장애나 기타 다른 유형의 외상후 장애들을 해결한다고 믿을 이유가 거의 없다. 이러한 약은 종종 도움이 되지만, 치료적이기보다는 임시방편적이다. 많은 사례들에서 약은 어느 정도 수준의 증상 감소에 효과적이지만 모든 증상들을 완전히 없애지 못할 것이며, 오직 특정한 외상후 증상군에만 효과적일 수 있다. 추가로 증상의 상당한 차도를 경험하는 내담자들 중에서 약을 중단했을 때 상당한 비율의 내담자들이 이전 상태로 되돌아갈 것이다. 마지막으로 어떤 내담자들은 약이 사실적으로 효과적인지 아닌지를 떠나서, 항정신성 약의 부작용을 견딜 수 없거나 견디려고 하지 않는다.

둘째로 항정신성 약이 어떤 내담자의 모든 외상후 증상들을 영구히 해결하는 것이 드문 것임에도 불구하고 이 약은 종종 도움이 된다. 우리의 경험에서 약의 효과적인 사용은 때때로 처음의 심리치료 효과 전에(의료적으로 그리고 플라시보 효과를 통하여) 초기 증상을 줄일 수 있다. 이러한 초기의 의료적 성공 결과는 이행을 증가시키며, 임상적 탈락을 줄이며, 또 많은 내담자들의 고통에 상당히 영향을 주는 수면 박탈이나 자동적인 과도각성을 줄일 수 있다. 이러한 방식으로 정신과 약은 내담자가 더 견고하며 견뎌내는 심리치료 개입의 효과가 나오도록 충분히 오랫동안 심리치료에 참여하도록 하는 유익함을 제공해 줄 수 있다.

 추천 문헌

Davidson, J. R. T. (2004). Long-term treatment and prevention of posttraumatic stress disorder. *Journal of Clinical Psychiatry, 65,* 44–48.

Friedman, M. J. (2000). What might the psychobiology of posttraumatic stress disorder teach us about future approaches to pharmacotherapy? *Journal of Clinical Psychiatry, 61* (Suppl. 7), 44–51.

Friedman, M. J., Davidson, J. R. T., Mellman, T. A., & Southwick, S. M. (2000). Pharmacotherapy. In E. B. Foa, T. M. Keane, & M. J. Friedman (Eds.), *Effective treatments for PTSD: Practice guidelines from the International Society for Traumatic Stress Studies* (pp. 84–105, 326–329). New York: Guilford.

Expert Consensus Guideline Series. (1999). Treatment for posttraumatic stress disorder: The Expert Consensus Panels for PTSD. *Journal of Clinical Psychiatry, 60* (supl. 16), 3–76.

Morgan, C. A., Krystal, J. H., & Southwick, S. M. (2003). Toward early pharmacological posttraumatic stress intervention. *Biological Psychiatry, 53,* 834–843.

제12장

결론

이 책은 다양한 유형의 외상후의 고통과 장애들에 대한 평가와 치료를 검토하였다. 우리는 비병리학적인, 성장 지향의, 그리고 궁극적으로 트라우마로부터의 회복에 대한 희망을 강조하는 치료 개입에 대한 철학을 말하였다. 우리는 인간 관계들이 우리 세계의 거대한 규모의 폭력적인 환경뿐 아니라 폭력의 영향들이 다루어질 수 있는 필수 환경 또한 제공한다고 제안하였다. 치유 관계들은 항상 심리치료를 포함하는 것이 아니며, 많은 사람들은 전문적 보조 없이, 그 대신 가족, 친구, 기타 다른 관계들의 환경에서 그들의 상처를 처리하고 해결하면서 트라우마 노출 상황으로부터 회복된다.

불행히도 트라우마 이후의 어떤 결과들은 더욱 전문화된 관계를 필요로 하는, 충분히 심각하고 만성적이다. 서양 문화에서 이런 경우는 일반적으로 심리치료로 언급된다. 아마도 문화에 상관없이 어떤 트라우마 영향들은 듣기에 훈련이되어 있고 공감적으로 그리고 비교적 목적 지향적 태도로 반응하는 사람,

그리고 심리적 상처를 직접적으로 다루는 다양한 테크닉과 접근법들을 찾아볼 수 있는 지지적인 사람이 필요로 해 보인다. 우리는 이러한 과정과 연관이 있는 일련의 치료 개입들의 윤곽을 보여주었다. 동시에 임상 테크닉들은—비록 이러한 테크닉들이 트라우마 이후의 스트레스를 치료하는 데 있어서 상당한 전문성과 효율성을 자주 제공하지만—일반적으로 추가적 요소인 보살핌, 안전, 그리고 과거가 탐색되고 처리될 수 있는 지지적인 치료적 관계를 필요로한다.

치료 관계에 관한 이러한 중점은 가끔 단기 치료 지지자들에 의해서 묵살되며, 이들은 치료의 관계적 효과는 비전문적 또는 '플라시보' 현상이라고 여길 수 있다. 우리는 이와반대로, 치료적 관계는—플라시보 효과가 결코 아닌—트라우마(특히 관계적 트라우마) 기억들을 기억하고, 역조건화하며, 아니면 처리하는, 중요한 심리적 그리고 신체적 처리를 활성화한다고 제안한다. 이러한 애착 관계 처리의 치료적 개입은 상당한 훈련과 기술을 필요로 하는데, 부분적으로는 관계 역동성 또한 임상가에게 영향을 주기 때문이다. 동시에 노출, 활성화, 차이, 역조건화, 그리고 소멸/해결의 대략적인 인지 행동 활동들이—한가지 또는 다른 유형으로—가장 효율적인 트라우마 치료들에서 발견될 수 있다. 사실 외상후 스트레스를 위한 성공적인 심리학적 치료가 적어도 이러한 요소들의 몇 가지를 포함시키지 못한다고 상상하기는 어렵다.

만성적 그리고 복합성 외상후 장애를 치료하는 데 있어서 관계적 치료 개입과 인지-행동적 개입들 모두가 필요한 것은 특별히 놀랍지 않으며, 특히 현실의 임상 실재를 검토할 때 그러하다. 아마 좋은 트라우마 치료는 모두 인지-행동적이며, 어느 정도 내담자에게 무엇이 일어났는지에 대하여 느끼고 생각하도록 격려하면서(감정적 그리고 인지적 활성화와 처리하기), 안전한 관계 안에서 (차이) 트라우마 내용을 탐색(노출)하는 것을 포함한다. 반면에 복합적인 트라우마 영향을 위한 가장 효과적인 치료는 활성화된 애착관계와 대인적 처리에 대한 영향을 포함한 치료, 그리고 관계적이며 '심리역동적' 인 치료이다.

궁극적으로 혐오적인 사건들, 생물 작용, 심리, 문화, 사회적 지지에의 노출과 증상학 간의 복잡한 연관성은 두 명의 트라우마 생존자가 임상적으로 비슷하지 않음을 의미한다. 이 사실의 당연한 귀결은 트라우마 이후의 결과들의 개입에 필요한 치료는 사례마다 다를 필요가 있다는 것이다. 우리가 이 책에서 분명히 밝힌 소망처럼 트라우마 치료는 융통적이며, 다양한 시각들을 포함하며, 내담자의 구체적인 사안과 염려들에 적절하며, 내담자의 구체적 관계적 상황에 반응적이어야 한다. 어떤 사례들의 경우 조심스럽게 선택되고 모니터된 정신과 약들이 포함될 수 있다. 트라우마된 사람들의 놀라운 생존 능력의 결합으로 치료는 심리적 회복을 위한 강력한 물질이 될 수 있으며, 많은 경우에 성장이 될 수 있다.

초기 트라우마 검사-3
(Initial Trauma Review-3, ITR-3)

아동기 질문 :

1. **[신체적 학대에 관한 질문]** "18세 이전에 부모나 다른 성인이 당신에게 멍, 자상, 할킨 자국이 남거나 피를 흘리게 하는 방식으로 당신을 아프게 하거나 벌을 준 적이 있습니까?"

               예_____   아니요_____ [예=신체적 학대]

'예'인 경우 :

"이 일이 일어났을 때 매우 두렵거나 공포스럽거나 아니면 무기력함을 느꼈습니까?"

               예_____   아니요_____

"당신은 상해되거나 죽을 수 있다고 생각한 적이 있습니까?

               예_____   아니요_____

2. **[성적 학대에 관한 질문]** "18세 이전에 당신보다 5살 이상의 누군가가 당신과 함께 또는 당신에게 성적인 어떤 짓을 한 적이 있습니까?"

               예_____   아니요_____ [예=신체적 학대]

'예'인 경우 :

"그 사람이 성기나, 손가락, 또는 다른 물체를 당신의 성기나 항문에 집어넣 거나 당신의 입에 성기를 집어넣었습니까?"

예_____ 아니요_____ [예 = 삽입의 성적 학대]

"이것이 당신의 의지와 달리 이루어졌거나 당신이 방어할 수 없을 때(예를 들면 잠이 들었거나 취한 상태였을 때) 이루어졌습니까?

예_____ 아니요_____ [예 = 성적 학대]

"이 일이 일어났을 때 매우 두렵거나 공포스럽거나 아니면 무기력함을 느꼈 습니까?"

[주의 : 성적 학대인 경우에만, 이 부분은 외상후 스트레스 장애 기준 A에 필요하지 않다.]

예_____ 아니요_____

"당신이 상해를 입거나 죽을 수도 있음을 생각해 본 적이 있습니까?"

[주의 : 성적 학대인 경우에만, 이 부분은 외상후 스트레스 장애 기준 A에 필요하지 않다.]

예_____ 아니요_____

3. **[또래 성 폭행에 관한 질문]** "18세 이전에 당신보다 5살 미만의 누군가가 당신의 의지와 달리 당신에게 성적인 어떤 짓을 가했거나 당신이 자신을 방어할 수 없을 때(예를 들면 잠들었거나 취해 있을 때) 이런 일이 일어난 적이 있습니까?"

예_____ 아니요_____ [예 = 또래 아동 성 폭행]

'예'인 경우 :

"그 사람이 성기, 손가락, 또는 물체를 당신의 성기, 항문, 또는 입에 넣었습 니까?"

예 _____ 아니요_____ [예＝만일 성기나 항문에 무엇이든 삽입이 있거나 입에 음경 삽입이 있었다면 또래 아동 강간]

"이 일이 일어날 때 당신은 매우 두렵거나 공포스럽거나 무기력했습니까?"

예_____ 아니요_____

"당신은 상해를 입거나 죽을 수도 있다고 생각했었습니까?"

예_____ 아니요_____

4. **[재난에 관한 질문]** "18세 이전에 심각한 화재, 지진, 홍수, 또는 기타 재난을 입은 적이 있습니까?"

예_____ 아니요_____ 아동기의 재난에 노출]

'예'인 경우 :

"이 일이 일어날 때 당신은 매우 두렵거나 공포스럽거나 무기력했습니까?"

예_____ 아니요_____

"당신은 상해를 입거나 죽을 수도 있다고 생각했습니까?"

예_____ 아니요_____

5. **[교통 사고에 관한 질문]** "18세 이전에 심각한 교통 사고를 입은 적이 있습니까?"

예_____ 아니요_____ [예＝아동기의 교통사고에 노출]

'예'인 경우 :

"이 일이 일어날 때 당신은 매우 두렵거나 공포스럽거나 무기력했습니까?"

예_____ 아니요_____

"당신은 상해를 입거나 죽을 수도 있다고 생각했었습니까?"

예 _____ 아니요 _____

6. **[트라우마 목격에 관한 질문]** "18세 이전에 누군가가 죽임을 당하거나 심하게 다친 걸 본 적이 있습니까?"

예 _____ 아니요 _____ [예 = 아동기의 트라우마 목격]

'예'인 경우 :

"이 일이 일어날 때 당신은 매우 두렵거나 공포스럽거나 무기력했었습니까?"

예 _____ 아니요 _____

"당신은 상해를 입거나 죽을 수도 있다고 생각했었습니까?" [외상후 스트레스 장애 기준 A에는 필요하지 않음]

예 _____ 아니요 _____

성인기 질문 :

1. **[성인기 성 폭행에 관한 질문]** "18세 이후에 당신의 의지와 반대로 누군가가 당신에게 성적인 어떤 짓을 가했거나 당신이 자신을 방어할 수 없을 때(예를 들면 잠들었거나 취해 있을 때) 이런 일이 일어난 적이 있습니까?"

예 _____ 아니요 _____ [예 = 성인기 성 폭행]

'예'인 경우 :

"그 사람이 성기, 손가락, 또는 물체를 당신의 성기나 항문, 또는 입에 넣었습니까?"

예 _____ 아니요 _____ [예 = 성인 강간]

"이 일이 일어났을 때 당신은 매우 두렵거나 공포스럽거나 무기력했었습니까?"

예 _____ 아니요 _____

"당신은 상해를 입거나 죽을 수도 있다고 생각했었습니까?"

예_____   아니요_____

"이 일이 데이트 중에, 또는 성적/로맨틱한 파트너나 배우자와 일어났습니까?"

예_____   아니요_____   [예 = 데이트/파트너/결혼의 성 폭행 또는 강간]

2. **[배우자/파트너 학대 질문]** "18세 이후에 성적인 또는 결혼 관계에서, 철썩 때려지거나, 강타당하거나 구타당한 적이 있습니까?"

예_____   아니요_____   [예 = 파트너 구타]

"18세 이후에 성적인 또는 결혼 관계에서 총을 맞거나, 총에 겨누어지거나, 칼을 맞거나 목이 졸라진 적이 있습니까?"

예_____   아니요_____   [예 = 파트너 구타와 시도된 살인 가능]

둘 중 하나가 '예'이면 :

"이 일이 일어났을 때 당신은 매우 두렵거나 공포스럽거나 무기력 했습니까?"

예_____   아니요_____

"당신은 상해를 입거나 죽을 수도 있다고 생각했었습니까?"

예_____   아니요_____

3. **[비배우자/파트너 폭행 질문]** "18세 이후에 성적 파트너나 남편/아내가 아닌 누군가로부터 신체적으로 공격, 폭행, 칼에 찔리거나 총을 맞은 적이 있습니까?"

예 _____ 아니요 _____ [예 = 비배우자/파트너 폭행 그리고 가능성 있는 시도된 살인]

'예'인 경우 :

"이 일이 일어났을 때 당신은 매우 두렵거나 공포스럽거나 무기력했었습니까?"

예 _____ 아니요 _____

"당신은 상해를 입거나 죽을 수도 있다고 생각했었습니까?"

예 _____ 아니요 _____

4. **[전쟁 질문]** "18세 이후에 전투나 전쟁터에서의 싸움, 또는 전쟁이 일어난 곳에서 산 적이 있습니까?"

예 _____ 아니요 _____ [예 = 전투 노출]

'예'인 경우 :

"이 일이 일어났을 때 당신은 매우 두렵거나 공포스럽거나 무기력했었습니까?"

예 _____ 아니요 _____

"당신은 상해를 입거나 죽을 수도 있다고 생각했었습니까?"

예 _____ 아니요 _____

5. **[교통 사고 질문]** "18세 이후에 심각한 교통 사고를 입은 적이 있습니까?"

예 _____ 아니요 _____ [예 = 교통 사고]

'예'인 경우 :

"이 일이 일어났을 때 당신은 매우 두렵거나 공포스럽거나 무기력했었습니까?"

예 _____ 아니요 _____

"당신은 상해를 입거나 죽을 수도 있다고 생각했었습니까?"

예 _____   아니요 _____

6. **[재난 질문]** "18세 이후에, 심각한 화재, 지진, 홍수 또는 다른 재난을 입은적이 있습니까?"

예 _____   아니요 _____ [예 = 재난 노출]

'예'인 경우 :

"이 일이 일어났을 때 당신은 매우 두렵거나 공포스럽거나 무기력했었습니까?"

예 _____   아니요 _____

"당신은 상해를 입거나 죽을 수도 있다고 생각했었습니까?"

예 _____   아니요 _____

7. **[고문 질문 — 만일 내담자가 다른 나라에서 온 이민자인 경우]** "당신이 살았던 나라에서 정부나 정부에 반대하는 사람들로부터 고문을 당한 적이 있습니까?"

예 _____   아니요 _____ [예 = 고문]

'예'인 경우 :

"이 일이 일어났을 때 당신은 매우 두렵거나 공포스럽거나 무기력했었습니까?"

예 _____   아니요 _

"당신은 상해를 입거나 죽을 수도 있다고 생각했었습니까?"

예 _____   아니요 _____

8. **[경찰 트라우마 질문]** "이 나라에서, 체포되는 도중이나 이후에, 또는 다른 시간에 경찰이나 기타 법 집행관으로부터 강타, 구타, 폭행을 당하거나, 또는 총을 맞은 적이 있습니까?"

예 _____   아니요 _____ [예 = 경찰 트라우마]

'예'인 경우 :

"이 일이 일어났을 때 당신은 매우 두렵거나 공포스럽거나 무기력했었습니까?"

예 _____   아니요 _____

"당신은 상해를 입거나 죽을 수도 있다고 생각했었습니까?"

예 _____   아니요 _____

9. **[트라우마 목격 질문]** "18세 이후에 누군가 죽임을 당하거나 심하게 다친것을 본 적이 있습니까?"

예 _____   아니요 _____ [예 = 성인기 트라우마 목격]

'예'인 경우 :

"이 일이 일어났을 때 당신은 매우 두렵거나 공포스럽거나 무기력했었습니까?"

예 _____   아니요 _____

"당신은 상해를 입거나 죽을 수도 있다고 생각했었습니까?" [주의 : 트라우마 목격에 관하여, 이 부분은 *DSM-IV* 기준 A에 필요하지 않음]

예 _____   아니요 _____

외상후 스트레스 장애 단순 인터뷰

(BIPD Brief Interview for Posttraumatic Disorders)

급성 스트레스 장애, 외상후 스트레스 장애, 단기 정신증 장애를 위한 반구조
적 인터뷰

날짜 : _____ / _____ / _____

환자 이름 : _____

성별 : _____   나이 : _____

평가자 이름 : _____

외상후 스트레스 장애를 위한 간단한 인터뷰 완성을 위한 지침

첫째 : 트라우마 사건이 한달 이내에 일어난 것인지 아니면 더 오래된 과거에 생긴 것인지, 그리고 정신병적 증상들이 임상 양상의 부분인지를 결정한다.

만일 트라우마가 한 달 이내에 일어났고 심각한 정신병적 증상들이 없다면, 급성 스트레스 장애 스크린을 사용하라.

만일 트라우마가 한 달 이내에 일어났지만 심각한 정신병적 증상들이 보이지 않는다면, 단기 정신증 장애 스크린을 사용하라.

만일 트라우마가 한 달 또는 그 전에 일어났다면 외상후 스트레스 장애 스크린을 사용하라.

둘째 : 각각의 번호매김된 진단 기준을 위하여 당신이 평가하는 환자가 보이고 있는 각 증상에 대한 괄호안에 점검 표시(✓)를 한다.

예를 들면 정신병이 아닌 환자가 최근에 3개월 이전에 일어난 트라우마 사건에 대하여 되풀이되고, 침투적이며, 또 고통스런 꿈이나 생각들을 보고했으며, 그 사건을 기억하게 하는 환경적 노출에 강도 높은 심리적 고통을 보고했다면, 아래에 있는 단기 정신증 장애의 외상후 스트레스 장애 부분 'B' 에 점검 표시한다.

B. 트라우마 사건이 한 달 이내에, 적어도 다음의 증상 범주 중 하나에서 지속적으로 재경험되어지고 있는가?

(1) 이미지( ), 생각(✓), 또는 인식( )을 포함한, 트라우마 사건에 대한 되풀이되며 침투적인 고통스런 회상( )

(2) 트라우마 사건에 대한 되풀이되는 고통스런 꿈들(✓)

(3) 깨어날 때 또는 취해있을 때를 포함하여, 그 경험을 재체험하는 감각( ), 그 사건에 대한 비정신병적 환각( ), 플래시백( )을 포함한, 마치 그 사건이 다시 일어나는 것처럼 느끼거나 행동하는 것

(4) 그 트라우마 사건을 상징하거나 닮은 내부 또는 외부의/환경적 신호들에의 노출에 대한 강도 높은 심리적 괴로움(예를 들면 공포, 분노)(✓)

(5) 그 트라우마 사건을 상징하거나 닮은 내부적 또는 외부적 신호들에의 노출에 대한 생리학적 반응(예를 들면 발한, 얼굴의 화끈거림, 현기증, 증가된 심장 박동수, 짧은 호흡)( )

셋째 : 문자화된 기준을 충족하는 충분한 증상을 나타내는지를 보기 위하여 모든 점검 표시들을 검토한다. 예를 들면 이 환자의 경우, 다음 질문에 대한 당신의 반응은 '예' 그리고 당신은 상자 안에 점검 표시를 할 것이다.

예, 기준 B가 충족된다(번호화된 범주에 적어도 한 번 표시됨) □

넷째 : 진단을 충족시키기 위하여 충분한 기준들이 충족되었는지를 결정하기 위하여 모든 표시된 상자들을 검토한다. 예를 들면 A, B, C, D, E, F 기준들이 이 예에서 충족되었다면, 당신은 다음에 예라고 표시한다.

G. 예, 외상후 스트레스 기준들이 모두 충족됨(A에서 F까지 '예' 반응)

이 예에 기초하여, 당신은 외상후 스트레스 장애 진단을 결정할 것이다.

다섯째 : 만일 당신이 장애가 보이면, 외상후 스트레스와 연관된(또는 공존하는) 추가의 어려움을 문서화하는 '연관된 특징' 부분을 완성한다.

급성 스트레스 장애(ASD) 스크린

이 환자와 잠재적으로 관련된 진단(트라우마가 한 달 이내에 발생했으며 의미 있는 정신병적 증상들이 없음) _____

　진단 이 환자와 관련되어있지 않음(외상후 스트레스 장애 부분) _____

A. 환자가 한 달 이내에 다음의 두 가지 기준 모두에서 보이는 트라우마 사건에 노출되었는지 :

　(1) 환자는 다음과 같은 사건을 경험/목격/대면하였다.

- 다른 사람의 죽음을 포함한(　) 또는
- 이 환자의 죽음 가능성(　) 또는
- 환자에게 실제의 부상이나 상당한 부상 가능성(　) 또는
- 환자나 다른 사람들의 신체적 안녕에의 위협(　) 또는
- 발달적으로 부적절한 아동기의 성적 경험들(예를 들면 성적 학대), 이런 경우 위협이나 실제적 폭력 또는 부상이 필요하지 않다(　)

그리고

　(2) 강도 높은 두려움과 연관된 이 사건에 대한 환자의 반응(　), 무기력(　), 또는 공포(　) 또는, 아동인 경우 혼동스럽거나 불안으로 동요된 행동(　)

예, 기준 A1과 A2 모두가 충족됨(각 범주에 적어도 하나가 표시됨) □

아니요, 기준 A1과 A2 모두가 충족되지 않음 □

만일 '아니요' 이면, 급성 스트레스 장애 스크린을 멈춘다(스크린하는 것을 멈추면 여기에_____ 표시하라).

만일 '예' 이면, 언제 트라우마가 생겼는지를 포함한, 트라우마에 대하여 간단하게 설명하라.

B. 트라우마 사건 동안 또는 한 달 이내에, 환자가 다음의 해리 증상 범주
중 적어도 세 가지를 가졌었는지?

(1) 둔감화(감정을 느끼지 못하거나 전혀 느끼지 못함), 감정적 분리(감
정적으로 멀리 있거나 관련이 되어 있지 않다는 느낌), 또는 감정적
반응의 부재(　)

(2) 자신의 주변에 대한 인식의 감소(　)

(3) 비자각 : 이상하거나 실제적이지 않은것 같은, 외부 세계에 대한 변
경된 인식/경험(　)

(4) 비개인화 : 그 환자가 자신의 정신적 처리과정 또는 몸으로부터 —
또는 외부 관찰자로부터 — 분리된 느낌의 자신에 대한 변경된 인식
이나 경험(예를 들면 몸으로부터의 이탈 경험, 자신의 몸이나 몸의
부분들에 대한 왜곡된 감감)(　)

(5) 트라우마의 중요한 특징의 회상이 불가능(　)

예, 기준 B가 충족됨(번호화된 범주에 적어도 세 개가 표시됨) □

아니요, 기준 B가 충족되지 않음 □

C. 한 달 이내에 트라우마 사건이 아래의 방식 중 적어도 한 가지로 재경험
되는지 : 이미지 되풀이(　), 생각(　), 꿈(　), 플래시백(　), 또는 마치
그 사건이 다시 일어나는 것처럼 트라우마 경험을 재체험하는 것(　);
또는 그 사건을 기억나게 하는 노출에 대한 고통(　)?

예, 기준 C가 충족된다(적어도 한 증상이 표시됨) □

아니요, 기준 C가 충족되지 않는다 □

D. 한 달 이내에 트라우마를 회상하게 할 수 있는 자극들에 대하여 뚜렷
한 회피가 있습니까? [예를 들면 생각의(　), 느낌의(　), 대화(　), 활
동(　), 장소(　), 사람들(　)에 대한 회피가 있습니까?]

예, 기준 D가 충족된다(적어도 한 증상이 표시됨) □

아니요, 기준 D가 충족되지 않는다 ☐

E. 뚜렷한 불안 증상( ) 또는 증가된 과도 각성이 있는지? [예를 들면 트라우마 이전에는 보이지 않던 그리고 한 달 이내에 생긴, 수면의 어려움( ), 불안으로 인한 동요( ), 집중 부족( ), 과다 경계( ), 과다한 놀람 반응( ), 끊임없는 동작( )]

예, 기준 E가 충족된다(적어도 한 증상이 표시됨) ☐

아니요, 기준 E가 충족되지 않는다 ☐

F. 이러한 증상이 한 달 이내에 임상적으로 의미 있는 고통이나 사회적( ), 직업적( ) 손해, 또는 다른 중요한 기능 영역들( ), 또는 어떤 필요한 직무를 추구하는 환자의 능력을 손상시켰는지?

예, 기준 F가 충족된다(적어도 한 유형의 손상이 표시됨) ☐

아니요, 기준 F가 충족되지 않는다 ☐

G. 이러한 증상이 다음의 두 가지 모두에 해당되는지?

(1) 최소 2일에서 최대 4주까지 지속됨( ) 그리고

(2) 트라우마 4 주 이내에 생김( )

예, 기준 G1과 G2 모두 충족된다 ☐

아니요, 기준 G1과 G2 모두 충족되지 않는다 ☐

급성 스트레스 장애 진단을 정합니까?

예, 급성 스트레스 장애 기준들이 모두 충족된다(기준 A에서 G까지에 대한 '예' 반응) ☐

아니요, 급성 스트레스 장애 기준들이 충족되지 않는다 ☐

외상 후 스트레스 장애(PTSD) 스크린

이 환자와 잠재적으로 관련된 진단(한 달이나 그 전에 일러난 트라우마) ＿＿＿

　이 환자와 관련되지 않은 진단(단기 정신증 장애로 넘어간다) ＿＿＿

　A. 한 달 이전에 이 환자가 아래의 두 가지 모두가 보여지는 트라우마 사건
　　에 노출되었다 :

　　⑴ 환자는 다음과같은 사건을 경험/목격/대면하였다.

- 다른 사람(들)의 죽음(　) 또는

- 환자의 죽음 가능성(　) 또는

- 환자에 대한 실제 부상이나 심각한 부상 가능성(　) 또는

- 환자나 다른 사람들의 신체적 안녕에 대한 위협(　) 또는

- 아동기에 발달적으로 부적절한 성적 경험들(예를 들면 성적 학
  대), 이 경우 폭력이나 부상이 필요하지 않음(　)

그리고

　　⑵ 강도 높은 두려움(　), 절망감(　), 또는 공포(　)를 포함한 이 사건에
　　　대한 환자의 반응, 또는 아동의 경우 두서 없거나 불안으로 동요된
　　　행동(　)

　　예, 기준 A1과 A2 모두 충족된다.(각 범주에 적어도 하나가 표시됨) □

　　아니요, 기준 A1과 A2 모두 충족되지 않는다. □

　　만일 '아니요'라면 외상후 스트레스 장애 스크린을 멈춘다(스크린하는
　　것을 멈추었다면 여기에 표시하라.(　)

　　**만일 '예'이면, 트라우마가 언제 일어났는지를 포함하여, 트라우마에 대하
　　여 간단히 설명하라.**

　B. 한 달 이내에 아래의 증상 범주 중 적어도 한 증상으로 트라우마 사건을

지속적으로 재경험합니까?

(1) 이미지(   ), 생각(   ), 또는 인식(   )을 포함한, 그 사건에 대한 되풀이되는 침투적인 괴로운 회상

(2) 그 사건에 대한 되풀이되는 괴로운 꿈(   )

(3) 마치 그 사건이 되풀이 되는 것처럼 느끼거나 행동함. 다음과 같은 것들이 깨어 있을 때 또는 취해 있을 때를 포함하여[그 경험을 재체험(   ), 그 사건에 대한 비정신병적 환각(   ), 그리고 플래시백(   )]

(4) 그 트라우마 사건을 상징하는/유사한 내부적 또는 외부적 신호들에의 노출에 대한 강도 높은 괴로움(   )

(5) 트라우마 사건을 상징하거나 닮은 내부적 또는 외부적 신호들에의 노출에 대한 신체적 반응(예를 들면 발한, 홍조, 어지럼, 증가된 심장박동수, 짧은 호흡)(   )

예, 기준 B가 충족된다(적어도 하나의 번호화된 범주가 표시됨) ☐

아니요, 기준 B가 충족되지 않는다 ☐

C. 한 달 이내에 트라우마 이전에는 없었던 일반적인 반응의 둔감화 그리고 그 트라우마를 연상시키는 자극에 대한 지속적인 회피가 아래의 증상 범주 중 적어도 세 가지로 나타내어지는가?

(1) 트라우마를 연상하는 생각(   ), 느낌(   ), 대화(   )를 회피하려는 노력

(2) 트라우마에 대한 회상을 유발시키거나 자극할 수 있는 활동(   ), 장소(   ), 또는 사람들(   )을 회피하려는 노력

(3) 트라우마의 중요한 특징을 회상할 수 없음(   )

(4) 의미 있는 활동들에의 참여나 관심이 뚜렷하게 줄음(   )

(5) 다른 사람들로부터 분리된/먼 느낌(   ), 또는 한정된 범위의 정동(예를 들면 사랑하는 느낌을 가질 수 없음)(   )

(6) 미래에 대한 위축된 감각(예를 들면 환자는 경력, 결혼, 아이들, 또

는 정상적 수명에 대한 기대를 하지 않는다.)( )

예, 기준 C가 충족된다.(적어도 세 개의 번호화된 범주들이 표시됨) □

아니요, 기준 C가 충족되지 않는다. □

D. 다음의 증상 범주들 중 적어도 두 가지에 의해 보이는, 트라우마 이전에
   는 나타나지 않던 지속되는 증상의 증가된 각성이 있는지 :

   ⑴ 수면에 들거나 수면 유지의 어려움( )

   ⑵ 분노 폭발이나 성급함( )

   ⑶ 집중의 어려움( )

   ⑷ 과다경계( )

   ⑸ 과다 놀람 반응( )

예, 기준 D가 충족된다.(적어도 두 개의 번호화된 범주들이 표시됨) □

아니요, 기준 D가 충족되지 않는다. □

E. 이러한 증상들이 한 달 이상 지속되었는지?

   예, 기준 E가 충족된다. □

   아니요, 기준 E가 충족되지 않는다. □

F. 이러한 증상들이 임상적으로 의미 있는 고통이나 사회적( ), 직업적
   ( ), 또는 기타 중요한 영역의 기능( ) 손상이 되게 하였습니까?

   예, 기준 F가 충족된다(적어도 한 가지 유형의 손상이 표시됨) □

   아니요, 기준 F가 충족되지 않는다. □

   외상후 스트레스 장애 진단을 정합니까?

   **예, 외상후 스트레스 장애 기준들이 모두 충족된다.(기준 A에서 F까지에
   대한 '예' 반응)**

   아니요, 외상후 스트레스 장애 기준들이 충족되지 않는다.

만일 '예'이면, 구체적으로 :

급성(증상의 기간이 3개월 미만에서 지금까지) ____

만성(증상의 기간이 3개월 이상) ____

지연성(증상의 시작이 스트레스 유발자의 적어도 6개월 이후에 시작됨)

____

뚜렷한 스트레스 요인이 있는 단기 정신증 장애(BPDMS) 스크린

이 환자와 잠재적으로 관련된 진단(트라우마가 지난 달에 일어났으며 정신병 증상들이 보임) _____

이 환자와 관련되지 않은 진단 _____

A. 한 달 이전에 환자가 단독 또는 조합으로 한 가지 이상의 트라우마 사건에 노출되었으며, 이 환자의 문화에서 비슷한 환경에 있는 거의 모두에게 현저하게 스트레스적이었는지?( )

예 □   아니요 □

만일 아니라면 뚜렷한 스트레스 요인이 있는 단기 정신증 장애 스크린을 멈춘다.(스크린하는것을 멈추면 여기에 표시하라. ____)
만일 '예'라면 트라우마에 대하여 간단히 설명하라.

B. 만일 반응이 아래의 증상 중 적어도 한 가지 발달을 포함하고 있는지 :

(1) **망상**( )

만일 예이면, 간단히 설명하라.

(2) **정신병적 환각**( )

만일 예이면, 간단히 설명하라.

(3) **정신병적으로 와해된 말**( )

만일 예이면, 간단히 설명하라.

(4) **와해되거나 긴장증적 행동**( )

만일 예이면, 간단히 설명하라.

예, 기준 B가 충족된다.(적어도 하나의 번호돼원 범주가 표시됨) □
아니요, 기준 B가 충족되지 않는다. □

뚜렷한 스트레스요인이 있는 단기 정신증 장애 진단을 정합니까?

예, 뚜렷한 스트레스요인이 있는 단기 정신증 장애 기준이 둘 다 충족된다.(기준 A에서 B까지 '예' 반응) □

아니요, 뚜렷한 스트레스요인이 있는 단기 정신증 장애 기준들이 충족되지 않는다. □

(외상후 스트레스 장애 단순 인터뷰에 관한 문서화된 진단에 관한) 관련 특징

현재 보인다면 "예", 현재 보이지 않는다면 "아니요", 문제나 증상이 트라우마가 발생했을 때 보였다면(현재에 장애가 보이는지와 상관없이) '장애 전'이라고 표시한다. 주의 : '장애 전'은 같은 문제에 대하여 '예' 또는 '아니요'로 표시될 수 있다.

(1) 자살 생각 : 예 _____ 아니요 _____ 장애 전 _____

(2) 자살 행동 : 예 _____ 아니요 _____ 장애 전 _____

만일 둘 중 어떤 것이라도 '예' 이거나 '장애 전' 이면 (개연성 있는 현재의 치사율에 대한 예상을 포함하여) 설명하라.

(3) 현재 또는 최근의 공격적 행동 : 예 _____ 아니요 _____ 장애 전 _____

만일 '예' 이거나 '장애 전' 이면 (다른 사람에 대한 가능한 현재의 위험을 포함하여) 설명하라.

(4) 상당한 알코올 남용 : 예 _____ 아니요 _____ 장애 전 _____

(5) 상당한 약물 남용 : 예 _____ 아니요 _____ 장애 전 _____

만일 둘 중 하나가 예이거나 장애 전이면 (현재 중독이리면 이를 포함하여) 설명하라.

(6) 기타 연관 특성(각각을 평가하라) :

    A. 상당한 절망 또는 무기력   예 __ 아니요 __ 장애 전 __

    B. 상당한 우울증   예 __ 아니요 __ 장애 전 __

    C. 사람, 동물, 장소, 물건들에 대한 상당한 두려움이나 공포증

                                예 __ 아니요 __ 장애 전 __

D. 상당한 죄의식이나 수치심   예 __   아니요 __   장애 전 __

E. 개인의 건강과 안전에 대한 생각의 부족   예 __   아니요 __   장애 전 __

F. 충동적인 행동   예 __   아니요 __   장애 전 __

G. 불필요한 위험 감수   예 __   아니요 __   장애 전 __

H. 불안정한 정동 또는 기분 변화   예 __   아니요 __   장애 전 __

I. 상당한 해리 증상   예 __   아니요 __   장애 전 __

J. 신체적 증상이나 몸에 대한 몰두   예 __   아니요 __   장애 전 __

K. 상당한 사회적 철회   예 __   아니요 __   장애 전 __

L. 환경이나 관계의 위험에 대한 만성적 인식   예 __   아니요 __   장애 전 __

M. 성적 역기능 또는 괴로움   예 __   아니요 __   장애 전 __

N. 상당한 성격의 변화   예 __   아니요 __   장애 전 __

O. 기타 의미 있는 특징(설명할 수 있는)   예 __   아니요 __   장애 전 __

호흡 훈련 프로토콜

소개 정보

- 호흡에 집중하는 것을 배우는 것, 호흡을 깊게 하는 것을 배우는 것, 이 두 가지가 이완을 하며 불안을 줄이는 데 도움이 됨을 설명한다. 우리가 불안하거나 공황발작을 하게 될 때 먼저 일어나는 것이 호흡이 얕고 짧아진다는 것을 유념하라.

- 초기에 어떤 사람들은 호흡을 깊게 하는 것을 시작했을 때 어지럽게 되며 이것은 정상 반응임을 설명하라. 이러한 이유로 이들이 경험이 생기고 편안해질 때까지 서서 호흡 훈련을 시도해서는 안 된다.

- 내담자가 자신의 배까지 호흡을 들이마시라고 요청되기 때문에 훈련은 처음에 이상하게 느껴질 수 있음을 설명한다. 우리들 대부분은 꽉 끼는 옷이나 또는 체중이나 어떻게 보일까하는 자의식 때문에, 배를 집어넣는데 익숙하다.

치료 시간의 호흡 연습

- 내담자가 편안한 자세로 앉게 한다.

- 내담자와 함께 아래의 순서를 거친다 — 전 과정이 대략 10분에서 15분 걸려야 한다. 매 단계마다 내담자가 어떻게 느끼는지를 점검하고 어떤 문제나 질문이 있는지를 점검한다.

1. 만일 내담자가 눈을 감는 것이 편안하다고 느끼면 그렇게 하라고 한다. 어떤 트라우마 생존자들은 눈을 감아서 더 불안하게 느끼고 눈을 뜨기를 원할 것이다. 이것은 전적으로 허용한다.

2. 호흡 연습을 하는 동안 내담자에게 '잠시' 머무르도록 요청한다. 만일 내담자의 마음이 산만하면(예를 들면 저녁을 위하여 무엇을 준비할 것인가를 생각하거나, 누군가와의 말다툼을 곰곰히 생각하는 것), 내담자는 당면한 이 호흡 경험에 이것을 완만히 가져오도록 시도해야 한다.

3. 내담자에게 코로 호흡을 시작하고, 들이마시고 내쉬는 호흡에 집중하라고 요청한다. 내담자가 각각의 들숨과 날숨이 오래 지속되도록 집중할 것을 요청한다. 이것을 다섯 번이나 여섯 번 한다.

   이 연습을 시작할 때 내담자와 함께 호흡을 하는 것이 임상가에게 대개 도움이 된다. 당신은 내담자를 돕기 위하여 '들이마시고' '내쉬고' 라고 말함으로서 각각의 들숨과 날숨을 안내할 수 있다.

4. 내담자가 자신의 배 안으로 더 깊게 숨 쉬기를 시작하도록 알려준다. 이것은 매 호흡으로 배가 오르고 내려가는 것이 눈으로 보여야 한다는 의미이다. 이러한 종류의 호흡은 보통의 호흡과 다르게 느껴져야 하며, 내담자는 각 호흡이 보통의 호흡보다 깊다는 것을 유념해야 한다. 이것을 다섯 번이나 여섯 번 호흡한다.

5. 내담자에게 숨을 들이 쉴 때마다 배와 폐를 채우기 위해 공기가 안으로 들어가는 것을 상상하도록 한다. 처음에는 배로 들어가고, 그다음 가슴 체강의 꼭대기까지 채운다. 같은 방식으로 숨을 내쉴 때 호흡은 가슴을 떠나고 그다음 배를 떠난다. 어떤 사람들은 물결처럼 호흡이 안으로 들어가고 나가는 것을 상상하는 것이 도움이 된다는 것을 발견한다. 이것을 새로이 다섯 번이나 여섯 번 호흡한다.

6. 일단 내담자가 배와 가슴 안으로 깊게 그리고 완전히 숨을 들이쉬면, 다음 단계는 호흡을 천천히 하는 것이다. 내담자에게 각각의 들이쉬기와 내쉬기를 할 때 셋까지 천천히 세라고 요청한다 — 들이쉴 때 셋까지, 내쉴 때 셋까지. 연습으로 내담자는 자신의 호흡을 더 더 천천히 시지가할 것이다. 내담자에게 호흡을 천천히 하는 것 빼고, 매번의 들이쉬기와 내쉬기에 필요한 특정 시간이 없다고 말해 준다. 이것을 다섯 번이나 여섯 번 호흡한다.

- 내담자에게 집에서 매일 이 순서를 5분에서 10분 동안 연습하도록 요청한다. 내담자는 하루 중 특정 시간을 정해야 하며(예를 들면 오전에, 일이나 학교를 시작하기 전에), 이 연습을 매일 정례적인 일의 정규 부분으로 만든다. 내담자는 이 연습을 위하여 아무 방해 없이 편안한 자세로 집에 앉거나 누워야 한다.

- 궁극적으로 내담자는 이 호흡을 그날의 다른 시간까지, 특히 이완이 좋은 생각이 될 때(예를 들면 중요한 모임 전에, 스트레스가 있는 사회적 상황, 또는 내담자가 특히 불안할 때마다) 연장할 수 있다. 수를 세는 것을 그 자체로 이완 반응을 자극하기 때문에 내담자가 각각의 들이쉬기와 내쉬기를 하는 동안 수를 세도록 하는 것을 기억하라.

참고문헌

Abueg, F. R., & Fairbank, J. A. (1992). Behavioral treatment of posttraumatic stress disorder and co-occurring substance abuse. In P. A. Saigh (Ed.), *Posttraumatic stress disorder: A behavioral approach to assessment and treatment* (pp. 111–146). Needham Heights, MA: Allyn & Bacon.

Acierno, R., Resnick, H. S., Kilpatrick, D. G., Saunders, B. E., & Best, C. L. (1999). Risk factors for rape, physical assault, and posttraumatic stress disorder in women: examination of differential multivariate relationships. *Journal of Anxiety Disorders, 13*, 541–563.

Ahearn, E. P., Krohn, A., Connor, K. M., & Davidson, J. R. (2003). Pharmacologic treatment of posttraumatic stress disorder: A focus on antipsychotic use. *Annals of Clinical Psychiatry, 15*, 193–201.

Alexander, F., et al. (1946). *Psychoanalytic therapy: Principles and activations.* New York: Ronald Press.

Alexander, P. C. (1992). Effect of incest on self and social functioning: A developmental psychopathology perspective. *Journal of Consulting and Clinical Psychology, 60*, 185–195.

Alexander, Y., & Brenner, E. H. (Eds.). (2001). *Terrorism and the law.* Ardsley, NY: Transnational.

Allen, J. G. (2001). *Traumatic relationships and serious mental disorders.* Chichester, UK: Wiley.

Allen, J. G. (2005). *Coping with trauma: Hope through understanding* (2nd ed.). Washington, DC: American Psychiatric Press.

American Psychiatric Association. (1987). *Diagnostic and statistical manual of mental disorders* (3rd ed., Rev.). Washington, DC: Author.

American Psychiatric Association. (2000). *Diagnostic and statistical manual of mental disorders* (4th ed., Text Revision). Washington, DC: Author.

American Psychiatric Association. (2001). *Practice guideline for the treatment of patients with borderline personality disorder.* Washington, DC: Author.

Amir, N., Stafford, J., Freshman, M. S., & Foa, E. B. (1998). Relationship between trauma narratives and trauma pathology. *Journal of Traumatic Stress, 11*, 385–393.

Amnesty International. (2002). *Amnesty International, Report 2002.* Retrieved February 3, 2004, from http://web.amnesty.org/web/ar2002.nsf/home

Anderson, J. R., & Bower, G. H. (1972). Recognition and retrieval processes in free recall. *Psychological Review, 79*, 97–123.

Andrews, B., Brewin, C. R., Rose, S., & Kirk, M. (2000). Predicting PTSD symptoms in victims of violent crime: the role of shame, anger, and childhood abuse. *Journal of Abnormal Psychology, 109*, 69–73.

Armstrong, J. G., & Kaser-Boyd, N. (2003). Projective assessment of psychological trauma. In D. Segal & M. Hilsenroth (Eds.), *The comprehensive handbook of psychological assessment, Volume 2: Personality assessment* (pp. 500–512). New York: Wiley.

Atkeson, B., Calhoun, K., Resick, P., & Ellis, E. (1982). Victims of rape: Repeated assessment of depressive symptoms. *Journal of Consulting and Clinical Psychology, 50*, 96–102.

Baker, R. (1992). Psychosocial consequences for tortured refugees seeking asylum and refugee status in Europe. In M. Basoglu (Ed.), *Torture and its consequences: Current treatment approaches* (pp. 83–106). Cambridge: Cambridge University Press.

Baldwin, M. W., Fehr, B., Keedian, E., Seidel, M., & Thompson, D. W. (1993). An exploration of the relational schemata underlying attachment styles: Self-report and lexical decision approaches. *Personality and Social Psychology Bulletin, 19*, 746–754.

Barbee, J. G. (1993). Memory, benzodiazepines, and anxiety: Integration of theoretical and clinical perspectives. *Journal of Clinical Psychiatry, 54*(Suppl.), 86–97.

Barr, L. C., Goodman, W. K., & Price, L. H. (1994). Physical symptoms associated with paroxetine discontinuation. *American Journal of Psychiatry, 151*, 289.

Bartzokis, G., Lu, P. H., Turner, J., Mintz, J., & Saunders, C. S. (2005). Adjunctive risperidone in the treatment of chronic combat-related posttraumatic stress disorder. *Biological Psychiatry, 57*, 474–479.

Basoglu, M. (1992). *Torture and its consequences: Current treatment approaches.* Cambridge: Cambridge University Press.

Bassuk, E. L., Dawson, R., Perloff, J. N., & Weinreb, L. F. (2001). Post-traumatic stress disorder in extremely poor women: Implications for health care clinicians. *Journal of the American Medical Women's Association, 56*, 79–85.

Bassuk, E. L., Melnick, S., & Browne, A. (1998). Responding to the needs of low-income and homeless women who are survivors of family violence. *Journal of the American Medical Women's Association, 53*, 57–64.

Beck, J. S. (1995). *Cognitive therapy: Basics and beyond.* New York: Guilford.

Becker, E., Rankin, E., & Rickel, A. U. (1998). *High risk sexual behavior: Intervention with vulnerable populations.* New York: Plenum.

Beckham, J. C., Moore, S. D., Feldman, M. E., Hertzberg, M. A., Kirby, A. C., & Fairbank, J. A. (1998). Health status, somatization, and severity of posttraumatic stress disorder in Vietnam combat veterans with posttraumatic stress disorder. *American Journal of Psychiatry, 155*, 1565–1569.

Bem, S. L. (1976). Sex typing and the avoidance of cross-sex behavior. *Journal of Personality and Social Psychology, 33*, 48–54.

Berah, E. F., Jones, H. J., & Valent, P. (1984). The experience of a mental health team involved in the early phase of a disaster. *Australia and New Zealand Journal of Psychiatry, 18*, 354–358.

Berlant, J. L. (2004). Prospective open-label study of add-on and monotherapy topiramate in civilians with chronic nonhallucinatory posttraumatic stress disorder. *BMC Psychiatry, 4*, 24.

Berlant, J. L., & van Kammen, D. P. (2002). Open-label topiramate as primary, or adjunctive therapy in chronic civilian posttraumatic stress disorder: A preliminary report. *Journal of Clinical Psychiatry, 63*, 15–20.

Berliner, L., & Briere, J. (1998). Trauma, memory, and clinical practice. In L. Williams (Ed), *Trauma and memory* (pp. 3–18). Thousand Oaks, CA: Sage.

Bernstein, E. M., & Putnam, F. W. (1986). Development, reliability, and validity of a dissociation scale. *Journal of Nervous and Mental Diseases, 174*, 727–734.

Bernstein, I. H., Ellason, J. W., Ross, C. A., & Vanderlinden, J. (2001). On the dimensionalities of the Dissociative Experiences Scale (DES) and the Dissociation Questionnaire (DIS-Q). *Journal of Trauma and Dissociation, 2*, 103–123.

Berthold, S. M. (2000). War traumas and community violence: Psychological, behavioral, and academic outcomes among Khmer refugee adolescents. *Journal of Multicultural Social Work, 8*, 15–46.

Best, C. L., & Ribbe, D. P. (1995). Accidental injury: approaches to assessment and treatment . In J. R. Freedy & S. E. Hobfoll (Eds.), *Traumatic stress: From theory to practice* (pp. 315–337). New York: Plenum.

Bisson, J. I. (2003). Single-session early psychological interventions following traumatic events. *Clinical Psychology Review, 23*, 481–499.

Bisson, J. I., McFarlane, A. C., & Rose, S. (2000). Psychological debriefing. In E. B. Foa, T. M. Keane, & M. J. Friedman (Eds.), *Effective treatments for PTSD* (pp. 39–59). New York: Guilford.

Blake, D. D., Weathers, F. W., Nagy, L. M., Kaloupek, D. G., Gusman, F. D., Charney, D. S., & Keane, T. M. (1995). The development of a clinician-administered PTSD scale. *Journal of Traumatic Stress, 8*, 75–90.

Blanchard, E. B., & Hickling, E. J. (1997). *After the crash: Assessment and treatment of motor vehicle accident survivors.* Washington, DC: American Psychological Association.

Bohus, M. J., Landwehrmeyer, G. B., Stiglmayr, C. E., Limberger, M. F., Bohme, R., & Schmahl, C. G. (1999). Naltrexone in the treatment of dissociative symptoms in patients with borderline personality disorder: An open-label trial. *Journal of Clinical Psychiatry, 60*, 598–603.

Bowlby, J. (1982). *Attachment and loss. Vol. 1: Attachment* (2nd ed.). New York: Basic Books.

Bowlby, J. (1988). *A secure base: Parent-child attachment and healthy human development.* New York: Basic Books.

Bradley, R. G., Greene, J., Russ, E., Dutra, L., & Westen, D. (2005). A multidimensional meta-analysis of psychotherapy for PTSD. *American Journal of Psychiatry, 162*, 214–227.

Brady, K., Pearlstein, T., Asnis, G. M., Baker, D., Rothbaum, B., Sikes, C. R., & Farfel, G. M. (2000). Efficacy and safety of sertraline treatment of posttraumatic stress disorder: A randomized controlled trial. *Journal of the American Medical Association, 283,* 1837–1844.

Brady, K. T., Killeen, T., Brewerton, T. D., & Lucerini, S. (2000). Comorbidity of psychiatric disorders and posttraumatic stress disorder. *Journal of Clinical Psychiatry, 61*(Suppl. 7), 22–32.

Braun, P., Greenberg, D., Dasberg, H., & Lerer, B. (1990). Core symptoms of posttraumatic stress disorder unimproved by alprazolam treatment. *Journal of Clinical Psychiatry, 51,* 236–238.

Bremner, J. D., Southwick, S., Brett, E., Fontana, A., Rosenheck, R., & Charney, D. S. (1992). Dissociation and posttraumatic stress disorder in Vietnam combat veterans. *American Journal of Psychiatry, 149,* 328–332.

Bremner, J. D., & Vermetten, E. (2004). Neuroanatomical changes associated with pharmacotherapy in posttraumatic stress disorder. *Annals of the New York Academy of Sciences, 1032,* 154–157.

Bremner, J. D., Vythilingham, M., Vermetten, E., Southwick, S. M., McGlashan, T., Nazeer, A., Khan, S., Vaccarino, L. V., Soufer, R., Garg, P. K., Ng, C. K., Staib, L. H., Duncan, J. S., & Charney, D. S. (2003). MRI and PET study of deficits in hippocampal structure and function in women with childhood sexual abuse and posttraumatic stress disorder. *American Journal of Psychiatry, 160,* 924–932.

Brennan, K. A., & Shaver, P. R. (1995). Dimensions of adult attachment, affect regulation, and romantic relationship functioning. *Personality and Social Psychology Bulletin, 21,* 267–283.

Breslau, N., Chilcoat, H. D., Kessler, R. C., & Davis, G. C. (1999). Previous exposure to trauma and PTSD effects of subsequent trauma: results from the Detroit Area Survey of Trauma. *American Journal of Psychiatry, 156,* 902–907.

Breslau, N., Davis, G. C., Andreski, P., & Peterson, E. L. (1991). Traumatic events and posttraumatic stress disorder in an urban population of young adults. *Archives of General Psychiatry, 48,* 216–222.

Breslau, N., Kessler, R. C., Chilcoat, H. D., Schultz, L. R., Davis, G. C., & Andreski, P. (1998). Trauma and posttraumatic stress disorder in the community: The 1996 Detroit Area Survey of Trauma. *Archives of General Psychiatry, 55,* 626–632.

Breslau, N., Wilcox, H. C., Storr, C. L., Lucia, V., & Anthony, J. C. (2004). Trauma Exposure and PTSD: A non-concurrent prospective study of youth in urban America. *Journal of Urban Health, 81,* 530–544.

Brewin, C. R., Andrews, B., & Rose, S. (2000). Fear, helplessness, and horror in posttraumatic stress disorder: investigating DSM-IV criterion A2 in victims of violent crime. *Journal of Traumatic Stress, 13,* 499–509.

Brewin, C. R., Andrews, B., & Valentine, J. D. (2000). Meta-analysis of risk factors for posttraumatic stress disorder in trauma-exposed adults. *Journal of Consulting and Clinical Psychology, 68,* 748–766.

Briere, J. (1992a). *Child abuse trauma: Theory and treatment of the lasting effects.* Newbury Park, CA: Sage.

Briere, J. (1992b). Medical symptoms, health risk, and child sexual abuse (Editorial). *Mayo Clinic Proceedings, 67,* 603–604.

Briere, J. (1995). *Trauma Symptom Inventory professional manual.* Odessa, FL: Psychological Assessment Resources.

Briere, J. (1996). *Therapy for adults molested as children* (2nd ed.). New York: Springer.

Briere, J. (1998). *Brief Interview for Posttraumatic Disorders (BIPD).* Unpublished psychological test, University of Southern California.

Briere, J. (2000a). *Inventory of Altered Self Capacities (IASC).* Odessa, FL: Psychological Assessment Resources.

Briere, J. (2000b). *Cognitive Distortions Scale (CDS).* Odessa, FL: Psychological Assessment Resources.

Briere, J. (2001). *Detailed Assessment of Posttraumatic Stress (DAPS).* Odessa, FL: Psychological Assessment Resources.

Briere, J. (2002a). Treating adult survivors of severe childhood abuse and neglect: Further development of an integrative model. In J. E. B. Myers, L. Berliner, J. Briere, C. T. Hendrix, T. Reid, & C. Jenny (Eds.), *The APSAC handbook on child maltreatment* (2nd ed.; pp. 175–202). Newbury Park, CA: Sage.

Briere, J. (2002b). *Multiscale Dissociation Inventory.* Odessa, FL: Psychological Assessment Resources.

Briere, J. (2003). Integrating HIV/AIDS prevention activities into psychotherapy for child sexual abuse survivors. In L. Koenig, A. O'Leary, L. Doll, & W. Pequenat (Eds.), *From child sexual abuse to adult sexual risk: Trauma, revictimization, and intervention* (pp. 219–232). Washington DC: American Psychological Association.

Briere, J. (2004). *Psychological assessment of adult posttraumatic states: Phenomenology, diagnosis, and measurement* (2nd ed.). Washington, DC: American Psychological Association.

Briere, J. (2005, October). *Treating complex psychological trauma: PTSD, borderline personality, and beyond.* Workshop presented for the Institute for the Advancement of Human Behavior, Baltimore, MD.

Briere, J. (in press). Dissociative symptoms and trauma exposure: Specificity, affect dysregulation, and posttraumatic stress. *Journal of Nervous and Mental Disease.*

Briere, J., & Armstrong, J. (in press). Psychological assessment of posttraumatic dissociation. In E. Vermetten, M. Dorahy, & D. Spiegel (Eds.), *Traumatic dissociation: Neurobiology and treatment.* Washington, DC: American Psychiatric Press.

Briere, J., & Elliott, D. M. (2000). Prevalence, characteristics, and long-term sequelae of natural disaster exposure in the general population. *Journal of Traumatic Stress, 13,* 661–679.

Briere, J., & Elliott, D. M. (2003). Prevalence and symptomatic sequelae of self-reported childhood physical and sexual abuse in a general population sample of men and women. *Child Abuse and Neglect, 27,* 1205–1222.

Briere, J., & Gil, E. (1988). Self-mutilation in clinical and general population samples: Prevalence, correlates, and functions. *American Journal of Orthopsychiatry, 68,* 609–620.

Briere, J., & Jordan, C. (2004). Violence against women: Outcome complexity and implications for treatment. *Journal of Interpersonal Violence, 19,* 1252–1276.

Briere, J., & Runtz, M. R. (2002). The Inventory of Altered Self-Capacities (IASC): A standardized measure of identity, affect regulation, and relationship disturbance. *Assessment, 9,* 230–239.

Briere, J., Scott, C., & Weathers, F. (2005). Peritraumatic and persistent dissociation in the presumed etiology of PTSD. *American Journal of Psychiatry, 162,* 2295–2301.

Briere, J., & Spinazzola, J. (2005). Phenomenology and psychological assessment of complex posttraumatic states. *Journal of Traumatic Stress, 18,* 401–412.

Briere, J., Weathers, F. W., & Runtz, M. (2005). Is dissociation a multidimensional construct? Data from the Multiscale Dissociation Inventory. *Journal of Traumatic Stress, 18,* 221–231.

Briere, J., & Zaidi, L. Y. (1989). Sexual abuse histories and sequelae in female psychiatric emergency room patients. *American Journal of Psychiatry, 146,* 1602–1606.

Brown, P. J., Read, J. P., & Kahler, C. W. (2003). Comorbid posttraumatic stress disorder and substance use disorders: Treatment outcomes and the role of coping. In P. Ouimette & P. J. Brown (Eds.), *Trauma and substance abuse: Causes, consequences, and treatment of comorbid disorders* (pp. 171–188). Washington, DC: American Psychological Association.

Brown, P. J., & Wolfe, J. (1994). Substance abuse and post-traumatic stress disorder comorbidity. *Drug and Alcohol Dependence, 35,* 51–59.

Bryant, R. A., & Harvey, A. G. (1999). Postconcussive symptoms and posttraumatic stress disorder after mild traumatic brain injury. *Journal of Nervous and Mental Disease, 187,* 302–305.

Bryant, R. A., & Harvey, A. G. (2000). *Acute stress disorder: A handbook of theory, assessment, and treatment.* Washington, DC: American Psychological Association.

Bryant, R. A., & Harvey, A. G. (2002). Delayed-onset posttraumatic stress disorder: A prospective evaluation. *Australian and New Zealand Journal of Psychiatry, 36,* 205–209.

Bryant, R. A., Harvey, A. G., Dang, S. T., & Sackville, T. (1998). Assessing acute stress disorder: psychometric properties of a structured clinical interview. *Psychological Assessment, 10,* 215–220.

Bryant, R. A., Moulds, L. M., & Nixon, R. V. D. (2003). Cognitive behaviour therapy of acute stress disorder: A four-year follow-up. *Behaviour Research and Therapy, 41,* 489–494.

Bryant, R. A., Sackville, T., Dang, S., Moulds, M., & Guthrie, R. (1999). Treating acute stress disorder: An evaluation of cognitive behavior therapy and counseling techniques. *American Journal of Psychiatry, 156,* 1780–1786.

Buchanan, T. W., Karafin, M. S., & Adolphs, R. (2003). Selective effects of triazolam on memory for emotional, relative to neutral, stimuli: Differential effects on gist versus detail. *Behavioral Neuroscience, 117,* 517–525.

Burt, M. R. (1980). Cultural myths and support for rape. *Journal of Personality and Social Psychology, 38,* 217–230.

Butcher, J. N., Dahlstrom, W. G., Graham, J. R., Tellegen, A., & Kaemmer, B. (1989). *Minnesota Multiphasic Personality Inventory (MMPI-2). Manual for administration and scoring.* Minneapolis: University of Minnesota Press.

Butcher, J. N., Williams, C. L., Graham, J. R., Archer, R. P., Tellegen, A., Ben-Porath, Y. S., & Kaemmer, B. (1992). *MMPI-A (Minnesota Multiphasic Personality Inventory–Adolescent): Manual for administration, scoring, and interpretation.* Minneapolis: University of Minnesota Press.

Butterfield, M. I., Becker, M. E., Connor, K. M., Sutherland, S., Churchill, L. E., & Davidson, J. R. (2001). Olanzapine in the treatment of post-traumatic stress disorder: A pilot study. *International Clinical Psychopharmacology, 16,* 197–203.

Campbell, J. C. (2002). Health consequences of intimate partner violence. *Lancet, 359,* 1331–1336.

Campbell, J. C., & Lewandowski, L. A. (1997). Mental and physical health effects of intimate partner violence on women and children. *Psychiatric Clinics of North America, 20,* 353–374.

Campbell, J. C., & Soeken, K. L. (1999). Forced sex and intimate partner violence: Effects on women's risk and women's health. *Violence Against Women, 5,* 1017–1035.

Canive, J. M., Clark, R. D., Calais, L. A., Qualls, C., & Tuason, V. B. (1998). Bupropion treatment in veterans with posttraumatic stress disorder: An open study. *Journal of Clinical Psychopharmacology, 18,* 379–383.

Carlson, E. A. (1998). A prospective longitudinal study of attachment disorganization/disorientation. *Child Development, 69,* 1107–1128.

Carlson, E. B. (1997). *Trauma assessments: A clinician's guide.* New York: Guilford.

Carlson, E. B., & Dalenberg, C. J. (2000). A conceptual framework for the impact of traumatic experiences. *Trauma, Violence, and Abuse: A Review Journal, 1,* 4–28.

Carlson, E. B., Newman, E., Daniels, J., Armstrong, J., Roth, D., & Loewenstein, R. (2003). Distress in response to and perceived usefulness of trauma research interviews. *Journal of Trauma and Dissociation, 4,* 131–142.

Carlson, E. B., Putnam, F. W., Ross, C. A., Torem, M., Coons, P., Dill, D. L., Loewenstein, R. J., & Braun, B. G. (1993). Validity of the Dissociative Experiences Scale in screening for multiple personality disorder: A multicenter study. *American Journal of Psychiatry, 150,* 1030–1036.

Cassidy, J., & Mohr, J. J. (2001). Unsolvable fear, trauma, and psychopathology. *Clinical Psychology: Science and Practice, 8,* 275–298.

Cates, M. E., Bishop, M. H., Davis, L. L., Jowe, J. S., & Woolley, T. W. (2004). Clonazepam for treatment of sleep disturbances associated with combat-related posttraumatic stress disorder. *Annals of Pharmacotherapy, 38,* 1395–1399.

Chard, K. M., Weaver, T. L., & Resick, P. A. (1997). Adapting cognitive processing therapy for child sexual abuse survivors. *Cognitive and Behavioral Practice, 4,* 31–52.

Chilcoat, H. D., & Breslau, N. (1998). Investigations of causal pathways between PTSD and drug use disorders. *Addictive Behaviors, 23,* 827–840.

Chu, J. A. (1988). Ten traps for therapists in the treatment of trauma survivors. *Dissociation: Progress in the Dissociative Disorders, 1,* 24–32.

Chu, J. A. (1992). The therapeutic rollercoaster: Dilemmas in the treatment of childhood abuse survivors. *Journal of Psychotherapy: Practice and Research, 1,* 351–370.

Chu, J. A. (1998). *Rebuilding shattered lives: The responsible treatment of complex posttraumatic stress and dissociative disorders.* New York: Guilford.

Chu, J. A., Frey, L. M., Ganzel, B. L., & Matthews, J. A. (1999). Memories of childhood abuse: Dissociation, amnesia, and corroboration. *American Journal of Psychiatry, 156,* 749–755.

Chung, M. Y., Min, K. H., Jun, Y. J., Kin, S. S., Kin, W. C., & Jun, E. M. (2004). Efficacy and tolerability of mirtazapine and sertraline in Korean veterans with posttraumatic stress disorder: A randomized open label trial. *Human Psychopharmacology, 19*(7), 489–494.

Clark, R. D., Canive, J. M., Calais, L. A., Qualls, C. R., & Tuason, V. B. (1999). Divalproex in posttraumatic stress disorder: An open-label clinical trial. *Journal of Traumatic Stress, 12,* 395–401.

Classen, C. C., Nevo, R., Koopman, C., Nevill-Manning, K., Gore-Felton, C., Rose, D. S., & Spiegel, D. (2002). Recent stressful life events, sexual revictimization, and their relationship with traumatic stress symptoms among women sexually abused in childhood. *Journal of Interpersonal Violence, 17,* 1274–1290.

Classen, C. C., Palesh, O. G., & Aggarwal, R. (2005). Sexual revictimization: A review of the empirical literature. *Trauma, Violence, and Abuse: A Review Journal, 6,* 103–129.

Cloitre, M., Koenen, K. C., Cohen, L. R., & Han, H. (2002). Skills training in affective and interpersonal regulation followed by exposure: A phase-based treatment for PTSD related to childhood abuse. *Journal of Consulting and Clinical Psychology, 70,* 1067–1074.

Cochran, S. V. (2005). Evidence-based assessment with men. *Journal of Clinical Psychology, 61,* 649–660.

Coe, M. T., Dalenberg, C. J., Aransky, K. M., & Reto, C. S. (1995). Adult attachment style, reported childhood violence history and types of dissociative experiences. *Dissociation: Progress in the Dissociative Disorders, 8,* 142–154.

Coffey, S. F., Dansky, B. S., & Brady, K. T. (2003). Exposure-based, trauma-focused therapy for comorbid posttraumatic stress disorder-substance use disorder. In P. Ouimette & P. J. Brown (Eds.), *Trauma and substance abuse: Causes, consequences, and treatment of comorbid disorders* (pp. 127–146). Washington, DC: American Psychological Association.

Coker, A. L., Smith, P. H., Thompson, M. P., McKeown, R. E., Bethea, L., & Davis, K. E. (2002). Social support protects against the negative effects of partner violence on mental health. *Journal of Women's Health and Gender-Based Medicine, 11,* 465–476.

Cole, P. M., & Putnam, F. W. (1992). Effect of incest on self and social functioning: A developmental psychopathology perspective. *Journal of Consulting and Clinical Psychology, 60,* 174–184.

Collins, N. L., & Read, S. J. (1990). Adult attachment, working models, and relationship quality in dating couples. *Journal of Personality and Social Psychology, 58,* 644–663.

Connor, K. M., Sutherland, S. M., Tupler, L. A., Malik, M. L., & Davidson, J. R. (1999). Fluoxetine in post-traumatic stress disorder: Randomised, double-blind study. *British Journal of Psychiatry, 175,* 17–22.

Cook, A., Spinazzola, J., Ford, J., Lanktree, C., Blaustein, M., Cloitre, M., DeRosa, R., Hubbard, R., Kagan, R., Mallah, K., Olafson, E., & van der Kolk, B. (2005). Complex trauma in children and adolescents. *Psychiatric Annals, 35,* 390–398.

Cooper, B. S., Kennedy, M. A., & Yuille, J. C. (2001). Dissociation and sexual trauma in prostitutes: Variability of responses. *Journal of Trauma and Dissociation, 2,* 27–36.

Correll, C. U., Leucht, S., & Kane, J. M. (2004). Lower risk for tardive dyskinesia associated with second-generation antipsychotics: A systematic review of 1-year studies. *American Journal of Psychiatry, 161,* 414–425.

Cottler, L. B., Compton, W. M., Mager, D., Spitznagel, E. L, & Janka, A. (1992). Posttraumatic stress disorder among substance users from the general population. *American Journal of Psychiatry, 149,* 664–670.

Coupland, N. J., Bell, C. J., & Potokar, J. P. (1996). Serotonin reuptake inhibitor withdrawal. *Journal of Clinical Psychopharmacology, 16,* 356–362.

Courtois, C. A. (1988). *Healing the incest wound: Adult survivors in therapy.* New York: Norton.

Courtois, C. A. (1999). *Recollections of sexual abuse: Treatment principles and guidelines.* New York: Norton.

Currier, G., & Briere, J. (2000). Trauma orientation and detection of violence histories in the psychiatric emergency service. *Journal of Nervous and Mental Disease, 188,* 622–624.

Dalenberg, C. J. (2000). *Countertransference and the treatment of trauma.* Washington, DC: American Psychological Association.

David, D., Kutcher, G. S., Jackson, E. I., & Mellman, T. A. (1999). Psychotic symptoms in combat-related posttraumatic stress disorder. *Journal of Clinical Psychiatry, 60,* 29–32.

Davidson, J. R. T. (1994). Issues in the diagnosis of posttraumatic stress disorder. In R. S. Pynoos (Ed.), *Posttraumatic stress disorder: A clinical review* (pp. 1–15). Lutherville, MD: Sidran.

Davidson, J. R. T. (2004). Long-term treatment and prevention of posttraumatic stress disorder. *Journal of Clinical Psychiatry, 65,* 44–48.

Davidson, J. R. T, Book, S. W, Colket, J. T, Tupler, L. A, Roth, S. H., David, D., Hertzberg, M. A., Mellman, T. A., Beckham, J. C., Smith, R. D., Davison, R. M., Katz, R. J., & Feldman, M. E. (1997). Assessment of a new self-rating scale for posttraumatic stress disorder. *Psychological Medicine, 27,* 153–160.

Davidson, J. R. T., & Foa, E. B. (Eds.). (1993). *Posttraumatic stress disorder: DSM-IV and beyond.* Washington, DC: American Psychiatric Press.

Davidson, J. R. T., Kudler, H., Smith, R., Mahorney, S. L., Lipper, S., Hammett, E., Saunders, W. B., & Cavenar, J. O. (1990). Treatment of posttraumatic stress disorder with amitriptyline and placebo. *Archives of General Psychiatry, 47,* 259–266.

Davidson, J. R. T., Pearlstein, T., Londborg, P., Brady, K. T., Rothbaum, B., Bell, J., Maddock, R., Hegel, M. T., & Farfel, G. (2001). Efficacy of sertraline in preventing relapse of posttraumatic stress disorder: Results of a 28-week double-blind, placebo-controlled study. *American Journal of Psychiatry, 158*, 1974–1981.

Davidson, J. R. T., Rampes, H., Eisen, M., Fisher, P., Smith, R. D., & Malik, M. (1998). Psychiatric disorders in primary care patients receiving complementary medical treatments. *Comprehensive Psychiatry, 39*, 16–20.

Davidson, J. R. T., Rothbaum, B. O., van der Kolk, B. A., Sikes, C. R., & Farfel, G. M. (2001). Multi-center, double-blind comparison of sertraline and placebo in the treatment of posttraumatic stress disorder. *Archives of General Psychiatry, 58*, 485–492.

Davidson, J. R. T., Weisler, R. H., Butterfield, M. I., Casat, D. C., Connor, K. M., Barnett, S., & Van Meter, S. (2003). Mirtazapine vs. placebo in posttraumatic stress disorder: A pilot trial. *Biological Psychiatry, 53*, 188–191.

Davidson, P. R., & Parker, K. C. H. (2001). Eye movement desensitization and reprocessing (EMDR): a meta-analysis. *Journal of Consulting and Clinical Psychology, 69*, 305–316.

Davis, L. L., Nugent, A. L., Murray, J., Kramer, G. L., & Petty, F. (2000). Nefazodone treatment for chronic posttraumatic stress disorder: An open trial. *Journal of Clinical Psychopharmacology, 20*, 159–164.

De Bellis, M. D., Baum, A. S., Birmaher, B., Keshavan, M. S., Eccard, C. H., Boring, A. M., Jenkins, F., & Ryan, N. D. (1999). Developmental traumatology, Part I: Biological stress systems. *Biological Psychiatry, 45*, 1259–1270.

Derogatis, L. R. (1983). *SCL-90-R administration, scoring, and procedures manual II for the revised version* (2nd ed.). Towson, MD: Clinical Psychometrics Research.

Dias, C. P., & Jones, J. (2004, April). *Propranolol in the treatment of hyperarousal symptoms in posttraumatic stress disorder*. Paper presented at the West Coast Colleges of Biological Psychiatry, Pasadena, CA.

Dieperink, M. E., & Drogemuller, L. (1999). Zolpidem for insomnia related to PTSD. *Psychiatric Services, 50*, 421.

Dobie, D. J., Kivlahan, D. R., Maynard, C., Bush, K. R., Davis, T. M., Bradley, K. A. (2004). Posttraumatic stress disorder in female veterans: Association with self-reported health problems and functional impairment. *Archives of Internal Medicine, 164*, 394–400.

Donnelly, C. L., Amaya-Jackson, L., & March, J. S. (1999). Psychopharmacology of pediatric posttraumatic stress disorder. *Journal of Child and Adolescent Psychopharmacology, 9*, 203–220.

Duran, E., & Duran, B. (1995). *Native American postcolonial psychology*. Albany: State University of New York Press.

Echeburúa, E., De Corral, P., Sarasua, B., & Zubizarreta, I. (1996). Treatment of acute posttraumatic stress disorder in rape victims: An experimental study. *Journal of Anxiety Disorders, 10*, 185–199.

Ehlers, A., Clark, D. M., Hackman, A., McManus, F., Fennell, M., Herbert, C., & Mayou, R. A. (2003). A randomized controlled trial of cognitive therapy, self-help, and repeated assessment as early interventions for PTSD. *Archives of General Psychiatry, 60*, 1024-1032.

Ehlert, U., Gaab, J., & Heinrichs, M. (2001). Psychoneuroendocrinological contributions to the etiology of depression, posttraumatic stress disorder, and stress-related bodily disorders: The role of the hypothalamus-pituitary-adrenal axis. *Biological Psychology, 57,* 141–152.

Ehrlich, C., & Briere, J. (2002). The Psychological Trauma Clinic at Los Angeles County-USC Medical Center. *Los Angeles Psychologist, 16,* 12–13.

Elliott, D. M. (1992). *Traumatic Events Survey.* Unpublished psychological test. Los Angeles: Harbor-UCLA Medical Center.

Elliott, D. M. (1994). Impaired object relationships in professional women molested as children. *Psychotherapy, 31,* 79–86.

Elliott, D. M. (1997). Traumatic events: Prevalence and delayed recall in the general population. *Journal of Consulting and Clinical Psychology, 65,* 811–820.

Elliott, D. M., & Briere, J. (2003). *Prevalence and symptomatic sequelae of physical and sexual domestic violence in a general population sample of women.* Unpublished manuscript, University of Southern California, Los Angeles, CA.

Elliott, D. M., Mok, D., & Briere, J. (2004). Adult sexual assault: Prevalence, symptomatology, and sex differences. *Journal of Traumatic Stress, 17,* 203–211.

EMDR Institute. (2004). *A brief description of EMDR.* Retrieved June 10, 2005, from http://www.emdr.com/briefdes.htm

Epstein, R. S., Fullerton, C. S., & Ursano, R. J. (1998). Posttraumatic stress disorder following an air disaster: A prospective study. *American Journal of Psychiatry, 155,* 934–938.

Erickson, M. F., & Egeland, B. (2002). Child neglect. In J. E. B. Myers, L. Berliner, J. Briere, C. T. Hendrix, C. Jenny, & T. A. Reid (Eds.), *The APSAC handbook on child maltreatment* (2nd ed.; pp. 3–20). Thousand Oaks, CA: Sage.

Expert Consensus Guideline Series. (1999). Treatment for posttraumatic stress disorder: The Expert Consensus Panels for PTSD. *Journal of Clinical Psychiatry, 60*(Suppl. 16), 3–76.

Falsetti, S. A., & Resnick, H. S. (1997). Frequency and severity of panic attack symtoms in a treatment seeking sample of trauma victims. *Journal of Traumatic Stress, 10,* 683–689.

Famularo, R., Kinscherff, R., & Fenton, T. (1988). Propranolol treatment for childhood PTSD acute type. *American Disorders of Childhood, 142,* 1244–1247.

Farber, B. A., & Hall, D. (2002). Disclosure to therapists: What is and is not discussed in psychotherapy. *Journal of Clinical Psychology, 58,* 359–370.

Farley, M. (Ed.). (2003). *Prostitution, trafficking, and traumatic stress.* Binghamton, NY: Hayworth.

Fauerbach, J. A., Richter, L., & Lawrence, J. W. (2002). Regulating acute posttrauma distress. *Journal of Burn Care and Rehabilitation, 23,* 249–257.

Fennema-Notestine, C., Stein, M. B., Kennedy, C. M., Archibald, S. L., Jernigan, T. L. (2002). Brain morphometry in female victims of intimate partner violence with and without posttraumatic stress disorder. *Biological Psychiatry, 51,* 1089–1101.

Finkelhor, D., Hotaling, G., Lewis, I. A., & Smith, C. (1990). Sexual abuse in a national survey of adult men and women: Prevalence, characteristics, and risk factors. *Child Abuse and Neglect, 14,* 19–28.

Finkelhor, D., & Yllo, K. (1985). *License to rape: Sexual abuse of wives.* New York: Holt, Rinehart, & Winston.

Fitzgerald, S. G., & Gonzalez, E. (1994). Dissociative states induced by relaxation training in a PTSD combat veteran: Failure to identify trigger mechanisms. *Journal of Traumatic Stress, 7,* 111–115.

Flack, W. F., Litz, B. T., & Keane, T. M. (1998). Cognitive-behavioral treatment of warzone-related PTSD. In V. M. Follette, J. I. Ruzek, & F. R. Abueg (Eds.), *Cognitive-behavioral therapies for trauma* (pp. 77–99). New York: Guilford.

Foa, E. B. (1995). *Posttraumatic Stress Diagnostic Scale.* Minneapolis: National Computer Systems.

Foa, E. B., Hearst-Ikeda, D., & Perry, K. J. (1995). Evaluation of a brief cognitive-behavioral program for the prevention of chronic PTSD in recent assault victims. *Journal of Consulting and Clinical Psychology, 63,* 948–55.

Foa, E. B., Keane, T. M., & Friedman, M. J. (Eds.). (2000). *Effective treatments for PTSD: Practice guidelines from the International Society of Traumatic Stress Studies.* New York: Guilford.

Foa, E. B., & Kozak, M. J. (1986). Emotional processing of fear: Exposure to corrective information. *Psychological Bulletin, 99,* 20–35.

Foa, E. B., Molnar, C., & Cashman, L. (1995). Changes in rape narrative during exposure therapy for posttraumatic stress disorder. *Journal of Traumatic Stress, 8,* 675–690.

Foa, E. B., & Rothbaum, B. O. (1998). *Treating the trauma of rape: Cognitive-behavioral therapy for PTSD.* New York: Guilford.

Foa, E. B., Zinbarg, R., & Rothbaum, B. O. (1992). Uncontrollability and unpredictability in post-traumatic stress disorder: Experimental evidence. *Psychological Bulletin, 112,* 218–238.

Follette, V. M., Ruzek, J. I., & Abueg, F. R. (Eds.). (1998). *Cognitive-behavioral therapies for trauma.* New York: Guilford.

Ford, J. D., Courtois, C. A., Steele, K., van der Hart, O., & Nijenhuis, E. R. S. (2005). Treatment of complex postraumatic self-regulation. *Journal of Traumatic Stress, 18,* 437–447.

Foy, D. W., Resnick, H. S., Sipprelle, R. C., & Carroll, E. M. (1987). Premilitary, military, and postmilitary factors in the development of combat-related Posttraumatic Stress Disorder. *Behavior Therapist, 10,* 3–9.

Frank, A. F., & Gunderson, J. G. (1990). The role of the therapeutic alliance in the treatment of schizophrenia. *Archives of General Psychiatry, 47,* 228–236

Frayne, S. M., Seaver, M. R., Loveland, S., Christiansen, C. L., Spiro, A., Parker, V. A., & Skinner, K. M. (2004). Burden of medical illness in women with depression and posttraumatic stress disorder. *Archives of Internal Medicine, 164,* 1306–1312.

Freedman, S. A., Gluck, N., Tuval-Mashiach, R., Brandes, D., Peri, T., & Shalev, A. Y. (2002). Gender differences in responses to traumatic events: A prospective study. *Journal of Traumatic Stress, 15,* 407–413.

Freedman, S. A., & Shalev, A. Y. (2000). Prospective studies of the recently traumatized. In A. Y. Shalev, R. Yehuda, & A. C. McFarlane (Eds.), *International handbook of human response to trauma* (pp. 249–261). New York: Kluwer.

Friedman, M. J. (2000a). *Posttraumatic stress disorder.* Kansas City, MO: Compact Clinicals.

Friedman, M. J. (2000b). What might the psychobiology of posttraumatic stress disorder teach us about future approaches to pharmacotherapy? *Journal of Clinical Psychiatry, 61*(Suppl. 7), 44–51.

Friedman, M. J., Davidson, J. R. T., Mellman, T. A., & Southwick, S. M. (2000). Pharmacotherapy. In E. B. Foa, T. M. Keane, M. J. Friedman (Eds.), *Effective treatments for PTSD: Practice guidelines from the International Society for Traumatic Stress Studies* (pp. 84–105, 326–329). New York: Guilford.

Friedman, M. J., & Jaranson, J. M. (1994). The applicability of the PTSD concept to refugees. In A. J. Marsella, T. H. Borneman, S. Ekblad, & J. Orley (Eds.), *Amid peril and pain: The mental health and well-being of the world's refugees* (pp. 207–228). Washington, DC: American Psychological Association.

Fullerton, C. S., Ursano, R. J., & Wang, L. (2004). Acute stress disorder, posttraumatic stress disorder, and depression in disaster or rescue workers. *American Journal of Psychiatry, 161,* 1370–1376.

Galea, S., Ahern, J., Resnick, H. S., Kilpatrick, D. G., Bucuvalas, M. J., Gold, J., & Vlahov, D. (2002). Psychological sequelae of the September 11 terrorist attacks in New York City. *New England Journal of Medicine, 346,* 982–987.

Gelpin, E., Bonne, O., Peri, T., Brandes, D., & Shalev, A. Y. (1996). Treatment of recent trauma survivors with benzodiazepines: A prospective study. *Journal of Clinical Psychiatry, 57,* 390–394.

Gilboa, D., Friedman, M., Tsur, H., & Fauerbach, J. A. (1994). The burn as a continuous traumatic stress: Implications for emotional treatment during hospitalization. *Journal of Burn Care and Rehabilitation, 15,* 86–94.

Goin, M. K. (1997). A psychoanalyst's look at common and uncommon factors in psychodynamic and cognitive-behavioral psychotherapies. *Journal of Practical Psychiatry and Behavioral Health, 3,* 308–309.

Goin, M. K. (2002). When it really hurts to listen: Psychotherapy in the aftermath of September 11. *Psychiatric Services, 53,* 561–562.

Goldberg, J., True, W. R., Eisen, S. A., & Henderson, W. G. (1990). A twin study of the effects of the Vietnam war on posttraumatic stress disorder. *Journal of the American Medical Association, 263,* 1227–1232.

Goodman, L. A., Corcoran, C. B., Turner, K., Yuan, N., & Green, B. L. (1998). Assessing traumatic event exposure: General issues and preliminary findings for the Stressful Life Events Screening Questionnaire. *Journal of Traumatic Stress, 11,* 521–542.

Green, B. L., Grace, M. C., Lindy, J. D., & Gleser, G. C. (1990). War stressor and symptom persistence in posttraumatic stress disorder. *Journal of Anxiety Disorder, 4,* 31–39.

Green, B. L., & Solomon S. D. (1995). The mental health impact of natural and technological disasters. In J. R. Freedy & S. E. Hobfoll (Eds.), *Traumatic stress: From theory to practice* (pp. 163–180). New York: Plenum.

Grilo, C. M., Martino, S., Walker, M. L., Becker, D. F., Edell, W. S., & McGlashan, T. H. (1997). Controlled study of psychiatric comorbidity in psychiatrically hospitalized young adults with substance use disorders. *American Journal of Psychiatry, 154,* 1305–1307.

Hamner, M. B. (1996). Clozapine treatment for a veteran with comorbid psychosis and PTSD. *American Journal of Psychiatry, 153,* 841.

Hamner, M. B., Brodrick, P. S., & Labbate, L. A. (2001). Gabapentin in PTSD: A retrospective, clinical series of adjunctive therapy. *Annals of Clinical Psychiatry, 13,* 141–146.

Hamner, M. B., Deitsch, S. E., Brodrick, P. S., Ulmer, H. G., & Lorberbaum, J. P. (2003). Quetiapine treatment in patients with posttraumatic stress disorder: An open trial of adjunctive therapy. *Journal of Clinical Psychopharmacology, 23,* 15–20.

Hamner, M. B., Faldowski, R. A., Ulmer, H. G., Frueh, B. C., Huber, M. G., & Arana, G. W. (2003). Adjunctive risperidone treatment in post-traumatic stress disorder: A preliminary controlled trial of effects on comorbid psychotic symptoms. *International Clinical Psychopharmacology, 18,* 1–8.

Hamner, M. B., & Frueh, B. C. (1998). Response to venlafaxine in a previously antidepressant treatment-resistant combat veteran with post-traumatic stress disorder. *International Clinical Psychopharmacology, 13,* 233–234.

Harmon, R. J., & Riggs, P. D. (1996). Clonidine for posttraumatic stress disorder in preschool children. *Journal of the American Academy of Child and Adolescent Psychiatry, 35,* 1247–1249.

Hart, S. N., Brassard, M. R., Binggeli, N. J., & Davidson, H. A. (2002). Psychological maltreatment. In J. E. B. Myers, L. Berliner, J. Briere, C. T. Hendrix, C. Jenny, & T. A. Reid (Eds.), *The APSAC handbook on child maltreatment* (2nd ed.; pp. 79–104). Thousand Oaks, CA: Sage.

Haugaard, J. J. (2004). Recognizing and treating uncommon behavioral and emotional disorders in children and adolescents who have been severely maltreated: borderline personality disorder. *Child Maltreatment, 9,* 139–145.

Harvey, A. G., & Bryant, R. A. (2000). Two-year prospective evaluation of the relationship between acute stress disorder and posttraumatic stress disorder following mild traumatic brain injury. *American Journal of Psychiatry, 157*(4), 626–628.

Harvey, A. G., & Bryant, R. A. (2002). Acute stress disorder: A synthesis and critique. *Psychological Bulletin, 128,* 886–902.

Harvey, A. G., Jones, C., & Schmidt, D. A. (2003). Sleep and posttraumatic stress disorder: A review. *Clinical Psychology Review, 23,* 377–407.

Herman, J. L. (1992a). *Trauma and recovery: The aftermath of violence—from domestic abuse to political terror.* New York: Basic Books.

Herman, J. L. (1992b). Complex PTSD: A syndrome in survivors of prolonged and repeated trauma. *Journal of Traumatic Stress, 5,* 377–392.

Herman, J. L., Perry, C., & van der Kolk, B. A. (1989). Childhood trauma in borderline personality disorder. *American Journal of Psychiatry, 146,* 490–494.

Herpertz, S., Gretzer, A., Steinmeyer, E. M., Muehlbauer, V., et al. (1997). Affective instability and impulsivity in personality disorder: Results of an experimental study. *Journal of Affective Disorders, 44,* 31–37.

Hertzberg, M. A., Butterfield, M. I., Feldman, M. E., Beckham, J. C., Sutherland, S. M., Connor, K. M., & Davidson, J. R. T. (1999). A preliminary study of lamotrigine for the treatment of posttraumatic stress disorder. *Biological Psychiatry, 45,* 1226–1229.

Hertzberg, M. A., Feldman, M. E., Beckham, J. C., & Davidson, J. R. T. (1996). Trial of trazodone for posttraumatic stress disorder using a multiple baseline group design. *Journal of Clinical Psychopharmacology, 16,* 294–298.

Hertzberg, M. A., Feldman, M. E., Beckham, J. C., Kudler, H. S., & Davidson, J. R. T. (2000). Lack of efficacy for fluoxetine in PTSD: A placebo controlled trial in combat veterans. *Annals of Clinical Psychiatry, 12,* 101–105.

Hesse, E., Main, M., Abrams, K. Y., & Rifkin, A. (2003). Unresolved states regarding loss or abuse can have "second generation" effects: Disorganization, role inversion, and frightening ideation in the offspring of traumatized, non-maltreating parents. In M. F. Solomon & D. Siegel (Eds.), *Healing trauma: Attachment, mind, body, and brain* (pp. 57–106). New York: Norton.

Hickling, E. J., Gillen, R., Blanchard, E. B., Buckley, T. C., & Taylor, A. E. (1998). Traumatic brain injury and posttraumatic stress disorder: A preliminary investigation of neuropsychological test results in PTSD secondary to motor vehicle accidents. *Brain Injury, 12,* 265–274.

Hobfoll, S. E., Dunahoo, C. A., & Monnier, J. (1995). Conservation of resources and traumatic stress. In J. R. Freedy & S. E. Hobfoll (Eds.), *Traumatic stress: From theory to practice* (pp. 29–47). New York: Plenum.

Holbrook, T. L., Hoyt, D. B., Stein, M. B., & Sieber, W. J. (2001). Perceived threat to life predicts posttraumatic stress disorder after major trauma: risk factors and functional outcome. *Journal of Trauma: Injury, Infection, and Critical Care, 51,* 287–293.

Horowitz, M. J. (1978). *Stress response syndromes.* New York: Jason Aronson.

Horowitz, M. J., Siegel, B., Holen, A., Bonanno, G. A., Milbrath, C., & Stinson, C. H. (1997). Diagnostic criteria for complicated grief disorder. *American Journal of Psychiatry, 154,* 904–910.

Horrigan, J. P., & Barnhill, L.J. (1996). The suppression of nightmares with guanfacine. *Journal of Clinical Psychiatry, 57,* 371.

Horvath, A. O., & Luborsky, L. (1993). The role of the therapeutic alliance in psychotherapy. *Journal of Consulting and Clinical Psychology, 64,* 561–573.

Hurwitz, T. D., Mahowald, M. W., Kuskowski, M., & Engdahl, B. E. (1998) Polysomnographic sleep is not clinically impaired in Vietnam combat veterans with chronic posttraumatic stress disorder. *Biological Psychiatry, 44,* 1066–1073.

Jacobson, E. (1938). *Progressive relaxation.* Chicago: University of Chicago Press.

Jaycox, L. H., Foa, E. B., & Morral, A. R. (1998). Influence of emotional engagement and habituation on exposure therapy for PTSD. *Journal of Consulting and Clinical Psychology, 66,* 185–192.

Jakovljevic, M., Sagud, M., & Mihaljevic-Peles, A. (2003). Olanzapine in the treatment-resistant, combat-related PTSD—a series of case reports. *Acta Psychiatrica Scandinavica, 107,* 394–396.

Janoff-Bulman, B. (1992). *Shattered assumptions: Towards a new psychology of trauma.* New York: Free Press.

Jones, E., & Wessely, S. C. (2003). "Forward psychiatry" in the military: Its origins and effectiveness. *Journal of Traumatic Stress, 16,* 411–419.

Jordan, C. E., Nietzel, M. T., Walker, R., & Logan, T. K. (2004). *Intimate partner violence: Clinical and practice issues for mental health professionals.* New York: Springer.

Jordan, R. G., Nunley, T. V., & Cook, R. R. (1992). Symptom exaggeration in a PTSD inpatient population: Response set or claim for compensation. *Journal of Traumatic Stress, 5,* 633–642.

Kane, J. M. (1999). Tardive dyskinesia in affective disorders. *Journal of Clinical Psychiatry, 60*(Suppl. 5), 43–47.

Kask, A., Harro, J., von Horsten, S., Redrobe, J. P., Dumont, Y., & Quirion, R. (2002). The neurocircuitry and receptor subtypes mediating anxiolytic-like effects of neuropeptide Y. *Neuroscience and Behavioral Reviews, 26,* 259–283.

Keane, T. M. (1995). The role of exposure therapy in the psychological treatment of PTSD. *National Center for PTSD Clinical Quarterly, 5,* 1, 3–6.

Keck, P., McElroy, S., & Friedman, L. (1992). Valproate and carbamazepine in the treatment of panic and posttraumatic stress disorders, withdrawal states, and behavioral dyscontrol syndromes. *Journal of Clinical Psychopharmacology, 12,* 368–418.

Kendler, K. S., Bulik, C. M., Silberg, J., Hettema, J. M., Myers, J., & Prescott, C. A. (2000). Childhood sexual abuse and adult psychiatric and substance use disorders in women: An epidemiological and cotwin control analysis. *Archives of General Psychiatry, 57,* 953–959.

Kendler, K. S., Myers, J., & Prescott, C. A. (2002). The etiology of phobias: An evaluation of the stress-diathesis model. *Archives of General Psychiatry, 59,* 242–248.

Kernberg, O. F. (1976). *Borderline conditions and pathological narcissism.* New York: Aronson.

Kessler, R. C., Sonnega, A., Bromet, E., Hughes, M., & Nelson, C. B. (1995). Posttraumatic stress disorder in the national comorbidity survey. *Archives of General Psychiatry, 52,* 1048–1060.

Khantzian, E. J. (1997). The self-medication hypothesis of substance use disorders: A reconsideration and recent applications. *Harvard Review of Psychiatry, 4,* 231–244.

Kilpatrick, D. G, & Resnick, H. S. (1993). Posttraumatic stress disorder associated with exposure to criminal victimization in clinical and community populations. In J. R. T. Davidson & E. B. Foa (Eds.), *Posttraumatic stress disorder: DSM-IV and beyond* (pp. 113–143). Washington, DC: American Psychiatric Press.

Kinzie, J. D., & Leung, P. (1989). Clonidine in Cambodian patients with posttraumatic stress disorder. *Journal of Nervous and Mental Disease, 177,* 546–550.

Kirmayer, L. J. (1996). Confusion of the senses: Implications of ethnocultural variation in somatoform and dissociative disorders for PTSD. In A. J. Marsella, M. J. Friedman, E. T. Gerrity, & R. M. Scurfield (Eds.), *Ethnocultural aspects of posttraumatic stress disorder: Issues, research, and clinical applications* (pp. 131–163). Washington, DC: American Psychological Association.

Kitchner, I., & Greenstein, R. A. (1985). Low dose lithium carbonate in the treatment of post traumatic stress disorder: Brief communication. *Military Medicine, 150,* 378–381.

Knaudt, P. R., Connor, K. M., Weisler, R. H., Churchill, L. E., & Davidson, J. R. T. (1999). Alternative therapy use by psychiatric outpatients. *Journal of Nervous & Mental Disease, 187*, 692–695.

Koenen, K. C., Harley, R. M., Lyons, M. J., Wolfe, J., Simpson, J. C., Goldberg, J., Eisen, S. A., & Tsuang, M. T. (2002). A twin registry study of familial and individual risk factors for trauma exposure and posttraumatic stress disorder. *Journal of Nervous and Mental Disease, 190*, 209–218.

Kohlenberg, R. J., & Tsai, M. (1998). Healing interpersonal trauma with the intimacy of the therapeutic relationship. In V. M. Follette & J. I. Ruzek (Eds.), *Cognitive-behavioral therapies for trauma* (pp. 305–320). New York: Guilford.

Kosten, T. R., Frank, J. B., Dan, E., McDougle, C. J., & Giller, E. L. (1991). Pharmacotherapy for posttraumatic stress disorder using phenelzine or imipramine. *Journal of Nervous and Mental Disorders, 179*, 366–370.

Kolb, L. C., Burris, B. C., & Griffiths, S. (1984). Propranolol and clonidine in the treatment of the chronic post-traumatic stress disorders of war. In B. A. van der Kolk (Ed.), *Post traumatic stress disorder: Psychological and biological sequelae* (pp. 98–108). Washington, DC: American Psychiatric Press.

Koopman, C., Classen, C., & Speigel, D. (1996). Dissociative responses in the immediate aftermath of the Oakland/Berkeley firestorm. *Journal of Traumatic Stress, 9*, 521–540.

Koss, M. P. (1993). Detecting the scope of rape: A review of prevalence research methods. *Journal of Interpersonal Violence, 8*, 198–222.

Krashin, D., & Oates, E. W. (1999). Risperidone as an adjunct therapy for post-traumatic stress disorder. *Military Medicine, 164*, 605–606.

Kubany, E. S., & Watson, S. B. (2002). Cognitive trauma therapy for formerly battered women with PTSD: Conceptual bases and treatment outlines. *Cognitive and Behavioral Practice, 9*, 111–127.

Kudler, H., & Davidson, R. T. (1995). General principles of biological intervention following trauma. In J. R. Freedy & S. E. Hobfoll (Eds.), *Traumatic stress: From theory to practice* (pp. 73–98). New York: Plenum.

Kulka, R. A., Schlenger, W. E., Fairbank, J. A., Hough, R. I., Jordan, B. K., Marmar, C. R., & Weiss, D. S. (1988). *The National Vietnam Veterans Readjustment Study (NVVRS): Description, current status, and initial PTSD prevalence estimates.* Washington, DC: Veterans Administration.

Kulka, R. A., Schlenger, W. E., Fairbank, J. A., Hough, R. L., Jordan, B. K., Marmar, C. R., & Weiss, D. S. (1990). *Trauma and the Vietnam War generation.* New York: Brunner/Mazel.

Lambert, M. J., & Bergin, A. E. (1994). The effectiveness of psychotherapy. In A. E. Bergin & S. L. Garfield (Eds.), *Handbook of psychotherapy and behavior change* (4th ed.; pp. 143–189). New York: Wiley.

Lawrence, J. W., Fauerbach, J. A., & Munster, A. M. (1996). Early avoidance of traumatic stimuli predicts chronicity of intrusive thoughts following burn injury. *Behaviour Research and Therapy, 34*, 643–646.

LeDoux, J. (1998). *The emotional brain.* New York: Simon & Schuster.

Leff, J. P. (1988). *Psychiatry around the globe: A transcultural view* (2nd ed.). London: Gaskell.

Lee, A., Isaac, M. K., & Janca, A. (2002). Post-traumatic stress disorder and terrorism. *Current Opinion in Psychiatry, 15,* 633–637.

Lejoyeux, M., Adès, J., Mourad, I., Solomon, J., & Dilsaver, S. (1996). Antidepressant withdrawal syndrome: Recognition, prevention and management. *CNS Drugs, 5,* 278–292.

Leskela, J., Dieperink, M. E., & Thuras, P. (2002). Shame and posttraumatic stress disorder. *Journal of Traumatic Stress, 15,* 223–226.

Leskin, G. A., & Sheikh, J. I. (2002). Lifetime trauma history and panic disorder: findings from the National Comorbidity Survey. *Journal of Anxiety Disorders, 16,* 599–603.

Lewis, J. D. (2002). Mirtazapine for PTSD nightmares. *American Journal of Psychiatry, 159,* 1948–1949.

Lieberman, J. A., Stroup, T. S., McEvoy, J. P., Swartz, M. S., Rosenheck, R. A., Perkins, D. O., Keefe, R. S., Davis, S. M., Davis, C. E., Lebowitz, B. D., Severe, J., & Hsiao, J. K. (2005). Effectiveness of antipsychotic drugs in patients with chronic schizophrenia. *New England Journal of Medicine, 353,* 1209–1223.

Lindley, S. E., Carlson, E. B., & Benoit, M. (2004). Basal and dexamethasone suppressed salivary cortisol concentrations in a community sample of patients with posttraumatic stress disorder. *Biological Psychiatry, 55,* 940–945.

Linehan, M. M. (1993a). *Cognitive-behavioral treatment of borderline personality disorder.* New York: Guilford.

Linehan, M. M. (1993b). *Skills training manual for treating borderline personality disorder.* New York: Guilford.

Loewenstein, R. J. (in press) Psychopharmacologic treatments for dissociative identity disorder. *Psychiatric Annals.*

Loo, C. M., Fairbank, J. A., Scurfield, R. M., Ruch, L. O., King, D. W., Adams, L. J., & Chemtob, C. M. (2001). Measuring exposure to racism: Development and validation of a Race-Related Stressor Scale (RRSS) for Asian American Vietnam veterans. *Psychological Assessment, 13,* 503–520.

Looff, D., Grimley, P., Kuller, F., Martin, A., & Shonfield, L. (1995). Carbamazepine for PTSD. *Journal of the American Academy of Child and Adolescent Psychiatry, 34,* 703–704.

Luterek, J. A., Orsillo, S. M., & Marx, B. P. (2005). An experimental examination of emotional experience, expression, and disclosure in women reporting a history of child sexual abuse. *Journal of Traumatic Stress, 18,* 237–244.

Luxenberg, T., & Levin, P. (2004). The utility of the Rorschach in the assessment and treatment of trauma. In J. Wilson & T. Keane (Eds.), *Assessing psychological trauma and PTSD* (2nd ed.; pp. 190–225). New York: Guilford.

Mace, S., & Taylor, D. (2000). Selective serotonin reuptake inhibitors: A review of efficacy and tolerability in depression. *Expert Opinion in Pharmacotherapy, 1,* 917–933.

Maida, C. A., Gordon, N. S., Steinberg, A. M., & Gordon, G. (1989). Psychosocial impact of disasters: Victims of the Baldwin Hills fire. *Journal of Traumatic Stress, 2*, 37–48.

Main, M., & Morgan, H. J. (1996). Disorganization and disorientation in infant strange situation behavior: Phenotypic resemblance to dissociative states. In L. K. Michelson & W. J. Ray (Eds.), *Handbook of dissociation: Theoretical, empirical, and clinical perspectives* (pp. 107–138). New York: Plenum.

Manson, S. M., Beals, J., O'Nell, T. D., Piasecki, J., Bechtold, D. W., Keane, E. M., & Jones, M. C. (1996). Wounded spirits, ailing hearts: PTSD and related disorders among American Indians. In A. J. Marsella, M. J. Friedman, E. T. Gerrity, & R. M. Scurfield (Eds.), *Ethnocultural aspects of posttraumatic stress disorder: Issues, research, and clinical applications* (pp. 255–283). Washington, DC: American Psychological Association.

March, J. S. (1993). What constitutes a stressor? The "criterion A" issue. In J. R. T. Davidson & E. B. Foa (Eds.), *Posttraumatic stress disorder: DSM-IV and beyond* (pp. 37–54). Washington, DC: American Psychiatric Association Press.

Marsella, A. J., Bornemann, T., Ekblad, S., & Orley, J. (Eds.). (1994). *Amidst peril and pain: The mental health and wellbeing of world's refugees*. Washington, DC: American Psychological Association.

Marsella, A. J., Friedman, M. J., Gerrity, E. T., & Scurfield, R. M. (Eds.). (1996). *Ethnocultural aspects of posttraumatic stress disorder: Issues, research, and clinical applications*. Washington, DC: American Psychological Association.

Marshall, R. D., Spitzer, R. L., & Liebowitz, M. R. (1999). Review and critique of the new DSM-IV diagnosis of acute stress disorder. *American Journal of Psychiatry, 156*, 1677–1685.

Matthews, A., Kirkby, K. C., & Martin, F. (2002). The effects of single-dose lorazepam on memory and behavioural learning. *Journal of Psychopharmacology, 16*, 345–354.

Mattila, M. J., Vanakoski, J., Kalska, H., & Seppala, T. (1998). Effects of alcohol, zolpidem, and some other sedatives and hypnotics on human performance and memory. *Pharmacology, Biochemistry and Behavior, 59*, 917–923.

Mattis, J. S., Bell, C. C., Jagers, R. J., & Jenkins, E. J. (1999). A critical approach to stress-related disorders in African Americans. *Journal of the National Medical Association, 91*, 80–85.

Mayou, R. A., Bryant, B., & Ehlers, A. (2001). Prediction of psychological outcomes one year after a motor vehicle accident. *American Journal of Psychiatry, 158*, 1231–1238.

Mayou, R. A., Ehlers, A., & Hobbs, M. (2000). A three-year follow-up of psychological debriefing for road traffic accident victims. *British Journal of Psychiatry, 176*, 589–593.

McCann, I. L., & Pearlman, L. A. (1990). *Psychological trauma and the adult survivor: Theory, therapy, and transformation*. New York: Brunner/Mazel.

McFarlane, A. C. (1988). The phenomenology of post-traumatic stress disorders following a natural disaster. *Journal of Nervous and Mental Disorders, 176,* 22–29.

Meichenbaum, D. (1994). *A clinical handbook/practical therapist manual for assessing and treating adults with post-traumatic stress disorder (PTSD).* Waterloo, ONT: Institute Press.

Meichenbaum, D., & Fong, G. T. (1993). Toward a theoretical model of the role of reasons in nonadherence to health-related advice. In D. M. Wegner & J. W. Pennebaker (Eds.), *Handbook of mental control* (pp. 473–490). Englewood Cliffs, NJ: Prentice-Hall.

Melia, K. R., Ryabinin, A. E., Corodimas, K. P., Wilson, M. C., & LeDoux, J. E. (1996). Hippocampal-dependent learning and experience-dependent activation of the hippocampus are preferentially disrupted by ethanol. *Neuroscience, 74,* 313–322.

Mellman, T. A., Bustamante, V., Fins, A. I., Pigeon, W. R., & Nolan, B. (2002). REM sleep and the early development of posttraumatic stress disorder. *American Journal of Psychiatry, 159,* 1696–1701.

Mellman, T. A., Byers, P. M., & Augenstein, J. S. (1998). Pilot evaluation of hypnotic medication during acute traumatic stress response. *Journal of Traumatic Stress, 11,* 563–569.

Mendel, M. P. (1995). *The male survivor: The impact of sexual abuse.* Thousand Oaks, CA: Sage.

Mendelsohn, M., & Sewell, K. W. (2004). Social attitudes toward traumatized men and women: A vignette study. *Journal of Traumatic Stress, 17,* 103–111.

Miller, K. E., & Rasco, L. M. (2004). *The mental health of refugees: Ecological approaches to healing and adaptation.* Mahwah, NJ: Erlbaum.

Millon, T., Davis, R., & Millon, C. (1997). *MCMI-III manual* (2nd ed.). Minneapolis: National Computer Systems.

Mitchell, J. T. (1983). When disaster strikes . . . : The critical incident stress debriefing process. *Journal of Emergency Medical Services, 8,* 36–39.

Monnelly, E. P., & Ciraulo, D. A. (1999). Risperidone effects on irritable aggression in posttraumatic stress disorder. *Journal of Clinical Psychopharmacology, 19,* 377–378.

Monnelly, E. P., Ciraulo, D. A., Knapp, C., & Keane, T. (2003). Low-dose risperidone as adjunctive therapy for irritable aggression in posttraumatic stress disorder. *Journal of Clinical Psychopharmacology, 23,* 193–196.

Morey, L. C. (1991). *Personality Assessment Inventory: Professional manual.* Odessa, FL: Psychological Assessment Resources.

Morgan, C. A., Krystal, J. H., & Southwick, S. M. (2003). Toward early pharmacological posttraumatic stress intervention. *Biological Psychiatry, 53,* 834–843.

Morgan, C. A., Wang, S., Rasmusson, A., Hazlett, G., Anderson, G., & Charney, D. S. (2001). Relationship among plasma cortisol, catecholamines, neuropeptide Y, and human performance during exposure to uncontrollable stress. *Psychosomatic Medicine, 63,* 412–422.

Najavits, L. M. (2002). *Seeking safety: A treatment manual for PTSD and substance abuse.* New York: Guilford.

National Institute for Mental Health. (2002). *Mental health and mass violence—evidence-based early psychological intervention for victims/survivors of mass violence: A workshop to reach consensus.* NIMH Publication No. 02-5138. Washington, DC: U.S. Government Printing Office.

Neill, J. R. (1993). How psychiatric symptoms varied in World War I and II. *Military Medicine, 158,* 149–151.

Neuner, F., Schauer, M., Klaschik, C., Karunakara, U. K., & Elbert, T. (2004). A comparison of narrative exposure therapy, supportive counseling, and psychoeducation for treating posttraumatic stress disorder in an African refugee settlement. *Journal of Consulting and Clinical Psychology, 72,* 579–587.

Norris, F. (1992). Epidemiology of trauma: Frequency and impact of different potentially traumatic events on different demographic groups. *Journal of Consulting and Clinical Psychology, 60,* 409–418.

Norris, F., Friedman, M., Watson, P., Byrne, C., Diaz, E., & Kaniasty, K. (2002). 60,000 disaster victims speak, Part 1: An empirical review of the empirical literature, 1981–2001. *Psychiatry, 65,* 207–239.

North, C. S., Nixon, S. J., Shariat, S., Mallonee, S., McMillen, J. C., Spitznagel, E. L., & Smith, E. M. (1999). Psychiatric disorders among survivors of the Oklahoma City bombing. *Journal of the American Medical Association, 282,* 755–762.

North, C. S., Smith, E. M., & Spitznagel, E. L. (1994). Violence and the homeless: An epidemiologic study of victimization and aggression. *Journal of Traumatic Stress, 7,* 95–110.

Ogata, S. N., Silk, K. R., Goodrich, S., Lohr, N. E., et al. (1990). Childhood sexual and physical abuse in adult patients with borderline personality disorder. *American Journal of Psychiatry, 147,* 1008–1013.

Ogawa, J. R., Sroufe, L. A., Weinfield, N. S., Carlson, E. A., & Egeland, B. (1997). Development and the fragmented self: Longitudinal study of dissociative symptomatology in a nonclinical sample. *Development and Psychopathology, 9,* 855–879.

O'Leary, V. E. (1998). Strength in the face of adversity: Individual and social thriving. *Journal of Social Issues, 54,* 425–446.

Olsen, M. A., & Fazio, R. H. (2002). Implicit acquisition and manifestation of classically conditioned attitudes. *Social Cognition, 20,* 89–103.

Orlinski, D. E., Grawe, K., & Parks, B. K. (1994). Process and outcome in psychotherapy. In A. E. Bergin & S. L. Garfield (Eds.), *Handbook of psychotherapy and behavior change* (4th ed.; pp. 270–283). New York: Wiley

Orner, R., Kent, A. T., Pfefferbaum, B., Raphael, B., & Watson, P. (in press). Context for providing immediate intervention post-event. In E.C. Ritchi, P.J. Watson, & M. J. Friedman (Eds.), *Interventions following mass violence and disasters: Strategies for mental health practice.* New York: Guilford.

Ouimette, P., & Brown, P. J. (2003). *Trauma and substance abuse: Causes, consequences, and treatment of comorbid disorders.* Washington, DC: American Psychological Association.

Ouimette, P., Moos, R. H., & Brown, P. J. (2003). Substance use disorder-posttraumatic stress disorder comorbidity: A survey of treatments and proposed practice guidelines. In P. Ouimette & P. J. Brown (Eds.), *Trauma and substance abuse: Causes, consequences, and treatment of comorbid disorders* (pp. 91–110). Washington DC: American Psychological Association.

Ozer, E. J., Best, S. R., Lipsey, T. L., & Weiss, D. S. (2003). Predictors of posttraumatic stress disorder and symptoms in adults: A meta-analysis. *Psychological Bulletin, 129,* 52–73.

Pearlman, L. (2003). *Trauma and Attachment Belief Scale.* Los Angeles: Western Psychological Services.

Pearlman, L. A., & Courtois, C. A. (2005). Clinical applications of the attachment framework: Relational treatment of complex trauma. *Journal of Traumatic Stress, 18,* 449–459.

Pearlman, L. A., & Saakvitne, K. W. (1995). *Trauma and the therapist: Countertransference and vicarious traumatization in psychotherapy with incest survivors.* New York: Norton.

Pelcovitz, D., van der Kolk, B. A., Roth, S., Mandel, F., Kaplan, S., & Resick, P. (1997). Development of a criteria set and a structured interview for disorders of extreme stress (SIDES). *Journal of Traumatic Stress, 10,* 3–16.

Pennebaker, J. W. (1993). Putting stress into words: Health, linguistic, and therapeutic implications. *Behaviour Research and Therapy, 31,* 539–548.

Pennebaker, J. W., & Campbell, R. S. (2000). The effects of writing about traumatic experience. *National Center for PTSD Clinical Quarterly, 9,* 17–21.

Petty, F., Davis, L. L., Nugent, A. L., Kramer, G. L., Teten, A., Schmitt, A., & Stone, R. C. (2002). Valproate therapy for chronic, combat-induced posttraumatic stress disorder. *Journal of Clinical Psychopharmacology, 22,* 100–101.

Pfefferbaum, B. C., Call, J. A., Lensgraf, S. J., Miller, P. D., Flynn, B. W., Doughty, D. E., Tucker, P. M., & Dickson, W. L. (2001). Traumatic grief in a convenience sample of victims seeking support services after a terrorist incident. *Annals of Clinical Psychiatry, 13,* 19–24.

Physicians' Desk Reference. (2005). (59th ed.). Montvale, NJ: Thomson Healthcare.

Pinto, P. A., & Gregory, R. J. (1995). Posttraumatic stress disorder with psychotic features. *American Journal of Psychiatry, 152,* 471.

Pitman, R. K, Altman, B., Greenwald, E., Longpre, R. E., Macklin, M. L., Poiré, R. E., & Steketee, G. S. (1991). Psychiatric complications during flooding therapy for posttraumatic stress disorder. *Journal of Clinical Psychiatry, 52,* 17–20.

Pitman, R. K., Sanders, K. M., Zusman, R. M., Healy, F. C, Lasko, N. B., Cahill, L., & Orr, S. P. (2002). Pilot study of secondary prevention of posttraumatic stress disorder with propranolol. *Biological Psychiatry, 51,* 189–142.

Pivac, N., Kozaric-Kovacic, D., & Muck-Seler, D. (2004). Olanzapine versus fluphenazine in an open trial in patients with psychotic combat-related posttraumatic stress disorder. *Psychopharmacology, 175,* 451–456.

Plumb, J. C., Orsillo, S. M., & Luterek, J. A. (2004). A preliminary test of the role of experiential avoidance in post-event functioning. *Journal of Behavior Therapy and Experimental Psychiatry, 35,* 245–257.

Prigerson, H. G., Shear, M. K., Jacobs, S. C., Reynolds, C. F., Maciejewski, P. K., Davidson, J. R. T., Rosenheck, R. A., Pilkonis, P. A., Wortman, C. B., Williams,

J. B. W., Widiger, T. A., Frank, E., Kupfer, D. J., & Zisook, S. (1999). Consensus criteria for traumatic grief: a preliminary empirical test. *British Journal of Psychiatry, 174,* 67–73.

Pynoos, R. S., Steinberg, A. M., & Piacentini, J. C. (1999). A developmental psychopathology model of childhood traumatic stress and intersection with anxiety disorders. *Biological Psychiatry, 46,* 1542–1554.

Rachman, S. (1980). Emotional processing. *Behavior, Research, and Therapy, 18,* 51–60.

Raison, C. L., & Miller, A. H. (2003). When not enough is too much: The role of insufficient glucocorticoid signaling in the pathophysiology of stress-related disorders. *American Journal of Psychiatry, 169,* 1554–1565.

Rau, P. J., & Goldfried, M. R. (1994). The therapeutic alliance in cognitive-behaviour therapy. In A. O. Horvath & L. S. Greenberg (Eds.), *The working alliance: Theory, research and practice* (pp. 131–152). New York: Wiley.

Raskind, M. A., Peskind, E. R., Kanter, E. D., Petrie, E. C., Radant, A., Thompson, C. E., Dobie, D. J., Hoff, D., Rein, R. J., Straits-Troster, K., Thomas, R. G., & McFall, M. M. (2003). Reduction of nightmares and other PTSD symptoms in combat veterans by prazosin: A placebo-controlled study. *American Journal of Psychiatry, 160,* 371–373.

Read, J. (1997). Child abuse and psychosis: A literature review and implications for professional practice. *Professional Psychology: Research and Practice, 28,* 448–456.

Read, J., & Fraser, A. (1998). Abuse histories of psychiatric inpatients: To ask or not to ask? *Psychiatric Services, 49,* 355–359.

Reich, D. B., Winternitz, S., Hennen, J., Watts, T., & Stanculescu, C. (2004). A preliminary study of risperidone in the treatment of posttraumatic stress disorder related to childhood abuse in women. *Journal of Clinical Psychiatry, 65,* 1601–1606.

Reist, C., Kauffmann, C. D., Haier, R. J., Sangdahl, C., DeMet, E. M., Chicz-DeMet, A., & Nelson, J. N. (1989). A controlled trial of desipramine in 18 men with posttraumatic stress disorder. *American Journal of Psychiatry, 146,* 513–516.

Renzetti, C. M., & Curran, D. J. (2002). *Women, men, and society* (5th ed.). Boston: Allyn & Bacon.

Rimm, D. C., & Masters, J. (1979). *Behavior theory* (2nd ed.). New York. Academic Research.

Rinne, T., de Kloet, E. R., Wouters, L., Goekoop, J. G., de Rijk, R. H., & van den Brink, W. (2003). Fluvoxamine reduces responsiveness of HPA axis in adult female BPD patients with a history of sustained childhood abuse. *Neuro-psychopharmacology, 28,* 126–132.

Resick, P. A., & Schnicke, M. K. (1993). *Cognitive processing therapy for rape victims: A treatment manual.* Newbury Park: Sage.

Resnick, H. S., Yehuda, R., & Acierno, R. (1997). Acute post-rape cortisol, alcohol abuse, and PTSD symptom profile among recent rape victims. In R. Yehuda & A. C. McFarlane (Eds.), *Psychobiology of posttraumatic stress disorder* (vol. 821; pp. 433–436). New York: New York Academy of Sciences.

Resnick, H., Yehuda, R., Pitman, R., & Foy, D. (1995). Effect of previous trauma on acute plasma cortisol level following rape. *American Journal of Psychiatry, 152,* 1675–1677.

Ringdahl, E. N., Pereira, S. L., & Delzell, J. E., Jr. (2004). Treatment of primary insomnia. *Journal of the American Board of Family Practice, 17,* 212–219.

Ritchie, E. C., Watson, P. J., & Friedman, M. J. (Eds.). (in press). *Interventions following mass violence and disasters: Strategies for mental health practice.* New York: Guilford.

Rivard, J. M., Dietz, P., Martell, D., & Widawski, M. (2002). Acute dissociative responses in law enforcement officers involved in critical shooting incidents: The clinical and forensic implications. *Journal of Forensic Sciences, 47,* 1093–1100.

Robert, R., Blakeney, P. E., Villarreal, C., Rosenberg, L., & Meyer, W. J. (1999). Imipramine treatment in pediatric burn patients with symptoms of acute stress disorder: A pilot study. *Journal of the American Academy of Child and Adolescent Psychiatry, 38,* 873–882.

Roelofs, K., Keijsers, G. P. J., Hoogduin, K. A. L., Naring, G. W. B., & Moene, F. C. (2002). Childhood abuse in patients with conversion disorder. *American Journal of Psychiatry, 159,* 1908–1913.

Roemer, L., Orsillo, S. M., Borkovec, T. D., & Litz, B. T. (1998). Emotional response at the time of a potentially traumatizing event and PTSD symptomatology: A preliminary retrospective analysis of the DSM-IV criterion A-2. *Journal of Behavior Therapy and Experimental Psychiatry, 29,* 123–130.

Rogers, S., & Silver, S. M. (2002). Is EMDR an exposure therapy? A review of trauma protocols. *Journal of Clinical Psychology, 58,* 43–59.

Root, M. P. P. (1996). Women of color and traumatic stress in "domestic captivity": Gender and race as disempowering statuses. In A. J. Marsella, M. J. Friedman, E. T. Gerrity, & R. M. Scurfield (Eds.), *Ethnocultural aspects of posttraumatic stress disorder: Issues, research, and clinical applications* (pp. 363–387). Washington, DC: American Psychological Association.

Rose, S., Bisson, J., & Wessely, S. (2002). Psychological debriefing for presenting post traumatic stress disorder (PTSD) (Cochrane review). *Cochrane Library, 2.* Oxford, UK: Update software.

Rorschach, H. (1981). *Psychodiagnostics: A diagnostic test based upon perception* (P. Lemkau & B. Kronemberg, Eds. & Trans.; 9th ed.). New York: Grune & Stratton. (Original work published in 1921)

Ross, C. A., Anderson, G., & Clark, P. (1994). Childhood abuse and the positive symptoms of schizophrenia. *Hospital and Community Psychiatry, 45,* 489–491.

Ross, C. A., Joshi, S., & Currie, R. (1991). Dissociative experiences in the general population: A factor analysis. *Hospital and Community Psychiatry, 42,* 297–301.

Rosenman, S. (2002). Trauma and posttraumatic stress disorder in Australia: Findings in the population sample of the Australian National Survey of Mental Health and Wellbeing. *Australian and New Zealand Journal of Psychiatry, 36,* 515–520.

Rothbaum, B. O., Foa, E. G., Riggs, D. S., Murdock, T. B., & Walsh, W. (1992). A prospective examination of post-traumatic stress disorder in rape victims. *Journal of Traumatic Stress, 5,* 455–475.

Rothbaum, B. O., Meadows, E. A., Resick, P., & Foy, D. W. (2000). Cognitive-behavioral therapy. In E. B. Foa, T. M. Keane, M. J. Friedman (Eds), *Effective treatments for PTSD: Practice guidelines from the International Society for Traumatic Stress Studies* (pp. 60–83). New York: Guilford.

Rothschild, A. J., & Duval, S. E. (2003). How long should patients with psychotic depression stay on the antipsychotic medication? *Journal of Clinical Psychiatry, 64,* 390–396.

Ruch, L. O., & Chandler, S. M. (1983). Sexual assault trauma during the acute phase: An exploratory model and multivariate analysis. *Journal of Health and Social Behavior, 24,* 184–185.

Salter, A. C. (1995). *Transforming trauma: A guide to understanding and treating adult survivors of child sexual abuse.* Thousand Oaks, CA: Sage.

Samoilov, A., & Goldfried, M. R. (2000). Role of emotion in cognitive-behavior therapy. *Clinical Psychology: Science and Practice, 7,* 373–385.

Sansone, R. A., Hruschka, J., Vasudevan, A., & Miller, S. N. (2003). Benzodiazepine exposure and history of trauma. *Psychosomatics, 44,* 523–524.

Sar, V., Akyüz, G., Kundakci, T., Kiziltan, E., & Dogan, O. (2004). Childhood trauma, dissociation, and psychiatric comorbidity in patients with conversion disorder. *American Journal of Psychiatry, 161,* 2271–2276.

Schatzberg, A. F. (2003). New approaches to managing psychotic depression. *Journal of Clinical Psychiatry, 64*(Suppl. 1), 19–23.

Schnurr, P. P., & Green, B. L. (Eds.). (2004). *Trauma and health: Physical health consequences of exposure to extreme stress.* Washington DC: American Psychological Association.

Schore, A. N. (1994). *Affect regulation and the origin of the self: The neurobiology of emotional development.* Hillsdale, NJ: Erlbaum.

Schore, A. N. (1996). The experience-dependent maturation of a regulatory system in the orbital prefrontal cortex and the origin of developmental psychopathology. *Development and Psychopathology, 8,* 59–87.

Schore, A. N. (2003). *Affect dysregulation and disorders of the self.* New York: Norton.

Seedat, S., & Stein, D. J. (2001). Biological treatment of PTSD in children and adolescents. In S. Eth (Ed.), *PTSD in children and adolescents* (pp. 87–116). Washington, DC: American Psychiatric Press.

Segman, R. H., Cooper-Kazaz, R., Macciardi, F., Goltser, T., Halfon, Y., Dobroborski, T., & Shalev, A. Y. (2002). Association between the dopamine transporter gene and posttraumatic stress disorder. *Molecular Psychiatry, 7,* 903–907.

Selley, C., King, E., Peveler, R., Osola, K., Martin, N., & Thompson, C. (1997). Post-traumatic stress disorder symptoms and the Clapham rail accident. *British Journal of Psychiatry, 171,* 478–482.

Sells, D. J., Rowe, M., Fisk, D., & Davidson, L. (2003). Violent victimization of persons with co-occurring psychiatric and substance use disorders. *Psychiatric Services, 54,* 1253–1257.

Shalev, A. Y. (2002). Acute stress reactions in adults. *Biological Psychiatry, 51,* 532–544.

Shapiro, F. (1995). *Eye movement desensitization and reprocessing: Basic principles, protocols, and procedures.* New York: Guilford.

Shapiro, F. (2002). EMDR 12 years after its introduction: Past and future research. *Journal of Clinical Psychology, 58,* 1–22.

Shear, M. K., & Smith-Caroff, K. (2002). Traumatic loss and the syndrome of complicated grief. *PTSD Research Quarterly, 13,* 1–7.

Shin, L. M., Whalen, P. J., Pitman, R. K., Bush, G., Macklin, M. L., Lasko, N. B., Orr, S. P., McInerney, S. C., & Rauch, S. L. (2001). An fMRI study of anterior cingulate function in posttraumatic stress disorder. *Biological Psychiatry, 50,* 932–942.

Siegel, D. J. (1999). *The developing mind: Toward a neurobiology of interpersonal experience.* New York: Guilford.

Siegel, D. J. (2003). An interpersonal neurobiology of psychotherapy: The developing mind and the resolution of trauma. In M. F. Solomon & D. J. Siegel, D., *Healing trauma: Attachment, mind, body, and brain* (pp. 1–54). New York: Norton.

Siegel, K., & Schrimshaw, E. W. (2000). Perceiving benefits in adversity: Stress-related growth in women living with HIV/AIDS. *Social Science and Medicine, 51,* 1543–1554.

Silver, R. C., Holman, E. A., McIntosh, D. N., Poulin, M., & Gil-Rivas, V. (2002). Nationwide longitudinal study of psychological responses to September 11. *Journal of the American Medical Association, 288,* 1235–1244.

Simon, R. I. (Ed.). (1995). *Posttraumatic stress disorder in litigation: Guidelines for forensic assessment.* Washington, DC: American Psychiatric Press.

Simpson, G. M., El Sheshai, A. E., Rady, A., Kingsbury, S. J., & Fayek, M. (2003). Sertraline and monotherapy in the treatment of psychotic and nonpsychotic depression. *Journal of Clinical Psychiatry, 64,* 959–965.

Simpson, J. A., & Rholes, W. S. (Eds.). (1998). *Attachment theory and close relationships.* New York: Guilford.

Singer, M. I., Anglin, T. M., Song, L. Y., & Lunghofer, L. (1995). Adolescents' exposure to violence and associated symptoms of psychological trauma. *Journal of the American Medical Association, 273,* 477–482.

Sokolski, K. N., Denson, T. F., Lee, R. T., & Reist, C. (2003). Quetiapine for treatment of refractory symptoms of combat-related post-traumatic stress disorder. *Military Medicine, 168,* 486–489.

Solomon, M. F., & Siegel, D. J. (2003). *Healing trauma: Attachment, mind, body, and brain.* New York: Norton.

Solomon, S., Laor, N., & McFarlane, A. C. (1996). Acute posttraumatic reactions in soldiers and civilians. In B. A. van der Kolk, A. C. Mc Farlane, & L. Weisaeth (Eds.), *Traumatic stress: The effects of overwhelming experience on mind, body and society* (pp. 102–114). New York: Guilford.

Solomon, Z., & Benbenishty, R. (1986). The role of proximity, immediacy, and expectancy in frontline treatment of combat stress reaction among Israelis in the Lebanon war. *American Journal of Psychiatry, 143,* 613–617.

Southwick, S. M., Bremner, J. D., Rasmusson, A., Morgan, C. A., Arnsten, A., & Charney, D. S. (1999). Role of norepinephrine in the pathophysiology and treatment of posttraumatic stress disorder. *Biological Psychiatry, 46,* 1192–1204.

Southwick, S. M., Morgan, C. A., Charney, D. S., & High, J. R. (1999). Yohimbine use in a natural setting: effects on posttraumatic stress disorder. *Biological Psychiatry, 46*, 442–444.

Southwick, S. M., Morgan, C. A., Vythilingam, M., & Charney, D. S. (2003). Emerging neurobiological factors in stress resilience. *PTSD Research Quarterly, 14*, 1–8.

Spinazzola, J., Blaustein, M., & van der Kolk, B. A. (2005). Treatment outcome research: The study of unrepresentative samples? *Journal of Traumatic Stress, 18*, 425–436.

Sroufe, L. A., Carlson, E. A., Levy, A. K., & Egeland, B. (1999). Implications of attachment theory for developmental psychopathology. *Development and Psychopathology, 11*, 1–13.

Stamm, B. H. (Ed.). (1996). *Measurement of stress, trauma and adaptation.* Lutherville, MD: Sidran.

Stein, D. J., Davidson, J., Seedat, S., & Beebe, K. (2003). Paroxetine in the treatment of post-traumatic stress disorder: pooled analysis of placebo-controlled studies. *Expert Opinion on Pharmacotherapy, 4*, 1829–1838.

Stein, M. B., Jang, K. L., Taylor, S., Vernon, P. A., & Livesley, W. J. (2002). Genetic and environmental influences on trauma exposure and posttraumatic stress disorder symptoms: a twin study. *American Journal of Psychiatry, 159*, 1675–1681.

Stein, M. B., Kline, N. A., & Matloff, J. L. (2002). Adjunctive olanzapine for SSRI-resistant combat-related PTSD: A double-blind, placebo-controlled study. *American Journal of Psychiatry, 159*, 1777–1779.

Steinberg, M. (1994). *Structured Clinical Interview for DSM-IV Dissociative Disorders-Revised (SCID-D-R).* Washington, DC: American Psychiatric Press.

Stern, D. N. (1985). *The interpersonal world of the infant: A view from psychoanalysis and developmental psychology.* New York: Basic Books.

Straus, M. A. & Gelles, R. J. (1990). *Physical violence in American families: Risk factors and adaptation to violence in 8,145 families.* New Brunswick, NJ: Transaction.

Styron, T., & Janoff-Bulman, R. (1997). Childhood attachment and abuse: Long-term effects on adult attachment, depression and conflict resolution. *Child Abuse and Neglect, 21*, 1015–1023.

Talbot, N. L., Houghtalen, R. P., Cyrulik, S., Betz, A., Barkun, M., Duberstein, P. R., & Wynne, L. C. (1998). Women's safety in recovery: group therapy for patients with a history of childhood sexual abuse. *Psychiatric Services, 49*, 213–217.

Taylor, F., & Raskind, M. A. (2002). The alpha1-adrenergic antagonist prazosin improves sleep and nightmares in civilian trauma posttraumatic stress disorder. *Journal of Clinical Psychopharmacology, 22*, 82–85.

Taylor, S. (2003). Outcome predictors for three PTSD treatments: Exposure therapy, EMDR, and relaxation training. *Journal of Cognitive Psychotherapy, 17*, 149–162.

Terzano, M. G., Rossi, M., Palomba, V., Smerieri, A., & Parrino, L. (2003). New drugs for insomnia: Comparative tolerability of zopiclone, zolpidem and zaleplon. *Drug Safety, 26*, 261–282.

Tjaden, P., & Thoennes, N. (2000). *Full report of the prevalence, incidence, and consequences of violence against women: Findings from the National Violence*

Against Women Survey (NCJ Publication No. 183781). Washington, DC: U.S. Department of Justice, Centers for Disease Control and Prevention.

Ullman, S. E., & Filipas, H. H. (2001). Predictors of PTSD symptom severity and social reactions in sexual assault victims. *Journal of Traumatic Stress, 14*, 393–413.

Updegraff, J. A., & Taylor, S. E. (2000). From vulnerability to growth: Positive and negative effects of stressful life events. In J. H. Harvey & E. D. Miller (Eds.), *Loss and trauma: General and close relationship perspectives* (pp. 3–28). Philadelphia: Brunner-Routledge.

Ursano, R. J., Fullerton, C. S., Epstein, R. S., Crowley, B., Kao, T-C., Vance, K., Craig, K. J., Dougall, A. L., & Baum, A. S. (1999). Acute and chronic posttraumatic stress disorder in motor vehicle accident victims. *American Journal of Psychiatry, 156*, 589–595.

Ursano, R. J., Fullerton, C. S., Kao, T-C, & Bhartiya, V. R. (1995). Longitudinal assessment of posttraumatic stress disorder and depression after exposure to traumatic death. *Journal of Nervous and Mental Disease, 183*, 36–42.

Ursano, R. J., Fullerton, C. S., & McCaughey, B. G. (1994). Trauma and disaster. In R. J. Ursano, B. G. McCaughey, & C. S. Fullerton (Eds.), *Individual and community responses to trauma and disaster: The structure of human chaos* (pp. 3–27). Cambridge: Cambridge University Press.

U.S. Surgeon General. (1999). *Mental Health: Culture, Race, and Ethnicity: A Supplement to Mental Health: Report of the Surgeon General.* Retrieved October 19, 2005, from http://www.namiscc.org/newsletters/August01/Surgeon General Report.htm

van der Kolk, B. A., McFarlane, A. C., & Weisaeth, L. (1996). *Traumatic stress: The effects of overwhelming experience on mind, body, and society.* New York: Guilford.

van der Kolk, B. A., Pelcovitz, D., Roth, S., Mandel, F. S., McFarlane, A., & Herman, J. L. (1996). Dissociation, somatization, and affect dysregulation: The complexity of adaptation of trauma. *American Journal of Psychiatry, 153*(Suppl.), 83–93.

van der Kolk, B. A., Roth, S., Pelcovitz, D., Sunday, S., & Spinazzola, F. (2005). Disorders of extreme stress: The empirical foundation of a complex adaptation to trauma. *Journal of Traumatic Stress, 18*, 389–399.

van Emmerik, A. A., Kamphuis, J. H., Hulsbosch, A. M., & Emmelkamp, P. M. (2002). Single session debriefing after psychological trauma: A meta-analysis. *Lancet, 360*(9335), 766–771.

Van Etten, M. L., & Taylor, S. (1998). Comparative efficacy of treatments for posttraumatic stress disorder: A meta-analysis. *Clinical Psychology and Psychotherapy, 5*, 126–144.

Van Ommeren, M., Sharma, B., Sharma, G. K., Komproe, I. H., Cardeña, E., & De Jong, J. T. V. M. (2002). The relationship between somatic and PTSD symptoms among Bhutanese refugee torture survivors: examination of comorbidity with anxiety and depression. *Journal of Traumatic Stress, 15*, 415–421.

Vaiva, G., Ducrocq, F., Jezequel, K., Averland, B., Lestavel, P., Brunet, A., & Marmar, C. R. (2003). Immediate treatment with propranolol decreases posttraumatic stress disorder two months after trauma. *Biological Psychiatry, 52*, 947–949.

Vesti, P., & Kastrup, M. (1995). Refugee status, torture, and adjustment. In J. R. Freedy & S. E. Hobfoll (Eds.), *Traumatic stress: From theory to practice* (pp. 213–235). New York: Plenum.

Villarreal, G., & King, C. Y. (2004). Neuroimaging studies reveal brain changes in posttraumatic stress disorder. *Psychiatric Annals, 34,* 845–856.

Walker, E. A., Katon, W. J., Roy-Byrne, P. P., Jemelka, R. P., et al. (1993). Histories of sexual victimization in patients with irritable bowel syndrome or inflammatory bowel disease. *American Journal of Psychiatry, 150,* 1502–1506.

Walker, E. A., Katon, W. J. Russo, J. E., Ciechanowski, P., Newman, E., & Wagner, A. W. (2003). Health care costs associated with posttraumatic stress disorder symptoms in women. *Archives of General Psychiatry, 60,* 369–374.

Walker, L. E. (1984). *The battered woman syndrome.* New York: Springer.

Weathers, F. W., Litz, B. T., & Keane, T. M. (1995). Military trauma. In J. R. Freedy & S. E. Hobfoll (Eds.), *Traumatic stress: From theory to practice* (pp. 103–128). New York: Plenum.

Weiss, S. R. B., & Post, R. M. (1998). Sensitization and kindling phenomena in mood, anxiety, and obsessive-compulsive disorders: The role of serotonergic mechanisms in illness progression. *Biological Psychiatry, 44,* 193–206.

West, C. M. (2002). Battered, black, and blue: An overview of violence in the lives of black women. *Women and Therapy, 25,* 5–27.

Westen, D., Novotny, C. M., & Thompson-Brenner, H. (2004). The empirical status of empirically supported psychotherapies: Assumptions, findings, and reporting in controlled clinical trials. *Psychological Bulletin, 130,* 631–663.

Williams, L. M. (1994). Recall of childhood trauma: A prospective study of women's memories of child sexual abuse. *Journal of Consulting and Clinical Psychology, 62,* 1167–1176.

Wilson, J., & Keane, T. (Eds.). (2004). *Assessing psychological trauma and PTSD: A practitioner's handbook* (2nd ed.). New York: Guilford.

Wolpe, J. (1958). *Psychotherapy by reciprocal inhibition.* Stanford, CA: Stanford University Press.

Yehuda, R. (2002). Status of cortisol findings in PTSD. *Psychiatric Clinics of North America, 25,* 341–368.

Yehuda, R. (2004). Posttraumatic stress disorder. *New England Journal of Medicine, 346,* 108–114.

Yehuda, R., Halligan, S. L., Golier, J. A., Grossman, R., & Bierer, L. M. (2004). Effects of trauma exposure on the cortisol response to dexamethasone administration in PTSD and major depressive disorder. *Psychoneuroendocrinology, 29,* 389–404.

Young, B. H., Ford, J. D., Ruzek, J. I., Friedman, M. J., & Gusman, F. D. (1998). *Disaster mental health services: A guidebook for clinicians and administrators.* St. Louis, MO: National Center for PTSD, Department of Veterans Affairs Employee Education System.

Zayfert, C., Becker, C. B., Unger, D. L., & Shearer, D. K. (2002). Comorbid anxiety disorders in civilians seeking treatment for posttraumatic stress disorder. *Journal of Traumatic Stress, 15,* 31–38.

Zayfert, C., De Viva, J. C., Becker, C. B., Pike, J. L., Gillock, K. L., & Haynes, S. A. (2005). Exposure utilization and completion of cognitive behavioral therapy for PTSD in "real world" clinical practice. *Journal of Traumatic Stress, 18*, 637–645.

Zayfert, C., Dums, A. R., Ferguson, R. J., & Hegel, M. T. (2003). Health functioning impairments associated with posttraumatic stress disorder, anxiety disorders, and depression. *Journal of Nervous and Mental Disease, 190*, 233–240.

Zimmerman, M., & Mattia, J. I. (1999). Psychotic subtyping of major depressive disorder and posttraumatic stress disorder. *Journal of Clinical Psychiatry, 60*, 311–314.

Zisook, S., Chentsova-Dutton, Y. E., & Shuchter, S. R. (1998). PTSD following bereavement. *Annals of Clinical Psychiatry, 10*, 157–163.

Zlotnick, C., Donaldson, D., Spirito, A., & Pearlstein, T. (1997). Affect regulation and suicide attempts in adolescent inpatients. *Journal of the American Academy of Child and Adolescent Psychiatry, 36*, 793–798.

찾아보기

옮 긴 이   소 개

김종희 미국 공인 미술치료사(ATR-BC), 뉴욕 주 면허 미술치료사(LCAT)
서강대학교 경영학과를 졸업했으나 본인의 꿈이었던 미술
공부를 하기 위해 한성대학교 회화과에 진학해 미술 공부
를 마쳤다. 미술 공부를 하면서 본인이 직접 미술의 치료
적 효과를 경험하고 미술치료에 관심을 가지게 되어, 2000
년에 미국으로 건너가 뉴욕 뉴로쉘대학에서 미술치료 석
사 과정을 마친 뒤 뉴욕가정상담소에서 심리상담치료와
미술치료를 하였다. 현재는 뉴욕에서 개업 심리/미술치료
사로 활동하고 있으며, 정신 분석과 트라우마 치료, 기타
최신의 유익한 심리치료모델들을 끊임없이 연구하며 훈련
하고 있다.